UTB **8398**

W0084244

Eine Arbeitsgemeinschaft der Verlage

Böhlau Verlag · Köln · Weimar · Wien
Verlag Barbara Budrich · Opladen · Farmington Hills
facultas.wuv · Wien
Wilhelm Fink · München
A. Francke Verlag · Tübingen und Basel
Haupt Verlag · Bern · Stuttgart · Wien
Julius Klinkhardt Verlagsbuchhandlung · Bad Heilbrunn
Lucius & Lucius Verlagsgesellschaft · Stuttgart
Mohr Siebeck · Tübingen
C. F. Müller Verlag · Heidelberg
Orell Füssli Verlag · Zürich
Verlag Recht und Wirtschaft · Frankfurt am Main
Ernst Reinhardt Verlag · München · Basel
Ferdinand Schöningh · Paderborn · München · Wien · Zürich
Eugen Ulmer Verlag · Stuttgart
UVK Verlagsgesellschaft · Konstanz
Vandenhoeck & Ruprecht · Göttingen
vdf Hochschulverlag AG an der ETH Zürich

Dieses Buch widmen wir Bettina Hurrelmann und Norbert Groeben,
deren verdienstvoller Arbeit (nicht nur) im Rahmen des Forschungs-
schwerpunktes „Lesesozialisation in der Mediengesellschaft"
wir wertvolle Impulse für unsere eigene Arbeit verdanken.

Christine Garbe / Maik Philipp / Nele Ohlsen

Lesesozialisation

Ein Arbeitsbuch für Lehramtsstudierende

Ferdinand Schöningh

Paderborn · München · Wien · Zürich

Die Autor(inn)en:

Christine Garbe (Jg. 1952), Univ.-prof. Dr. phil., lehrt an der Universität Lüneburg im Institut für Deutsche Sprache und Literatur und ihre Didaktik. Arbeitsschwerpunkte: Didaktik des Lesens, Literarische und Medien-Sozialisation, empirische Rezeptionsforschung, Kinder- und Jugendliteraturforschung. Publikationen u.a.: Literarische Sozialisation (2. Aufl. 2003, zus. mit H. Eggert); Texte lesen (2009, zus. mit K. Holle und T. Jesch)

Maik Philipp (Jg. 1979), M.A., hat Angewandte Kulturwissenschaften an der Universität Lüneburg studiert und ist dort danach in Forschungsprojekten tätig gewesen. Seit Herbst 2009 ist er wissenschaftlicher Mitarbeiter am Zentrum Lesen der Fachhochschule Nordwestschweiz. Arbeitsschwerpunkte: Lese- und Mediensozialisation, informeller Kompetenzerwerb durch peers und schulisches Peer-Assisted Learning. Publikationen u.a.: Lesen, wenn anderes und andere wichtiger werden (2008), Lesen empeerisch (2010).

Nele Ohlsen (Jg. 1985) studierte Grund-, Haupt- und Realschullehramt an der Universität Lüneburg. Derzeit absolviert sie ihren Vorbereitungsdienst am Studienseminar Celle. Arbeitsschwerpunkte: Lesesozialisation in der Schule, literarisches Unterrichtsgespräch.

Bibliografische Information der Deutschen Nationalbibliothek

Die Deutsche Nationalbibliothek verzeichnet diese Publikation in der Deutschen Nationalbibliografie; detaillierte bibliografische Daten sind im Internet über http://dnb.d-nb.de abrufbar.

© 2009 Verlag Ferdinand Schöningh GmbH & Co. KG
(Verlag Ferdinand Schöningh GmbH & Co. KG, Jühenplatz 1, D-33098 Paderborn)
ISBN 978-3-506-76585-7

Internet: www.schoeningh.de

Printed in Germany.
Einbandgestaltung: Atelier Reichert, Stuttgart
Satz: Ruhrstadt Medien AG
Herstellung: Ferdinand Schöningh, Paderborn

UTB-Bestellnummer: ISBN 978-3-8252-8398-8

INHALTSVERZEICHNIS

ABKÜRZUNGEN DER AUTORINNENNAMEN:

Christine Garbe (CG), Kilian Kast (KK), Nele Ohlsen (NO), Maik Philipp (MP), Barbara Plenge (BP), Bettina Weber-Dany (BWD)

EINLEITUNG

Seit dem PISA-Schock 2000 hat sich die Erkenntnis durchgesetzt, dass eine umfassende Lesekompetenz zu den grundlegenden Qualifikationen gehört, die heutzutage *alle* Heranwachsenden erwerben müssen, um für eine befriedigende Lebensführung in einer rasch sich wandelnden Wissens- und Mediengesellschaft gerüstet zu sein. Die schulische Leseförderung wird mehr und mehr als Aufgabe aller Unterrichtsfächer, aller Klassenstufen und aller Schulformen erkannt. Auch setzt sich immer mehr die Erkenntnis durch, dass für die Entwicklung stabiler Lesepersönlichkeiten ein systematisches Zusammenwirken *aller Sozialisationsinstanzen* erforderlich ist und somit die GestalterInnen dieser Prozesse auch etwas über die Lesesozialisation in Familie und Kindergarten, in peer groups und Jugendmedienkulturen wissen sollten.

Das vorliegende Arbeitsbuch „Lesesozialisation" ist als Begleitband zu dem Lehrbuch „Texte lesen" in der UTB-Reihe StandardWissen Lehramt (Garbe, Holle & Jesch 2009, UTB 3110) entwickelt worden. Das Lehrbuch gibt auf knappem Raum eine systematische Einführung in die grundlegenden Lesekompetenzmodelle, die Textverstehensforschung, die kognitionspsychologische Leseprozessforschung und die Erkenntnisse der literarischen und Lesesozialisationsforschung. Es wendet sich in erster Linie an *Lehramtsstudierende aller Fächer* in der ersten Phase der Lehrerbildung und deren DozentInnen, ist aber für Lehrerfortbildungen oder Weiterbildungsstudiengänge und die private Fortbildung von Lehrkräften ebenso geeignet. Für die Themenschwerpunkte „Lesekompetenz" und „Lesesozialisation" (Teil 1 und Teil 4) ist das vorliegende Arbeitsbuch „Lesesozialisation" als Ergänzung zu diesem Lehrbuch entwickelt worden. Es orientiert sich an der Systematik des Lehrbuches und bietet zu allen Abschnitten der Teile 1 (im Kapitel 1) und 4 (im Kapitel 2) vertiefende Materialien und Aufgaben an. Insgesamt sind die beiden Bände so konzipiert, dass das Lehrbuch für sich genutzt werden kann, das Arbeitsbuch jedoch die vorherige Lektüre des jeweiligen Kapitels im Lehrbuch voraussetzt. Es bietet in erster Linie empirische Materialien zur Veranschaulichung – und Erarbeitung – der komprimierten Theorien des Lehrbuches; gelegentlich jedoch auch theoretische Vertiefungen.

Außerdem folgt das Arbeitsbuch der didaktischen Konzeption der zugrunde liegenden obligatorischen Einführungsvorlesung für alle Lehramts-Studierenden des Faches Deutsch an der Universität Lüneburg: Die Studierenden arbeiten hier in begleitenden Tutorien die eigene *Leseautobiografie* auf, um ihre Lesesozialisation reflektieren und im Hinblick auf ihre zukünftigen SchülerInnen aus anderen Bildungsmilieus und Sozialschichten relativieren zu können. Die Lehramts-Ausbildung an der Universität Lüneburg setzt damit seit langem eine Forderung um, die in Studien zur Lesesozialisation von HauptschülerInnen in jüngerer Zeit häufiger erhoben wurde: „Alle Lehrerinnen [der Hauptschule] erzählen, dass sie gerne lesen und auch als Kind bereits gerne gelesen haben. Das Leseverhalten und die Lesemotivation ihrer Schülerinnen und Schüler bewerten sie als defizitär. Mit dieser Diskrepanz müssen Lehrkräfte […] professionell umgehen lernen: Wie kann eine systematische Aufarbeitung der eigenen Lesesozialisation im Rahmen der Ausbildung aussehen?" (Gölitzer 2008, S. 326). Antworten auf diese Frage erhält die Leserin / der Leser des Arbeitsbuches im Kapitel 3; die Lektüre kann dort begonnen werden, wenn man die didaktische Idee der zugrunde liegenden Lehrveranstaltung aufgreifen möchte; ansonsten kann man es jedoch auch in der Reihenfolge nutzen, in der es vorliegt. Sämtliche Aufgaben, die der Aufarbeitung der eigenen Leseautobiografie dienen, sind mit diesen Symbolen gekennzeichnet:

Natürlich ist von keiner Leserin und keinem Leser zu erwarten, dass sie oder er sämtliche Aufgaben bearbeitet. Das hängt auch damit zusammen, dass mit den drei Schwerpunkten des Arbeitsbuches, Lesekompetenz, -sozialisation und -biografie, zugleich unterschiedliche Zielgruppen angesprochen sind:

- *Studierende*, die sich den in gebündelter Form im Lehrbuch präsentierten Stoff systematisch selbst erschließen möchten (in Lerngruppen oder allein);
- *Studierende*, die sich auf Prüfungen mit dem Schwerpunkt Lesekompetenz und/oder Lesesozialisation vorbereiten wollen;
- *Studierende* und *Lehrende*, die für Seminarsitzungen und Fortbildungsveranstaltungen nach Möglichkeiten suchen, in ihre Präsentationen Aufgaben einzubinden, die das Publikum aktivieren;
- angehende und schon im Berufsleben stehende *Lehrkräfte*, die ihre eigene Lesesozialisation aufarbeiten wollen;
- *Lehrende*, die für Prüfungen und Klausuren Aufgaben suchen;
- *Lehrende*, die sich Anregungen für die Gestaltung und Planung von eigenen Veranstaltungen (Vorlesungen, Seminare, Tutorien) im Bereich Lesesozialisation und -kompetenz wünschen.

Große Sorgfalt haben wir auf die Konstruktion der Aufgabenstellungen verwandt; in ihrer Grundstruktur orientieren sie sich an den drei Kompetenzdimensionen des PISA-Lesekompetenz-Modells: Informationen entnehmen, textbezogenes Interpretieren, Reflektieren und Bewerten. Nach Möglichkeit waren wir bestrebt, zu jedem Material Aufgabenstellungen in allen drei Anforderungsbereichen zu formulieren.

Die einzelnen Aufgaben sind jeweils gekennzeichnet als

Einzelaufgabe   oder Aufgabe für eine *Lerngruppe oder -tandem* ;

sie können somit für autodidaktische Studien ebenso genutzt werden wie in Seminaren, Vorlesungen oder Fortbildungen.

Wir haben dem Arbeitsbuch bewusst keinen Lösungsteil für die Aufgaben beigefügt; denn anders als bei Testaufgaben, bei denen eindeutige Lösungen essentiell sind, kommt es uns darauf an, Arbeitsprozesse zu stimulieren sowie eine Auseinandersetzung mit Problemen und komplexen Fragestellungen anzuregen, für die es die eine richtige Lösung häufig nicht gibt. Gerade wenn es darum geht, beispielsweise lesebiografische Texte zu interpretieren, zu reflektieren und zu bewerten, verbietet sich die Formulierung nur einer richtigen Lösung; hier ist vor allem die Lerngruppe (oder der/die DozentIn) als Korrektiv gefragt. Zugleich liegt dies auch in der Logik des Gegenstandes: Lesesozialisationsverläufe sind häufig von Brüchen gekennzeichnet, die für pädagogische und lesedidaktische Interventionen zugleich Chancen sind. Sie zu erkennen und zu nutzen, setzt nach unserer Überzeugung ein intensives Einlassen auf die Materie voraus. Dazu möchten wir einladen, indem wir auf vermeintlich einfache und eindeutige Lösungen verzichten.

Der vorliegende Band wurde zu großen Teilen von fünf ehemaligen TutorInnen der Vorlesung zur „Einführung in die literarische und Lesesozialisation" von Prof. Garbe erarbeitet (Kilian Kast, Nele Ohlsen, Maik Philipp, Barbara Plenge und Bettina Weber-Dany) und in einem langen redaktionellen Prozess im gesamten Team beraten. Viele Aufgaben wurden in einem begleitenden Tutorenseminar diskutiert und in Tutorien erprobt. Zum Gelingen des vorliegenden Bandes haben darüber hinaus weitere Personen beigetragen, denen unser Dank gebührt: Anika Barton und Maik Philipp haben mit großer Geduld und Umsicht das Manuskript erstellt, Steffen Gailberger hat die

Aufgaben zur DESI-Studie, Silja Schoett diejenigen zum Literarischen Gespräch beraten; Gerhard Härle und seinen MitarbeiterInnen danken wir für Materialien zum Literarischen Gespräch. Die Leuphana Universität Lüneburg hat das Lehr- und Publikationsprojekt aus Studiengebühren unterstützt und der Lektor, Dr. Diethard Sawicki, hat uns stets mit Geduld, Rat und Ermunterung zur Seite gestanden. Ein besonderer Dank gebührt den TutorInnen und Studierenden, die in mehreren Lehrveranstaltungen das Konzept erprobt und kritisches Feedback gegeben haben. Wir möchten uns außerdem sehr herzlich bei unseren drei Ko-AutorInnen Kilian Kast, Barbara Plenge und Bettina Weber-Dany bedanken, die neben ihrem Studium Kapitel teilweise oder ganz verfasst haben.

Die AutorInnen des vorliegenden Bandes haben sich um eine *gendersensible Schreibweise* bemüht (vgl. Wehking 2006); um die wenig lesefreundlichen Doppelungen zu vermeiden, haben wir im Plural mit dem Binnen-I gearbeitet, im Singular männliche und weibliche Formen abgewechselt oder geschlechtsneutrale Formulierungen verwendet.

Lüneburg, im August 2009
Christine Garbe, Maik Philipp & Nele Ohlsen

I LESEKOMPETENZ

1.1 Wozu lesen? Bildungsnormen und Funktionen des Lesens in der Gesellschaft

Aufgabe 1 zum Einstieg:

Wozu ist Ihrer Meinung nach Lesen gut? Bitte notieren Sie zunächst einzeln jeweils fünf Vorteile, die das Lesen a) für Sie selbst und b) für die Gesellschaft hat.   Vergleichen Sie Ihre Vorschläge anschließend in der Lerngruppe und erstellen Sie eine gemeinsame Liste, die jeweils die fünf wichtigsten Kategorien aus allen Einzelbeiträgen enthält.

Dass Lesen hoch geschätzt wird, zeigt sich gerade an dem Phänomen des „PISA-Schocks" in Deutschland nach der Veröffentlichung der Ergebnisse der ersten PISA-Studie (PISA 2000). Lesekompetenz gilt bei PISA pragmatisch als basale Kulturtechnik, die zur Lebensführung nötig ist. Unter kommunikations- und kulturwissenschaftlichen Perspektiven betrachtet, hat Lesen aber noch wesentlich mehr persönliche Bedeutungen und gesellschaftliche Funktionen. In der kommunikationswissenschaftlichen Medienforschung untersucht man unter anderem die „Gratifikationen" (Belohnungen), die die Nutzung bestimmter Medien bietet. Sie finden in der unten stehenden Tabelle 1 eine Gegenüberstellung von Gratifikationen bzw. Nutzungsmotiven zweier Printmedien – Buch und Zeitung –, die für Fragebogen-Erhebungen entwickelt wurden.

Gratifikationen des Buchlesens (Dehm et al. 2005, S. 523)	Zeitungsnutzungsmotive (nach Graf-Szczuka 2007, S. 222)
• macht mir Spaß • ich kann dabei lachen • ich kann mich dabei entspannen • bin gespannt dabei • eine schöne Abwechslung nach der Tageshetze • gibt mir Anregungen und Stoff zum Nachdenken • ich bekomme neue Informationen • ich kann etwas lernen • ist mir eine wertvolle Hilfe, wenn ich mir eine eigene Meinung bilden will • ringt viele Dinge, über die ich mich mit anderen unterhalten kann • ich verstehe die Sorgen und Probleme anderer Menschen besser • beruhigt mich, wenn ich Ärger habe • lenkt mich von den Alltagssorgen ab • ist Gewohnheit für mich • so kann ich die Zeit verbringen • so kann ich die Zeit sinnvoll nutzen • manche Personen sind wie gute Freunde für mich • ich habe das Gefühl dazuzugehören • ich kann am Leben anderer teilnehmen • hilft mir, mich im Alltag zurechtzufinden	• weil ich mich informieren möchte • weil es aus Gewohnheit dazu gehört • weil die meisten meiner Freunde lesen • weil ich mitreden möchte • weil ich das für die Schule brauche • um meine Meinung besser zu argumentieren • weil ich dort Denkanstöße bekomme • weil ich mich entspannen möchte

Tabelle 1: Nutzungsmotive und Gratifikationen von Printmedien

Aufgabe 2:

Bitte versuchen Sie, die hier aufgeführten Gründe für den Griff zu Buch oder Zeitung unter einigen übergeordneten Kategorien zusammenzufassen (zum Beispiel: Information, Unterhaltung, Lebenshilfe etc.).

Aufgabe 3:

Lesen Sie den nachfolgenden Ausschnitt aus einem Interview mit der Kinder- und Jugendbuchautorin Cornelia Funke. Welche Funktionen weist die Autorin dem Lesen (von Fantasy) zu?

Ihre Tintenwelt-Bücher lesen nicht nur Kinder und Jugendliche, sondern auch Erwachsene – obwohl es Fantasy-Romane sind, deren Welten frei erfunden sind. Warum? Was können Erwachsene aus der Tintenwelt lernen?
Nicht jeder Leser hat zuallererst den Anspruch, etwas zu lernen.
Sondern?
Mir selbst ist vor allem die Lust am Lesen wichtig: Es geht um das Schlüpfen in die Vorstellungswelt eines anderen Menschen, die oft – das finde ich ganz erstaunlich und oft sehr tröstlich – die eigene spiegelt und in Worte fasst. Erst in zweiter Linie will ich aus einem Buch etwas lernen. Und ich will auf keinen Fall, dass ich schon vorher weiß, was ich daraus lernen soll. Gute Geschichten stellen für mich die richtigen Fragen, aber sie tun nicht so, als hätten sie alle Antworten.
Was haben Sie zuletzt aus einem Fantasy-Buch gelernt?
Generell habe ich aus den Büchern, die mich beeindruckten, mehr über mich selbst oder die Menschen an sich gelernt als über eine konkrete gesellschaftliche Situation. Eine gute Fantasy-Erzählung spiegelt unsere Realität auf überraschende Weise wider. Ich glaube, man begreift vieles über sich selbst und die Realität leichter, wenn man diese Wahrheiten durch Bilder vermittelt bekommt. Es gibt dieses wunderbare Bild in Harry Potter: Dumbledore taucht alle Erinnerungen, mit denen er nicht mehr leben mag, in ein Bassin. So empfinden wir alle, je älter wir werden: Wir sind manchmal überfrachtet mit Erinnerungen und hätten gern einen Platz, sie abzulegen, ohne sie zu verlieren. Wenn eine Erzählerin mit solchen Bildern arbeitet, beschreibt sie menschliche Zustände – das kann man im fantastischen Erzählen wesentlich besser als im realistischen. Das haben die Griechen in ihren Mythen getan. Darum ließ Shakespeare Geister auftauchen. (Frankfurter Rundschau, Nr. 270, 20. Nov. 2007, S. 24 f., Zitat: S. 25)

1.1.1 Lesebezogene Bildungsnormen – historisch und aktuell

Lesen hat nicht nur für den Einzelnen und die Gesellschaft zahlreiche Funktionen, sondern unterliegt darüber hinaus auch gesellschaftlich wechselnden Bewertungen; dies lässt sich an dem Wandel der *lesebezogenen Bildungsnormen* in den letzten Jahrhunderten nachvollziehen (vgl. Kapitel 1.1.1 im Lehrbuch). In verschiedenen historischen Epochen wurden dem Lesen jeweils unterschiedliche Funktionen zugeschrieben, an denen sich messen ließ, was als „richtiges" oder „gutes" Lesen galt und was nicht. B. Hurrelmann (2004b) sowie Groeben und Schroeder (2004) haben drei historische Lesenormen rekonstruiert, die bis heute die gesellschaftliche Wertschätzung des Lesens regulieren. Diese drei Normen lassen sich der Aufklärung, der Klassik/Romantik und der aktuellen Mediengesellschaft zuordnen.

Die Lesenorm der Aufklärung

Was ist Aufklärung?

„Aufklärung ist der Ausgang des Menschen aus seiner selbstverschuldeten Unmündigkeit. Unmündigkeit ist das Unvermögen, sich seines Verstandes ohne Leitung eines anderen zu bedienen. Selbstverschuldet ist diese Unmündigkeit, wenn die Ursache derselben nicht am Mangel des Verstandes, sondern der Entschließung und des Mutes liegt, sich seiner ohne Leitung eines anderen zu bedienen. Sapere aude! Habe Mut, dich deines eigenen Verstandes zu bedienen! ist also der Wahlspruch der Aufklärung." (Kant 1784)

Der aufklärerischen Maxime des „sapere aude" folgend, lässt sich die Lesenorm der Aufklärung zusammenfassen in dem Postulat: „Lesen dient der Befähigung des Individuums zur rationalen Selbstbestimmung." (Groeben & Schroeder 2004, S. 311; vgl. Lehrbuch S. 15) Der Aufklärer Bergk, ein begeisterter Anhänger Kants, hat 1799 ein über 400 Seiten starkes Buch veröffentlicht zum Thema „Die Kunst, Bücher zu lesen. Nebst Bemerkungen über Schriften und Schriftsteller" (Jena 1799). Darin unterstreicht er den großen Nutzen des Bücherlesens und warnt zugleich vor den Gefahren einer unvernünftigen Lektüre.

Aufgabe 4:

a) Lesen Sie die folgenden Auszüge aus dem Werk von Bergk und füllen Sie die unten stehende Tabelle über die Vorteile und Gefahren des Lesens aus.

b) Erarbeiten Sie anschließend in Ihrer Lerngruppe, welche positiven Funktionen Bergk dem Lesen zuschreibt und vergleichen Sie diese mit den Ausführungen im Lehrbuch (Kapitel 1.1.1) über die Lesenorm der Aufklärung.

c) Diskutieren Sie in Ihrer Lerngruppe die Ausführungen von Bergk über die Gefahren des Lesens: Für wie realistisch halten Sie diese Warnungen? Welche Erklärung haben Sie für die Sorgen von Bergk (und vielen anderen Aufklärern) hinsichtlich der Gefahren von Lektüre?

d) Vergleichen Sie die positiven Funktionen, die Bergk dem Lesen zuschreibt, mit den Gratifikationen des Buchlesens bzw. den Nutzungsmotiven der Zeitung, die in Tabelle 1 im Kapitel 1.1 des Arbeitsbuches aufgeführt sind: Welche der dort beschriebenen Motive stimmen mit Bergks Bewertung des Lesens überein?

Die Kunst, Bücher zu lesen (Auszüge aus einem Buch von 1799)

„Bücher sind lehrreiche Gesellschafter: gute bereichern unsere Kenntnisse, und durch schlechte wird man auf die Mängel, die darinn herrschen, aufmerksam, und zu zahllosen Abschweifungen im Denken verführt. In geistreichen Büchern lesen wir uns selbst, wenn wir Verstand haben: sie antworten uns auf alles, was wir zu wissen begehren. [...] Wir gehen durch die anmuthigen Gefilde der Ideenwelt in den geräuschvollen und traurigen Wirrwarr des wirklichen Lebens über, aber nie ohne den lebhaften Wunsch, die Welt zu idealisiren, und unser Leben den Vorschriften der Vernunft gemäß einzurichten. Wir gewinnen das Gute lieb, und wagen endlich die Heldenthat, das Gute zu thun, weil es Pflicht ist." (S. 3)

„Alles Lesen muß auf die Auferweckung unserer Kräfte abzielen, und wir müssen uns in den Stand sezzen, jedes Buch, das Erscheinungen des menschlichen Geistes enthält, so viel als möglich, in uns wieder zu erneuern, welches vorzüglich der Zustand ist, wo wir an Kultur und Kenntnissen am meisten gewinnen. Wir müssen über jeden Stoff, den wir bearbeiten, die Oberhand zu gewinnen suchen, und wir müssen herrschen, so viel Schwierigkeiten auch zu besiegen sind. Die Lektüre darf kein Betäubungsmittel unserer Kräfte, sondern ein Reiz für ihre Thätigkeit seyn. Kopf und Herz müssen durch sie mündig werden, und unsere Menschheit muß über unsere Thierheit den Sieg davon tragen. Veredelt, selbstthätig und freier müssen wir die Lektüre jedes Buches zu verlassen und unserer Sinnes- und unserer Denkungsart das Gepräge des Edelmuthes und der Originalität, der Humanität und der Freiheit aufzudrücken streben." (S. 415 f.)

„Das Lesen soll ein Erziehungsmittel zur Selbstständigkeit seyn, und die meisten brauchen dasselbe als einen Einschläferungstrank; es soll uns frei und mündig machen, und wie vielen dient es bloß zur Zeit-kürzung und zur Erhaltung von dem Zustande einer ewigen Unmündigkeit!" (S. 407)

„In Teutschland wurde nie mehr gelesen, als jetzt. Allein der größte Theil der Leser verschlingt die elen-desten und geschmacklosesten Romane mit einem Heißhunger, wodurch man Kopf und Herz verdirbt. Man gewöhnt sich durch die Lektüre solcher gehaltleeren Produkte an einen Müssiggang, den man nur mit der größten Anstrengung wieder austilgen kann. [...] man tödtet alle Lust zur Selbstthätigkeit und zu Arbeiten, und alle Liebe zur Freiheit. Man wird launisch, verdrießlich, anmaßend, unduldsam [...]: unser Geist wird kränklich, und seine Saiten werden verstimmt, nichts, was einfach und natürlich ist, gefällt uns, das alltägliche Leben wird uns zur Pein. Die Folgen einer solchen geschmack- und gedankenlosen Lektü-re sind also unsinnige Verschwendung, unüberwindliche Scheu vor jeder Anstrengung, grenzenloser Hang zum Luxus, Unterdrückung der Stimme des Gewissens, Lebensüberdruß, und ein früher Tod. Der Mensch soll thätig seyn, und viele verprassen ihr Leben in Unthätigkeit; er soll selbst denken, und viele haben nicht einmal eine Ahndung, daß es eine solche Pflicht für sie giebt; er soll mäßig leben, und Viele tödten die wenigen Lebenstage, und sinken vor der Zeit ins Grab." (S. 411 f.) (Bergk 1799 [Die Rechtschreibung des Originals wurde übernommen.])

Vorteile des Lesens nach Bergk	Gefahren des Lesens nach Bergk

Die Lesenorm der Klassik und Romantik

In der Klassik und Romantik hat sich die Wertschätzung des Lesens einschneidend verändert; man wandte sich von den rein pragmatischen Funktionen der Lektüre ab und rückte das Lesen in den Kontext einer allgemeinen humanistischen Bildungsthe-orie, in der die „ästhetische Erziehung des Menschen" (Schiller 1795) als Kern einer humanistischen Bildung schlechthin galt. Das Ideal war nun nicht mehr die *instrumen-telle*, das heißt an bestimmte Zwecke gebundene, sondern die *zweckfreie* Lektüre (schön-geistiger Werke), die ausschließlich der Persönlichkeitsbildung dienen sollte. Die Le-senorm der Klassik und Romantik lässt sich dementsprechend wie folgt zusammenfassen: „Lesen literarisch-ästhetischer Texte dient der existenziellen Persön-lichkeitsentwicklung." (Groeben & Schroeder 2004, S. 311, vgl. Lehrbuch S. 15). Die

„hohen" Werke der klassischen und romantischen Epoche waren diesem Ideal verpflichtet; sie wurden in den nachfolgenden Epochen zum Kernbestand eines *literarischen Kanons* erklärt, der die Grundlagen des (gymnasialen) Literaturunterrichts und der „Kanondiskussion" (vgl. Kapitel 4.2.4 im Lehrbuch und Kapitel 2.5.3 im Arbeitsbuch) bis heute prägt. Die folgenden Aufgaben beziehen sich darum auf die „Spuren" dieser Bildungsnorm in der heutigen Kanondiskussion in der Literaturwissenschaft und -didaktik.

Aufgabe 5:

Lesen Sie die Textauszüge aus Fuhrmann (1993) und Neuhaus (2002) im folgenden Kasten und bearbeiten Sie folgende Aufgaben:

a) Welche positiven Wirkungen werden von beiden Autoren der Lektüre von „hochwertiger" fiktionaler Literatur zugeschrieben? Füllen Sie die unten stehende Tabelle gemeinsam in Ihrer Lerngruppe aus!

b) Vergleichen Sie die der „hohen Literatur" zugeschriebenen positiven Wirkungen mit der lesebezogenen Bildungsnorm Nr. 2 im Lehrbuch, Kapitel 1.1.1: Inwiefern stimmen beide überein? Gibt es Unterschiede?

c) Diskutieren Sie in Ihrer Lerngruppe die Stichhaltigkeit der zweiten Lesenorm: Halten Sie das Konzept einer literarästhetischen Bildung zur „existenziellen Persönlichkeitsentwicklung" (Groeben & Schroeder 2004) für einleuchtend und zeitgemäß? Oder würden Sie in dem von Ihnen (zukünftig) zu gestaltenden Literaturunterricht andere Prioritäten setzen?

Warum ist Literatur unersetzbar?

„Eine zu starke Einbeziehung von expositorischen Texten käme dem Selbstmord des Literaturunterrichts gleich; denn dieser würde sich damit seines eigentlichen, weil allein ihm eigentümlichen Gegenstandes berauben. [...] Was fiktionale Literatur und nur fiktionale Literatur bieten kann: das freie Spiel der Einbildungskraft, die Fülle der Bilder und Anschauungen von Mensch und Welt, die vieldimensionale Einübung des Verstehens auch dem Fernsten und Fremdesten gegenüber – all das würde preisgegeben." (Fuhrmann 1993, S. 100 f.)

„Schüler [sollten] mit fiktionaler Literatur [...] und [...] insbesondere mit interpretationsbedürftiger (‚hoher') Literatur oder Dichtung [vertraut gemacht werden], weil der Reichtum, die Komplexität und die Deutbarkeit ihrer Gehalte und Formen [...] dem Schüler die umfassendsten Möglichkeiten der Weltorientierung, Horizonterweiterung und Selbstfindung erschließen [...]."
(ebd., S. 196)

„Die Themen der Literatur kreisen um Geburt, Liebe, Tod und die Frage, wie das Leben zu meistern ist. Qualitativ hochwertige Literatur bietet aber nicht nur Wunscherfüllungen [im Gegensatz zu trivialer Literatur], vielmehr konfrontiert sie ihre Leser mit Lebensentwürfen und erweitert ihren Wissenshorizont, um zur Reflexion und zur individuellen Gestaltung eines eigenen Lebenswegs anzuregen. Insofern vermittelt Literatur das, was man als ‚menschliche' Schlüsselqualifikation bezeichnen könnte." (Neuhaus 2002, S. 154 f.)

Wirkungen der Lektüre von fiktionaler ("hoher") Literatur nach Fuhrmann und Neuhaus

Die Lesenorm der Mediengesellschaft

Im Zeitalter der „Mediengesellschaft", das seit etwa 1980 angesetzt wird, hat das Lesen durch vielfältige andere Medien Konkurrenz bekommen. Die historisch tradierten Lesenormen, die jeweils viele Formen des Lesens und viele Lesestoffe als *nicht wünschenswert* ausgrenzten, unterliegen seit dieser Zeit einer zunehmenden Erosion: Nun kommt es nicht mehr so sehr darauf an, „richtig" bzw. „das Richtige" zu lesen, sondern „überhaupt" zu lesen (anstatt fernzusehen, am Computer zu spielen o.ä.). Als Lesenorm der Mediengesellschaft haben Groeben und Schroeder daher die „Erlebnisnorm" des Lesens rekonstruiert: „Lesen dient der Erfüllung von motivational-emotionalen Erlebnisbedürfnissen des Individuums." (Groeben & Schroeder 2004, S. 312, vgl. Lehrbuch, S. 16) Diese veränderte Auffassung des Lesens ist zu situieren in einer Gesellschaftsanalyse der Gegenwart, die der Kultursoziologe Schulze unter dem Titel „Erlebnisgesellschaft" vorgestellt hat: „Ansteigen des Lebensstandards, Zunahme der Freizeit, Expansion der Bildungsmöglichkeiten, technischer Fortschritt, Auflösung starrer biographischer Muster – jener Wandel der Situation, der sich zusammenfassend als Vermehrung der Möglichkeiten bezeichnen lässt, ist in der Soziologie umfassend aufgearbeitet und dokumentiert worden. [...] Auf die beispiellosen Veränderungen der Situation in den letzten Jahrzehnten reagieren die Menschen mit einer Veränderung der normalen existentiellen Problemdefinition. Das Erleben des Lebens rückt ins Zentrum. Unter dem Druck des Imperativs ‚Erlebe dein Leben!' entsteht eine sich perpetuierende Handlungsdynamik, organisiert im Rahmen eines rasant wachsenden Erlebnismarktes, der kollektive Erlebnismuster beeinflusst und soziale Milieus als Erlebnisgemeinschaften prägt." (Schulze 1992, S. 33)

Aufgabe 6:

a) Vergegenwärtigen Sie sich noch einmal alle drei lesebezogenen Bildungsnormen und diskutieren Sie, welche Arten von Lektüre (Lesestoffe und Leseweisen) von den einzelnen Normen als unerwünscht diskriminiert werden. Gibt es hinsichtlich der Reichweiten dieses Ausgrenzungsmechanismus Unterschiede zwischen den drei Normen?

b) Diskutieren Sie in Ihrer Lerngruppe, zu welchem Verständnis vom Sinn des Lesens die Erlebnisnorm führt und vergleichen Sie dieses mit ihren eigenen Leseerfahrungen: Finden Sie hier Übereinstimmungen oder eher nicht?

Aufgabe 7:

a) Lesen Sie die Darstellung der drei literatur- und lesedidaktischen Ansätze im nachfolgenden Kasten und arbeiten Sie dann mit Hilfe der nachstehenden Tabelle die jeweiligen *Zielsetzungen* dieser Ansätze heraus!

Bamberger	Haas et al.	Paefgen

b) Diskutieren Sie in Ihrer Lerngruppe, ob und inwiefern die vorgestellten literaturdidaktischen Ansätze auf die Erlebnisnorm des Lesens zielen bzw. dieser etwas entgegensetzen wollen.

c) Nehmen Sie Stellung zu den drei Ansätzen: Welcher erscheint Ihnen am überzeugendsten für einen erfolgreichen Literaturunterricht? Welchen Ansatz würden Sie ggfs. Ihrem eigenen (späteren) Deutschunterricht zugrunde legen?

Leseerziehung in der Erlebnisgesellschaft – aktuelle literatur- und lesedidaktische Kontroversen

a) „Zum Lesen verlocken"
Bamberger, der Begründer der österreichischen Leseförderung, veröffentlichte 1967 ein Buch mit dem Titel: „Zum Lesen verlocken. Jugendbücher als Klassen- und Gruppenlektüre". Darin plädiert er dafür, dass Kinder- und Jugendliteratur Eingang in den Deutschunterricht findet. „Die Methode geht von der Frage aus: Warum lesen Kinder gerne? Nicht, weil es sich um ein berühmtes Buch handelt, nicht weil sie etwas lernen wollen, nicht wegen der guten Note, sondern weil sie etwas *erleben,* weil sie gespannt sein wollen. Es geht also darum, die Kinder in die Spannung hineinzulocken, damit sie dann von selbst weiterlesen. Die Methode folgt dem Prinzip ,Vom Leichten zum Schweren'." (Bamberger 2000, S. 114; Hervorh. d. Verf.)
Die Methode des zum Lesen Verlockens kann durch LehrerInnen im Deutschunterricht zum Beispiel so umgesetzt werden:
„1. Hinführung: Man spricht nicht über das Buch, sondern beginnt mit dem Buch durch Erzählen und (oder) Anlesen eines Teiles davon (etwa 20 bis 30 %) bis zum ersten Spannungshöhepunkt mit allen Kniffen der Vortragskunst [...].

2. *Vorlesen* von etwa zwei Seiten [...], damit das Kind den Rhythmus der Sprache erfasst und weiter in die Spannung hineingezogen wird. Schwierige Wörter wird man dabei sofort durch Umschreibung mit anderen Wörtern erklären.

3. Die Kinder dürfen gleich anschließend *still weiterlesen*.

4. Etwa fünf Minuten vor dem Ende der Stunde wird die Stilllektüre beendet. Es kommt das große *Rätselraten*, wie das Buch ausgehen wird. Die Schüler sind nun dreifach zum Weiterlesen zu Hause motiviert: durch das Erzählen und Vorlesen des Lehrers, das eigene Lesen und das Raten über den Ausgang.

5. *Häusliche Lektüre:* Viele Schüler lesen das Buch am gleichen Tag zu Ende. Im Laufe einer Woche haben es in der Regel alle gelesen. [...]

6. ›*Aussprache*‹ (also nicht Besprechung oder Behandlung) über das Buch. Man wird sie ansetzen, wenn die Schüler – etwa nach einer Woche – die Bücher wieder abgeben. Sie soll nicht erzwungen werden, sondern aus der Begeisterung über das Buch erwachsen und möglichst kurz sein. Der Lehrer wird trachten, dass sich alle Schüler an der Aussprache beteiligen. Oft werden bei der Aussprache wichtige Stellen des Buches vorgelesen. Die Lehrer schalten sich als Partner in das Gespräch ein. Jede Form des Abfragens und Prüfens wird vermieden." (ebd., S. 115 f.)

b) „Handlungs- und produktionsorientierter Literaturunterricht"

Seit Anfang der 1980er Jahre entwickelte sich der „handlungs- und produktionsorientierte Literaturunterricht", der darauf zielt, den Leser bzw. die Leserin bei der Lektüre eines literarischen Textes zu einer aktiven schöpferischen Mitgestaltung herauszufordern. Diese individuellen „Konkretisationen" von literarischen Texten sollen durch vielfältige Methoden kreativer Gestaltung *materialisiert* und zum Gegenstand des Unterrichts gemacht werden. Die wichtigsten Grundformen sind dabei textproduktive Verfahren einerseits, szenische, visuelle oder akustische Gestaltungen literarischer Vorlagen andererseits.

Den SchülerInnen sollen auf diese Weise affektive, identifikatorische, sinnliche, spielerische und praktische Zugänge zu literarischen Texten eröffnet werden, sie sollen „mit Kopf, Herz und Hand" bei der Literatur sein, bevor sie diese analytisch-kritisch untersuchen. Die „Fundierung der Lesebereitschaft und die Ausbildung von Leselust bilden die Grundlage für alle weiteren sinnvollen analytisch-intellektuellen Aktivitäten." (Haas, Menzel & Spinner 1994, S. 18) Haas, einer der Väter dieses Ansatzes, hat das Grundanliegen des handlungs- und produktionsorientierten Literaturunterrichts folgendermaßen pointiert: Es komme darauf an, die SchülerInnen zunächst mit Literatur *zusammenzubringen*, zu *verbinden*, bevor sie sich analytisch-kritisch mit ihr *auseinandersetzen*. (Haas 2004, S. 98 f.) In allen handlungs- und produktionsorientierten Verfahren stehe zunächst die *Textbegegnung* im Zentrum – als Ermöglichung der aktiv-produktiven und durchaus auch emotionalen Teilnahme der SchülerInnen am Text – bevor die analytische *Texterschließung* erfolgt. Haas betont ausdrücklich: „Auch ‚nur' die aktive, interesseweckende und emotional-spielerisch besetzte und zum Lesen motivierende Textbegegnung und -öffnung kann je nach der unterrichtlichen Situation – und vor allem in den unteren Klassen – sinnvolles Unterrichtsziel sein." (ebd., S. 95) Ähnliche Akzente setzt auch das Konzept der „Leseförderung", das in den 1990er Jahren vor allem von Hurrelmann inspiriert wurde. (B. Hurrelmann 1994)

c) „Textnahes Lesen"

Als Antwort auf diese und andere Konzepte eines primär „lesefördernden" Literaturunterrichts können die Publikationen von Elisabeth Paefgen zu diesem Thema gelesen werden. Paefgen setzt gegen das „frohe Lesen" die „Arbeit am Text", eine angeleitete, geduldige, intellektuelle Auseinandersetzung mit der „Andersheit" der „überstrukturierten literarischen Sprache" (Paefgen 1999, S. 27): „Der literarische Text wird in der literatursprachorientierten Didaktik als Denkaufgabe verstanden, als intellektuelle Herausforderung, als ein sprachliches Problem, das Lösungsarbeit verlangt, möglichst schriftliche." (ebd.) Literaturunterricht habe nicht mehr vorrangig eine an einem Kanon orientierte „literarische Bildung" zum Ziel, sondern den Erwerb „sprachästhetischer Basisqualifikationen" (vgl. Paefgen 2000, S. 198 ff.): An „exemplarisch ausgewählten Texten" soll eine „konzentrierte Lese- und Schreibschulung" durchgeführt werden. Dies gelinge am besten in der Auseinandersetzung mit „modernen literarischen Texten des 20. Jahrhunderts, die in ihrer Darstellung sprachexperimentell arbeiten, formal ungewöhnlich sind bzw. ein lineares harmonisches Erzählen verweigern." (Paefgen 1999, S. 27 f.)

Diese Konzeption antwortet auf die Herausforderungen der Mediengesellschaft, indem sie sich als dezidiertes „Gegenprogramm zu den Aktivitäten, denen die Schüler in ihrer Freizeit nachgehen", begreift: Die sprachästhetisch orientierte Didaktik „steuert einem Unterhaltungsbedürfnis entgegen und weist auf den ‚Ernst der Sache Literatur' hin." (ebd., S. 28) Zugespitzt formuliert Paefgen: „Vielleicht ist dem Gegenstand Literatur langfristig eine günstigere Zukunft beschieden, wenn Didaktiker und Lehrer sich von der Erwartung verabschieden, der Literaturunterricht müsse leidenschaftliche Literaturleser heranbilden und wenn sie akzeptieren, dass sie unter den heutigen kulturellen Bedingungen mit dem Lesen von Literatur ihren Schülern eine Arbeit zumuten, die diese eher mit Mathematik- als mit Kunstaufgaben vergleichen." (ebd., S. 30)

1.1.2 Funktionen des Lesens

Bitte lesen Sie das Kapitel 1.1.2 im Lehrbuch und vergegenwärtigen Sie sich insbesondere das Tableau „Funktionen des Lesens" (nach Groeben 2004a, S. 17). Bearbeiten Sie anschließend die folgenden Aufgaben.

Aufgabe 8:

a) Bitte rekonstruieren Sie die Logik des Tableaus „Funktionen des Lesens" in Abbildung 1.1 des Lehrbuches: Warum wurde hier eine Sechs-Felder-Matrix gewählt? Nennen Sie jeweils fünf Beispiele für fiktonale und non-fiktionale Texte. Erläutern Sie die Begriffe „Prozess(ebene)", „Personale Ebene" und „Soziale Ebene".

b) Die Funktionen des Lesens beziehen sich auf zwei Dimensionen: das empirisch Nachweisbare und das normativ Wünschbare. Diskutieren Sie in Ihrer Lerngruppe: Welche Funktionen lassen sich in empirischen Untersuchungen vermutlich leicht nachweisen, bei welchen ist das kaum möglich? Wo verläuft Ihrer Meinung nach die Grenze im Tableau der Funktionen?

c) Zu welcher Funktion bzw. welchen Funktionen des Lesens gehört Ihrer Meinung nach das Lesen der „Höhenkammliteratur" deutscher Klassik und Romantik, d.h. von Texten wie Goethes „Faust", Schillers „Don Carlos", Hölderlins „Hyperion" oder Kleists „Prinz von Homburg" (s. dazu auch Kapitel 2.5.3)?

Aufgabe 9:

Susanne Limmroth-Kranz hat in ihrer Dissertation über 60 Personen aus den Geburtsjahrgängen 1929–1970 über das Lesen in deren Lebenslauf befragt. Es folgen zwei Beispiele aus Interviews. Ordnen Sie aus dem Tableau von Groeben Funktionen zu, die das Lesen für die zwei Befragten hat.

Frau P. (Jg. 1944), Pfarramtssekretärin: „Also inzwischen lege ich schlecht geschriebene Bücher dann einfach weg, weil sie mich langweilen und mich dann eben nicht gut unterhalten. Andere Bücher lese ich allein des Stils wegen. Also z.B. die Stories von Charles Dickens sind manchmal trivial oder manchmal sogar kitschig. Aber es ist alles einfach so wunderbar geschrieben und beschrieben. Typen werden aufgebaut in einem Stil, der einfach umwerfend ist. Und heute berufen sich doch auch viele moderne Autoren auf Dickens. Viele sagen doch ‚Dickens hat mich inspiriert'. Das ist für mich ein Phänomen, und es bedeutet doch wohl auch zugleich, daß der Stil wirklich eine große Rolle spielt. Es ist nicht immer allein das Thema."

Herr K. (Jg. 1934), Bäcker/Zollbeamter: „Ich bin ja von 1940 bis 1948 in die Schule gegangen, und davon von November 1944 bis Mai 1946 ohne jegliche Schule, und wenn ich so ein bißchen einigermaßen Wissen habe, das habe ich eigentlich nur durch Bücher und durch das Lesen. Ich lese gerne Bücher mit Handlungen, die einen mit Ländern und fremden Gegenden vertraut machen. Ich lese auch gerne Geographisches, nicht immer nur Deutschland, auch weltweit. So habe ich also mein Allgemeinwissen, das ich neben der Schule gelernt habe, aus Büchern. In der Schule habe ich wirklich nur Lesen, Schreiben und Rechnen gelernt." (Limmroth-Kranz 1997)

Aufgabe 10:

Musil beschreibt in seinem „Mann ohne Eigenschaften" im vierten Kapitel einen so genannten „Möglichkeitssinn": „Wer ihn besitzt, sagt beispielsweise nicht: Hier ist dies oder das geschehen, wird geschehen, muß geschehen; sondern er erfindet: Hier könnte, sollte oder müßte geschehen; und wenn man ihm von irgend etwas erklärt, daß es so sei, wie es sei, dann denkt er: Nun, es könnte wahrscheinlich auch anders sein. So ließe sich der Möglichkeitssinn geradezu als die Fähigkeit definieren, alles, was ebensogut sein könnte, zu denken und das, was ist, nicht wichtiger zu nehmen als das, was nicht ist." Wo wäre der Möglichkeitssinn im Tableau der Funktionen zu verorten?

Aufgabe 11:

Es folgen Auszüge aus fünf Texten. Bitte lesen Sie diese und ordnen Sie die einzelnen Aspekte den jeweils angesprochenen Funktionen des Lesens im Groeben-Tableau zu. Diskutieren Sie anschließend: Wo würden Sie die hier angesprochenen Funktionen im Hinblick auf die Unterscheidung von empirisch überprüfbaren vs. normativ wünschbaren Kategorien zuordnen (vgl. Aufgabe 8)? Welche Rolle spielt hierbei, dass die Textauszüge fast alle von Literaturdidaktikern stammen?

a) „Eine moderne Gesellschaft braucht differenzierte Persönlichkeiten, nicht nur, weil die Berufe differenzierter werden. Bücherlektüre ist ein bedeutendes Medium der Persönlichkeitsdifferenzierung. Das Ausmaß der Lektüre der heutigen Generation, der Lesestoffe, für die sie sich interessiert, werden das Schicksal der Kinder und Enkel bestimmen. In Zeiten eines raschen gesellschaftlichen Wandels erfüllt die Bücherlektüre eine Orientierungsfunktion, intellektuell wie psychologisch. In einer sich fortwährend modernisierenden Gesellschaft mit immer subtileren Berufen und ständig neuen Problemen, in einer Gesellschaft, deren Strukturen immerzu in Bewegung sind, wäre es günstig, wenn große Teile der Bevölkerung hohe Grade von Einfühlungsvermögen erreichten. Das aber kann durch Lektüre vermittelt werden. So verschieden Schriftsteller und Dichter auch sein mögen, sie haben unter anderem gemeinsam, dass sie mit ihren Werken Einfühlung vermitteln. Auch so gesehen, sozialpsychologisch, gehören Bücher zur Lebensform der Freiheit" (Schmidtchen 1993, zit. n.: Bamberger 2000, S. 13).

b) „In Texten können Begriffe von einer solchen Dichte und von einem solchen Schwierigkeitsgrad vorgegeben werden, daß die begriffliche Kompetenz des Lesenden bis aufs äußerste beansprucht wird" (Grzesik 1988, zit. n.: B. Hurrelmann 1994, S. 16).

c) Literatur kann […] als das vielleicht wichtigste Medium betrachtet werden, das sich die Menschheit zur Ausbildung der Fähigkeit zur Perspektivenübernahme geschaffen hat. Literarische Texte lassen uns fremde Erfahrungsperspektiven nachvollziehen, setzen verschiedene Perspektiven miteinander in Beziehung und regen dazu an, über Gründe und Folgen verschiedener Sichtweisen nachzudenken" (Spinner 1989, zit. n.: B. Hurrelmann 1994, S. 16).

d) „Literatur [...] kann man von Homer bis heute sehen als ein enzyklopädisches Speicher- und Reflexionsmedium, in dem unser kulturelles Herkommen aufgehoben und bearbeitet ist. Was immer irgendwo in der Welt real war [...], überlebt in ihr, und was immer gedacht und gefühlt worden ist, bleibt in ihr erhalten und ist durch Sinnzuschreibung beglaubigt: Naturbeobachtungen, Welterkenntnis jeder Art, ferner epochale Grundstimmungen und Weltbilder, individuelle oder soziale Konflikte usw." (Abraham & Kepser 2005, S. 18).

e) „Fremdverstehen ist der notwendige Ergänzungsbegriff zur Suche nach einer eigenen Identität: In der Auseinandersetzung mit anderen Figuren und Gesprächspartnern, anderen Kulturen und Denktraditionen kommt es darauf an, weder sich an das Andere zu verlieren oder es kritiklos zu übernehmen, noch es als fremd zurückzuweisen oder gar zu verfolgen. Gerade das notwendige Ziel einer kulturellen Verständigung über unterschiedliche Sehweisen bis zum unauflösbaren Dissens lässt sich mit Literatur fördern: Empathie und Perspektivenübernahme, also Einfühlung und erprobendes ‚Wenn ich du wäre' spielen eine große Rolle [...]. Erinnerungsarbeit und Förderung eines historischen Bewusstseins: Sprache und Literatur sind gewissermaßen der Fundus, aus dem der Mensch aus der Beschränktheit der eigenen Perspektive heraus sich ein kulturelles und kollektives Gedächtnis aufbauen kann: Der Leser kann entdecken, wie sich Mentalitäten und Gefühle, Denkweisen und Deutungsmuster im Laufe der Geschichte verändert haben, wie angeblich unveränderliche anthropologische Grundstrukturen wie Liebe, Familie und ihre Beziehungen einem Wandel unterworfen waren und sind. Historisches Verstehen fördert sowohl die Fähigkeit, mit der eigenen, historisch gewordenen Identität (selbst-)kritisch umzugehen als auch Fremdes verstehen und anerkennen zu können [...]" (Beisbart 2003, S. 114 f.).

Aufgabe 12:

Gehen Sie noch einmal zurück zur Einstiegsaufgabe zu Beginn des Kapitels 1.1. Sie hatten hier zehn Vorteile des Lesens für das Individuum und die Gesellschaft notiert. Ordnen Sie diese in das Tableau der Funktionen des Lesens nach Groeben ein: Gibt es Aspekte Ihrer Sammlung, die sich hier nicht zuordnen lassen? Würden Sie Ihre Liste nach der Bearbeitung dieses Kapitels modifizieren?

1.2 Die Kompetenzdebatte in der aktuellen Bildungspolitik

Aufgabe 1 zum Einstieg:

Welches sind nach Ihrer persönlichen Überzeugung die *fünf* grundlegenden Fähigkeiten („Kompetenzen"), über die heutzutage alle SchulabsolventInnen verfügen sollten, um für eine erfolgreiche „Lebensbewältigung" im Privat- wie im Berufsleben einer rasch sich wandelnden Gesellschaft gut gerüstet zu sein? Stellen Sie dazu zunächst einzeln in einem Brainstorming alle wichtigen Fähigkeiten zusammen, die Ihnen spontan einfallen, und wählen Sie dann die fünf wichtigsten Kategorien aus. Vergleichen Sie Ihre Ergebnisse anschließend in der Lerngruppe und diskutieren Sie Ihre Prioritäten. Stellen Sie als Ergebnis *zehn* grundlegende Fähigkeiten zusammen!

Aufgabe 2:

Vergleichen Sie Ihre persönliche bzw. die Gruppen-Rangliste mit der nachstehend erläuterten PISA-Konzeption von Grundbildung (literacy); diese umfasst vier Bereiche: Lesekompetenz (Reading Literacy), mathematische Grundbildung (Mathematical Literacy), naturwissenschaftliche Grundbildung (Scientific Literacy) und fächerübergreifende Kompetenzen (Cross-Curricular Competencies). Im ersten Zyklus wurden zum letzten Aspekt beispielsweise getestet: Merkmale selbstregulierten Lernens und der Umgang mit Computern (vgl. PISA 2000, S. 15 f.). Beziehen Sie das nachstehend zitierte Verständnis von „Basiskompetenzen" in PISA mit ein und vergleichen Sie, wo Ihre eigene Liste von der PISA-Konzeption abweicht. Welche Gründe haben Sie dazu bewogen, andere Prioritäten zu setzen als PISA dies tut?

„Man kann gar nicht nachdrücklich genug betonen, dass PISA keineswegs beabsichtigt, den Horizont moderner Allgemeinbildung zu vermessen, oder auch nur die Umrisse eines internationalen Kerncurriculums nachzuzeichnen. Es ist gerade die Stärke von PISA, sich solchen Allmachtsfantasien zu verweigern und sich stattdessen [...] auf Basiskompetenzen zu konzentrieren, die [...] wichtige Voraussetzungen für die [...] Teilhabe an Kommunikation und damit auch für Lernfähigkeit darstellen" (PISA 2000, S. 21).

Aufgabe 3:

In der deutschen Debatte um Kompetenzen und Bildungsstandards nach dem PISA-Schock ist die Definition des Bildungsforschers Erich Weinert ein grundlegender Bezugspunkt für viele Beiträge geworden, u.a. für die Expertise „Zur Entwicklung nationaler Bildungsstandards", die im Auftrag der Kultusministerkonferenz (KMK) erstellt wurde. Weinert definiert Kompetenzen als „die bei Individuen verfügbaren oder durch sie erlernbaren Fähigkeiten und Fertigkeiten, um bestimmte Probleme zu lösen, sowie die damit verbundenen motivationalen, volitionalen [= durch den Willen bestimmten, d. Verf.] und sozialen Bereitschaften und Fähigkeiten um die Problemlösungen in variablen Situationen erfolgreich und verantwortungsvoll nutzen zu können" (Weinert 2001, S. 27 f.). Vergleichen Sie die Kompetenzdefinition von Weinert mit derjenigen des PISA-Konsortiums und markieren Sie die wesentlichen Unterschiede. Diskutieren Sie dazu folgende Fragen: Was könnte bei Weinert mit „Problemen" gemeint sein? Inwiefern gehören „Bereitschaften und Fähigkeiten" zu praktischem Handeln mit zu Kompetenzen? Inwieweit kann oder sollte die Schule zur Entwicklung solcher Kompetenzen beitragen?

Aufgabe 4:

In der ersten PISA-Studie (PISA 2000) lag der Schwerpunkt der Testaufgaben im Bereich der *Lesekompetenz* oder „reading literacy". Zur Lesekompetenz wurden 37 Texte mit 141 Aufgaben eingegeben, die mathematische Kompetenz wurde mit 16 Texten und 32 Aufgaben getestet, die naturwissenschaftliche Kompetenz mit 14 Texten und 35 Aufgaben (vgl. PISA 2000, S. 49). Formulieren Sie eine Hypothese zu der Frage, warum die Lesekompetenz in der ersten (und bis heute bekanntesten) PISA-Studie ein so großes Gewicht erhielt.

1.2.1 Lesekompetenz in der PISA-Studie 2000

Das Textkorpus in PISA

Wie auf der Basis des Lesekompetenzmodells von PISA (vgl. Kapitel 1.2.1 im Lehrbuch) Testaufgaben konstruiert und ausgewertet werden, soll nun an einem Beispiel nachvollzogen werden. Die OECD bzw. das Max-Planck-Institut für Bildungsforschung in Berlin (als Träger der deutschen Teilstudie PISA 2000) haben im Internet Beispielaufgaben und -lösungen zugänglich gemacht, die im eigentlichen Test nicht verwendet wurden. Damit sollte der interessierten Öffentlichkeit im Sinne einer maximalen wissenschaftlichen Transparenz verdeutlicht werden, wie Lesekompetenz im Rahmen der PISA-Studie getestet wird. Im tatsächlich durchgeführten Lesetest PISA 2000 wurden 141 Aufgaben zu 37 Texten formuliert. Die dabei eingesetzten Texte waren auf verschiedene Textarten prozentual wie folgt verteilt:

Kontinuierliche Texte		Nicht-kontinuierliche Texte	
Art des Textes	**Prozent der Aufgaben**	**Art des Textes**	**Prozent der Aufgaben**
Erzählung	12	Diagramme/Graphen	11
Darlegung	22	Tabellen	11
Beschreibung	9	Schematische Zeichnungen	4
Argumentation	13	Karten	3
Anweisung	6	Formulare	6
Gesamt	62	Anzeigen	3
		Gesamt	38

Tabelle 2: Verteilung der Aufgaben aus dem Lesetest nach Art der Texte in PISA 2000 (Quelle: PISA 2000, S. 81)

Aufgabe 5:

Unter „kontinuierlichen" Texten versteht die PISA-Studie reine Schrifttexte; „nicht-kontinuierliche Texte" sind dagegen Kombinationen aus Schrift und anderen Darstellungsformen wie Diagrammen, Bildern, Karten, Tabellen oder Graphiken (vgl. PISA 2000, S. 80). In welchem prozentualen Verhältnis stehen die beiden Textgruppen zueinander? Welche Gründe könnte es für den großen Anteil an „nicht-kontinuierlichen Texten" im PISA-Test geben?

Aufgabe 6:

Gewöhnlich unterscheiden wir zwischen fiktionalen bzw. narrativen („literarischen") Texten und Gebrauchs- bzw. Sachtexten. Welche der in der Tabelle 2 aufgeführten Textarten gehören zur ersten, welche zur zweiten Kategorie? Wie ist das prozentuale Verhältnis zwischen diesen beiden Textarten? Diskutieren Sie in Ihrer Lerngruppe unter Rückgriff auf die Ziele der PISA-Studie (vgl. Lehrbuch, Kapitel 1.2.1), warum das Verhältnis zwischen literarischen und Gebrauchstexten bei PISA in dieser Weise gestaltet wurde.

Aufgabe 7:

Nehmen Sie Stellung zu der geringen Bedeutung literarischer Texte im PISA-Test: Wo sehen Sie Vorteile, wo Probleme? Welche Gewichtung würden Sie vorschlagen, mit welcher Begründung?

Eine Beispielaufgabe aus PISA 2000

Aufgabe 8:

Lesen Sie die nachfolgenden Aufgaben zum Tschadsee durch und bestimmen Sie zunächst die Textsorte nach Tabelle 2. Bearbeiten Sie anschließend die fünf Fragen zum Tschadsee und beobachten Sie sich selbst dabei: Welche Aufgabe fällt Ihnen am leichtesten, welche am schwersten?

Aufgabe 9:

Rekonstruieren Sie in Ihrer Lerngruppe die für die Bearbeitung der verschiedenen Aufgaben erforderlichen Fähigkeiten: Welche der drei Teildimensionen der Lesekompetenz – a) Informationen ermitteln; b) textbezogenes Interpretieren; c) Reflektieren und Bewerten – muss eingesetzt werden, um die jeweilige Aufgabe zu lösen?

Aufgabe 10:

Erläutern Sie die theoretische Struktur der Lesekompetenz im PISA-Modell (Lehrbuch Abbildung 1.2, S. 22: Theoretische Struktur von Lesekompetenz in PISA) am Beispiel der fünf Aufgaben.

Aufgabe 11:

Beurteilen Sie auf der Basis Ihrer eigenen Erfahrungen den Schwierigkeitsgrad der fünf Aufgaben: Sind sie nach Ihrer Einschätzung für Fünfzehnjährige a) angemessen, b) zu schwierig, c) zu einfach? Begründen Sie Ihre Ansicht.

Tiefe in Metern

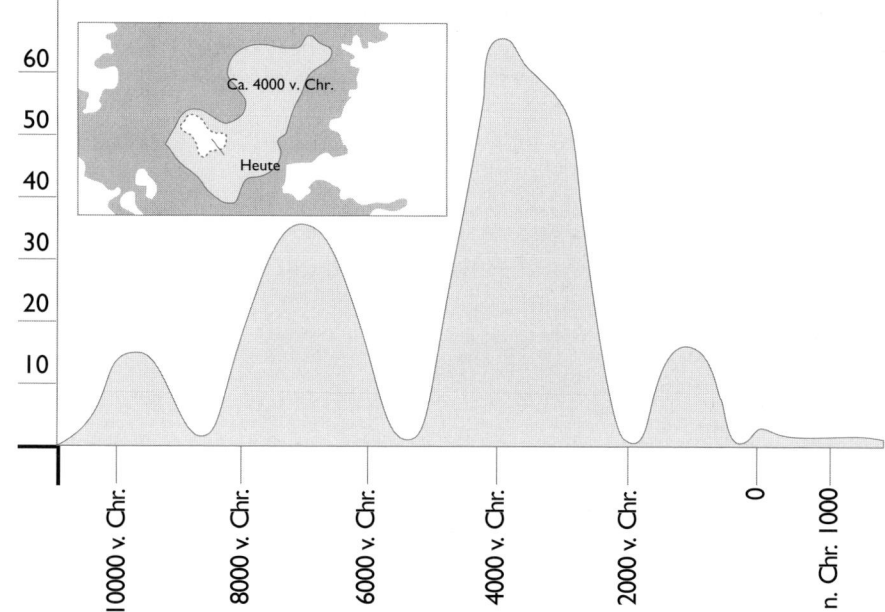

Abbildung 1: Schwankungen des Wasserstandes des Tschadsees in der Sahara in Nordafrika. Während der letzten Eiszeit, etwa 20000 v. Chr., verschwand der Tschadsee vollständig. Um etwa 11000 v. Chr. entstand er wieder neu. Heute hat er etwa den gleichen Wasserstand wie im Jahre 1000 n. Chr. (Quelle: Kirsch et al. 2002, S. 66)

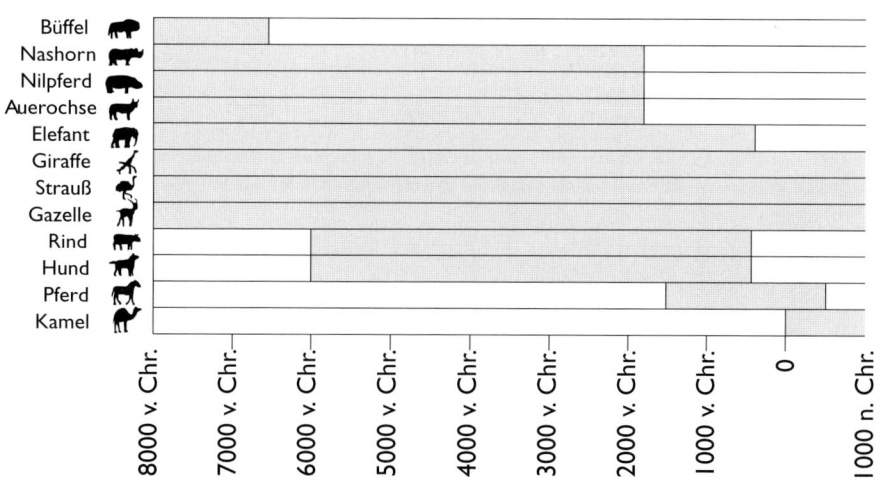

Abbildung 2: Felsmalereien aus der Sahara (Zeichnungen oder Bilder wurden auf den Wänden der Höhlen gefunden) und Veränderungen in der Struktur der Tierwelt. (Quelle: Kirsch et al. 2002, S. 66)

Beziehe dich auf die gegebenen Informationen über den Tschadsee, um die folgenden Fragen zu beantworten.

Frage 1: Wie tief ist der Tschadsee heute?
- ☐ A) Etwa zwei Meter.
- ☐ B) Etwa fünfzehn Meter.
- ☐ C) Etwa fünfzig Meter.
- ☐ D) Er ist vollständig verschwunden.
- ☐ E) Diese Information wird nicht gegeben.

Frage 2: In welchem Jahr beginnt in etwa das Diagramm in Abbildung 1?

....

....

Frage 3: Warum hat sich der Autor entschieden, das Diagramm an diesem Punkt beginnen zu lassen?

....

....

....

Frage 4: Abbildung 2 geht von der Annahme aus, dass
- ☐ A) die Tiere in den Felsmalereien zu dem Zeitpunkt, als die Malereien entstanden, in diesem Gebiet vorkamen.
- ☐ B) die Künstler, die die Tiere malten, hoch begabt waren.
- ☐ C) die Künstler, die die Tiere malten, weite Strecken zurücklegen konnten.
- ☐ D) es keinen Versuch gab, die Tiere zu zähmen, die in der Felsmalerei abgebildet wurden.

Frage 5: Für diese Frage musst du Informationen aus Abbildung 1 und Abbildung 2 verbinden.
Das Verschwinden von Nashorn, Nilpferd und Auerochse aus den Felsmalereien in der Sahara geschah …
- ☐ A) zu Beginn der letzten Eiszeit.
- ☐ B) in der Mitte der Zeit, als der Tschadsee seinen höchsten Wasserstand hatte.
- ☐ C) nachdem der Wasserstand des Tschadsees über tausend Jahre lang gefallen war.
- ☐ D) zu Beginn einer ununterbrochenen Trockenzeit.

(Quelle von Text und Abbildungen: Max-Planck-Institut für Bildungsforschung 2001)

Drei Kompetenzdimensionen und fünf Kompetenzstufen

Neben den im Lehrbuch (Kapitel 1.2.1) bereits erläuterten drei Kompetenz*dimensionen* enthält der PISA-Test für jede dieser Dimensionen zugleich fünf Kompetenz*stufen*. Das Modell der fünf *Kompetenzstufen* wird in der PISA-Studie für alle drei Teildimensionen (Subskalen) der Lesekompetenz expliziert.

Stufe	Informationen ermitteln	Textbezogenes Interpretieren	Reflektieren und Bewerten
	Aufgaben auf der jeweiligen Kompetenzstufe erfordern vom Leser …		
V	… verschiedene, tief eingebettete Informationen zu lokalisieren und geordnet wiederzugeben. Üblicherweise ist der Inhalt und die Form des Textes unbekannt, und der Leser muss entnehmen, welche Information im Text für die Aufgabe relevant ist.	… ein vollständiges und detailliertes Verstehen eines Textes, dessen Format und Thema unbekannt sind.	… die kritische Bewertung oder das Bilden von Hypothesen, unter Zuhilfenahme von speziellem Wissen. Typischerweise verlangen Aufgaben dieses Niveaus vom Leser den Umgang mit Konzepten, die der Erwartung widersprechen.
IV	… mehrere eingebettete Informationen zu lokalisieren. Üblicherweise ist der Inhalt und die Form des Textes unbekannt.	… z. B. das Auslegen der Bedeutung von Sprachnuancen in Teilen des Textes, die unter Berücksichtigung des Textes als Ganzes interpretiert werden müssen. Andere Aufgaben erfordern das Verstehen und Anwenden von Kategorien in einem unbekannten Kontext.	… z. B. die kritische Bewertung eines Textes oder das Formulieren von Hypothesen über Information im Text, unter Zuhilfenahme von formalem oder allgemeinem Wissen. Leser müssen ein akkurates Verstehen von langen und komplexen Texten unter Beweis stellen.
III	… Einzelinformationen herauszusuchen und dabei z. T. auch die Beziehungen dieser Einzelinformationen untereinander zu beachten, die mehrere Voraussetzungen erfüllen. Die Auswahl wird durch auffallende und konkurrierende Informationen erschwert.	… die in verschiedenen Teilen des Textes enthaltenen Aussagen zu berücksichtigen und zu integrieren, um eine Hauptidee zu erkennen, eine Beziehung zu verstehen oder die Bedeutung eines Wortes oder eines Satzes zu schlussfolgern. Beim Vergleichen, Kontrastieren oder Kategorisieren müssen viele Merkmale berücksichtigt werden. Oft ist die erforderliche Information nicht auffallend oder es gibt andere Textschikanen, wie z. B. Ideen, die das Gegenteil zu einer Annahme ausdrücken oder negativ formuliert sind.	… entweder Verbindungen, Vergleiche und Erklärungen, oder sie erfordern vom Leser, bestimmte Merkmale des Textes zu bewerten. Einige Aufgaben erfordern vom Leser ein genaues Verständnis des Textes im Verhältnis zu bekanntem Alltagswissen. Andere Aufgaben verlangen kein detailliertes Textverständnis, aber erfordern vom Leser, auf wenig verbreitetes Wissen Bezug zu nehmen. Der Leser muss die relevanten Faktoren teilweise selber ableiten.
II	… eine oder mehrere Informationen zu lokalisieren, die beispielsweise aus dem Text geschlussfolgert werden müssen und die mehrere Voraussetzungen erfüllen müssen. Die Auswahl wird durch	… z. B. das Erkennen eines wenig auffallend formulierten Hauptgedankens eines Textes. Andere Aufgaben erfordern das Verstehen von Beziehungen oder das Erfassen einer Bedeutung innerhalb eines Textteils	… z. B. einen Vergleich von mehreren Verbindungen zwischen dem Text und über den Text hinausgehendem, Wissen. Bei anderen Aufgaben müssen Leser auf ihre persönlichen Erfahrungen und Einstellungen

Stufe	Informationen ermitteln	Textbezogenes Interpretieren	Reflektieren und Bewerten
	Aufgaben auf der jeweiligen Kompetenzstufe erfordern vom Leser ...		
	einige konkurrierende Informationen erschwert.	auf der Basis von einfachen Schlussfolgerungen. Aufgaben auf diesem Niveau, die analoges Denken beinhalten, erfordern üblicherweise Vergleiche oder Kontraste, die auf nur einem Merkmal des Textes basieren.	Bezug nehmen, um bestimmte Merkmale des Textes zu erklären. Die Aufgaben erfordern ein breites Textverständnis.
I	... eine oder mehrere unabhängige, aber ausdrücklich angegebene Informationen zu lokalisieren. Üblicherweise gibt es eine einzige Voraussetzung, die von der betreffenden Information erfüllt sein muss, und es gibt, wenn überhaupt, nur wenig konkurrierende Informationen im Text.	... das Erkennen des Hauptgedankens des Textes oder der Intention des Autors bei Texten über bekannte Themen. Der Hauptgedanke ist dabei entweder durch Wiederholung oder durch früheres Erscheinen im Text auffallend formuliert.	... z. B. eine einfache Verbindung zwischen Information aus dem Text und weit verbreitetem Alltagswissen herzustellen. Der Leser wird ausdrücklich angewiesen, relevante Faktoren in der Aufgabe und im Text zu beachten.

Tabelle 3: Beschreibung der typischen Anforderungen pro Kompetenzstufe und Subskala bei PISA
(Quelle: PISA 2000, S. 89)

Aufgabe 12:

Die fünf Stufen der Lesekompetenz „beschreiben die Fähigkeit, Aufgaben unterschiedlicher Schwierigkeitsgrade lösen zu können. Der Schwierigkeitsgrad einer Aufgabe ist dabei unter anderem abhängig von der Komplexität des Textes, der Vertrautheit der Schülerinnen und Schüler mit dem Thema des Textes, der Deutlichkeit von Hinweisen auf die relevanten Informationen sowie der Anzahl und Auffälligkeit von Elementen, die von den relevanten Informationen ablenken könnten" (PISA 2000, S. 11). Versuchen Sie auf der Basis dieser Information, die fünf Aufgaben zum Tschadsee in ihrer Schwierigkeit einer der Stufen zuzuordnen. Sie finden vertiefende Hinweise dazu in der PISA-Studie 2000 auf S. 88–97, insbes. S. 91–95.

Ergebnisse der PISA-Studie 2000

Aufgabe 13:

Die PISA-Experten definieren die Kompetenzstufe II als eine Art Minimalstandard: Wer die hier beschriebenen Fähigkeiten erlangt hat, ist hinreichend für die Anforderungen der Gesellschaft und des Berufes sowie lebenslangen Weiterlernens gerüstet (vgl. PISA 2000, S. 98). Interpretieren Sie die nachstehende Tabelle 4 und bestimmen Sie, wie viele SchülerInnen prozentual a) in allen OECD-Staaten und b) in Deutschland als „Risikogruppe" bewertet werden müssen. Formulieren Sie Ihre Erkenntnis in einer plakativen Schlagzeile (z.B. für die Boulevardpresse), die geeignet ist, den „PISA-Schock" in Deutschland begreiflich zu machen.

Prozent SchülerInnen	OECD gesamt	Deutschland
auf Stufe V	9,5	8,8
auf Stufe IV	22,3	19,4
auf Stufe III	28,7	26,8
auf Stufe II	21,7	22,3
auf Stufe I	11,9	12,7
unter Stufe I	6,0	9,9

Tabelle 4: Prozentualer Anteil von SchülerInnen auf den Kompetenzstufen in der Gesamt-skala Lesen (Quelle: PISA 2000, S. 103)

Aufgabe 14:

Vergleichen Sie die Ergebnisse der „Gesamtskala Lesen" (also aller drei Teil-dimensionen zusammen) in Tabelle 4 mit den Ergebnissen der Tabelle 5 über die dritte Dimension „Reflektieren und Bewerten". In welcher der beiden Tabellen schneidet Deutschland schlechter ab? Erörtern Sie Gründe, die dies erklären könnten.

Prozent SchülerInnen	OECD gesamt	Deutschland
auf Stufe V	10,9	10,2
auf Stufe IV	22,5	18,9
auf Stufe III	27,6	24,0
auf Stufe II	20,7	20,4
auf Stufe I	11,4	13,5
unter Stufe I	6,8	13,0

Tabelle 5: Prozentualer Anteil von SchülerInnen auf den Kompetenzstufen in der Subskala „Reflektieren und Bewerten" (Quelle: PISA 2000, S. 105)

Aufgabe 15:

In der Gesamtskala Lesen landete Deutschland mit 484 Punkten auf Rang 21 von 31 Plätzen; es lag damit sechs Ränge unter dem OECD-Durchschnitt, der bei einem Mittelwert von 500 Punkten angesetzt wurde (vgl. PISA 2000, S. 106). Diskutieren Sie dieses Ergebnis in Ihrer Lerngruppe und formulieren Sie Hypo-thesen zu der Frage, *warum* Deutschland im internationalen Lesetest wohl so schlecht abgeschnitten hat. Erörtern Sie unter Einbezug der weiteren Ergebnisse der PISA-Studie 2000 (s.u.), welche Maßnahmen die Bildungspolitiker in Deutsch-land ergreifen müssten, um die Lesekompetenz der Problemgruppen nachhaltig zu verbessern.

Weitere Ergebnisse der PISA-Studie 2000

...schreckten die Öffentlichkeit auf. Dies waren insbesondere:

- der enge Zusammenhang zwischen sozialer Herkunft und Leseleistung, der in keinem anderen Land so stark ausgeprägt war wie in Deutschland (vgl. PISA 2000, Kapitel 8)
- der hohe Anteil von Jugendlichen mit Migrationshintergrund in der Gruppe der schwachen Leser-Innen, der auf eine mangelnde sprachliche Integration ihrer Herkunftsfamilien verweist (PISA 2000, S. 118, S. 372 ff.; BMBF 2005, S. 7 f.)
- der hohe Anteil von Jungen unter den schwachen LeserInnen (vgl. PISA 2000, Kapitel 5)
- die geringe diagnostische Kompetenz der Lehrkräfte: Weniger als 15 Prozent der leseschwächsten SchülerInnen wurden von ihren LehrerInnen als „RisikoschülerInnen" identifiziert (BMBF 2005, S. 9)
- der große Anteil von Jugendlichen, die von sich sagen, dass sie überhaupt nicht zum Vergnügen lesen: Sind dies im PISA-Siegerland Finnland nur 22 Prozent, so in Deutschland 42 Prozent. Damit liegt Deutschland an der Spitze der Länder, in denen ein statistisch signifikanter Zusammenhang zwischen Freizeitlesen und Leseleistung nachgewiesen werden konnte (PISA 2000, S. 114).

1.2.2 Lesekompetenz in der IGLU-Studie 2001

Ein theoretisches Rahmenmodell zu Bedingungen von Schülerleistungen

Das deutsche IGLU-Konsortium hat ein Rahmenmodell vorgelegt (s. Abbildung 3), das sich auf Erkenntnisse der aktuellen Schulleistungsforschung bezieht und diese in einigen Punkten erweitert. „Die Leistungen der Schülerinnen und Schüler werden als Ergebnis eines Lernprozesses betrachtet, der nicht nur durch den Unterricht, sondern auch durch außerschulische und familiäre Merkmale und Bedingungen beeinflusst wird" (IGLU 2003, S. 15). In diesem Modell wird der „Zusammenhang zwischen Schülerleistungen und deren Bedingungen" dargestellt; das „Explanandum" (das zu Erklärende) sind also die „Leistungsergebnisse" im rechten Kasten. Diese werden – zum Beispiel als Leseleistungen – durch den IGLU-Test erhoben.

Aufgabe 16:

  a) Erläutern Sie, welche Faktoren diesem Modell zufolge zu den „Leistungsergebnissen" der einzelnen Schülerin / des einzelnen Schülers beitragen! Ordnen Sie diese Faktoren den Ihnen geläufigen Sozialisationsinstanzen (Familie, Schule, peer group, Bildungsnormen / Bildungspolitik) zu.

  b) Vergegenwärtigen Sie sich die Richtung und Logik der Wirkungspfeile. Gehen Sie dabei vom Kasten „Leistungsergebnisse" aus und stellen Sie zusammen, welche schulinternen und außerschulischen Bedingungen diesem Modell zufolge Einfluss auf die Schülerleistungen haben. Untersuchen Sie umgekehrt, welche Rückwirkungen die Leistungsergebnisse der Schüler-Innen auf verschiedene Bedingungsfaktoren haben.

  c) Diskutieren Sie, welche weiteren Faktoren einen Einfluss auf Schülerleistungen haben könnten, die im Modell nicht abgebildet sind!

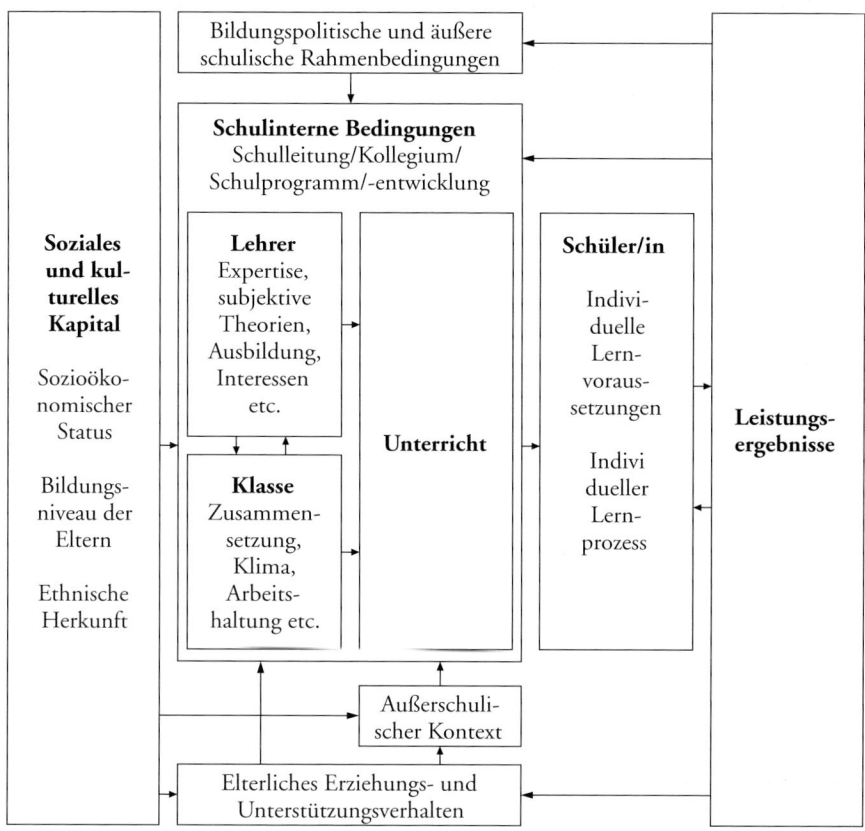

Abbildung 3: Rahmenmodell für den Zusammenhang zwischen Schulleistungen und deren Bedingungen (Quelle: IGLU 2003, S. 16)

Die Erhebungsinstrumente

IGLU 2001 hat folgende Erhebungsinstrumente eingesetzt: Die Leseleistungen der SchülerInnen wurden mit einem standardisierten Lesetest erhoben; auf diesen wird weiter unten ausführlich eingegangen. Die Kontextfaktoren wurden erhoben mit a) einem Elternfragebogen, b) einem Schülerfragebogen, c) einem Lehrerfragebogen und d) einem Schulfragebogen (dieser wurde von der Schulleitung ausgefüllt). Der *Elternfragebogen* enthielt u.a. Fragen nach lesevorbereitenden und -unterstützenden Aktivitäten der Eltern mit den Kindern, nach familialen Ressourcen, elterlichen Lesegewohnheiten und -einstellungen, nach der Zufriedenheit der Eltern mit der Arbeit der Schule und den Leistungen des Kindes, nach schulischen und beruflichen Erwartungen für das Kind usw. Der *Schülerfragebogen* erfragte Aspekte der familiären und schulischen Erfahrungen des Kindes, u.a. Unterrichtserfahrungen und Umgang mit Hausaufgaben, Selbstkonzept und Einstellungen zum Lesen, außerschulische Lesegewohnheiten, PC-Nutzung, familiäre leseunterstützende Ressourcen und allgemeine demographische Angaben (vgl. IGLU 2003, S. 18 f.).

Aufgabe 17:

 a) Setzen Sie die Erhebungsinstrumente in IGLU in Beziehung zu dem Rahmenmodell über Bedingungen von Schülerleistungen (Abbildung 3). Nennen Sie Gründe für die Entscheidung der IGLU-ExpertInnen, zusätzlich zum Test vier Adressatengruppen zu befragen. Zu welchen Kästen im Modell erhoffen sich die WissenschaftlerInnen Aufschlüsse durch die einzelnen Fragebögen?

 b) In der internationalen PISA-Studie 2000 wurden zur Erfassung der Kontextbedingungen von Kompetenzerwerb neben dem Lesetest folgende Erhebungsinstrumente international eingesetzt: Schülerfragebogen und Schulleiterfragebogen (vgl. PISA 2000, S. 44 ff.). Vergleichen Sie das Untersuchungsdesign von IGLU mit dem von PISA (international): Welche Erhebungsinstrumente wurden bei PISA – im Vergleich mit IGLU – *nicht* eingesetzt? Stellen Sie Vermutungen über die möglichen Gründe an.

 c) Diskutieren Sie, welche Themenkomplexe (Faktoren) vermutlich im *Lehrerfragebogen* und im *Schulleiterfragebogen* erfragt wurden, indem Sie von dem IGLU-Rahmenmodell (Abbildung 3) ausgehen. Vergleichen Sie Ihre Ergebnisse anschließend mit den Informationen in IGLU 2003, S. 19 f.

Die Modellierung von Lesekompetenz in IGLU 2001

Lesen Sie im Lehrbuch die Kapitel 1.2.1 und 1.2.2 und vergleichen Sie insbesondere die beiden Abbildungen zur theoretischen Struktur der Lesekompetenz bei PISA und IGLU auf den Seiten 22 und 25.

Aufgabe 18:

Vergleichen Sie die *theoretische Modellierung von Lesekompetenz* bei IGLU (Lehrbuch Abbildung 1.4, S. 25) mit derjenigen bei PISA (Lehrbuch, Abbildung 1.2, S. 22).

 a) Wo liegen die Übereinstimmungen, wo finden Sie Unterschiede?

 b) Vergleichen Sie die fünf Dimensionen bzw. drei Subskalen der Lesekompetenz bei PISA mit den vier Dimensionen bei IGLU: An welcher Stelle differenziert IGLU das Leseverstehen stärker aus als PISA?

 c) Versuchen Sie Gründe dafür zu finden!

Aufgabe 19:

Suchen Sie in diesem Kapitel und im Lehrbuch die Informationen über das jeweilige *Textkorpus*, mit dem bei PISA und IGLU die Lesekompetenz getestet wurde:

  d) Wo liegen die markantesten Unterschiede?

 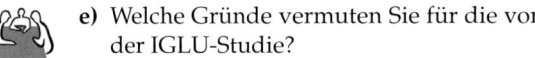 **e)** Welche Gründe vermuten Sie für die von PISA abweichende Gewichtung in der IGLU-Studie?

  f) Nehmen Sie Stellung: Welches Textkorpus halten Sie für geeigneter, um die Lesekompetenz von SchülerInnen zu erfassen?

Aufgabe 20:

Die IGLU-ExpertInnen definieren die Kompetenzstufe 3 als „Standardstufe"; bei
den PISA-ExpertInnen ist dies die Stufe 2. Suchen Sie aus den Kapiteln 1.2.1 und
1.2.2 im Lehrbuch und im Arbeitsbuch die Informationen über die *Kompetenzstu-*
fen bei PISA und IGLU heraus. Vergleichen Sie die fünf Kompetenzstufen bei
PISA mit den vier Kompetenzstufen bei IGLU im Hinblick auf Ähnlichkeiten
und Unterschiede. Diskutieren Sie in Ihrer Gruppe, welche Gründe es für diese
Unterschiede bezüglich der Standardstufe geben könnte!

**Beispiel für einen literarischen Text und die dazu gehörigen Testaufgaben aus
IGLU 2001**

Da in IGLU 2001 literarische Texte ein ungleich größeres Gewicht hatten als bei PISA
2000, soll nachstehend die Aufgabenkonstruktion von IGLU an einem literarischen
Beispieltext vorgestellt werden. Dieser Text entstammt dem originalen Textkorpus der
Testaufgaben von IGLU 2001 (vgl. IGLU 2003, S. 85).

Der Hase kündigt das Erdbeben an
von Rosalind Kerven

Es war einmal ein Hase, der sich ständig Sorgen machte. „Oh je", murmelte er den ganzen Tag, „oh je, oh
je, oh jemine." Seine größte Sorge war, dass es eines Tages ein Erdbeben geben könnte. „Denn wenn es
eines gäbe", sagte er sich, „was würde dann nur aus mir werden?"
Eines Morgens war er darüber besonders beunruhigt, und genau da fiel plötzlich eine riesige Frucht von
einem nahen Baum – *RUMS!* – so dass die Erde erzitterte. Der Hase sprang auf. „Ein Erdbeben!", schrie
er. Und er raste über das Feld, um seine Cousins zu warnen. „Ein Erdbeben! Rennt um euer Leben!"
Alle Hasen verließen die Felder und liefen wie verrückt hinter ihm her. Sie rasten über die Ebene, durch
Wälder und Flüsse und in die Berge und warnten unterwegs all ihre Cousins. „Ein Erdbeben! Rennt um
euer Leben!" Alle Hasen verließen die Flüsse und Ebenen, die Hügel und Wälder, und liefen wie verrückt
hinterher. Als sie schließlich die Berge erreichten, donnerten zehntausend Hasen die Hänge hinauf.
Bald erreichten sie den höchsten Gipfel. Der erste Hase schaute sich um, um festzustellen, ob das Erdbeben schon näher kam, aber alles, was er sehen konnte, war eine riesige Horde von flitzenden Hasen.
Dann schaute er nach vorn, aber er sah nur noch mehr Berge und Täler und dahinter, ganz weit weg, das
glänzende blaue Meer. Während er da stand und keuchte, kam ein Löwe. „Was ist denn los?", wollte er
wissen. „Ein Erdbeben, ein Erdbeben!", plapperten alle Hasen durcheinander. „Ein Erdbeben?", fragte der
Löwe. „Wer hat es gesehen? Wer hat es gehört?" „Frag ihn, frag ihn!", riefen all die Hasen und zeigten
auf den ersten. Der Löwe drehte sich zu dem Hasen um. „Bitte, werter Herr", sagte der Hase schüchtern,
„ich saß gerade ganz ruhig zu Hause, da hörte ich plötzlich ein lautes Krachen, und die Erde erzitterte.
Da wusste ich, dass es ein Erdbeben sein musste, werter Herr, also bin ich gerannt, so schnell ich nur
konnte, um alle anderen zu warnen, damit sie ihr Leben retten." Der Löwe sah den Hasen mit seinen
tiefgründigen, weisen Augen an. „Mein Bruder, hättest du wohl genug Mut, mir zu zeigen, wo sich dieses
schreckliche Unglück zugetragen hat?" Der Hase fühlte sich eigentlich überhaupt nicht mutig genug dafür,
aber er hatte das Gefühl, dass er dem Löwen vertrauen konnte.
Also führte er den Löwen ängstlich die Berge und die Hügel hinunter, über die Flüsse, Ebenen, Wälder
und Felder, bis sie schließlich wieder bei ihm zu Hause ankamen. „Hier habe ich es gehört, werter Herr."
Der Löwe sah sich um – und entdeckte sofort die riesige Frucht, die mit solchem Lärm vom Baum gefallen war. Er nahm sie in den Mund, kletterte auf einen Felsen und warf sie wieder auf den Boden. RUMS!
Der Hase sprang in die Luft. „Ein Erdbeben! Schnell – renn weg – gerade ist es wieder passiert!" Aber
da merkte er plötzlich, dass der Löwe laut lachte. Und dann sah er die Frucht, die bis zu seinen Füßen

gerollt war. „Oh", flüsterte er, „dann war es also überhaupt kein Erdbeben, oder?" „Nein", sagte der Löwe, „war es nicht, und es gab eigentlich überhaupt keinen Grund, sich zu fürchten." „Was war ich bloß für ein *dummer* Hase!" Der Löwe lächelte freundlich. „Mach dir nichts daraus, kleiner Bruder. Wir alle – sogar ich – fürchten uns manchmal vor Dingen, die wir nicht verstehen." Und damit trottete er zurück zu den anderen zehntausend Hasen, die immer noch auf dem Berg saßen, um ihnen zu sagen, dass es jetzt völlig ungefährlich war, wieder nach Hause zu gehen. (Quelle: IGLU 2003, S. 87)

Zu diesem Text – im Testheft für die SchülerInnen ist er mit vielen Bildern illustriert und großzügig gesetzt – erhielten die SchülerInnen insgesamt elf Aufgaben, die die vier Kompetenzdimensionen und vier Kompetenzstufen (vgl. S. 25 f. im Lehrbuch) erfassen sollen.

Aufgabe 21:

 a) Bearbeiten Sie zunächst die Aufgaben für sich und beobachten Sie dabei, ob und wo gegebenenfalls für Sie Schwierigkeiten auftreten.

 b) Ordnen Sie jede der nachstehenden Aufgaben einer Kompetenz*dimension* aus dem IGLU-Lesekompetenzmodell (Abbildung 1.4 im Lehrbuch) zu.

 c) Schätzen Sie bei jeder Aufgabe den Schwierigkeitsgrad ein, das heißt die Verortung auf einer der vier IGLU-Kompetenz*stufen* (vgl. Lehrbuch, S. 26). Vergleichen Sie Ihre Ergebnisse bei der Einordnung der Aufgaben in die verschiedenen Kompetenzstufen anschließend mit der Abbildung IV.12 in IGLU 2003, S. 91.

 d) Vergleichen Sie Ihre Lösungen der Aufgaben a) bis c) mit denen Ihrer Partnerin / Ihres Partners bzw. Ihrer Lerngruppe. Diskutieren Sie anschließend in Ihrer Lerngruppe die Qualität der elf Aufgaben: Werden die zentralen Aussagen des literarischen Textes durch die Aufgabenstellungen erfasst? Würden Sie andere Aufgaben zu diesem Text formulieren? Wenn ja, welche?

Frage 1: Was war die größte Sorge des Hasen?
- ☐ A) Ein Löwe.
- ☐ B) Ein lautes Krachen.
- ☐ C) Ein Erdbeben.
- ☐ D) Eine Frucht, die vom Baum fiel.

Frage 2: Was ließ die Erde erzittern?
- ☐ A) Ein Erdbeben.
- ☐ B) Eine riesige Frucht.
- ☐ C) Die fliehenden Hasen
- ☐ D) Ein umstürzender Baum.

Frage 3: Es ging alles ganz schnell, nachdem der Hase „Ein Erdbeben!" gerufen hatte. Finde zwei Wörter im Text, die dieses zeigen, und schreibe sie heraus.

....

Frage 4: Wohin wollte der Löwe von dem Hasen geführt werden?

....

Frage 5: Warum ließ der Löwe die Frucht auf den Boden fallen?
- ☐ A) Er wollte den Hasen in die Flucht schlagen.
- ☐ B) Er wollte dem Hasen helfen, an die Frucht zu kommen.
- ☐ C) Er wollte dem Hasen zeigen, was eigentlich passiert war.
- ☐ D) Er wollte den Hasen zum Lachen bringen.

Frage 6: Wie fühlte sich der Hase, nachdem der Löwe die Frucht auf den Boden fallen ließ?
- ☐ A) Wütend.
- ☐ B) Enttäuscht.
- ☐ C) Dumm.
- ☐ D) Besorgt.

Frage 7: Schreibe zwei Wege auf, wie der Löwe versuchte, den Hasen am Ende der Geschichte aufzumuntern.

....

....

Frage 8: Glaubst du, dass der Löwe den Hasen mochte? Welches Ereignis in der Geschichte macht dieses deutlich?

....

....

Frage 9: Wie veränderten sich die Gefühle des Hasen im Laufe der Geschichte?

Am Anfang fühlte sich der Hase .... , weil

....

Am Ende fühlte sich der Hase, weil

....

Frage 10: Du kannst an dem, was der Löwe und der Hase in der Geschichte tun, erkennen, wie sie sind. Beschreibe, wie sich der Löwe und der Hase unterscheiden und an welchem Verhalten sich dieses jeweils zeigt.

....

....

....

....

....

Frage 11: Was ist die wichtigste Aussage dieser Geschichte?

☐   A) Lauf vor Schwierigkeiten lieber weg.

☐   B) Löwen kann man niemals trauen, selbst wenn sie lieb aussehen.

☐   C) Überprüfe erst die Lage, ehe du in Panik gerätst.

☐   D) Hasen sind schnelle Tiere.

(Quelle: http://iglu2006.ifs-dortmund.de/aufgabe1.html [Stand: 31.03.2009])

Ergebnisse der IGLU-Studie 2001

Die Ergebnisse der ersten IGLU-Studie, die im Jahr 2003 veröffentlicht wurden, sorgten nach dem PISA-Schock von 2001 in Deutschland eher für Erleichterung: Deutschland landete nun bei 35 getesteten Staaten auf dem elften Platz und somit im oberen Leistungsdrittel. Auch mehrere andere alarmierende Befunde von PISA ließen sich in dieser Form bei IGLU nicht nachweisen. Dennoch lässt sich nicht übersehen, dass auch die IGLU-Studie 2001 auf gravierende Probleme hinweist:

Problematische Ergebnisse aus IGLU 2001

Der in Deutschland extrem ausgeprägte Zusammenhang zwischen Sozialstatus, Bildungsmilieu der Herkunftsfamilien und schulischem Kompetenzerwerb ist auch bei IGLU nachgewiesen worden (vgl. IGLU 2003, S. 297 ff.).

Noch stärker ausgeprägt ist die systematische Benachteiligung von Kindern aus Migrantenfamilien, deren Muttersprache nicht deutsch ist (ebd., S. 298 f.)

Am Ende der Grundschule erreichen in Deutschland gut zehn Prozent der SchülerInnen nur die Kompetenzstufe I und ca. 30 Prozent nur die Kompetenzstufe 2 im Bereich Lesekompetenz. Werden die unteren zehn Prozent von den IGLU-ExpertInnen als „echte Risikokinder" eingestuft, so die 30 Prozent auf Stufe II als intensiv förderbedürftig, denn IGLU definiert Stufe III als die zu erreichende Standardstufe (vgl. ebd., S. 135). Somit sind immerhin rund 40 Prozent der SchülerInnen am Ende der Grundschul-Zeit hinsichtlich ihrer Lesekompetenz nicht „fit" für die Sekundarstufe I!

Auch IGLU hat bestätigt, dass die diagnostischen Fähigkeiten der Lehrkräfte in puncto Lesekompetenz stark unterentwickelt sind: Es gelingt ihnen nicht, „am Ende der 4. Klasse die Schülerinnen und Schüler so zu sortieren, dass tatsächlich relativ leistungshomogene Gruppen – zumindest was die Lesekompetenz angeht – in die weiterführenden Schulen geschickt werden." (ebd., S. 134)

Aufgabe 22:

 Diskutieren Sie in Ihrer Lerngruppe die Probleme, auf die die IGLU-Studie hingewiesen hat, im Hinblick auf Lösungsmöglichkeiten und Handlungsbedarfe: Wie können die Grundschulen an einer Prävention dieser Probleme arbeiten? Was muss in den Sekundarstufen getan werden, um diese Probleme nicht eskalieren zu lassen?

1.2.3 Lesekompetenz in der DESI-Studie 2003/2004

Das Lesekompetenz-Modell bei DESI

Das DESI-Modell der Lesekompetenz beschreibt die Lesetätigkeiten als einen Prozess, bei dem leichtere und komplexere Anforderungen aufeinander aufbauen und teilweise ineinander greifen. Die Matrix im Lehrbuch-Kapitel 1.2.3 (Abbildung 1.5, S. 28) macht diese prozesshafte Dimension des Modells deutlich, indem die Tätigkeiten von links unten nach rechts oben aufeinander folgen und in der Komplexität des Anforderungsniveaus steigen. Im Überblick finden Sie hier noch einmal die sich aus sechs Anforderungen zusammensetzenden vier Niveaus A–D im Überblick:

Niveau	Anforderung
Informationsentnahme/ Informationsverarbeitung (Niveau A)	1. Sinntragende *Informationen* eines Textes auf der Ebene der Wörter im Satzzusammenhang lokalisieren, entnehmen und verarbeiten können.
Lokale Lektüre (Niveau B)	2. Vom Autor hinterlassene Lücken im Text wahrnehmen und diese durch Schlussfolgerungen (sog. *Inferenzen*) füllen können.
	3. Bei aufkommenden Schwierigkeiten den Textfluss verlangsamen und genau lesen bzw. zurückgehen und eine Textstelle erneut lesen. Dabei sollte das *Fokussieren* zu einem abstrahierenden Konzept des gelesenen Textabschnittes führen.
Verknüpfungen (Niveau C)	4. (Vor-)*Wissen*, das zum Verständnis eines Textes notwendig ist, aktivieren und mit dem Beschriebenen in Verbindung bringen: Dabei gehören zum Wissen (a) kognitive Tatbestände und (b) Emotionen, letztere vor allem zum Verständnis literarischer Texte.
	5. *Verknüpfungen* zwischen verschiedenen Absätzen und Textpassagen herstellen, um so den „roten Faden" eines Textes / einer Geschichte zu erkennen.
Mentales Modell (Niveau D)	6. Aus den bisher beschriebenen Teilprozessen des Leseaktes baut der Leser / die Leserin allmählich ein textbasiertes elaboriertes *mentales Modell* des Textes auf.

Tabelle 6: Niveaustufen und Anforderungen im DESI-Modell von Lesekompetenz
(Quelle: eigene Darstellung, basierend auf Gailberger & Willenberg 2008, S. 61 f.)

Aufgabe 23:

Ordnen Sie die nachstehend aufgeführten Lesestrategien, die allesamt dem alltäglichen Deutschunterricht entnommen sein könnten, den oben beschriebenen sechs Lesetätigkeiten zu.

Lesestrategien für Schülerinnen und Schüler

a) Beachte die Überschriften! Was weißt du bereits über das Thema?
b) Unterstreiche wichtige Stellen, suche Schlüsselwörter!
c) Suche schnelle Assoziationen zu einem Thema!
d) Hat dich etwas im Text gefreut oder geärgert?
e) Überprüfe dein Verstehen nach jedem Absatz!
f) Beachte Konnektoren (Verknüpfungswörter) im Text!
g) Warum verstehe ich die Stelle nicht und wie kann ich das ändern?
h) Fasse Wichtiges zusammen!
i) Welche Information hast du durch den Text neu gewonnen? Was weißt du nun über das Thema?
j) Welche Mitspieler erkenne ich: Personen, Zeit, Ort, ein Motiv?

(Quelle: Willenberg 2004, S. 15)

Eine (literarische) Textanalyse mit Hilfe der DESI-Kategorien durchführen

Aufgabe 24:

 Vollziehen Sie an dem nachstehenden Textbeispiel alle Stufen des Leseprozesses nach, indem Sie – nach der ersten Lektüre des Textes – die sechs Lesetätigkeiten von DESI gemäß den unten aufgeführten Aufgabenstellungen ausführen. Zu diesem Zweck ist der Text ein zweites Mal als Arbeitsversion abgedruckt; darin können Sie Ihre Anstreichungen und Notizen machen.

Ein literarisches Textbeispiel

Ein Angler fängt an der Donau einen besonders großen Fisch. Wie er dem Tier die Kiemen durchschneiden möchte, sagt dieser: „Halt! Tust du es nicht, so hast du drei Wünsche frei." Der Angler erschrickt über seinen sprechenden Fisch, sagt dann aber schnell: „Wenn das so ist, dann möchte ich ein Schloss haben." „Gut, und der zweite Wunsch?" „Reich möchte ich sein." „Auch gut", sagt der Fisch, „und der dritte?" „Eine Prinzessin möchte ich haben." „Gemacht", und der Fisch fügt hinzu, „die Zeit egal?" „Die Zeit ist mir egal", antwortet der Angler und wirft seinen Wunderfisch wieder ins Wasser. Als er am nächsten Morgen wach wird, sieht er blau-goldenen Stuck an der Decke und eine riesige Flügeltür, die in einen Prachtgarten hinausführt. Das Schloss, stellt er fest. Auf einer Kommode entdeckt er edle Juwelen und denkt: Reich bin ich auch. Also dreht er sich um und sieht auf einem benachbarten Himmelbett die Prinzessin liegen. Sie lächelt ihn an und sagt: „Bist du endlich wach, Franz-Ferdinand? Wir fahren doch heute nach Sarajewo." (Gailberger & Willenberg 2008, S. 60)

Ein literarisches Textbeispiel (für die Bearbeitung der Aufgaben)

Ein Angler fängt an der Donau einen besonders großen Fisch. Wie er dem Tier die Kiemen durchschneiden möchte, sagt dieser: „Halt! Tust du es nicht, so hast du drei Wünsche frei." Der Angler erschrickt über seinen sprechenden Fisch, sagt dann aber schnell: „Wenn das so ist, dann möchte ich ein Schloss haben." „Gut, und der zweite Wunsch?" „Reich möchte ich sein." „Auch gut", sagt der Fisch, „und der dritte?" „Eine Prinzessin möchte ich haben." „Gemacht", und der Fisch fügt hinzu, „die Zeit egal?" „Die Zeit ist mir egal", antwortet der Angler und wirft seinen Wunderfisch wieder ins Wasser. Als er am nächsten Morgen wach wird, sieht er blau-goldenen Stuck an der Decke und eine riesige Flügeltür, die in einen Prachtgarten hinausführt. Das Schloss, stellt er fest. Auf einer Kommode entdeckt er edle Juwelen und denkt: Reich bin ich auch. Also dreht er sich um und sieht auf einem benachbarten Himmelbett die Prinzessin liegen. Sie lächelt ihn an und sagt: „Bist du endlich wach, Franz-Ferdinand? Wir fahren doch heute nach Sarajewo."

Arbeitsschritt 1 – Informationsentnahme/Informationsverarbeitung: Bitte unterstreichen Sie beim zweiten Lesen alle wichtigen Informationen zu Raum, Zeit, Figuren und Handlung der Geschichte. Markieren Sie zugleich Wörter oder Passagen, die Sie nicht verstehen, durch Schlangenlinien. Wenn Sie dies getan haben, versuchen Sie bitte den kurzen Text in Themen- oder Sinnabschnitte zu gliedern.

Arbeitsschritt 2 – Inferenzen bilden: Rekonstruieren Sie Ihre lokale Inferenzbildung, indem Sie folgende Fragen beantworten:

- Bei welchem Satz haben Sie eine erste Hypothese darüber gebildet, um welche *Textsorte* / welches *Textgenre* es sich hier handeln könnte?
- Woran erinnern Sie die „drei Wünsche", die der Fisch dem Angler frei gibt? Sind Ihnen hierzu ähnliche bzw. andere Geschichten eingefallen?

- Welchen Eindruck gewinnen Sie von der Figur des Anglers durch die Art seiner Wünsche?

Arbeitsschritt 3 – Fokussieren: Kümmern Sie sich nun um diejenigen Passagen des Textes, die Ihnen bislang unklar geblieben sind.
- Welche sind dies?
- Welche Informationen benötigen Sie über den Namen „Franz-Ferdinand" sowie über „Sarajewo", um den Text zu verstehen?
- Sofern Sie nicht über diese Informationen verfügen, lesen Sie bitte in einem Lexikon nach, aus welchem Anlass der erste Weltkrieg ausbrach.

Arbeitsschritt 4.1 – Wissensanwendung: Wenden Sie nun zunächst Ihr historisches und dann Ihr germanistisches *Fachwissen* an. Erläutern Sie, welche Bedeutung die Anspielungen auf Franz-Ferdinand und Sarajewo im vorliegenden Text haben und warum diese zur Pointe des vorliegenden Textes werden. Erörtern Sie ferner, um welche Textart es sich hier handeln könnte:
- In welchen Gattungen ist es Tieren erlaubt zu sprechen?
- In welchen Gattungen können Tiere Wunder vollbringen? Falls Sie hier überfragt sind, lesen Sie bitte in einem literaturwissenschaftlichen Lexikon nach unter den Stichworten „Fabel" und „Märchen".
- Überlegen Sie anschließend: Welcher Gattung würden Sie diesen Text zuordnen?
- Warum ist es nicht einfach, hierauf eine Antwort zu geben? Welche Merkmale des vorliegenden Textes weichen von den von Ihnen gefundenen Gattungsdefinitionen ab?

Arbeitsschritt 4.2 – Emotionserkennung:
- Welche Emotionen der Protagonisten werden im Text explizit dargestellt?
- Welche Emotionen kann der Leser, die Leserin beim Angler und beim Fisch im Verlauf der Handlung vermuten, zum Beispiel als der Angler dem Fisch die Kiemen durchschneiden möchte oder als der Angler am nächsten Morgen entdeckt, dass seine Wünsche in Erfüllung gegangen sind?
- In welche emotionale Haltung sieht sich der Leser, die Leserin durch den Text verstrickt? Machen Sie sich Ihre eigenen emotionalen Reaktionen bei der Lektüre des Textes bewusst!

Arbeitsschritt 5 – Verknüpfung/Herstellung globaler Kohärenz: Lesen Sie den Text nun noch einmal und machen Sie sich anschließend bewusst, an welchen Stellen des Textes Sie *irritiert* waren (oder noch sind).
- Trifft es zu, dass eine erste Irritation bei der wörtlichen Rede des Fisches einsetzte? Diese Irritation haben Sie vermutlich schnell überwunden unter Rückgriff auf Ihr Gattungswissen (vgl. Arbeitsschritt 4.1).
- Trifft es zu, dass Sie über die Frage des Fisches „die Zeit egal?" ebenfalls irritiert waren? An welcher Stelle des Textes hat sich diese Irritation für Sie aufgelöst?
- Welcher Zusammenhang besteht zwischen dem kurzen Dialog über die Zeit in der Mitte des Textes und seinem (offenen) Schluss? Welche „Fortsetzung" der Geschichte müssen wir ergänzen, um die *Pointe* der Geschichte zu verstehen?
- Wenn Sie die Pointe des Textes beim ersten Lesen nicht erkennen konnten, das Nachschlagen in entsprechenden Lexika (Konversationslexika, Lexika zur Geschichte Europas, Lexika zur Literaturwissenschaft) Ihnen aber den Text nun in seinem Witz deutlich gemacht hat: Inwiefern können Sie nun einem Dritten den Begriff der Verknüpfung nach DESI erläutern?

Arbeitsschritt 6 – Ein mentales Modell konstruieren: Resümieren Sie abschließend noch einmal, welche Informationen Sie dem Text im Verlaufe der ersten fünf Arbeitsschritte entnommen haben über folgende Aspekte:
- a) Ort(e) der Handlung;

b) Zeit(en) der Handlung;

c) Figuren/Figurenkonstellation/Handlungsmotive der Figuren;

d) Handlungsverlauf: Konflikte/Probleme/Komplikationen als Ausgangspunkt einer Handlung; Höhepunkt; Auflösung; Pointe;

e) Motiv(e) des Autors, der Autorin bzw. Intentionen des Textes;

f) Gattungsmuster bzw. deren Durchbrechung: Parodie, Satire, Ironie?

Arbeitsschritt 7: Formulieren Sie – ausgehend von den Punkten e) und f) der letzten Aufgabe – eine kurze Gesamtdeutung des Textes! Nehmen Sie dabei zugleich wertend zu diesem Text Stellung.

Aufgabe 25:

Vergleichen Sie Ihre Arbeitsergebnisse der Aufgabe 24 in der Lerngruppe und reflektieren Sie dabei Ihren Arbeitsprozess. Bewerten Sie abschließend, ob und inwiefern die Anwendung des Leseprozess-Modells von DESI für Ihren Erschließungsprozess dieses Textes hilfreich war (oder nicht). Legen Sie dabei den Anspruch von DESI zugrunde, mit diesem Modell zugleich ein diagnostisches *und ein didaktisches* Hilfsmittel zu liefern, das es LehrerInnen erlauben soll, die Fähigkeiten und Probleme ihrer SchülerInnen zu erkennen und zugleich durch gezielte Anleitungen für Abhilfe zu sorgen.

Ergebnisse der DESI-Studie 2003/2004

In der nachstehenden Tabelle finden Sie in Prozentzahlen den Anteil von SchülerInnen, die zum ersten Messzeitpunkt (t1) zu Beginn des neunten Schuljahres bzw. zum zweiten Messzeitpunkt (t2) am Ende des neunten Schuljahres auf dem jeweiligen Niveau von Lesekompetenz angekommen waren (zu den Niveaus s. Tabelle 6 in diesem Abschnitt und Teil 1.2.3 im Lehrbuch). Die getesteten SchülerInnen sind hier nach Schularten differenziert bzw. in der ersten Spalte insgesamt aufgeführt.

Erreichtes Niveau	Gesamt		Hauptschule		Realschule		IGS		Gymnasium	
	t1	t2	t1	t2	t1	t2	t1	t2	t1	t2
< Niveau A	2,8	3,8	7,5	10,0	0,8	0,9	4,8	7,7	0,0	0,1
Niveau A	68,8	65,4	89,2	85,2	76,5	74,2	83,9	78,1	33,2	29,7
Niveau B	20,8	21,8	3,1	4,4	19,7	21,6	9,8	11,9	43,8	42,9
Niveau C	2,4	2,6	0,2	0,2	1,3	1,3	0,6	0,8	6,7	7,5
Niveau D	5,2	6,3	0,0	0,2	1,7	1,9	0,9	1,4	16,3	19,9

Tabelle 7: Lesekompetenz Deutsch – Verteilung auf die Kompetenzniveaus an den Testzeitpunkten t1 und t2.
(Tabelle: Steffen Gailberger. Datenquelle: Gailberger & Willenberg 2008, S. 66)

Aufgabe 26:

Bitte lesen Sie die Tabelle 7 sorgfältig und bearbeiten Sie anschließend die folgenden Teilaufgaben.

a) Wie viel Prozent der getesteten SchülerInnen befanden sich jeweils zu Beginn (t1) und am Ende (t2) des neunten Schuljahres unter bzw. auf Niveau A, B, C und D? Formulieren Sie die Ihnen am wichtigsten erscheinenden fünf bis zehn Ergebnisse aus, indem Sie beschreiben, was die jeweiligen Schülergruppen können, zum Beispiel: „Zu Beginn der neunten Klasse können nur 5,2 % der getesteten SchülerInnen ein elaboriertes mentales Modell zu einem Text entwickeln; unter den HauptschülerInnen kann das kein einziger Schüler, unter den Gymnasiasten können das ebenfalls nur 16,3 Prozent."

b) Vergleichen Sie die Leseniveaus von DESI mit den Kompetenzstufen und Kompetenzdimensionen in PISA (vgl. Kapitel 1.2.1 im Lehr- und Arbeitsbuch): Sind die in beiden Studien formulierten Anforderungen an die Lesekompetenz von SchulabgängerInnen vergleichbar? PISA hat die Kompetenzstufe 2 als Minimalstandard definiert: Wie viele SchülerInnen erreichten in Deutschland diese Stufe nicht? Wie ist das PISA-Ergebnis zu verknüpfen mit dem in Tabelle 7 dargestellten Gesamtergebnis von DESI, demzufolge rund 65 bis 70 Prozent aller SchülerInnen nicht über das Kompetenzniveau A hinauskommen?

c) Auf welchem Niveau sollten nach Ihrem Verständnis SchülerInnen am Ende der Pflichtschulzeit angekommen sein, um mit guten oder befriedigenden Fähigkeiten zum Verständnis von Texten gerüstet zu sein? Wie bewerten Sie die Tatsache, dass tatsächlich nur sehr wenige SchülerInnen ein entsprechendes Niveau erreichen? Was müsste Ihrer Ansicht nach getan werden, um diese Probleme zu beheben?

1.3 Lesekompetenz als kulturelle Praxis

Aufgabe 1:

In den lesebiografischen Zeugnissen im nachstehenden Kasten handelt es sich um *subjektive* Reflexionen über Formen und Bedeutungen des Lesens, die in der (Lese-)Biografie der VerfasserInnen wichtig waren.

a) Diskutieren Sie in Ihrer Lerngruppe, welche *Fähigkeiten (Kompetenzen)* eine Leserin / ein Leser ausgebildet haben muss, um die in den Lektüreautobiografien beschriebenen Formen und Funktionen des Lesens realisieren zu können. Berücksichtigen Sie dabei die nachstehende Aussage aus der lesebiografischen Forschung: „Die Fähigkeit, beim Lesen Lust zu empfinden, stellt sich nicht naturwüchsig ein, sie muss im sozialen Kontext erlernt und eingeübt werden" (Graf 1995, S. 106).

b) Welche sozialen und kommunikativen *Bedingungen* für die Entstehung von Leselust (Lesemotivation und intensiven Gefühlen beim Lesen) werden hier beschrieben?

Beispiel 1: „Der geborene Leser, für den ich mich halte, hatte das Glück, schon bevor er lesen lernte […], das unermessliche Reich der Gedanken, der Phantasie und der energischen Gefühle […] zu ahnen. Meine Mutter liebte Märchen und wurde, während sie mir Märchen erzählte, selber zu einer Gestalt der Märchenbücher, Scheherazade der Tausendundeine Nacht. Ich sehe das als Winterbild. Die Sommer waren intensiv, die Winter sehr kalt. Stille Abende von Oktober bis April. Kaum dass ein Käuzchen schrie. Schnee deckte uns ein. Meine Mutter saß, in einen Schal gehüllt, vor der Nacht des Fensters, wenn Mond war vor der silbergrauen Mauer des Frostes. Ihr Gesicht, die aufgeschlagene Schrift, auch ich waren eins im sanften Schein der Büroleuchte mit grünem Schirm und einem schönen Kranz gelber Perlen. Geborgen in einem Zelt. Draußen mochte Wüste sein, der Pol der Polarforscher, wo sie starben, bevor sie ihn erreichten. Die Welt war voller Gefahren. Ich hing an den Lippen meiner Mutter. Ich war vier Jahre alt.

Meine Mutter schenkte mir Aladins Wunderlampe. Ich besitze sie noch. Ich habe sie nie verloren" (Koeppen [geb. 1906] 1975, S. 34).

Beispiel 2: „Meine Leseerfahrung beginnt meiner Meinung nach bereits mit dem Ansehen von Bilderbüchern und dem Vorgelesenbekommen von Geschichten und Märchen durch meine Eltern. Dies weckte mein Interesse bereits vor der Einschulung für Bücher" (männlicher Leser, in: Graf 1995, S. 99).

Beispiel 3: „Das erste Mal, dass ich mich aus eigenem Interesse für das Lesen interessiert habe, war im Kindergarten. Da hatte ich einen Freund, der bereits lesen konnte, mit dem, oder besser er hat mir dann des öfteren vorgelesen. Ich fand das toll!" (männlicher Leser, in: Graf 1995, S. 100)

Beispiel 4: „Ich bin mir sicher, was schon frühzeitig in mir das Bedürfnis weckte, Lesen und Schreiben zu lernen, nämlich das Vorbild meiner Eltern, die eigentlich immer Lektüre hatten. Ich wollte einfach wissen, wie diese Zeilen von Zeichen zu entschlüsseln waren und wie man mit einem Stift so kunstvoll und schwungvoll Sätze aufs Papier brachte" (Leserin, in: Graf 1995, S. 100 f.).

Beispiel 5: „Bereits kurz nach der Einschulung begann ich selbstständig und aus eigenem Interesse zu lesen. [...] Ein besonderes Interesse hatte ich an den alten Märchenbüchern, aus denen man mir früher etwas vorgelesen hatte. Es war faszinierend, diese Texte nun selbstständig entziffern zu können. Es war ein neuer Abschnitt im Leben. Man konnte durch das Lesen an einer Welt teilhaben, die früher nur den Erwachsenen vorbehalten war" (männlicher Leser, in: Graf 1995, S. 102 f.).

Beispiel 6: „Gelesen habe ich eigentlich schon immer sehr viel. [...] Ich konnte mich auch schon immer total in ein Buch versenken, war völlig abgetaucht in diese ,andere' Welt und habe nichts mehr von dem wahrgenommen, was um mich herum passierte. [...] Wenn in diesen fiktiven Geschichten jemand etwas ganz Schreckliches erlebte, traurig war, heulte, musste ich diese ,furchtbaren' Dinge auch ausleben und heulen ... Mein Bett war eigentlich der einzige Ort, an dem ich das dann praktizieren konnte. Da war ich sicher, auch wenn die Geschichten unheimlich wurden, furchtbar spannend oder traurig" (Leserin, in: Garbe & Groß 1993, S. 96).

Beispiel 7: „Lesestoffe blieben für mich immer das Manna einer Gegenwelt, welche mich befreite von der Enge des Alltags und mich in die Musik ihrer Sprache, in ihre Rhythmen – aus der Starre in innerliche Bewegung versetzten – ich identifizierte mich mit einer Figur, durchlebte mit ihr oder ihm, oft war es ein Mann, die unterschiedlichsten Gefühlslagen und war verstrickt in Aktionen, die mir meine Schüchternheit real nie gestattet hätte." (Leserin, in: Garbe 1993, S. 105)

1.3.1 Lesekompetenz im Sozialisationskontext

Bestandteile des Kompetenzmodells

Aufgabe 2:

Vergegenwärtigen Sie sich das Modell der „Lesekompetenz im Sozialisationskontext" (Kapitel 1.3.1 im Lehrbuch, Abbildung 1.6 auf S. 32), indem Sie seine Bestandteile vergleichen mit dem PISA-Modell der Lesekompetenz (Kapitel 1.2.1 im Lehrbuch):

 a) Welche Bestandteile sind in beiden Modellen aufzufinden?

 b) Welche Dimensionen von Lesekompetenz enthält das Sozialisationsmodell über das PISA-Modell hinaus?

 c) Ordnen Sie die folgenden Beschreibungen je einer der fünf deskriptiven Kompetenzdimensionen des Modells zu:
   • Fähigkeit, Lesebereitschaft aufzubauen und auch bei Schwierigkeiten des Textes aufrecht zu erhalten

- Fähigkeit, sich affektiv beim Lesen eines Textes zu engagieren
- Fähigkeit, Lesebedürfnisse und -angebote aufeinander abzustimmen
- Fähigkeit zur Balancierung von (positiven und negativen) Gefühlen während der Lektüre
- Fähigkeit zur kritischen Auseinandersetzung mit dem Gelesenen
- Fähigkeit zum diskursiven Austausch über das eigene subjektive Textverständnis
- Bedürfnis zur kognitiven Durchdringung eines Textes.

d) Welche weiteren Bestandteile enthält das Modell (im Vergleich zum PISA-Modell)?

e) Diskutieren Sie in Ihrer Gruppe, welche Gründe es geben könnte für diese Erweiterung des Modells: Wozu dient das PISA-Modell, wozu soll das Sozialisationsmodell dienen?

Die Verschränkung von *empirisch-deskriptiver* und *normativ-präskriptiver Ebene* ist im Sozialisationsmodell durchgehendes Prinzip der Darstellung und Reflexion. Jedes Konzept von Kompetenz enthält zwangsläufig präskriptive (also normative) Setzungen und ist somit begründungspflichtig. „Die empirische Erforschung der Lesesozialisation in der Mediengesellschaft muss also nicht nur den Ist-Zustand möglichst realitätsadäquat abbilden, sondern diesen Ist-Zustand auch in Bezug auf die […] gesellschaftlichen Normvorstellungen gewichten und bewerten. Es geht immer auch um eine Analyse gesellschaftlicher Normvorstellungen im Lichte empirischer Ergebnisse und umgekehrt." (Groeben 2004a, S. 13).

Aufgabe 3:

Erarbeiten Sie sich ein Verständnis für die Differenz zwischen *deskriptiver* und *normativer* Ebene im Sozialisationsmodell, indem Sie die nachfolgenden Aufgaben lösen:

a) Stellen Sie sich einen Schüler einer achten Hauptschulklasse vor, der einen schwierigen Text aus dem Physikbuch bearbeiten muss. Erläutern Sie, inwiefern dieser Schüler auf alle fünf Dimensionen der Lesekompetenz zurückgreifen muss, die das Sozialisationsmodell beschreibt. Überlegen Sie insbesondere, inwiefern bei diesem „Kampf" mit dem Text auch die Emotionen, Motivationen und Anschlusskommunikationen eine Rolle spielen, damit der Schüler am Ende den Text verstanden hat.

b) Formulieren Sie von diesen Erkenntnissen aus die normative Dimension: Warum sollte eine umfassend kompetente Lesepersönlichkeit über alle fünf Dimensionen verfügen? Beziehen Sie in Ihre Überlegungen die drei lesebezogenen Bildungsnormen aus dem Kapitel 1.1.1 mit ein: Welche Bildungsnormen beziehen sich auf welche Teildimensionen der Lesekompetenz im Sozialisationsmodell?

c) Was verbinden Sie mit dem Konzept eines „gesellschaftlich handlungsfähigen Subjekts"? Inwiefern ist für ein solches Subjekt eine *ganzheitliche Lesekompetenz* mit den fünf beschriebenen Dimensionen erforderlich?

Aufgabe 4:

Hurrelmann propagierte schon in den 1990er Jahren ein Konzept von *Leseförderung*, das über eine Förderung von Decodierungs- und Verstehensfähigkeiten in der Grundschule weit hinausgeht: „Es geht um den Aufbau und die Sicherung der Lesemotivation, die Vermittlung von Lesefreude und Vertrautheit mit Büchern, die Entwicklung und Stabilisierung von Lesegewohnheiten" (B. Hurrelmann 1994, S. 17). In einer programmatischen Auseinandersetzung mit dem seit 2001 (Erscheinen der ersten PISA-Studie) dominant kognitiven Konzept von Lesekompetenz unterstreicht sie 2002 die Bedeutung eines umfassenderen Modells.

 a) Arbeiten Sie an dem nachstehenden Textauszug von B. Hurrelmann die wichtigsten Argumente für ein erweitertes Modell im Hinblick auf die schulische Praxis von Leseförderung heraus.

 b) Diskutieren Sie in Ihrer Lerngruppe, wie die von B. Hurrelmann formulierten Forderungen an die Didaktik im Schulalltag der Grundschule (oder: Haupt- und Realschule, Gesamtschule) konkret umgesetzt werden können.

 c) Füllen Sie anschließend die freien Felder in der unten abgedruckten Tabelle 8 aus.

 d) Diskutieren Sie abschließend in Ihrer Lerngruppe die unterschiedlichen Funktionen der bislang erarbeiteten Modelle von Lesekompetenz: Wozu dienten die Modelle von PISA, IGLU und DESI primär? Worauf richtet das Sozialisationsmodell sein Augenmerk? Wie bewerten Sie die unterschiedlichen Modelle? Begründen Sie Ihr Urteil!

„Nach allem, was wir über die Lesesozialisation bisher wissen, ist für die ontogenetische Perspektive des Erwerbs von Lesekompetenz ein über die kognitiven Teilfähigkeiten hinaus erweitertes Modell der Leseentwicklung unverzichtbar. Ob ein Kind zum Leser oder zur Leserin wird, ist vor allem davon abhängig, ob es die Erfahrung machen kann, dass das Lesen seine Bedürfnisse nach Weltorientierung, sinnlich-ästhetischer Erfahrung und Selbstaufklärung betrifft und auch im sozialen Zusammenhang Sinn macht. Über die für das Lesen im Alltag konstitutiven Momente der Motivationen, Emotionen und Anschlusskommunikationen darf auch die Didaktik im Interesse der Unterstützung des Erwerbsprozesses keinesfalls hinwegsehen. Im Gegenteil: Sie muss bemüht sein, die Verbesserung kognitiver Textverarbeitungskompetenzen so eng wie möglich mit Lesemotivationen, emotional involvierten Lektüreerfahrungen und auch sozio-kommunikativ befriedigenden Prozessen der Anschlusskommunikation zu verbinden. Leseförderkonzepte sind daher nicht auf die Verbesserung der Informationsverarbeitungskompetenz zu beschränken, sondern müssen neben der Leseübung immer auch die Einbindung des Lesens in die Lebenswelt der Heranwachsenden und in die Kommunikationskultur der Gegenwart mit bedenken." (B. Hurrelmann 2002, S. 14)

Vergleichsaspekte	PISA-Konzept	Konzept der Lesesozialisationsforschung
Wissenschaftliche Orientierung; Zielsetzung der Forschung	Kognitionstheorie; Messung der Leseleistung	Kulturwissenschaften; Modellierung des Lesesozialisationsprozesses
Normative Begründung	Gesellschaftliche Anforderungen; Lesen als Voraussetzung für Erfolg (privat, beruflich)	Historisch bestimmte Bildungsnormen; Lesen als Mittel der Subjektbildung

Vergleichsaspekte	PISA-Konzept	Konzept der Lese-sozialisationsforschung
Begriff des Lesens	Informationsentnahme	Lesen als (Re-)Konstruktion von Bedeutung und Form kultureller Praxis
Teildimensionen von Lesekompetenz	• Informationen ermitteln • Textbezogenes Interpretieren • Reflektieren und Bewerten	• Kognitives Textverständnis • Motivation und emotionale Beteiligung • Reflexion und Fähigkeit zur Anschlusskommunikation
Konsequenzen für den Lese- und Literaturunterricht: Tendenzen der Textwahl		
Konsequenzen für den Lese- und Literaturunterricht: Präferierte Unterrichtsformen		

Tabelle 8: Vergleich zweier Konzepte von Lesekompetenz (Quelle: B. Hurrelmann 2007, S. 27)

1.3.2 Ein didaktisch orientiertes Modell von Lesekompetenz

Im Jahr 2008 legten Rosebrock und Nix einen Überblick über „Grundlagen der Lesedidaktik und der systematischen schulischen Leseförderung" vor. Anliegen dieses Buches ist eine Systematisierung der unterschiedlichen Ansätze von Leseförderung, damit diese passgenau für die jeweils diagnostizierten Lesedefizite bei SchülerInnen eingesetzt werden können. „Mit dem Begriff der ,*systematischen Leseförderung'* wollen wir ein Konzept bezeichnen, das spezifische Leseschwierigkeiten der Schülerschaft in ein ausdifferenziertes Modell von Lesekompetenz einordnen und vor diesem Hintergrund passende Fördermethoden zu den verschiedenen Teilbereichen des Lesens empfehlen kann. Mit einer solcherart *integrierenden Perspektive von (Lese-)Theorie und (Lese-)Praxis* wird einsichtig, dass naturgemäß nicht alle Leseförderverfahren für alle Leseschwierigkeiten gleichermaßen geeignet sein können [...], sondern dass die verschiedenen Förderverfahren jeweils ihren eigenen sinnvollen, aber umfangslogisch auch begrenzten Ort innerhalb des weiten Feldes der Förderung von Lesekompetenz einnehmen." (Rosebrock & Nix 2008, S. 9) Im Zusammenhang mit diesem Anliegen haben Rosebrock und Nix ein eigenes Modell von Lesekompetenz vorgelegt, das in unserem Zusammenhang als „didaktisches Modell" bezeichnet wird. Sie finden dieses Modell im Lehrbuch abgebildet auf S. 34.

Aufgabe 5:

Vergegenwärtigen Sie sich die Begründung für das von Rosebrock und Nix vorgelegte Modell, indem Sie zu den fünf Dimensionen des Sozialisationsmodells (Lehrbuch, Kapitel 1.3.1) – Kognitionen, Motivationen, Emotionen, Reflexionen und Anschlusskommunikationen – jeweils ein Beispiel von Lesekompetenz-Defiziten konstruieren: „Bei Defiziten im *kognitiven* Bereich müsste eine Förderung am besten mit folgenden Methoden erfolgen: ...".

Aufgabe 6:

Vergleichen Sie die Modelle von B. Hurrelmann 2002 (Lehrbuch, Kapitel 1.3.1) und von Rosebrock und Nix 2008 (Lehrbuch, Kapitel 1.3.2) und arbeiten Sie Übereinstimmungen und Unterschiede heraus:

 a) Wo tauchen die fünf Dimensionen von Lesekompetenz des Sozialisationsmodells in dem didaktischen Modell von Rosebrock und Nix auf?

 b) Welche Aspekte des Sozialisationsmodells wurden bei ihnen nicht berücksichtigt? Welche Aspekte wurden ergänzt?

 c) Welche Gründe könnte es für die Unterschiede zum Sozialisationsmodell geben? Beziehen Sie in Ihre Überlegungen den unterschiedlichen Zweck beider Modelle ein!

Aufgabe 7:

  Vergleichen Sie die fünf Anforderungsdimensionen auf der *Prozessebene* des Modells („Wort- und Satzidentifikation" usw.) mit den Modellen von Lesekompetenz bei PISA (Kapitel 1.2.1), IGLU (Kapitel 1.2.2) und DESI (Kapitel 1.2.3) im Lehrbuch. Untersuchen Sie, welche Bestandteile von Lesekompetenz aus diesen kognitionstheoretischen Modellen bei Rosebrock und Nix aufgenommen und welche hier ggfs. ergänzt wurden!

Aufgabe 8:

Rosebrock und Nix führen für die *Subjektebene* ihres Modells den Terminus „Selbstkonzept als (Nicht-)LeserIn" ein, der im Sozialisationsmodell nicht enthalten ist.

  a) Möller und Schiefele referieren in einem Aufsatz zu „Motivationalen Grundlagen der Lesekompetenz" die Forschungen zum „akademischen Selbstkonzept" von SchülerInnen: „Leistungsbezogene Selbstkonzepte stellen generalisierte fachspezifische Fähigkeitseinschätzungen dar, die Schülerinnen und Schüler aufgrund von Kompetenzerfahrungen in den Schulfächern erwerben. […] Die besondere […] Bedeutung akademischer Selbstkonzepte ergibt sich aus einer Vielzahl von Untersuchungen, in denen gezeigt werden konnte, dass diese Personenmerkmale leistungsthematisches Verhalten erklären und vorhersagen können." (Möller & Schiefele 2004, S. 111 f.) Übertragen Sie diese Aussagen zum „akademischen (d.h. allgemein lernbezogenen) Selbstkonzept" auf das Lesen: Was wäre ein positives, was ein negatives lesebezogenes Selbstkonzept?

b) Ali ist ein 18-jähriger ehemaliger Hauptschüler, der in Marokko aufwuchs und erst mit 13 Jahren in die Bundesrepublik kam. Befragt zu seinen Lesegewohnheiten, antwortet er folgendes: „Ich lese nicht so gern. Auf der Schule aber, halt, auf der Schule muss man lesen, aber zu Hause Bücher oder so – […] das les ich nicht so. Weil, d- man liest und liest, man kapiert nix (lacht). Deswegen wozu soll ich lesen…" (in: Pieper et al. 2004, S. 79 f.) Formulieren Sie auf der Basis dieser Aussagen Alis lesebezogenes Selbstkonzept und stellen Sie Vermutungen über Alis Leistungen im Deutschunterricht an.

c) Vergleichen Sie Ihr in Aufgabe a) und b) erarbeitetes Verständnis des lesebezogenen Selbstkonzeptes mit dem nachstehenden Zitat von Rosebrock und Nix 2008, S. 21 f.: „Ob Lesen überhaupt als Modus positiver Erfahrung zur Verfolgung von Interessen lebensgeschichtlich erschlossen wurde […], ist lebensgeschichtlich bestimmt und insofern zunehmend individuell, und es ist über weite Strecken geschlechtsspezifisch ausgeprägt. Das Entwicklungsschicksal der Lesebereitschaft seit der frühen Kindheit bestimmt auch die aktuelle Lesemotivation gegenüber diesem oder jenem konkreten Text, man kann sagen, es ist Teil der Identität geworden. In der Fachdiskussion spricht man von dem lesebezogenen Selbstkonzept." Inwiefern ist der hier erläuterte Begriff umfassender als der von Möller und Schiefele? Welche Aspekte sind hinzugekommen?

d) Wie würden Sie als Lehrkraft mit SchülerInnen wie Ali umgehen, die aus lesefernen Familien und sozialen Milieus kommen und kein positives Selbstkonzept als Leser bzw. Leserin entwickeln konnten? Welche Maßnahmen und Methoden der Leseförderung könnten hier greifen?

Aufgabe 9:

Die *soziale Ebene* ihres Modells bündeln Rosebrock und Nix in dem Begriff der „Anschlusskommunikation".

a) Im Begriff der „Anschlusskommunikation" werden verschiedene lesebezogene Interaktionen zusammengefasst, die man in drei Bereiche systematisieren kann: Lesevorbereitende, Lektüre begleitende und Lektüre verarbeitende Interaktionen. Suchen Sie für diese drei Bereiche jeweils ein Beispiel, das in einer der folgenden Sozialisationsinstanzen angesiedelt ist: Familie – Schule – Peers.

b) Nach Rosebrock und Nix leistet der Austausch über das Gelesene mit anderen zum einen eine „Intensivierung des Textverstehens", zum anderen „bildet er einen starken Leseanlass" (ebd., S. 23). Suchen Sie aus Ihrer eigenen Erfahrung je ein Beispiel einer lesebezogenen Kommunikation, das die Dimensionen der Kognitionen und Reflexionen („Intensivierung des Textverstehens") positiv beeinflusst, und eines, das die Dimension der Emotionen und Motivationen („starken Leseanlass") positiv beeinflusst.

c) Erinnern Sie sich an Ihren eigenen Deutschunterricht: Welche Formen der „Anschlusskommunikation" über Lektüre haben Sie besonders positiv in Erinnerung, welche eher negativ? Können Sie daraus Prinzipien für eine gelingende Leseförderung im Deutschunterricht ableiten?

Aufgabe 10:

Seit Anfang der 1990er Jahre, verstärkt aber seit dem „PISA-Schock" des Jahres 2001 ist *Leseförderung* zu einem populären Anliegen vieler Bildungsinstanzen geworden. Dabei herrschte bis vor kurzem im deutschen Sprachraum ein Verständnis von Leseförderung als „Verlockung zur (Buch-)Lektüre" vor: „Bei Leseförderprojekten von Stadtteilbibliotheken, von der ‚Stiftung Lesen', im Bereich außerschulischer Leseförderung oder bei schulischen Projektwochen zum Lesen steht in der Regel dieser Gedanke der Animation zum Buchlesen im Vordergrund. Das Ziel solcher Lesefördermaßnahmen besteht darin, Kinder und Jugendliche dazu zu bewegen, mehr oder weniger freiwillig zum (in der Regel belletristischen) Buch zu greifen." (Rosebrock & Nix 2008, S. 7 f.)

a) Diskutieren Sie in Ihrer Lerngruppe, welche Dimension(en) der Lesekompetenz im Modell von Rosebrock und Nix durch solche Verfahren verbessert werden können und welche nicht.

b) Beurteilen Sie abschließend die Brauchbarkeit des Modells zur Systematisierung und Bewertung der verschiedenen Ansätze von Leseförderung.

1.3.3 Ein Erwerbsmodell der literarischen und Lesekompetenz

Das Erwerbsmodell der literarischen und Lesekompetenz von Garbe, Holle und von Salisch bezieht sich auf Untersuchungen zur literarischen Entwicklung, wie sie vor allem von der lesebiografischen Forschung vorgelegt wurden (vgl. im Überblick Eggert & Garbe 2003), und auf Entwicklungsmodelle aus den Forschungen zum (Schrift-)Spracherwerb und zur Sprachbewusstheitsforschung. Aufgenommen wurden im vorliegenden Modell die unter entwicklungspsychologischen Gesichtspunkten wichtigen Lebensphasen: frühe Kindheit, mittlere Kindheit, Adoleszenz und Erwachsenenalter, sowie die in diesen Phasen jeweils zentralen Sozialisationsinstanzen Familie, Kindergarten, Schule usw. Mit diesen prototypischen Lebensphasen sind allerdings *nicht* deckungsgleich die sog. *Plateaus* der literalen und literarischen Entwicklung: Diese Plateaus (dt.: Hochebene, obere ebene Fläche eines Berges) bezeichnen vielmehr die in einer bestimmten Entwicklungsphase unter gegebenen sozio-kulturellen und somit historisch spezifischen Bedingungen erreichbaren „Hochebenen" der Entwicklung, wobei die drei Plateaus zudem in einer bestimmten Entwicklungslogik stehen: Das jeweils untere Plateau ist die Basis, auf der sich das jeweils nächste Plateau unter günstigen Bedingungen entwickeln kann. Das Modell definiert *drei* Kompetenzplateaus, die im Rahmen der in westlichen Gesellschaften üblichen literalen Entwicklungsverläufe in bestimmten Entwicklungsphasen zu erreichen sind: Das Plateau der Emergenz und Interpersonalität kann in der frühen Kindheit, also vor Eintritt in die Schule, erreicht werden; das Plateau der Heuristik und Autonomisierung ist prägend für die (mittlere) Kindheit, also das Lebensalter von sechs bis zwölf Jahren, und das Plateau der Konsolidierung und Ausdifferenzierung beschreibt die literale Entwicklung in der Adoleszenz. Beispielhaft soll die Logik des Modells an der Phase der Adoleszenz verdeutlicht werden, da hier nach den Erkenntnissen von PISA und anderen Studien die größten Probleme bei der Gestaltung einer erfolgreichen Lesesozialisation auftreten.

Aufgabe 11:

Lesen Sie die Ausführungen zum „Plateau der Konsolidierung und Ausdifferenzierung" in der Adoleszenz im nachstehenden Kasten und beantworten Sie dann folgende Fragen:

a) Welche Fähigkeiten zum Verstehen von Sach- und Fachtexten sollten bei SchülerInnen am Ende der Sekundarstufe I – laut PISA – vorhanden sein? Ziehen Sie dazu die Formulierungen der Tabelle 3 in Abschnitt 1.2.1 bezüglich der „Standardstufe 2" heran.

b) Inwiefern müssen diese Fähigkeiten in der weiteren Entwicklung „ausdifferenziert" werden: bezogen auf die Leseanforderungen für GymnasiastInnen in der Sekundarstufe II und bezogen auf Auszubildende beispielsweise in kaufmännischen Berufen?

c) Was heißt in diesem Zusammenhang der Terminus „funktionale Literalität"?

Literale Erwerbsaufgaben in der Adoleszenz

„Die zentrale *literale* Erwerbsaufgabe in dieser Phase besteht darin, dass der/die Jugendliche zum einen die auf dem vorigen Plateau erworbenen Kompetenzen konsolidiert und im Rahmen privater Interessen sowie fachunterrichtlicher Anforderungen ausbaut. Diese Differenzierung wird im besonderen Maße für diejenigen Jugendlichen eine Aufgabe, die nach der Sekundarstufe I die Schule verlassen und einen Beruf erlernen. Sie werden im Unterschied zu schulischen und privaten Lesesituationen mit speziellen Textsorten und hierarchisierten literalen Kommunikationswegen konfrontiert werden, die ein primär anwendungsorientiertes Lesen und Schreiben mit erhöhten metakognitiven Fähigkeiten gegenüber einem primär wissens- und erkenntnisorientierten Lesen und Schreiben in der Schule verlangen […]. Im Ergebnis werden Lese- und Schreibhandlungen zu einem selbstverständlichen Bestandteil einer *funktionalen Literalität.*" (Garbe, Holle & von Salisch 2006, S. 141 f.)

Für jedes der drei Plateaus werden im vorliegenden Modell literale und literarische Kompetenzprofile in drei Dimensionen beschrieben: (1) Emotion/Motivation, (2) Kognition und (3) Anschlusskommunikation/Reflexion. Die fünf deskriptiven Dimensionen der Lesekompetenz aus dem Sozialisationsmodell (vgl. Kapitel 1.3.1) wurden also hier aufgenommen, aber zu drei Dimensionen gebündelt.

Aufgabe 12:

Ordnen Sie die nachstehenden Kompetenzbeschreibungen für das Plateau der Konsolidierung und Ausdifferenzierung jeweils einer der drei Dimensionen zu:

a) „Fähigkeit zu reflektierter und anteilnehmender Einfühlung in fremde Perspektiven"

b) „Bedürfnis und Fähigkeit, sich mit Gleichaltrigen oder ‚kompetenten Anderen' über Gelesenes auszutauschen und dabei eigene Textdeutungen zu hinterfragen und zu erweitern"

c) „Erkennen von Darstellungsstrategien im Hinblick auf Text- bzw. Autorintention"

d) „Bewusster und zielgerichter Einsatz von routinisierten Lese- und Verstehensstrategien"

e) „Fähigkeit, eigene Lesevorlieben und Genrepräferenzen zu erkennen und auszudifferenzieren sowie unterschiedliche Funktionen des literarischen Lesens je nach Situation und Text flexibel zu realisieren"

f) „Fähigkeit und Bereitschaft, die prinzipiellen Grenzen des Verstehens literarischer Texte anzuerkennen" (Garbe, Holle & von Salisch 2006, S. 144).

Zusätzlich wurde zu der *deskriptiven* Darstellung erwartbarer Kompetenzen in der jeweiligen Entwicklungsphase in *präskriptiver* Absicht dargelegt, durch welche „Lerngegenstände und -formate" die Umwelt nach bisherigem Forschungsstand diese Kompetenzentwicklung von Kindern und Jugendlichen jeweils *optimal fördern* kann. Dies soll am Beispiel der „*literarischen* Erwerbsaufgabe" der Adoleszenz verdeutlicht werden, die Garbe, Holle und von Salisch unter dem Stichwort „*diskursive Literalität*" beschrieben haben:

Literarische Erwerbsaufgabe in der Adoleszenz: „diskursive Literarität"

„Als prototypischer Kern der erwartbaren *literarischen* Kompetenzen in der Adoleszenz lässt sich die Fähigkeit definieren, im Medium literarisch-fiktionaler oder theoretisch-diskursiver Texte *fremde* Perspektiven, Schicksale und Welten zu erkunden und diese reflexiv auf das *eigene* Leben und die eigene Weltdeutung zu beziehen. Fiktionale und nicht-fiktionale Texte werden somit als Medium der Identitätsbildung und Weltorientierung erschlossen, zur „Reflexion über mögliche versus reale Welten" sowie zu einer „Entwicklung/Aufrechterhaltung von kulturellem Gedächtnis" (Groeben 2004b, S. 24) genutzt. Wir nennen dies die Entfaltung einer *diskursiven Literarität*. Lektüre kann so einerseits – im Sinne der allgemeinen Entwicklungsaufgaben des Jugendalters – als *Beitrag zur Identitätsbildung* fungieren, andererseits – in der Perspektive psychoanalytischer sowie postmoderner Kulturtheorien – als *Offenhalten verschiedener Identitätsoptionen* (vgl. Eggert & Garbe 2003, S. 131 ff.)." (Garbe, Holle & von Salisch 2006, S. 143)

Aufgabe 13:

  Erinnern Sie sich an Ihren Deutschunterricht in der Oberstufe und/oder an Ihre Privatlektüre in der Jugendzeit und notieren Sie zunächst einzeln, welche *Gegenstände* (AutorInnen oder Buchtitel) Sie damals besonders beeindruckt und beschäftigt haben im Sinne der hier postulierten Identitätsbildung. Diskutieren Sie anschließend in Ihrer Lerngruppe, welche Texte aus dem Bereich der Jugend- oder Erwachsenenliteratur Sie für besonders geeignet halten, um eine „diskursive Literarität" bei jugendlichen LeserInnen zu entwickeln. Sie können dabei sowohl auf Neuerscheinungen als auch auf „klassische" Literatur zurückgreifen.

Aufgabe 14:

Tauschen Sie Erinnerungen aus an *Methoden* des Literaturunterrichts in der gymnasialen Mittel- und Oberstufe, die Ihnen besonders positiv oder negativ in Erinnerung geblieben sind.

 a) Diskutieren Sie anschließend, welche Unterrichtsmethoden Ihnen besonders geeignet erscheinen, um eine „diskursive Literarität" unter SchülerInnen der gymnasialen Oberstufe oder der Berufsschule zu fördern.

 b) Vergleichen Sie Ihre Ergebnisse anschließend mit den Ausführungen im nachstehenden Kasten.

 c) Reflektieren und beurteilen Sie die im Kasten vorgeschlagenen Methoden im Hinblick auf ihre Plausibilität zur Erreichung der angegebenen Ziele.

Optimale Kommunikationsformate (literaturdidaktische Vermittlungsformen) auf dem Plateau der Konsolidierung und Ausdifferenzierung

„Im Unterschied zur Entwicklungsphase der mittleren Kindheit, in der das lustvolle Eintauchen in literarisch-fiktionale Welten bevorzugt im Modus der autonomen und *einsamen Lektüre* erfolgt, tritt in dieser Entwicklungsphase das *ko-konstruierende Gespräch* wieder als optimales ›Kommunikationsformat‹ in den Vordergrund. Dies ist im Bereich der Privatlektüre nun vor allem das Gespräch mit Freund/innen oder Mitgliedern der peer group (vgl. Rosebrock 2004), im Bereich institutionalisierter Lernprozesse das ‚*literarische Gespräch*' im Deutschunterricht. Aus der lesebiographischen Forschung ist gut belegt, wie solche Gespräche strukturiert sein müssen, damit sie von Jugendlichen als intellektuell herausfordernd und emotional befriedigend erlebt werden: Der Literaturunterricht (insbesondere in der gymnasialen Oberstufe) wird dann als positiv und anregungsreich erinnert, wenn er schwierige literarische Texte im gemeinsamen Gespräch von Lehrer/-in und Schüler/innen zugänglich machte und für *sinn-deutende Gespräche* erschloss. Bedingung für solche ‚literarischen Gespräche' ist eine Lehrperson, der die Begeisterung für die Sache (die Literatur) anzumerken ist, deren literarische Kompetenz diejenigen der Schüler/innen übersteigt, die aber dennoch nicht das Monopol für die ‚richtige' Deutung eines Textes beansprucht (vgl. Eggert, Garbe, Krüger-Fürhoff & Kumpfmüller 2000, S. 127)." (Garbe, Holle & von Salisch 2006, S. 145 f.)

2 LESESOZIALISATION

2.1 Was ist Lesesozialisation?

2.1.1 Leseentwicklung – Leseerziehung – Lesesozialisation

Eine aktuelle Definition von „Sozialisation"

> „Sozialisation bezeichnet den Prozess der Entwicklung der Persönlichkeit in produktiver Auseinandersetzung mit den natürlichen Anlagen, insbesondere den körperlichen und psychischen Grundmerkmalen (der ‚inneren Realität'), und mit der sozialen und physikalischen Umwelt (der ‚äußeren Realität'). Die Definition geht von der Annahme aus, dass der Mensch durch seine Umwelt stark beeinflusst wird, sie aber zugleich durch seine eigenen Aktivitäten auch mit gestaltet. Der Begriff ‚produktive Auseinandersetzung' soll auf diese aktiven Impulse für die Gestaltung der eigenen Lebenspraxis verweisen, die jeder Mensch in jedem Lebensabschnitt und jeder Lebenslage gibt" (K. Hurrelmann 2002, S. 7).

Die *Grundidee* dieser Definition von Sozialisation lässt sich am besten mit dem Begriff der *Persönlichkeitsentwicklung* umschreiben. Diese vollzieht sich nach Hurrelmann im Modus der *„produktiven Realitätsverarbeitung"* (K. Hurrelmann 1983), und diese Realitätsverarbeitung bezieht sich sowohl auf die *innere* Realität (Anlage) als auch auf die *äußere* Realität (Umwelt). Das Grundmodell der Sozialisationstheorie lässt sich folgendermaßen veranschaulichen:

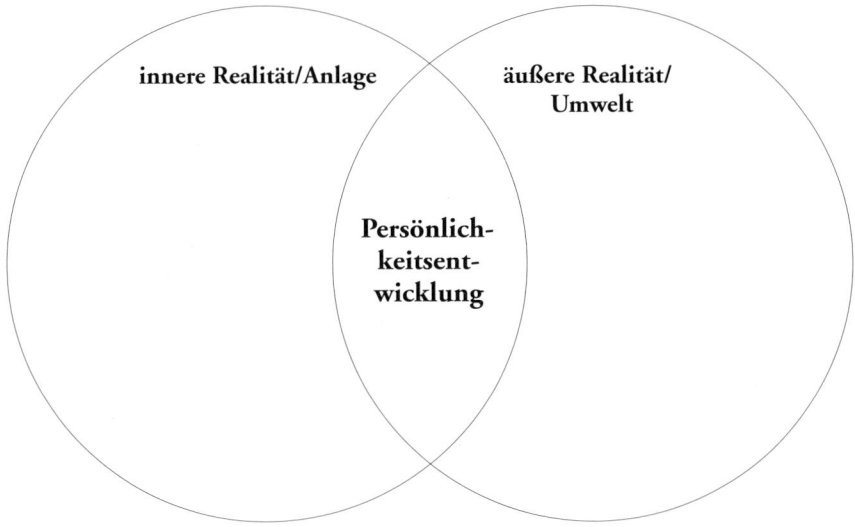

Abbildung 4: Persönlichkeitsentwicklung im Wechselspiel von Anlage und Umwelt
(Quelle: nach K. Hurrelmann 2002, S. 25, 27)

Aufgabe 1:

  Füllen Sie die beiden Kreise aus, indem Sie (ggf. in Partner- oder Gruppenarbeit) zunächst mit Hilfe eines Brainstormings Begriffe sammeln, die bei der „Persönlichkeitsentwicklung" eines Individuums auf Seiten der (genetischen) Anlagen wie auch der (physikalischen und sozialen) Umwelt eine Rolle spielen. Filtern Sie aus dieser Sammlung jeweils mindestens fünf Ihnen wichtig erscheinende Begriffe heraus und ordnen Sie diese je einem der beiden Außenkreise zu.

Aufgabe 2:

 Das obige Modell geht von einer gleichwertigen Gewichtung von Anlage- und Umweltfaktoren aus; die beiden Kreise sind gleich groß gezeichnet. Überlegen Sie bei der Bearbeitung der beiden folgenden Textauszüge, wo der Schwerpunkt der Betrachtung jeweils liegt: Innenwelt – Außenwelt; Individuum – Gesellschaft; Gestalten – Geprägt-Werden? Setzen Sie Ihre Erkenntnisse um in ein Schaubild, das die Abbildung 4 entsprechend modifiziert.

Zum Verhältnis von Sozialisation und Entwicklung

Der Begriff „Sozialisation" geht auf den französischen Soziologen *Durkheim* (1858–1917) zurück, der den Übergang von einfachen zu arbeitsteilig organisierten Industriegesellschaften untersuchte. Eine seiner Hauptfragen war dabei, wie die Integration von Menschen in immer komplexere gesellschaftliche Strukturen gelingen könne. Seine Antwort lautete: durch eine „Sozialisation" – bei ihm noch gedacht als „Erziehung" – im Sinne einer Vergesellschaftung der menschlichen Natur.

> „Erziehung [besteht] in einer *planmäßigen Sozialisation* [Hervorh. d. Verf.] der jungen Generation": „Erziehung ist die Einwirkung, welche die Erwachsenengeneration auf jene ausübt, die für das soziale Leben noch nicht reif sind. Ihr Ziel ist es, im Kinde gewisse physische, intellektuelle und sittliche Zustände zu schaffen und zu entwickeln, die sowohl die politische Gesellschaft in ihrer Einheit als auch das spezielle Milieu, zu dem es in besonderer Weise bestimmt ist, von ihm verlangen."
> „Spontan war der Mensch nicht geneigt, sich einer politischen Autorität zu unterwerfen, eine moralische Disziplin anzuerkennen, sich hinzugeben und sich aufzuopfern. Es gab nichts in unserer angeborenen Natur, das uns notwendigerweise vordisponiert hätte, Diener von Gottheiten, symbolischen Emblemen der Gesellschaft, zu werden, ihnen Verehrung entgegenzubringen, uns selbst zu berauben, um ihnen die Ehre zu geben. Es ist die Gesellschaft selbst, die in dem Maße, in dem sie sich formte und festigte, aus sich selbst jene großen moralischen Kräfte gezogen hat, in deren Angesicht der Mensch seine Unterlegenheit spürte" (Durkheim 1972 (Original 1907), S. 30 f.).

Der Begriff „Sozialisation" weist Ähnlichkeiten, aber auch Unterschiede zum Begriff der „Entwicklung" auf. Theorien der Entwicklung finden sich heutzutage vor allem in der *Entwicklungspsychologie* als Teilgebiet der Psychologie. Hier soll das Spektrum dieser Theorien kurz umrissen werden; anschließend wird eine Variante genauer vorgestellt.

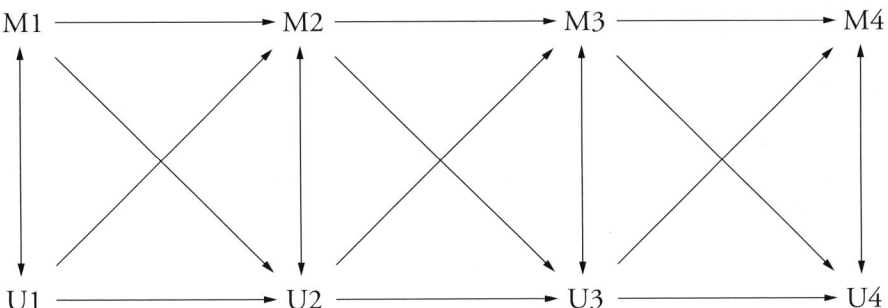

Abbildung 5: Eine schematische Darstellung des allgemeinen Entwicklungsmodells
(Quelle: Garbe, Holle & von Salisch 2006, S. 117)

„Alle Modelle zur Entwicklung gehen von einem sich stetig verändernden Menschen aus (M1→M2→M3). Doch an der Frage, durch welche Kräfte in der Person (M) oder der Umwelt (U) Personen sich verändern und ob Menschen auch auf ihre Umwelt zurückwirken, scheiden sich die Geister. Um zu verdeutlichen, in welchen Punkten sich Entwicklungstheorien unterscheiden, ist eine allgemeine schematische Darstellung [Abbildung 5] hier vorangestellt. [...]

Biologische Reifungstheorien: Hierzu zählen Reifungstheorien (Gesell 1931), aber auch ethologische Evolutionstheorien (z.B. Lorenz 1935), die ihren Schwerpunkt auf die Entfaltung und Ausdifferenzierung von genetisch oder konstitutionell mitgebrachten Anlagen nach einem festen ‚Bauplan' legen, also auf die Entwicklung des Menschen von M1 zu M2 zu M3 ohne Berücksichtigung der Umwelt (U). [...]

Traditionelle Lerntheorie (Behaviorismus): Den größten pädagogischen Optimismus verbreitet die traditionelle Lerntheorie, geht sie doch davon aus, dass einzig und allein externe Einflüsse, also Umweltbedingungen die Entwicklung kontrollieren (also U1→M1, M2). Durch Prinzipien des Lernens wie die klassische oder die operante Konditionierung erhöht sich die Häufigkeit, mit der Menschen ein bestimmtes Verhalten [...] zeigen. [...]

Transaktionale Entwicklungstheorien: Die Theorien dieser Theoriefamilie nehmen die vorherigen Formulierungen insofern auf, als sie den Einfluss als wechselseitig modellieren: Menschen sind wie in den Lerntheorien Produkte ihrer Umwelt, also U1→M1, M2. Zugleich gehen die transaktionalen Entwicklungstheorien (Lerner 2002) aber von einem aktiven Menschenbild aus, in dem Kinder und Jugendliche ‚Produzenten' ihrer Umwelt sind und auf diese sowohl durch ihre Informationsverarbeitung als auch durch ihre äußere Erscheinung und ihre Zielsetzungen Einfluss nehmen (M1→U1, U2). Unter den transaktionalen Entwicklungstheorien sind vor allem die Theorien der strukturgenetischen Tradition, die sozial-konstruktivistischen Theorien und die Theorie der Entwicklungsaufgaben von Bedeutung." (Garbe, Holle & von Salisch 2006, S. 117 ff.)

Aufgabe 3:

Verdeutlichen Sie sich die drei grundlegenden Theoriemodelle, indem Sie die jeweilig dominanten Wirkrichtungen im allgemeinen Entwicklungsmodell (Abbildung 5) anhand der Pfeile nachvollziehen.

Aufgabe 4:

Erkunden Sie das nachstehende Schaubild „Menschenbilder in der Psychologie" (Abbildung 6) und verorten Sie die drei oben skizzierten Entwicklungstheorien in je einem der vier Felder. Sie entdecken dann, dass ein Feld noch durch keine

Theorie ausgefüllt ist: Fallen Ihnen Beispiele ein, welche Art von Theorien in diesem Feld gemeint sein könnten?

		Umwelt	
		nicht aktiv	**aktiv**
Mensch	**nicht aktiv**	Endogenistische Theorien	Exogenistische Theorien
	aktiv	Selbstgestaltungs- theorien	Transaktionale Theorien

Abbildung 6: Menschenbilder in der Psychologie

Sozialisationstheorie als Synthese aus Psychologie und Soziologie

Die Sozialisationstheorie kann man sich vorstellen als einen Überschneidungsbereich aus Soziologie (= Wissenschaft von der Gesellschaft) und Psychologie (= Wissenschaft vom Menschen).

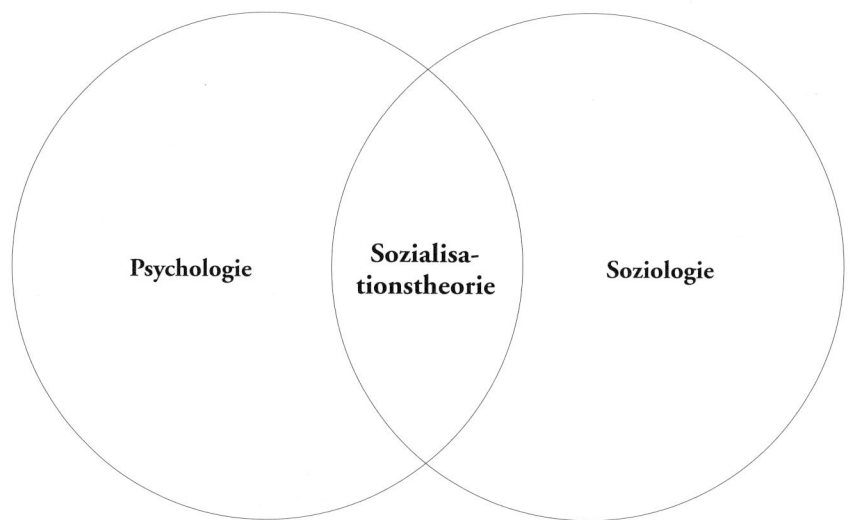

Abbildung 7: Verhältnis von Psychologie, Soziologie und Sozialisationstheorie

„In die hier vorgestellte Sozialisationstheorie gehen Basistheorien aus der soziologischen und psychologischen Tradition ein:
In der psychologischen Tradition werden durch Persönlichkeitstheorien, Lerntheorien und Entwicklungstheorien systematische Überlegungen angestellt, in welchen Stufen und Phasen sich die menschliche Persönlichkeit entwickelt und weiterentwickelt. Dabei steht die Frage im Vordergrund, wie die grundlegenden Fähigkeiten zum Wahrnehmen, Denken und Handeln entstehen und sich bei Übergängen von einem Lebensabschnitt zum nächsten sowie in Krisen- und Spannungssituationen verändern.

In der soziologischen Tradition stehen in Systemtheorien, Handlungstheorien und Gesellschaftstheorien die Fragen im Vordergrund, durch welche Mechanismen eine Gesellschaft die Übernahme der vorherrschenden Werte, Normen und Verhaltensmuster durch ihre neu hinzukommenden Mitglieder sichert, wie ein Mensch zum Mitglied in sozialen Gruppen und Organisationen wird und in welcher Weise sich soziale Strukturen in den Persönlichkeitsmerkmalen der Gesellschaftsmitglieder niederschlagen" (K. Hurrelmann 2002, S. 8).

Aufgabe 5:

Tragen Sie in das oben stehende Schema (Abbildung 7) ein, welche Theorietraditionen aus beiden Disziplinen besonders wichtig geworden sind für die Sozialisationstheorie.

Zum Verhältnis von Sozialisation und Erziehung

Das Konzept der *Sozialisation* ist nicht nur abzugrenzen von (insbesondere biogenetischen) Konzepten der *Entwicklung* (oder „Reifung"), sondern auch von Konzepten der *Erziehung* (und im weiteren Sinne der „Bildung": vgl. K. Hurrelmann 2002, S. 16 f.).

„Als Erziehung werden Handlungen bezeichnet, durch die Menschen versuchen, die Persönlichkeit anderer Menschen in irgendeiner Hinsicht zu fördern" (Brezinka 1990, S. 95).
„Erziehung meint also immer nur das, was bewusst und planvoll zum Zwecke der optimalen kindlichen Entwicklung geschieht" (Giesecke 1991, S. 70).
Gudjons schlägt in seiner Einführung „Pädagogisches Grundwissen" (1997) folgendes „Strukturmodell von Erziehung" vor:
„Erziehung ist *intentional*, sie sucht Ziele, Normen und Werte zu verwirklichen. [...] Erziehung ohne Ziele und Bewusstsein gibt es nicht.
Das Erziehungsgeschehen ist ein *Interaktionsprozess* [...], in dem sich Sinndeutungen und Handlungen des einen am Tun des andern ausrichten. Erzieher und Educand treten sich dabei in Rollen gegenüber, deren Charakter von der gesellschaftlichen Art und Weise der Institutionalisierung von Erziehung abhängt. In der Regel impliziert dies ein Kompetenzgefälle, das zur ‚Symmetrisierung' [...] auffordert. [...]
Die dabei auftretenden Prozesse sind vielfältig *methodisch organisiert* und auf die Lernbedingungen des Adressaten ausgerichtet [...].
Erziehung ist [...] eingebunden in einen umfassenden *historisch-gesellschaftlichen Kontext*, der Wandlungsprozessen unterliegt. [...]
Erziehung erfolgt in Auseinandersetzung mit *Inhalten, Gegenständen, Themen* etc., welche die kognitive Ebene (z.B. Wissen, Einsichten), die affektive Ebene (z.B. Einstellungen) oder die Handlungsebene (z.B. Fertigkeiten) in wechselseitigem Zusammenhang betreffen" (Gudjons 1997, S. 199 f.).

Aufgabe 6:

Hurrelmann behauptet, der Begriff „Erziehung" sei ein „Unterbegriff" von „Sozialisation" (K. Hurrelmann 2002, S. 17). Arbeiten Sie die entscheidende Differenz zwischen den beiden Konzepten heraus, indem Sie die oben angeführten Definitionen von „Erziehung" mit der nachstehenden Definition von „Sozialisation" vergleichen. Fassen Sie das Hauptmerkmal der Differenz in einem abstrakten Begriffspaar zusammen.

Sozialisation als Persönlichkeitsentwicklung

„Die Persönlichkeitsentwicklung von Menschen wird sowohl durch körperliche als auch durch psychische und soziale Bedingungen beeinflusst. Kein Mensch kann die körperlichen und psychischen Vorgaben abstreifen, mit denen er geboren wird und die sich im Laufe des Lebens nur in engen Grenzen verändern. Kein Mensch kann auch die sozialen und physikalischen (materiellen) Umweltbedingungen ausschalten, die für sein Handeln die Rahmenbedingungen setzen. Die Art und Weise aber, wie sich jeder einzelne Mensch mit seinen Anlagen und seiner Umwelt auseinander setzt und wie er sie verarbeitet, ist individuell und einmalig. Das gilt verstärkt in heutigen Gesellschaften, weil die gesellschaftlichen Vorgaben durch soziale Rollen und kulturelle Normen vergleichsweise offen sind, wodurch jedem Menschen ein großer Spielraum für die persönliche Entfaltung eingeräumt wird" (K. Hurrelmann 2002, S. 26).

Aufgabe 7:

 Werten Sie die nachfolgende Abbildung 8 unter folgender Fragestellung aus: In welchen Einflussfaktoren der „inneren" und „äußeren" Realität sind Erziehungseinflüsse angesprochen, in welchen nicht?

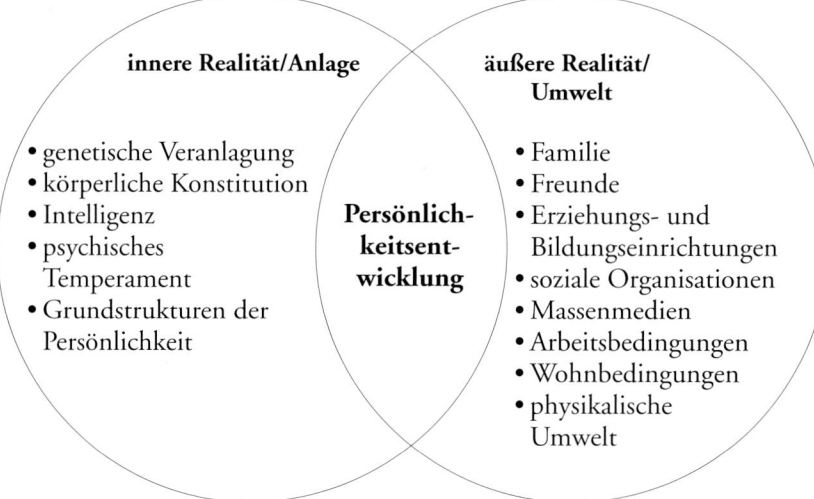

Abbildung 8: Persönlichkeitsentwicklung im Wechselspiel von Anlage und Umwelt
(Quelle: K. Hurrelmann 2002, S. 27)

2.1.2 Zum Verhältnis von Lesesozialisation und literarischer Sozialisation

Für den Bereich der *Literalität* und der literarischen Entwicklung oder Bildung sind in den letzten Jahrzehnten im deutschsprachigen Raum zwei unterschiedliche Konzepte entwickelt worden: das Konzept der *Lesesozialisation* und das der *literarischen Sozialisation*. Diese beiden Begriffe sind keineswegs deckungsgleich, weisen aber einen großen Überschneidungsbereich auf; ihr Verhältnis zueinander lässt sich darum ebenfalls im Modell der sich überschneidenden Kreise visualisieren (vgl. Abbildung 4.1 im Lehrbuch, S. 171).

„*Lesesozialisation* ist ein bereichsspezifischer Ausschnitt der Mediensozialisation. Es handelt sich hier um den Prozess der Aneignung der Kompetenz zum Umgang mit Schriftlichkeit in Medienangeboten unterschiedlicher technischer Provenienz (Printmedien, audiovisuelle Medien, Computermedien) und unterschiedlicher Modalität (fiktional-ästhetische und pragmatische Texte). Dabei geht es nicht nur um den Erwerb der Fähigkeit zur Dekodierung schriftlicher Texte, sondern zugleich um den Erwerb von Kommunikationsinteressen und kulturellen Haltungen, die in einer literalen Kultur die Möglichkeiten der Teilhabe am sozialen und kulturellen Leben in starkem Maße beeinflussen" (B. Hurrelmann 1999, S. 111 f.; Hervorh. d. Verf.).

„Der Begriff ‚*literarische Sozialisation*' ist in Bezug auf seinen Objektbereich einerseits weiter, andererseits enger als der der Lesesozialisation: Gemeint ist der gesellschaftlich vermittelte Erwerb der Kompetenz zur Rezeption und Verarbeitung von fiktionalen/ästhetischen Texten in unterschiedlichen Präsentationsformen – nicht nur in schriftsprachlicher Form, sondern auch in ‚Aufführungsformen' wie im privaten Vorlesen, in der Autorenlesung, im szenischen Spiel, im Schauspiel, Kabarett etc. sowie in an die technischen Medien gebundenen Formen auditiver, audiovisueller oder multimedialer Art. ‚Literatur' umfasst nach dieser Konzeption – unabhängig von der medialen Basis – alle ‚*künstlerischen Texte*', die Realität ästhetisch verarbeiten und deuten" (ebd., S. 113).

Aufgabe 8:

a) Arbeiten Sie an diesen Definitionen von Lesesozialisation und literarischer Sozialisation die Gemeinsamkeiten und die Unterschiede zwischen den beiden Konzepten heraus, indem Sie folgende Fragen beantworten:
- Welche Texte oder anderen Medien werden durch das Konzept der Literarischen Sozialisation nicht erfasst?
- Welche Präsentationsformen von „Literatur" werden durch das Konzept der Lesesozialisation nicht erfasst?
- Welche literalen und literarischen Aktivitäten liegen im Überschneidungsbereich beider Konzepte?

b) Suchen Sie jeweils fünf Beispiele zur Veranschaulichung.

Konkurrenz oder Koexistenz?

In der deutschsprachigen Forschungsdiskussion über die beiden Konzepte hat es in den 1990er Jahren eine Reihe von Debatten gegeben, welches der beiden Konzepte das weiterreichende oder grundlegendere sei (vgl. in idealtypischer Zuspitzung: Rosebrock & Groeben 1998). B. Hurrelmann kritisiert am Konzept der „literarischen Sozialisation", dass hier vor allem der *Textbegriff* und der Begriff der *Literarizität* nicht genügend expliziert seien; daher plädiert sie für „Lesesozialisation" als „klarer umrissenes und empirisch besser zugängliches Konzept" (B. Hurrelmann 1999, S. 113). Auch im Hinblick auf die Veränderung der Kompetenzanforderungen an das Lesen in der Mediengesellschaft hält B. Hurrelmann das Konzept der Lesesozialisation (mit der Zielperspektive „Lesekompetenz") für grundlegender:

Hinsichtlich der „Frage nach der Ersetzbarkeit der Funktionen der Lesekompetenz durch andere Formen der Medienkommunikation (z.B. Nutzung von Hörmedien, Film, Fernsehen) und die Frage nach der Veränderung der Merkmale von Lesekompetenz im Kontext neuer Medien (multimediale Texte, interaktive Texte, Hypertexte)" kommt B. Hurrelmann zu folgendem Fazit: „Betrachtet man Lesen als eine Rezeptionsform innerhalb ausdifferenzierter Medienverbünde, so wird deutlich, dass Funktionsverschiebungen schon heute stattfinden und weiter erfolgen werden, indem ein Teil der Funktionen des Lesens durch andere Medientätigkeiten ersetzt wird. Wie dargelegt, ist dies weniger für die Informationsfunktion als für die Unterhaltungsfunktion zu erwarten. Damit steht in Aussicht, dass der normative Kern der Lesekompetenz in Zukunft stärker als bislang von den Fähigkeiten bestimmt sein wird, die das informatorische Lesen verlangt. […] Man wird vor allem die aktiven Orientierungs-, Verstehens- und Verarbeitungsleistungen betonen müssen, wenn man der Lesekompetenz unter sich verändernden Kommunikationsbedingungen nach wie vor die Funktion zuschreiben will, zu gesellschaftlicher Teilhabe zu befähigen." (B. Hurrelmann 2002b, S. 283 f.)

Cornelia Rosebrock unterstreicht demgegenüber die große Bedeutung der „literarischen Sozialisation" gerade in der Ontogenese von Lesegewohnheiten und Lesekompetenzen.

„Die Differenz zwischen den Begriffen Lesesozialisation und literarische Sozialisation manifestiert sich vor allem in den ihnen innewohnenden Orientierungen auf unterschiedliche Ziele: Der Terminus *reading literacy*, Lesekompetenz, entstammt der angloamerikanischen Tradition und zielt auf schriftsprachliche Rezeptionsfähigkeit im weiten Sinn, etwa auf Verstehensleistungen bei der Lektüre verschiedener linearer Textsorten, aber auch bei Tabellen, Graphiken, Lexikon- oder Hypertexten usw. Horizont des Begriffs der literarischen Sozialisation ist im Gegensatz dazu die Idee literarischer Bildung, also die Kenntnis der literarischen Traditionen und die entsprechende Rezeptions- und Genussfähigkeit. Diese Zieldifferenz relativiert sich im Blick auf den Erwerb der Lese- bzw. literarischen Kompetenzen: Die biografische Genese der verschiedenen Lesehaltungen und -praktiken des Erwachsenen geschieht auch in der Mediengesellschaft wesentlich über die Rezeption insbesondere erzählender Kinderliteratur, mithin über ein literarisches Korpus, in dem die Trennung in ästhetische und Gebrauchstexte, in ‚autonome' und in unterhaltende Literatur weit weniger vollzogen ist als in der Literatur für Erwachsene. Für die Prozesse des Erwerbs von Schriftsprachlichkeit ist – neben Schulbüchern – altersangemessene Literatur (in Buchform und als Hörkassette) faktisch auch in der gegenwärtigen Medienlandschaft das zentrale Medium. Wegen dieser Dominanz literarischer Texte in den Sozialisationsprozessen hin zu konzeptueller Schriftlichkeit bestimmt sich auch in der gegenwärtigen Mediengesellschaft literarische Sozialisation als der prototypische Kern von Lesesozialisation" (Rosebrock 2003, S. 154).

Aufgabe 9:

a) Arbeiten Sie heraus, mit welchen Argumenten B. Hurrelmann für die Dominanz von „Lesesozialisation" und Rosebrock für die zentrale Bedeutung von „literarischer Sozialisation" plädieren.

b) Erläutern Sie die Aussage von Rosebrock, literarische Sozialisation sei „der prototypische Kern von Lesesozialisation". Setzen Sie sich kritisch mit der Geltung dieser These auseinander und diskutieren Sie in Ihrer Lerngruppe, welches Konzept in Ihren Augen das grundlegendere ist!

2.1.3 Das theoretische Modell: Lesesozialisation als Ko-Konstruktion

Im Kapitel 2.1.1 wurde entfaltet, dass Sozialisation als Wechselspiel von Individuen und ihrer Umgebung verstanden wird. Ob beispielsweise jemand zum Leser wird, hängt zum einen davon ab, ob er in einem leseförderlichen Umfeld aufwächst oder nicht. Zum anderen kann eine Person trotz einer ungünstigen Umgebung zur Leserin werden. Die

Entwicklung wird demnach beschränkt von den sozialen Gegebenheiten, diese können aber auch von den Individuen verändert werden. Eine neuere Theorie der Lesesozialisation versucht, diese Prozesse theoretisch zu fassen: die Ko-Konstruktion (vgl. Kapitel 4.1.3 im Lehrbuch, S. 171 ff.). Um zu erklären, wie sich etwas wandelt, geht man einen „Umweg" über die untergeordnete Ebene und betrachtet das Geschehen dort und wie die Handlungen auf dieser untergeordneten Ebene dafür sorgen, dass sich auf der übergeordneten Ebene Dinge verändern.

Das kleinste Glied der Ko-Konstruktion bildet das „Grundmodell der soziologischen Erklärung", in welchem man eine soziale Veränderung von einem Zeitpunkt (Soziale Situation 1) zu einem anderen (Soziale Situation 2) begreift (vgl. Lehrbuch, Abbildung 4.3, S. 173).

Als **Beispiel** für sozialen Wandel soll die Genese erwarteter LeserInnen in Familien herangezogen werden (s. auch Kapitel 2.2.2):

- Die *soziale Situation 1* ist: Eine Familie, in der beide Eltern gern lesen, bekommt Nachwuchs, nämlich den Sohn Johannes.
- Die *soziale Situation 2* bzw. das kollektive Explanandum soll sein: Am Ende der Grundschulzeit liest Johannes wie der Rest der Familie auch viel und regelmäßig.

Offensichtlich hat sich Johannes zum Leser entwickelt, die Frage ist nur, wie. Das „Grundmodell der soziologischen Erklärung" nimmt zur Erklärung eine „Mikro-Vertiefung" vor, in der beide Ebenen über drei „Logiken" miteinander verknüpft sind: a) die „Logik der Situation"; b) die „Logik der Selektion"; c) die „Logik der Aggregation" (vgl. Groeben 2004b, S. 151; siehe Abbildung 9).

a) In der *Logik der Situation* wird versucht, die übergeordnete mit der untergeordneten Ebene zu verbinden. Konkret sollen damit auf der einen Seite die Bedingungen einer sozialen Situation beschrieben werden und auf der anderen Seite die Alternativen und Möglichkeiten, die sich aus dieser Situation für den Akteur ergeben (vgl. Groeben 2004b, S. 151). Es geht darum zu rekonstruieren, wie ein Individuum aus der Froschperspektive eine Situation wahrnimmt, welche Handlungsoptionen es hat und wie umsetzbar sie ihm erscheinen.

   Auf das Beispiel bezogen lässt sich die Situation aus Johannes' Warte so beschreiben: Lesen spielt im Alltag der Familie eine große Rolle, es ist als gemeinsame Familientätigkeit fest verankert. Die Eltern sind Lesevorbilder, und sie haben Johannes schon früh Geschichten erzählt, ihm Geschichten vorgelesen und Reime vorgesprochen, und seit Johannes lesen gelernt hat, bringen seine Eltern immer wieder Bücher für ihn aus der Bibliothek mit.

b) Der zweite Schritt, die *Logik der Selektion*, betrifft die individuelle Ebene. Die Frage lautet: Wie lässt sich die konkrete Aktion theoretisch erklären? Groeben zufolge sind „hier im Prinzip alle handlungstheoretischen Erklärungsmodelle einsetzbar" (2004b, S. 151). Diese Offenheit für psychologische (und weitere) Erklärungsmodelle ist ebenso bedeutsam wie die Vielzahl möglicher Aktionen, die der Akteur ausführen kann und die im Folgeschritt eine Veränderung auf höherer Ebene bewirken (können). Welche Handlungen ein Individuum ausführt, hängt jedoch von seiner *Disposition* ab: Realisiert werden nur lebensgeschichtlich kompatible Handlungsoptionen, d.h. hier wirken gesammelte Erfahrungen nach, und es kommt zu einer Verknappung tatsächlich vorhandener Alternativen. Groeben hat fünf verschiedene Handlungsalternativen aufgezählt: Reduplikation, Selektion, Kombination, Modifikation und Negation (vgl. Groeben 2004b, S. 163). Diese fünf verschiedenen Handlungsalternativen lassen sich zu drei Kategorien verdichten:

   - *Imitation*: Jemand wählt die Alternative Reduplikation, d.h. er oder sie tut, was ihm oder ihr nahe gelegt wird. Am Beispiel von Johannes liegt eine Imitation vor:

Er identifiziert sich mit den Eltern, imitiert deren Verhalten und entwickelt Lese-kompetenz. Er setzt außerdem das Lesen gemäß seinen (Entwicklungs-)Bedürf-nissen ein (vgl. Groeben 2004b, S. 157).

- *Ablehnung*: Statt zu tun, was erwartet wird, tut jemand genau das Gegenteil (Ne-gation). Johannes aus dem Beispiel hätte sich also auch nicht mit seinen Eltern identifizieren können, deren Verhalten nicht imitieren und sich nicht zum Leser entwickeln können.
- *Abwandlung*: In diese Kategorien fallen Handlungen, bei denen das Individuum aus Handlungsangeboten auswählt (Selektion), sie kombiniert oder sie verändert (Modifikation). Ein Beispiel dafür könnte sein, wenn Johannes in seiner Familie keine Lesevorbilder vorfindet und damit auf dem besten Weg wäre, ein erwarteter Nicht- oder Wenigleser zu werden. Sorgt hier aber ein Deutschlehrer für interes-santen Lesestoff und kümmert sich intensiv um den Jungen, könnte es gelingen, Lesen in Johannes' Leben zu integrieren. Johannes könnte so zu einem unerwar-teten Leser werden.

a) In der *Logik der Aggregation* wirkt die Handlung des Akteurs wieder zurück auf die soziale Ebene und verändert diese unter Umständen. Im Fall von Johannes' Imitati-on führen sein Leseverhalten und das Leseverhalten der Eltern zu einem stabilen Leseklima in der Familie, in welchem die Wertschätzung des Lesens spürbar ist. Würde Johannes den Lesebemühungen seiner Eltern ablehnend gegenüber stehen, könnten sich auf der Meso-Ebene Spannungen in der gesamten Familie ergeben.

Das vorgestellte Modell der soziologischen Erklärung ist noch unterkomplex: Es enthält nur zwei Ebenen (Mikro und Meso) und kann damit nicht die Mehrebenen-Dynamik mit diversen Instanzen adäquat abbilden, wie sie im Punkt c) schon angerissen ist. Wie ein Ko-Konstruktionsmodell mit allen drei Ebenen aussieht, zeigt Abbildung 9. In dieser Abbildung sind zwei Ko-Konstruktionsdynamiken eingetragen. In der unteren Hälfte ist das Ko-Konstruktionsgeschehen zwischen Mikro- und Meso-Ebene abgebildet, das gerade anhand des Johannes-Beispiels erläutert wurde. In der oberen Hälfte ist die Ko-Konstruktionsdynamik zwischen Gebilden auf der Makro-Ebene, z.B. der Gesellschaft, und der Meso-Ebene, bspw. Familien, abgebildet. Damit wird die Relation von Meso-

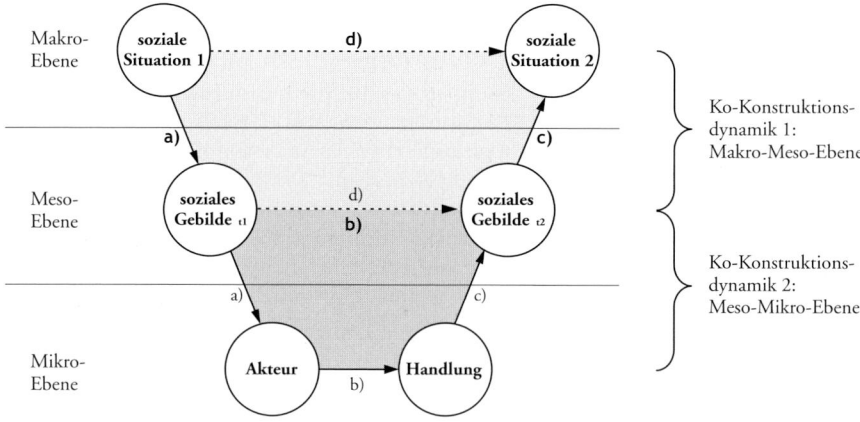

a) Logik der Situation • b) Logik der Selektion • c) Logik der Aggregation

Abbildung 9: Ko-Konstruktionsmodell mit Mikro-, Meso- und Makroebene

Instanzen zur Gesellschaft verdeutlicht. So werden mehr oder minder explizit Erwartungen an die Familie adressiert (s. Lehrbuch, Kapitel 4.2.1), die diese in der Logik der Situation wahrnimmt, und das Geschehen in der Familie beeinflusst wiederum über die Logik der Aggregation die Gesellschaft.

Der dargelegte Dreischnitt ist nur das kleinste Glied in einer umfassenden Prozesskette solcher „Mikro-Vertiefungen". So ist z.B. das kollektive Explanandum in einer weiteren Sequenz zugleich eine neue soziale Situation. Ferner sind noch die schon angesprochenen Instanzen der Meso-Ebene (Familie, Schule, peer group) zu integrieren, sodass sich schnell ein äußerst komplexes und dynamisches Gefüge ergibt (vgl. Groeben 2004b, S. 155 f.). Am besten lässt sich das Gesamt vieler unterschiedlicher Ko-Konstruktionen wie ein großes Molekül vorstellen (s. Abbildung 10).

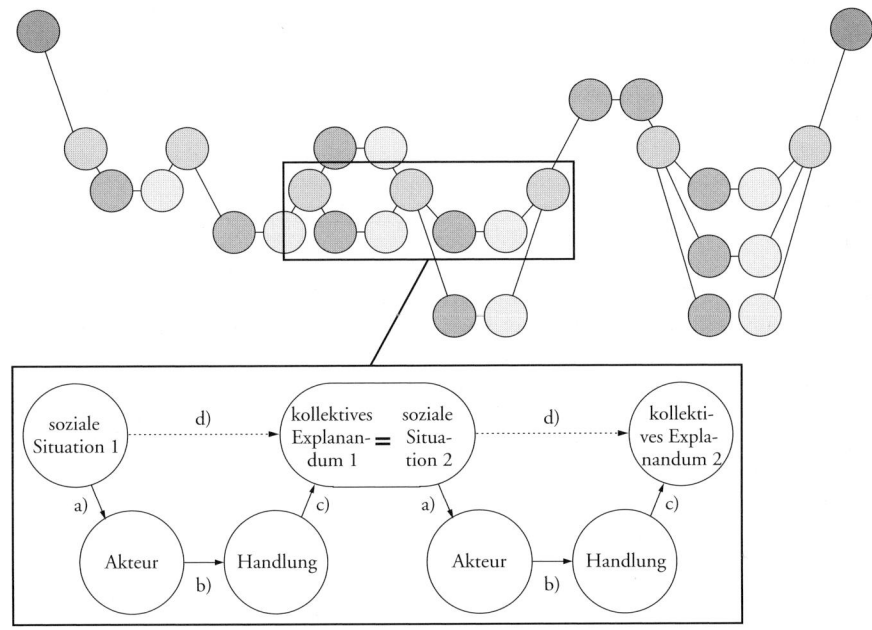

Abbildung 10: Gesellschaftliche/soziale Veränderung als „Molekül" verketteter Ko-Konstruktionsprozesse (Quelle: nach Groeben 2004b, S. 151)

Aufgabe 10:

Anwendung des Ko-Konstruktions-Modells am Beispiel der information literacy

a) Lesen Sie die Ausführungen zur Entwicklung auf der gesellschaftlichen Makro-Ebene („Relevanz von information literacy in Zeiten des Internets") und werten Sie anschließend die Abbildung 11 aus, in der die Verteilung von Berufstätigen nach dem Niveau ihrer Tätigkeiten dargestellt ist. In welcher Art von Tätigkeiten erscheint Ihnen *information literacy* besonders wichtig, wo spielt sie weniger eine Rolle?

b) Nennen Sie für jedes Tätigkeitsniveau einen Beruf als Beispiel.

c) Welche Entwicklung wird laut der Abbildung im Erwerbsleben einsetzen? Welche Arten von Tätigkeiten sind besonders zukunftsträchtig?

 d) Wie schätzen Sie die Chancen von Personen aus bildungsfernen Schichten ein?

Relevanz von information literacy in Zeiten des Internets

Die heutige Gesellschaft wird als Wissens-, Informations- oder auch als Mediengesellschaft bezeichnet (vgl. Rager & Werner 2004, S. 351 ff.). Dabei besteht ein Zusammenhang zwischen Informationen und Medien: „Medien allgemein und eben neuerdings das Internet sind an der Verbreitung von Information und Wissen und damit an der Verteilung von Chancen beteiligt" (ebd., S. 369). Nicht alle haben gleiche Chancen, denn es existiert ein Phänomen, das zunächst als „Wissenskluft" bezeichnet wurde und seit der Einführung des Internets als „digital divide" (digitale Spaltung) fortlebt. Die digitale Spaltung bezeichnet zum einen den ungleichen, bildungsabhängigen Zugang zu digitalen Informationsmedien, hier geht es also um Onliner und Offliner. Zum anderen verläuft auch innerhalb der Onliner eine weitere Grenze, die den Zugang zu Inhalten betrifft, der einerseits auf Interessen basiert und andererseits auch ein enormes Vorwissen erfordert, um die Informationen aus dem Internet einzuordnen (vgl. ebd., S. 370). Was man also in der gegenwärtigen Gesellschaft braucht, lässt sich als „information literacy" bezeichnen, worunter Claudia Lux die Fähigkeit versteht, a) einen Informationsbedarf zu erkennen, b) relevante Informationen zu ermitteln, c) sie in Hinblick auf die Quelle zu bewerten, aus der sie stammen, und d) schließlich effektiv für sich zu nutzen (vgl. Lux 2007, S. 200 f.). Dieser versierte Umgang mit Informationen ist nicht zuletzt im Erwerbsleben gefragt.

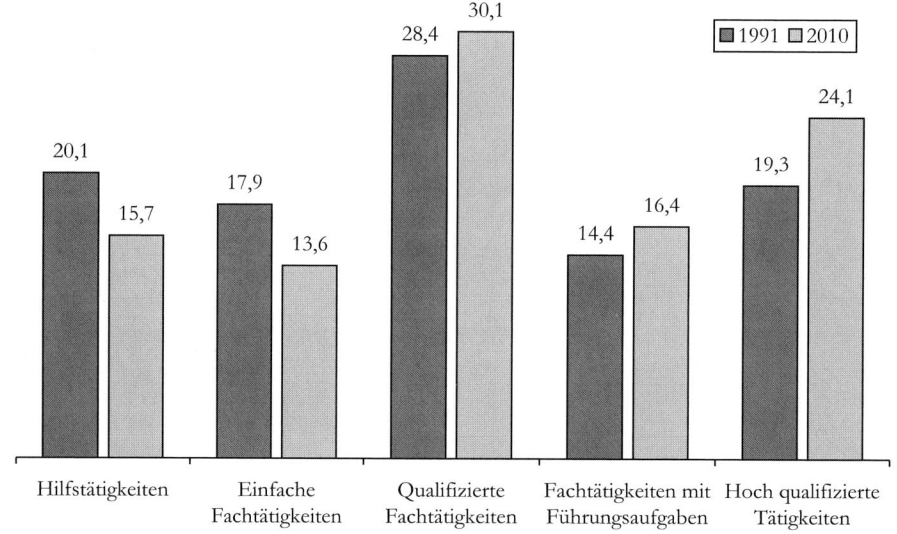

Abbildung 11: Erwerbstätige nach Tätigkeitsniveau in Deutschland in Prozent, 1991 und 2010
(Quelle: Ebner & Allmendinger 2006, S. 69, modifiziert)

Aufgabe 11:

Die angedeuteten Entwicklungen auf der Makro-Ebene (Wandel der Medien und der Erwerbsarbeit, Verbreitung des Internets, Notwendigkeit der information literacy) sollen nun mit dem Geschehen auf der Meso- und der Mikro-Ebene verbunden werden. Es wird Ihre Aufgabe sein, das Geschehen in der Terminologie der Ko-Konstruktion zu beschreiben. Lesen Sie dazu zunächst die Falldarstellung im unten stehenden Kasten und bearbeiten Sie anschließend die folgenden Aufgaben.

Der Fall stammt aus dem Forschungsprojekt „Familiale Bildungsstrategien in unterschiedlichen Familienkulturen" (Ergebnisband: Büchner & Brake 2006). In der Studie wurden Anfang der 2000er Jahre insgesamt 20 Familien mit drei Generationen im Hinblick auf die jeweilige *Transmission von Bildungsstrategien* untersucht, die sich im Familienalltag mehr oder minder bewusst vollzieht. In einem Teilprojekt der Studie ging es um die Frage, wie eine Arbeiterfamilie an lebensdienliche Informationen gelangt und wie diese Strategien und Praxen über drei Generationen weitergegeben und angeeignet werden. Dabei spielen nicht nur mediale, sondern auch personale Informationsquellen eine Rolle. Das theoretische Konzept ist die „information literacy", die hier „die Selbstregulierung des Wissenserwerbs und de[n] souveräne[n] Umgang mit Kommunikations- und Informationstechniken zum Einholen von lebensführungsrelevanten Informationen" meint (Wahl 2006, S. 226).

a) Welchem Typ von Tätigkeiten aus Abbildung 11 gehen die Großeltern und die Eltern nach?

b) Rekonstruieren Sie die *Logik der Situation* für die Eltern- und die Kindergeneration. Beantworten Sie dazu diese Teilfragen:
- Welche *Ausgangsbedingungen* haben Claudia Fink und Rikarda Fink in ihrer Familie hinsichtlich des Stellenwerts von schulischer Bildung vorgefunden?
- Welche *Art von Bildung* war für die Eltern von Claudia bzw. Rikarda im Arbeitsalltag besonders relevant?
- Welche *Strategien* von information literacy haben Claudia und Rikarda in ihrer Familie vorgefunden?

c) Vergleichen Sie nun die Art und Weise, in der die drei Generationen an Informationen herankommen. Welche der Handlungsoptionen in der *Logik der Selektion* haben die Mitglieder der Familie in den einzelnen Nachfolgegenerationen umgesetzt? Beschreiben Sie die Handlungen in der Terminologie der Ko-Konstruktion.

d) In der Darstellung ist auch die Schule als weitere (Lese-)Sozialisationsinstanz angesprochen. Stellen Sie Hypothesen auf zu der Frage, wie anschlussfähig das familiale Erbe der information literacy ist und fügen Sie Belege aus der Falldarstellung an.

e) Beurteilen Sie den in der *Logik der Aggregation* entstandenen Umgang mit Bildung und information literacy innerhalb der Familie im Hinblick auf den Wandel im Erwerbsleben (s. Abbildung 11). Ist die Entwicklung funktional oder dysfunktional? Welche Informationsstrategien wären für Rikarda Fink heute angemessen?

f) In den Falldarstellungen ist wenig über das Leseverhalten gesagt. Stellen Sie Vermutungen darüber an, welche Rolle das Lesen in der Familie Fink hat. Richten Sie den Fokus auf die Eltern- und die Kindergeneration.

Die Familie Fink
Vorstellung der Generationen
Die Großeltern: Die Großmutter mütterlicherseits, Herta Fink, ist zum Zeitpunkt der Studie 69 Jahre alt und hat in zwei Ehen insgesamt sieben Kinder auf die Welt gebracht. Sie besuchte die Volksschule und begann danach eine Lehre in der Gastronomie, die sie aber wegen ihrer Hochzeit 1950 abbrach. Nachdem ihr Mann 1960 bei einem Unfall verstorben war, heiratete sie 1963 ihren jetzigen Mann Wilhelm. Bis 1983 leitete sie eine von ihr gepachtete Gaststätte, arbeitete als Serviererin sowie als Lagerleiterin und war bis zur Frühverrentung in einer Pharmaziefabrik tätig. Wilhelm Fink (61 Jahre) hat ebenfalls die Volksschule besucht und im Anschluss eine Lehre im Bergbau begonnen. Diese Lehre brach er infolge eines traumatischen Grubenunglücks ab, verpflichtete sich als Zeitsoldat und wurde bereits nach zwei Jahren unehrenhaft entlassen. Nach Selbstauskünften hielt der Ungelernte sich und seine Familie mit 14 Stellen über Wasser und ist heute aus gesundheitlichen Gründen im Vorruhestand. Die Großeltern leben im Vorort einer größeren Stadt.
Die Eltern: Die Eltern wohnen in einem Vorort einer rheinland-pfälzischen Kleinstadt in einem Reihenhaus. Die Mutter Claudia (46 Jahre) hat aus gesundheitlichen Gründen weder die Hauptschule noch die darauf begonnene Hauswirtschaftslehre erfolgreich beendet. Eine zweite Lehre in einer Arzneimittelfabrik fand wegen ihrer ersten Schwangerschaft ein vorzeitiges Ende. Nachdem sie zwei Töchter zur Welt gebracht hatte, blieb sie zunächst zu Hause und begann mit dem Schuleintritt der Kinder, halbtags als Putzkraft zu arbeiten. Diesem Beruf geht sie heute in Vollzeit nach und leitet eine Putzkolonne. Vater Peter (48 Jahre) hat einen Hauptschulabschluss und überdies erfolgreich eine Lehre als Kfz-Mechaniker absolviert. Er arbeitete in dieser Funktion bei der Bundeswehr und wechselte, als er Vater wurde, den Job, sodass er in der Firma seines Onkels, einem Reiseunternehmen, als Busfahrer arbeitete. Zum Zeitpunkt der Studie ist er im Straßenbaugewerbe tätig und daher oft nicht zu Hause.
Die Kinder: Die ältere Tochter Nadja (21 Jahre) ist mit einer Sehbehinderung auf die Welt gekommen und besuchte eine Blinden- und Sehbehindertenschule, auf der sie den Hauptschulabschluss erwarb. Während der Erhebung besuchte sie eine Berufsschule für Wirtschaft, auf der sie den Realschulabschluss machen will. Ihre Schwester Rikarda (18 Jahre) hat entgegen schulpsychologischer Ratschläge nicht eine Förder-, sondern eine Hauptschule besucht und den Abschluss erworben. Nach einer abgebrochenen Lehre im Einzelhandel besucht sie zum Zeitpunkt der Studie gegen ihren Widerstand eine Berufsfachschule. Ihre beiden Berufswünsche (Dienst bei der Bundeswehr, IT-Systemelektronikerin) kann sie mit ihrem Schulabschluss nicht erreichen.

Informationsstrategien der Generationen
Die Großeltern: Die Informationsstrategie der Großeltern bezieht sich primär auf ihr nahes soziales Umfeld, und Wahl bezeichnet sie treffend als „Fragen gehen im sozialen Nahraum" (Wahl 2006, S. 230). Bei Fragen und Problemen sprechen sie Familienmitglieder, Nachbarn und Bekannte an, deren Expertise für Herta und Wilhelm Fink unstrittig ist, und sie sind stolz auf ihr Netzwerk. Weiterhin nutzen die Großeltern Quiz-Shows sowie Printmedien wie Zeitungen und Lexika. Die Informationen bleiben allerdings fragmentarisch und werden weder kritisch beurteilt noch in größere Kontexte eingeordnet. Auch wenn die Großeltern davon überzeugt sind, eine gute Allgemeinbildung zu haben, ist weder das Wissen noch die Form, wie es sich angeeignet wird, kompatibel zur heutigen Bildungswelt, was für diese Generation noch nicht prekär ist. Hier reichte das von anderen (Eltern, Kollegen) abgeschaute praktische Wissen aus; ebenfalls war die Strategie, in der Schule nur auswendig zu lernen, ausreichend. Was später zählte, war eher der Fleiß im Erwerbsleben als der Erfolg in formalen Bildungseinrichtungen.
Die Mutter: Für die Mutter Claudia sind Menschen die wichtigsten Informationsquellen. Neben ihrem breiten Bekanntenkreis (enges Informationsnetz) nutzt sie außerdem ihre beruflichen Kontakte, d.h. sie befragt ihre Kunden und Arbeitgeber aus höheren Gesellschaftsschichten (erweitertes Informationsnetz). Über das personale Informationsnetzwerk hinaus hat sie auch das Internet entdeckt. Dabei ist ihr Umgang mehr oder minder versiert; hilfreich sind für sie ebenfalls Tipps von anderen, welche Seiten sie bei konkreten Problemen und Fragen besuchen soll. Bei der Suche nach Informationen im beruflichen Bereich

überschreitet sie gewissermaßen die Grenzen ihres Standes und ist dabei entscheidend auf die Qualität der Beziehungen angewiesen. Sind diese weniger von Sympathie geprägt, sondern eher formal, zeigen sich schnell die Grenzen und die Überforderung der Mutter. Speziell bei der Schule offenbart sich das Problem: Claudia Fink äußert Frustration über die Nicht-Anerkennung des Persönlichen und hält die Schule für ein hermetisches System, das weder auf die außerschulischen Belange noch auf die Sehbehinderung der Tochter aus ihrer Sicht angemessen Rücksicht nimmt. Dass Schule und andere institutionelle Orte anderen Regeln folgen als auf Sympathie fußende persönliche Beziehungen, erlebt die Mutter als Barriere. Wenngleich sie schon in einer prekäreren Situation als ihre Eltern steckt, hat sie dennoch einen (wenn auch wenig prestigeträchtigen) Job, kann aber durch Fleiß Anerkennung erfahren. Hilflos bis ohnmächtig steht sie der Situation ihrer Töchter (Schulprobleme, Schwierigkeiten, einen Ausbildungsplatz zu finden) gegenüber; Entfremdungserfahrungen zwischen den Generationen sind beobachtbar. Auch hier wird Hilflosigkeit sichtbar: Die eigenen Töchter erreicht die Mutter immer weniger.

Die Kinder: Die Familienmitglieder fungieren für Tochter Rikarda weniger als Ansprechpartner; sie orientiert sich stärker an ihren Freunden. Nur wenn es nicht anders geht (Ärger in der Schule, Schwierigkeiten mit der Polizei oder Fragen bezüglich der Ausbildung), zieht sie die Eltern zu Rate. Sie verfügt über einen PC mit Internetanschluss, den sie ausgiebig zum Chatten, zur Informationssuche über Partys und zum Musik-Download nutzt. Das AV-Medium Internet nutzt sie acht bis neun Stunden am Tag, und ohne PC wäre sie – das zeigt auch ihr Berufswunsch – nach Selbstauskünften quasi nicht lebensfähig. Das mehr oder weniger ausgeprägte Wissen über Computer hat sie sich autodidaktisch angeeignet und dabei auf Handbücher oder andere systematische Einführungen verzichtet, da sie ohnehin kaum Bücher liest. Den Computer nutzt Rikarda also unterhaltungsbetont. Allerdings ermöglicht ihr der Umgang mit dem PC, sich selbst als kompetent wahrzunehmen und in ihrem sonst wenig befriedigenden Leben Kontrolle auszuüben. Rikarda erfährt also Selbstwirksamkeit und hat in der Beschäftigung mit dem Internet gewissermaßen ein Alibi gefunden: Sie wirkt nicht untätig, da sie ab und zu berufsrelevante Seiten aufsucht. Bezüglich ihrer Ausbildungsaspirationen hadert sie eher mit dem Schicksal, fühlt sich als zu wenig anerkannt und richtet die Energien nicht darauf, den für die Ausbildung nötigen Realschulabschluss zu erwerben. Umgekehrt ist ihr klar, dass ihr Hauptschulabschluss in jedem Fall heutzutage nicht mehr als Berufsqualifikation ausreicht, und doch hinterlässt jedweder Umgang mit Institutionen bei ihr ein Gefühl der Ohnmacht. Ihre Familie und die Berufsberater sind aus Sicht der Tochter keine Stütze, vielmehr frustrieren sie die Ermahnungen, was aber auch die eigene Passivität legitimiert. Rikarda ist völlig überfordert, denn ihr stehen keine ausreichenden Informationsstrategien zur Verfügung. Das Fragen-Gehen im Nahraum oder über die „Standesgrenzen" hinweg ist keine umsetzbare Option, allenfalls die peer group ist noch Ansprechpartner in Belangen der Lebensführung. (nach Wahl 2006, S. 228 ff.)

2.1.4 Die Modi des Lesens als Zielhorizont einer gelingenden Lesesozialisation

Aufgabe 12 zum Einstieg:

Was verbinden Sie persönlich mit dem Thema Lesen? Geben Sie fünf Antworten auf diese Frage (in kurzer Textform oder als Mindmap).

Der Erwerb von Lesekompetenz ist das Ziel gelingender Lesesozialisation. Während PISA das informatorische Lesen mit den Kognitionen und Reflexionen deutlich akzentuierte, geht die deutschsprachige Lesebiografie-Forschung von einer anderen Prämisse aus. Das Lesen zur Information ist hier nur *ein* Bestandteil in einem breit gefassten Spektrum der *Lesemodi*. Werner Graf definiert diesen Begriff als „in der literarischen Sozialisation erworbene Handlungsdispositionen, die spezifische Rezeptionsweisen ermöglichen, um Texte subjektbezogen zu nutzen" (Graf 2004a, S. 120). Seine Quelle bilden vor allem anonyme Leseautobiografien (LABs) von Studierenden (vgl. Kapitel 3 in diesem Band). Diese Textsorte stellt bei ihrer Auswertung hohe Anforderungen. Schließlich handelt es sich um Texte, in denen nicht einfach nur eine wertfreie Chronologie von Fakten präsentiert wird, sondern in denen die VerfasserInnen subjektiv stilisiert ihre Lesegeschichte erzählen. So enthalten die LABs neben Faktenschilderungen auch Bekenntnisse literarischer Sünden und verheimlichter Sachverhalte, Rechtfertigungen von wenig Lesenden über Gründe der eingeschränkten Leseaktivitäten, Idealisierungen bestimmter Lesephasen und Selbstreflexionen (vgl. Graf 2000).

Solche subjektiven Bedeutungszuschreibungen sind Gegenstand der qualitativen Forschung, zu der die Biografieforschung zählt. Sie müssen in der wissenschaftlichen Analyse berücksichtigt und kritisch reflektiert werden, um die persönlichen Begriffe des Lesens in den LABs erfolgreich zu rekonstruieren. In der Analyse geht es um die Antwort auf die Fragen, was, wie involviert, distanziert und kompetent und wozu die AutorInnen der LABs lesen, welche Bedeutung sie dem Lesen geben und welche Wirkungen sich nach der Lektüre ergeben (vgl. Graf 2007, S. 20). Ähneln sich die Schilderungen des Leseverhaltens, lassen sich daraus Gruppen – nämlich die Lesemodi – bilden, die in sich möglichst homogen sein, sich aber gleichzeitig trennscharf voneinander unterscheiden sollten. Das Ziel einer gelingenden Lesesozialisation besteht nach unserer Auffassung darin, über möglichst viele Modi des Lesens zu verfügen.

  Aufgabe 13:

In den folgenden Beispielen *verändern* sich Lesemodi. Benennen Sie bitte die jeweiligen ursprünglichen Modi sowie diejenigen, in die sie sich verändern.

- Ein Lehrer beschließt, Teile aus dem Roman „Harry Potter und der Gefangene von Askaban" im Unterricht zu lesen, nachdem er beobachtet hat, dass ein Teil der Klasse in freien Lesestunden völlig in der Lektüre eines Fantasy-Romans versunken ist.
- Moritz hat mehrere Mangas gelesen, nachdem im Freundeskreis häufig darüber diskutiert wurde. Nach der ersten Lektüre möchte er mehr über Japan erfahren und liest seitdem alles über dieses Land, was er in die Finger bekommt.
- Nadine schaut für ein Referat in der Schule kurz ins Lexikon, um sich über die Bedeutung eines Wortes zu informieren. Auf der Seite im Lexikon entdeckt sie ein anderes Wort, das ihr neu ist und das sie interessiert. Das passiert ihr danach immer wieder. Nach einer Stunde schaut sie auf die Uhr und ist verwundert, dass so viel Zeit vergangen ist.

 Aufgabe 14:

Diskutieren Sie in Ihrer Lerngruppe, welchem Lesemodus Ihrer Meinung nach das Lesen von Blogs (öffentlichen Tagebüchern im Internet) entspricht?

  Aufgabe 15:

Nehmen Sie sich das Schaubild zu den Lesemodi im Lehrbuch vor (Abbildung 4.4, S. 176) und bearbeiten Sie folgende Frage: Welche Lesemodi liegen dicht zusammen, welche besonders weit auseinander? Differenzieren Sie Ihre Antworten nach

- der Art von Lesemotivation (intrinsisch vs. extrinsisch),
- der von Ihnen unterstellten Ausprägung der nötigen Lesekompetenz für den jeweiligen Modus,
- der Distanz oder der Nähe zum Textinhalt,
- dem Ziel, mit dem das Lesen erfolgt.

Aufgabe 16:

Es folgen einige Passagen aus Lektüreautobiografien (sämtliche Auszüge stammen aus Graf 2004a). Ordnen Sie diese Ausschnitte in der unten stehenden Tabelle 9 einem Lesemodus zu, indem Sie die jeweilige Ziffer in die Spalte ganz rechts schreiben. Markieren Sie mit einem Fragezeichen, wo Sie unsicher waren und warum Ihnen die Zuordnung nicht leicht fiel. Diskutieren Sie an Hand dieser Beispiele, ob Ihnen die Lesemodi nach Graf schon trennscharf genug erscheinen.

1. „Wenn es allerdings ein Buch gibt, das mich zum Weiterlesen zwingt, werde ich regelrecht süchtig."
2. „Zurzeit lese ich Bücher, die zum Thema meiner wissenschaftlichen Hausarbeit passen."
3. „Fachbücher besitze ich auch eine Menge. Ich nutze sie aber nur als Nachschlagewerke, von einem Lesefluss kann ich dabei bestimmt nicht reden."
4. „Während meiner Ausbildung im Bereich der Naturwissenschaften begann ich dann auch viel und gerne, des analytischen Stils wegen, Fachliteratur zu lesen, was sicher auch am ausgeprägten Interesse lag."
5. „Ich benutze sehr viel das Internet zum Lesen und Informieren, weil es unabhängig ist und eine sehr breite Palette an Informationen bietet und vor allem, weil es sehr aktuell ist, viel aktueller als ein Buch jemals sein kann."
6. „Es gelingt mir wieder, mich so in ein Buch zu vertiefen, dass ich meine Umwelt nicht mehr wahrnehme und nicht reagiere, wenn mich jemand anspricht."
7. „Kurz gesagt lese ich in der letzten Zeit viel in aktuellen allgemeinen Themen[,] um in der Gruppe oder in der Gesellschaft der Besserwisser zu sein."
8. „Durch einen Freund entwickelte ich dann teilweise mein Interesse für anspruchsvollere Literatur".
9. „[…] ich lese normalerweise täglich Zeitung und wenn mich ein Thema interessiert, zusätzlich im Internet [...] Auch lese ich Fachbücher, muss man ja als Student, und Dinge[,] die die Allgemeinbildung verbessern, wie Jahrbücher usw. Mittlerweile habe ich die Angewohnheit, ca. 1 mal in der Woche einfach so in einer Lektion zu lesen."
10. „Die Gedichte von Hesse habe ich sehr schätzen gelernt, besonders ‚Stufen', das über meinem Bett hängt und mich motiviert, wenn es mir schlecht geht."
11. „Als ich anfing zu fotografieren[,] habe ich selbstverständlich die Fachliteratur gewälzt und mir so einige Bildgestaltungsmerkmale herausgesucht."
12. „Mir liegt immer viel daran, in Romanen auch möglichst viel über Geschichte, Bräuche und Kulturen zu erfahren".
13. „‚Die verlorene Ehe der Katharina Blum' etc. Solche Bücher lassen einen tiefer über Dinge nachdenken, die man von seiner Allgemeinbildung her weiß, aber nie hinterfragt hat."
14. „Wunderbar formulierte Passagen lese ich drei- oder viermal, auch wenn es sich nur um die Beschreibung einer Besenkammer handelt."
15. „Ich empfinde es immer noch als hochinteressant, mich mit Erfahrungen und persönlichen Einstellungen anderer auseinanderzusetzen. [...] Ich hatte aus diesem Grund schon immer das Gefühl, dass mich das Lesen weiterbringt."
16. „Bei manchen Büchern kann ich mich noch erinnern, dass ich sehr viel geweint habe, als ich das Buch gelesen habe".

17. „Schlichte Unterhaltungslektüre ist für mich mühsam und gänzlich uninteressant, Texte wie ‚Der Steppenwolf' hingegen beschäftigen mich so sehr, dass ich nach wenigen gelesenen Seiten aussetzen und mich mit dem Gelesenen auseinandersetzen muss."

Lesemodus	Beispiel-Aussagen (Nr. 1–17 bitte den Lesemodi zuordnen)
Pflichtlektüre	
Instrumentelles Lesen	
Konzeptlesen	
Lesen zur diskursiven Erkenntnis	
Partizipatorisches Lesen	
Ästhetisches Lesen	
Intimes Lesen	

Tabelle 9: Gegenüberstellung der Lesemodi

  Aufgabe 17:

Lesen Sie die folgende Beschreibung eines fiktiven Vormittags. Welche Lesemodi finden Sie hier wieder? Benennen Sie die Modi und geben Sie die entsprechende(n) Zeile(n) an.

Sie stehen morgens auf, greifen zur Zeitung und lesen einen Artikel über eine Debatte zu Studiengebühren, über die in Ihrer Clique an der Uni zur Zeit viel diskutiert wird. Danach stoßen Sie auf eine Buchbesprechung eines gerade erschienenen Fachbuchs, das Sie für ein Referat benötigen. Erst dann lesen Sie ausführlich, ausnahmsweise einmal nicht wie sonst zuerst, die Klatsch- und Tratschseite,
5 während Sie Ihren Café au lait genießen. Ein kurzer Blick auf die Uhr, und Sie schalten den Computer ein und checken Ihre E-Mails. Ein Dozent hat Ihnen eine Nachricht geschickt. Missmutig nehmen Sie zur Kenntnis, dass Sie innerhalb der nächsten Woche einen Ausschnitt einer Novelle und einen Aufsatz aus der Sekundärliteratur lesen sollen. Erfreulicherweise haben Sie auch zwei andere Mails von einem Internet-Auktionshaus bekommen: Sie haben das Buch gekauft, das Sie einer Freundin zum
10 Geburtstag schenken wollen, die seit neuestem alles über Vincent van Gogh wissen will. Außerdem haben Sie die Auktion mit dem Buch „Bildung. Alles was man wissen muss" für sich ergattert, auf das sie schon mehrere Ihrer StudienkameradInnen hingewiesen haben. Plötzlich piept Ihr Handy, und Sie lesen die SMS einer Freundin, die Sie fragt, ob Sie sich in einer halben Stunde in einem Café treffen wollen, das Sie noch nicht kennen. Sie antworten kurz und recherchieren dann im Internet, welchen
15 Bus Sie nehmen müssen. Im Café angekommen, kommen Sie auf einen Roman zu sprechen, den Sie im literaturwissenschaftlichen Grundkurs lesen mussten. Ihre Freundin schwelgt darin, wie fein ziseliert der Ausdruck war, wie gekonnt die Autorin die Handlung aufgebaut hat. Ihre Freundin ist praktisch nicht zu stoppen: Sie findet große Weltprobleme im Roman wieder und glaubt, dass die Vergänglich-

keit der Liebe umfassend behandelt wird und das in Kontrast zur Thematik des Glaubens, die sich aus Sicht der Freundin wie ein roter Faden durch den Roman zieht. Sie hingegen fanden die Liebesgeschichte schlichtweg rührend und waren über das Ende traurig.

Aufgabe 18:

Welche Lesemodi finden Sie in den Antworten wieder, die Sie in Aufgabe 12 zu Beginn dieses Kapitels gegeben haben?

2.2 Lesen in der Familie: Übergänge von der Mündlichkeit zur Schriftlichkeit

2.2.1 Der Zusammenhang von sozialer Herkunft und Bildungserfolg

Fehlende Worte: Schicht und Spracherwerb

Die PISA-Studie aus dem Jahr 2000 zeigte, wie eng der Zusammenhang von sozialer Herkunft und Kompetenzerwerb ist. Was bei 15-Jährigen offen zu Tage tritt, ist Folge eines Prozesses, der schon in frühester Kindheit beginnt: des Spracherwerbs, dem sich ein *Schrift*spracherwerb und folglich die Ausbildung von Lesekompetenz erst anschließen.

Exemplarisch für den Spracherwerb sei eine amerikanische Längsschnittstudie von Betty Hart und Todd Risley aus den 1980er Jahren angeführt. Das Ziel dieser Studie war es, den Spracherwerb und die Wortschatzerweiterung in einer sehr frühen Phase zu beobachten. Dazu wurden für die Dauer von zweieinhalb Jahren 42 amerikanische Familien einmal pro Monat zu Hause besucht und die Interaktionen mit den Kindern beobachtet, welche zu Beginn der Studie sieben bis neun Monate alt waren. Die 42 Familien stammten aus verschiedenen Schichten: 13 von ihnen hatten einen hohen sozioökonomischen Status, 23 Familien stammten aus der Mittelschicht und sechs waren Sozialhilfeempfänger (Unterschicht).

Aufgabe 1:

a) Hart und Risley haben ermittelt, wie viele Wörter die Kinder pro Stunde durchschnittlich von ihren Eltern hörten und differenzierten dieses Ergebnis nach Schicht aus (s. Tabelle 10). Sie berechneten auf dieser Grundlage, wie viele Wörter das Kind in einer Woche mit etwa 100 Stunden (sieben Tage à 14 Stunden, in denen es nicht schläft) und in einem Jahr gehört haben.
   - Rechnen Sie aus, wie viele Wörter die Kinder am Ende der Studie (als sie drei Jahre alt waren), gehört haben. Welchen Vorsprung haben Kinder aus der höheren Schicht gegenüber jenen aus Familien, deren Eltern Sozialhilfe beziehen?
   - Was bedeutet dieser Vorsprung für die Arbeit in pädagogischen Einrichtungen?

Kind aus/von	Durchschnittlich gehörte Wörter in			
	einer Stunde	einer 100-Stun-den-Woche	einem Jahr mit 5.200 Stunden	drei Jahren
Höherer Schicht	2.153	215.000	ca. 11 Mio.	33
Mittlerer Schicht	1.251	125.000	ca. 6 Mio.	18
Sozialhilfeempfängern	616	62.000	ca. 3 Mio.	9

Tabelle 10: Unterschiedliche Spracherfahrungen von Kindern nach Schichtzugehörigkeit
(Quelle: Hart & Risley 1995, S. 197 f., ausgewählte Daten)

  b) Laut den Befunden von Hart und Risley stammen 86 bis 98 Prozent des kindlichen Vokabulars aus Wörtern, die auch im Wortschatz ihrer Eltern ermittelt wurden (vgl. Hart & Risley 1995, S. 176). Die Tabelle 11 enthält nach Schichten aufgeteilt durchschnittliche Angaben dazu, a) wie umfangreich der Wortschatz von Eltern und Kindern (am Ende der Studie) ist, sowie darüber, b) wie viele Äußerungen (von einem Wort bis hin zu Monologen) und c) wie viele unterschiedliche Wörter pro Stunde vorkamen. Die Tabelle enthält außerdem Informationen darüber, d) wie oft Kinder ermutigt bzw. gelobt werden bzw. e) wie viele Entmutigungen (Missfallensäußerungen und Verbote) an sie adressiert waren.

- Vergleichen Sie den Wortschatz der Eltern aus den einzelnen Schichten. Wie groß ist der Wortschatz der höheren Schicht im Vergleich zu den anderen beiden Schichten?
- Stellen Sie den gleichen Vergleich bei den Kindern an.
- Vergleichen Sie nun den Wortschatz von Kindern aus höheren Schichten mit dem von Eltern, die Sozialhilfe empfangen. Wie beurteilen Sie den Befund vor dem Hintergrund, dass hier Dreijährige mit Erwachsenen verglichen werden?
- Vergleichen Sie in den einzelnen Schichten die durchschnittliche Anzahl der *Äußerungen* pro Stunde auf der einen Seite und die Anzahl unterschiedlicher *Wörter* auf der anderen Seite. Was fällt Ihnen auf, wenn Sie die Werte der Eltern mit den Werten der Kinder der nächst höheren Schicht (z.B. Eltern Sozialhilfeempfänger vs. Kinder aus Mittelschichtfamilien) vergleichen?
- Richten Sie nun Ihre Aufmerksamkeit darauf, wie häufig die Eltern ihre Kinder pro Stunde er- bzw. entmutigen. In welchem Verhältnis stehen je nach Schicht die beiden Arten von Äußerungen?
- Rechnen Sie analog zu den durchschnittlich gehörten Äußerungen pro Stunde aus Tabelle 11 aus, wie viele Er- und Entmutigungen die Kinder vermutlich bis zum dritten Lebensjahr gehört haben. Wie beurteilen Sie diese Ergebnisse hinsichtlich ihres Effekts auf die Entwicklung der Kinder?

 c) Resümieren Sie die Befunde von Hart und Risley hinsichtlich ihrer Bedeutsamkeit für die Lesesozialisation: Welchen Eltern gelingt es durch die tagtägliche Interaktion vermutlich besser, ihre Kinder in die Welt der Schriftsprache einzuführen?

  d) In einem Artikel aus der „ZEIT" heißt es über den Zusammenhang von Schichtzugehörigkeit und sprachlicher Interaktion mit dem Nachwuchs hinsichtlich der Chancen im späteren Leben:

Vergleichsdimension	Höhere Schicht (13 Familien)		Mittlere Schicht (23 Familien)		Sozialhilfe-empfänger (6 Familien)	
	Eltern	Kind (3 Jahre)	Eltern	Kind (3 Jahre)	Eltern	Kind (3 Jahre)
Ermittelter Wortschatz	2.176	1.116	1.498	749	974	525
Anzahl Äußerungen/ Stunde	487	310	301	223	176	168
Anzahl unterschiedlicher Wörter/Stunde	382	297	251	216	167	149
Ermutigungen/ Stunde	32		12		5	
Entmutigungen/ Stunde	5		7		11	

Tabelle 11: Durchschnittlicher Wortschatz, durchschnittliche Anzahl unterschiedlicher Wörter und Äußerungen sowie durchschnittliche Häufigkeit von Er- und Entmutigungen pro Stunde nach Schicht (Quelle: Hart & Risley 1995, S. 176, 198 f.)

„Die größten Vorteile der Mittel- und Oberschichtenkinder sind der Sprache der Eltern und deren Einstellung zum Leben geschuldet. Lapidar betont die Anthropologin Annette Lareau in *Unequal Childhoods* (2003): ‚Kinder aus armen Familien mögen netter sein, sie mögen sogar glücklicher sein, vielleicht auch höflicher. Doch auf vielfältige Weise ist die Art ihrer Erziehung nicht vorteilhaft für die Anforderungen der modernen Gesellschaft.‘

Wie kann man diese Nachteile überwinden? Muss erst die Armut ausgerottet werden, um die Kluft zwischen den Kindern für immer zuzuschütten? […] Oder muss man die Kultur der Kinderaufzucht verändern – also die Eltern dazu ermuntern, ihre Kinder weniger zu entmutigen? In ganzen Sätzen mit ihnen zu reden – oder überhaupt mit ihnen zu reden? Können wir in Kinderkrippen rechtzeitig die Kinder erreichen, die andernfalls der Einsilbigkeit ihrer Eltern von Geburt an ausgeliefert sind?" (Brink 2007, S. 7)

Nehmen Sie zu dem Zitat und den aufgeworfenen Fragen Stellung:

- Benennen Sie die Anforderungen moderner Gesellschaften, die im Zitat von Lareau angesprochen werden.
- Wie schätzen Sie den Weg, die Armut auszurotten, hinsichtlich seiner (vermutlichen) Effektivität ein?
- Was hieße es Ihrer Ansicht nach, die Kinderaufzucht auf dem vorgeschlagenen Weg zu verändern? Wie schätzen Sie hier den Aufwand ein, wie die vermutliche Dauer?

2.2.2 Aufgaben der Familie in der frühen Lesesozialisation

Prä- und paraliterarische Kommunikation

Im Lehrbuch heißt es in der Zusammenfassung in Kapitel 4.2.1: „Die elementare Aufgabe der Familie in der frühen Lesesozialisation besteht darin, Kindern einen (emotionalen, motivationalen und kognitiven) Zugang zur konzeptionellen Schriftlichkeit im Medium der Mündlichkeit zu eröffnen. Dies geschieht durch vielfältige Formen der prä- und paraliterarischen Kommunikation, d.h. der Einführung in situationsabstrakten Umgang mit Sprache durch Sprachspiele, Kinderlieder, Erzählen und Vorlesen bzw. gemeinsames Bilderbuch-Lesen. Die Kinderliteratur insgesamt kann als ein ‚Übergangsmedium' begriffen werden, dem eine Brückenfunktion zwischen Mündlichkeit und Schriftlichkeit zukommt" (Garbe, Holle & Jesch 2009, S. 182).

Aufgabe 2:

a) Definieren Sie den Begriff der „prä- und paraliterarischen Kommunikation".
Nennen Sie weitere Erscheinungsformen außer den bereits genannten!

b) Überlegen Sie, welcher Altersgruppe die folgenden Beispiele zuzuordnen sind:

- **Fingerspiel**
  (beim Hersagen werden alle fünf Finger einer Hand des Kindes berührt):

  „Das ist der Daumen, der schüttelt die Pflaumen.
  Der hebt sie auf, der trägt sie nach Haus.
  Und der kleine Schelm, der isst sie alle auf!" (Verfasser unbekannt)

- **Bilderbuch**

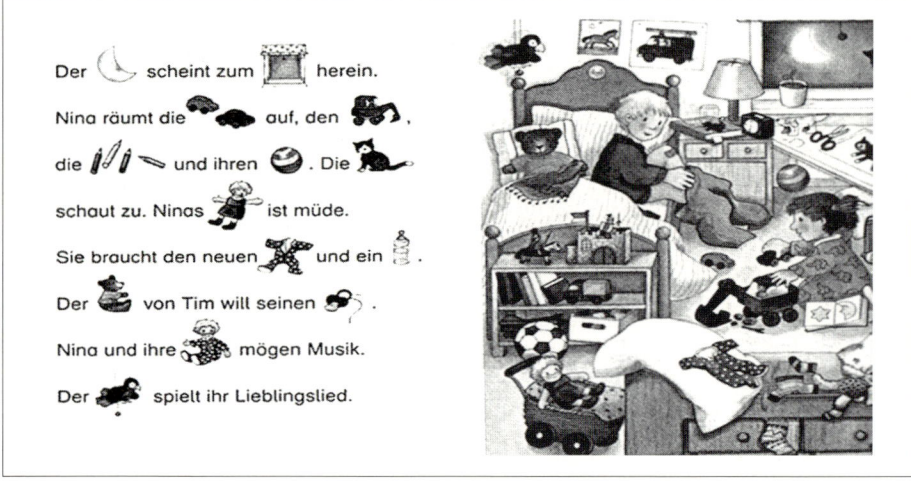

Abbildung 12: Teddy ist müde (Quelle: Eberhard 1995)

• **Sachbilderbuch**

Welche Baumaschinen helfen mit?

Der Kipplastwagen fährt gerade die Erde aus der Baugrube ab.

Auf der Baustelle gibt es viele Baumaschinen. Jede hat eine besondere Aufgabe beim Bau.

Der Betonmischer bringt den Beton für das Fundament. Das ist der Boden, auf dem das Haus gebaut wird. Damit der Beton ordentlich gemischt wird, dreht sich die Trommel auch beim Fahren.

Abbildung 13:
Die Baustelle
(Quelle: Schuld 2004)

c) Im Lehrbuch (Kapitel 4.2.1, Abbildung 4.6 auf S. 181) finden Sie eine Grafik zur Prä- und paraliterarischen Kommunikation zwischen Mündlichkeit und Schriftlichkeit. Wo ordnen Sie die Beispiele der Teilaufgabe b) ein? Bitte geben Sie eine Begründung.

d) Zur Wirkungsweise von prä- und paraliterarischer Kommunikation finden Sie nachfolgend drei Textauszüge. Jeder Ausschnitt bezieht sich auf eine bestimmte Erscheinungsform dieser Kommunikation und erläutert ihren Einfluss auf die Ausbildung bestimmter Fertigkeiten des Kindes.
   • Nehmen Sie bitte zunächst eine Zuordnung zu unseren Beispielen aus Teilaufgabe b) vor.
   • Welche Fertigkeiten werden in den jeweiligen Textausschnitten angesprochen? Wie wird dies in unseren Beispielen praktisch umgesetzt?

Beispiel 1: „Mit etwa einem Jahr beginnt das Kind mit dem aktiven Sprechen. Gehörte Sprechlaute verbinden sich mit konkreten Erscheinungen. Zum Gehörten assoziiert sich eine Vorstellung, ein inneres Bild. Diese Verbindung von Gehörtem mit einer konkreten Vorstellung bezeichnen Becker und Sovak als ‚Verständnisschwelle‘ (Becker & Sovak 1979). Konkrete Umwelterfahrungen für die ganzen nächsten Jahre spielen für den Spracherwerb und die Spracherweiterung eine grundlegende Rolle […] Wenn Sinneseindrücke und Erfahrungen fehlen, kann das Kind den gehörten Begriff nicht verstehen […]. Sprache setzt ein Wissen um Sinngehalte voraus! Besonders förderlich für eine Sprachentwicklung, die dann auch den Schriftspracherwerb fördert, bleibt die konkrete Behandlung der Dinge in der Umwelt des Kindes!" (Zitzlsperger 2002, S. 74)

Beispiel 2: „Damit gewinnen die Bilder eine über das bloße Zeigen hinausgehende Funktion. Sie bestimmen den Vorstellungsraum für die kindlichen Betrachter ebenso wie für die erwachsenen Vermittler. Farbwahl, die Gestaltung von Nähe und Tiefe, die Positionierung des Betrachters in eine bestimmte Sicht auf das Geschehen, all das begleitet die Entstehung des Gesamtzusammenhangs, in den das erworbene Sachwissen eingebunden wird" (Steitz-Kallenbach 2003, S. 128).

Beispiel 3: „Eingebettet in die Interaktion mit vermittelnden Erwachsenen […] ist es hier nicht so sehr die Erfahrung mit Bildern und poetischer Sprache, die die literarische Sozialisation des Kindes fördert. Es ist der Umgang mit dem Buch selbst und mit seinen Repräsentationen von Wirklichkeit, die die Bedeutung für die kindliche Entwicklung als Leser ausmacht. Die ganz frühen und einfachen Sachbücher stellen vor die Erzählung der Wirklichkeit ihre Abbildung. Objekte des kindlichen Alltags werden abgebildet und stehen als Repräsentationen, als Symbole der Wirklichkeit für den kognitiven Umgang mit dieser Wirklichkeit zur Verfügung. […] Die Sprachentwicklung findet im Umgang mit solch einfachen Büchern eine wichtige Unterstützung, indem Wörter gelernt werden und insgesamt die Entwicklung des Wortschatzes angeregt wird" (Steitz-Kallenbach 2003, S. 114).

 e) Bitte erläutern Sie abschließend, was hinter dem Begriff des „emotionalen, motivationalen und kognitiven Zugangs zur konzeptionellen Schriftlichkeit" steht (s. Eingangszitat aus dem Lehrbuch am Kapitelbeginn).

Exkurs zu Mündlichkeit und Schriftlichkeit

Bitte lesen Sie dazu zunächst im Lehrbuch den „Exkurs zu Mündlichkeit und Schriftlichkeit" im Kapitel 4.2.1 (S. 179 f.). Konzentrieren Sie sich dabei insbesondere auf die Ausführungen zur *medialen* und *konzeptionellen* Mündlichkeit bzw. Schriftlichkeit.

Aufgabe 3:

  a) Mediale Mündlichkeit bzw. mediale Schriftlichkeit weisen ebenso wie konzeptionell mündliche bzw. konzeptionell schriftliche Texte typische Merkmale auf. Ordnen Sie in Tabelle 12 bitte die in der linken Spalte aufgeführten Merkmale dem Medium bzw. der Konzeption zu, indem Sie in die Zellen Kreuze setzen. Bitte bearbeiten Sie zunächst nur die ersten vier Spalten.

Merkmal	Medial …		Konzeptionell …		Situation A	Situation B
	mündlich	schriftlich	mündlich	schriftlich		
freier Themenwechsel						
hohe Kompaktheit						
dialogische Struktur						
Übertragung mit Schall						
Übertragung mit grafischen Zeichen						
Spontaneität						

Merkmal	Medial ...		Konzeptionell ...		Situation A	Situation B
	mündlich	schriftlich	mündlich	schriftlich		
raum-zeitliche Nähe						
Situations-entbindung						
Endgültigkeit						

Tabelle 12: Zuordnung medialer bzw. konzeptioneller Merkmale von Mündlichkeit bzw. Schriftlichkeit

b) Die unten aufgeführten Begriffe (Kommunikationsformen und Textsorten)   lassen sich in beiden Dimensionen positionieren: hinsichtlich der Alternative (medial mündlich oder schriftlich) und hinsichtlich der graduellen Abstufung (eher konzeptionell mündlich oder konzeptionell schriftlich). Bitte ordnen Sie alle Begriffe in die Abbildung 14 ein, indem Sie die Buchstaben an die entsprechende Stelle schreiben, die Ihnen richtig erscheint. Die Einordnung des „abgedruckten Interviews" ist als Beispiel vorgegeben.

a) Familiäres oder vertrautes Gespräch
b) gedrucktes Interview
c) Gesetzestext
d) Privatbrief
e) Werbe-E-Mail
f) Telefonisches Bewerbungsgespräch

g) Leitartikel
h) Urlaubs-SMS
i) Predigt
j) Vortrag
k) Nachricht auf der Mailbox
l) Tagebucheintrag

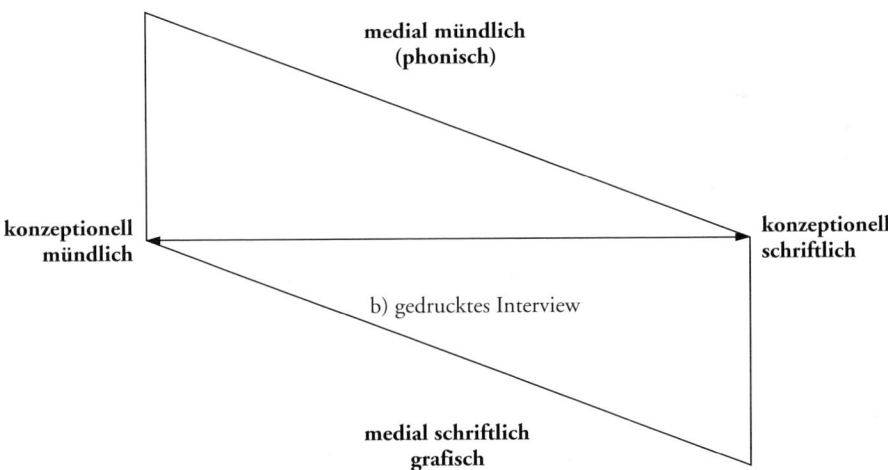

Abbildung 14: Verhältnis von Mündlichkeit und Schriftlichkeit nach Koch und Oesterreicher
(Quelle: nach Günther 1997, S. 67 und Koch & Oesterreicher 1994, S. 588)

„Sprache der Nähe" – „Sprache der Distanz"

Der folgende Transkript-Ausschnitt stammt aus einem Seminar. Eine Studentin (Sw1) führt eine Handlung aus und beschreibt sie gleichzeitig:

Situation A

00	Sw1	*nimmt den Gegenstand*
01	Doz	Ein/ u/ und einfach nur laut sagen , eh was Sie machen.
02	Doz	Beschreiben so, wie wenn jemand das nicht sehen könnte.
03	Sw1	((3 sec)) Eh [((3sec))] so eine Seite über und hinten herum.
		[*mehrere TeilnehmerInnen lachen leise*]
04	Sw1	((2sec)) Und dann zwischen so.
05	Sw1	((3sec)) Ehm ((2sec)) also dann, ((4sec)) dann andere Richtung herum.
06	Swu	Das wird schwer.
		flüstert
07	Sm1	[Ach Quatsch, das ist ja bloß ein ( )].*flüstert*
08	Sw1	Und dann noch einmal zwischen, von hinten …
09	Sw1	Und dann ((3sec)) durch das Loch, und ziehen.
10	Sm1	[Au]
		flüstert, gedehnt
11	Sw1	Und so, ungefähr. ((lacht)) (Grießhaber o.J. a)

Aufgabe 4:

a) Versuchen Sie herauszufinden, worum es geht. Warum fällt es Ihnen schwer, die Handlung zu erraten?

Es folgt eine entsprechende Handlungsanweisung der gleichen Situation:

Situation B

1. „Breites Ende der Krawatte von links nach rechts über das schmale legen. Faustregel: Das schmale Ende darf ab dem Kreuzungspunkt nur halb so lang sein wie das breite!

2. Das breite Ende dann unterm schmalen Ende durchführen und durch die Halsschlaufe ziehen.

3. Das breite Ende hinter dem Halbknoten vorbeiführen. Das kurze Ende dabei immer schön festhalten!

4. Dann das breite Ende von vorn nach hinten durch die Schlaufe ziehen und wieder von links nach rechts um den Knoten legen.

5. Das Ende ein letztes Mal durch den Halsring ziehen – dabei bildet sich vorn schon die spätere Knotenschlaufe.

6. Das breite Ende durch diese Knotenschlaufe ziehen, festzurren. Fertig ist der klassische Windsorknoten." (Grießhaber o.J. b)

b) Warum fällt es Ihnen im zweiten Falle leichter, die Handlung zu verstehen?

c) Bitte wenden Sie sich nun noch einmal der obigen Tabelle 12 zu und bearbeiten Sie nun die Spalten ganz rechts: Welche Merkmale hinsichtlich Medium und Konzeption treffen für die Versprachlichung in Situation A und B zu?

d) Erläutern Sie auf diesem Hintergrund die Begriffe „Sprache der Nähe" und „Sprache der Distanz".

Ergebnisse zum Vorlesen mit Vierjährigen – günstige und ungünstige Dynamiken familialer Lesesozialisation

Petra Wieler hat Anfang der 1990er Jahre in insgesamt 15 deutschen und niederländischen Familien aller Schichten (Unter-, Mittel- und Oberschicht) beobachtet, wie Mütter ihren vierjährigen Kindern ein Bilderbuch vorlesen. Sie hat zur Vergleichbarkeit der Daten in allen Familien das gleich Buch lesen lassen: „Oh wie schön ist Panama" von Janosch. Dieses Buch ist aufgrund seiner Komplexität bezüglich der „Rezeptionsfähigkeit von Vierjährigen eine gewisse Überforderung" (Wieler 1997, S. 141). Das heißt umgekehrt, dass der „Vermittler-Rolle der Vorlesenden eine erhöhte Bedeutung zu[kommt]; von ihren rezeptionssteuernden Aktivitäten hängt es ab, in welchem Maße die verschiedenen Erzähleben und die Multiperspektivität der Bilderbuchgeschichte von den Vierjährigen überhaupt als mögliche Verstehensbarriere und somit als Anstoß für die Konstitution und Lösung eines Verstehensproblems wahrgenommen werden" (ebd.). Es geht also darum, wie die vorlesenden Mütter den Kindern helfen, die Geschichte zu verstehen und sie in die „Zone der nächsten Entwicklung" (Vygotski) zu begleiten. Wie gut dies gelingt, zeigen die zwei Vorlesedialoge mit Markus und Ben.

Aufgabe 5:

Lesen Sie die beiden Vorlesedialoge in den unten stehenden Kästen, in denen die Äußerungen durchnummeriert sind – am besten laut und mit verteilten Rollen in einer Gruppe. Die Mitglieder der Gruppe, die nicht vorlesen, haben folgende Beobachtungsaufgaben, deren Ergebnisse Sie bitte in Tabelle 13 eintragen und anschließend in der Lerngruppe auswerten:

a) Welchen Eindruck haben Sie von Interaktionsklima / Atmosphäre in beiden Familien? Markieren Sie Er- und Entmutigungen.

b) Welche Unterschiede in der Phaseneinteilung (Einstieg, Hauptteil, Schluss) beider Vorlesedialoge sind zu erkennen?

c) Wie reagiert die Mutter jeweils auf Fragen und Abschweifungen des Kindes?

d) Welche Stellen kommentiert die Mutter von sich aus, worauf lenkt sie die Aufmerksamkeit des Kindes?

e) Welche Erfahrungen mit dem Vorlesen wird das Kind in der dargestellten Situation machen?

Da es sich um ein Transkript, d.h. die Verschriftlichung einer mündlichen Äußerung handelt, richten Sie Ihre Aufmerksamkeit bitte zunächst auf die unten stehende Legende, um die Symbole im Text einordnen zu können.

Legende (Quelle: Wieler 1997, S. 245):

[…]:	Auslassungen	//:	gleichzeitig
[xxx]:	Hinzufügungen	\:	Formulierungshemmung
Kursiv:	Abweichungen vom Bilder-buch-Text	(( )):	unverständliche Äußerung
(…):	Auslassungen des/r Vorlesenden	+:	Pause, die kürzer als 3 Sekunden ist
:	Betonung	[x Sek.]:	Pause, die 3 Sekunden lang oder länger ist
/:	Redeunterbrechung		

Fallbeispiel 1: Markus (Wieler 1997, S. 245 ff.)

1) M: Hör zu! „Oh, wie schön ist Panama!"

2) K: Ich möcht das darein.

3) M: Nee, da rein nicht. Laß mer das so. „Es waren einmal der kleine Bär und der kleine Tiger, die lebten unten am Fluß. Dort, wo der Rauch aufsteigt, neben dem großen Baum. Und sie hatten auch ein Boot". Da steigt der Rauch auf. Und da is das Boot. Und da is der kleine Tiger.

4) K: Da's der kleine Tiger und da's der kleine Bär.

5) M: Hmm, genau! „Sie wohnten in einem kleinen gemütlichen Haus mit Schornstein. [...] Aber eines Tages schwamm auf dem Fluß eine Kiste vorbei. [...] Und was stand auf der Kiste geschrieben?"

6) K: Pa

7) M: //"‚Pa-na-ma',/

8) K: //na-ma/

9) M: las der kleine Bär. Die Kiste kommt aus Panama, und Panama riecht nach Bananen/

10) K:/nen.

11) M: ‚Oh, Panama ist das Land meiner Träume', sagte der kleine Bär [...]. ‚Wenn man den Weg nicht weiß', sagte der kleine Bär, ‚braucht man zuerst einen Wegweiser'. Deshalb baute er aus der Kiste einen Wegweiser".

12) K: Welcher Kiste?

13) M: Aus der Kiste, die die gefunden hatten, da vorne.

14) K: Welcher Kiste?

15) M: Paß auf, die/aus der Kiste, die der Bär gefunden hatte, im Wasser. Da baute der en Wegweiser. „Und wir müssen meine Angel mitnehmen', sagte der kleine Bär [...]. Dann nahm der kleine Tiger noch den roten Topf. ‚Damit du mir jeden Tag etwas Gutes kochen kannst, Bär. Hmmmm'".

16) K: Lecker Kocher.

17) M: [leise lachen] Lecker Kocher. [leise lachen] „Der kleine Bär nahm noch seinen schwarzen Hut, und dann gingen sie los. Dem Wegweiser nach. Am Fluß entlang in die eine Richtung". Guck mal da! [3 Sek.] Was hat er denn da auf m Rücken? + „He, kleiner Bär und kleiner Tiger! [...] Ach, was wissen denn Mäuse von Panama? [...] ‚Nach links', sagte der Fuchs, ohne zu lange zu überlegen, denn er wollte nicht gestört werden [...]. Dann trafen sie eine Kuh. ‚Wohin geht's denn hier nach Panama?' fragte der kleine Bär. ‚Nach links', sagte die Kuh, ‚denn rechts wohnt der Bauer, und wo der Bauer wohnt, kann nicht Panama sein'. Das war wieder falsch; denn wenn man immer nach links geht,/

18) K: (( )) kom/

19) M: wo kommt man da hin?"

20) K: Wo man wieder war.

21) M: Wo man wieder war, ne? Wo ma herkommt. „Richtig! Nämlich dort, wo man hergekommen ist. Bald fing es auch noch an zu regnen, und das Wasser tropfte vom Himmel und tropfte und tropfte und tropfte." [lachen] Guck mal, jetzt hat er den auf m Kopf, ne? „Wenn bloß meine Tigerente nicht naß wird', sagte der kleine Tiger [...]. Abends baute der kleine Bär aus zwei Blechtonnen eine Regenhütte". Hmm, da und da, ne? Und was hat er da drüber gemacht?

22) K: En Brett.

23) M: En Brett, ne? „Sie zündeten ein Feuer an und wärmten sich. ‚Wie gut', sagte der kleine Tiger, ‚wenn/

24) K: Und der liegt in einem Rohr.

25) M: Hm. Das is so ne Tonne, die hatten/ham die umgedreht. Un da passte der wahrscheinlich so da rein, + ne? „Wie gut', sagte der kleine Tiger, ‚wenn man einen Freund hat, der eine Regenhütte bauen kann. Dann braucht man sich vor nichts zu fürchten'". Das is so ne Tonne, wie wir draußen haben, ne? So, wie die/die gelbe. „Als der Regen vorbei war, gingen sie weiter. Sie bekamen auch bald Hunger, und der Bär sagte: ‚Ich habe eine Angel, ich gehe fischen [...]'. Aber da war kein Fluß, und wo kein Fluß ist, ist auch kein Fisch. Und wo kein Fisch ist, nützt dir auch eine Angel nichts". Guck mal, wo der Fische fangen will. + Mitten im Kornfeld, ne? [leise lachen]

26) K: Hmhm.

27) M: Da. „Wie gut, daß der kleine Tiger Pilze finden konnte […]. Sie trafen bald zwei Leute, einen Hasen und einen Igel, die trugen ihre Ernte nach Hause". Da, ne? Auf m Rücken. Was is das, was trägt der denn da?

28) K: Korn.

29) M: Korn. Das is, + was ihr im Kindergarten hattet, letztens, ne. So + Korn. „,Komm[t] mit zu uns nach Hause', sagten die beiden, ,ihr könnt bei uns übernachten. Wir freuen uns über jeden Besuch, der uns etwas zu erzählen/hat'".

30) K: [gähnt]

31) M: Bist du müde?

32) K: [husten]

33) M: Was is das denn?

34) K: Ne Birne.

35) M: [lachen] Ne Birne am/eh/von oben, ne? Weißte, wieso ne Birne? Mir ham doch auch immer Birnen in den Lampen.

36) K: Nööö?

37) M: Nöööö? [leise lachen] Aber andere, ne? „Der kleine Bär und der kleine Tiger durften auf dem gemütlichen Sofa sitzen […]. ,Wir waren noch nie weiter als bis zum anderen Ende unseres Feldes', sagte der Hase. ,Unser Feld war bis heute auch immer unser Traumland, weil dort alles Getreide wächst, von dem wir leben. Und jetzt heißt unser Traumland Panama. Ooh, wie schön ist Panama, nicht wahr, Igel?' Der kleine Bär;

38) K: (( )) das denn in echt auch, Panama?

39) M: Was?

40) K: Ob es in echt auch Panama gibt.

41) M: Ja, gibt Panama, gibt en Land, das so heißt. Das is aber weit weg von hier. Müßt ma mi'm Flugzeug fliegen, um dahin zu kommen.

42) K: Paar Tage?

43) M: Hm. Paar Stunden, ja, muß man schon einige Zeit im Flugzeug sitzen, um dahin zu kommen.

44) K: Muß man vielleicht [4 Sek.] mehr Tage dahin fahren.

45) M: Ja, wenn man anders dahin fahren würde, mit nem Schiff oder so, dann bräuchte man länger, aber mit 'em Flugzeug ging's schneller [3 Sek.], ne?

46) K: Flugzeug is am schnellsten.

47) M: Hm.

48) K: [spielt Flugzeug, macht entsprechende Geräusche nach] Guck mal!

49) M: So würdste dann fliegen, wa? „Der kleine Bär und der kleine Tiger durften auf dem schönen Sofa schlafen. In dieser Nacht träumten alle vier von Panama. Einmal trafen sie eine Krähe. ,Vögel sind nicht dumm', sagte der kleine Bär, und sie fragten die Krähe nach dem Weg. ,Welchen Weg?' fragte die Krähe. ,Es gibt hundert und tausend Wege'. ,In unser Traumland', sagte der kleine Bär. ,Dort ist alles ganz anders. Viel schöner und so groß'. ,Das Land kann ich euch wohl zeigen', sagte die Krähe, denn Vögel wissen alles. ,Dann fliegt mir mal nach. Hupp!'"

50) K: Die können nicht fliegen.

51) M: Die können nicht fliegen [lachen]. Da hängt der Topf jetzt wieder am Haken, ne?

52) K: Hhm.

53) M: „Und sie schwangen sich auf den untersten Ast eines großen Baumes/"

54) K: Nööö. Da is der untere.

55) M: Da is der untere, ne?

56) K: Und die hängen sich an den. + An den dritten.

57) M: „Sie schwang sich auf den untersten Ast eines/ja, das stimmt. Die is dann wahrscheinlich weiter geflogen, ne? Ja, es steht auch „flog höher und höher. Und die beiden konnten nicht fliegen, nur klettern. ,Laß mich bloß nicht los, Bär!' rief der kleine Tiger, ,sonst bricht sich meine Tigerente ein

Rad'. ‚Das da', sagte die Krähe, ‚ist es'. Und sie zeigte mit dem Flügel ringsherum. ‚Oooh', rief der kleine Tiger, ‚ist daaaas schön! Nicht wahr, Bär?' ‚Viel schöner als alles, was ich in meinem ganzen Leben gesehen habe', sagte der kleine Bär". [4 Sek.] Guck ma, da/

58) K: Steht denn da auch/ob da riecht (( ))?

59) M: Ob's was/was steht da?

60) K: Ob's da/ob's da /ob's da nach Bananen riecht oder ob's da nicht Bananen riecht.

61) M: Ob's da nach Bananen riecht?

62) K: Hm.

63) M: Nee, das steht da jetzt nicht, ne. Die sehen das jetzt ja im Moment nur von oben.

64) K: Und dann sind se da hin.

65) M: Hmhm. Da sind se dann/meinste, da sind se dann hin?

66) K: Ja.

67) M: Ja, die wollten da hin, ne?

68) K: Ja, und dann sind se zur Brücke.

69) M: Dann gehen se zur Brücke. Mal gucken.

70) K: ((Wann)) die Brücke kommt.

71) M: Mal gucken, wie es weitergeht. Moment.

72) K: Laß mal gucken, ob da was zwischen ist.

73) M: Wo is was zwischen? Hier, da zwischen der Seite? Nee. „,Viel schöner ist es hier als alles, was ich in meinem ganzen Leben gesehen habe', sagte der kleine Bär. Was sie sahen, war aber nichts anderes als das Land und der Fluß, wo sie immer gewohnt hatten. Hinten, zwischen den Bäumen ist ja das kleine Haus. Nur hatten sie das Land noch nie von oben gesehen. ‚Ooh, das ist ja Panama', sagte der kleine Tiger. ‚Komm,. wir müssen sofort weiter, wir müssen zu dem Fluß. Dort bauen wir uns ein kleines, gemütliches Haus mit Schornstein. Wir brauchen uns doch""/

74) K: Mama! Wann machen wir denn unsern Schornstein mal an?

75) M: Wann wir unsern Schornstein anmachen? Das können wir nicht, Markus, wir haben ja 'ne andere Heizung. Wir ham ja nicht so ne Heizung, wo man mit Holz oder mit Briketts heizen muß.

76) K: Ja, aber Mama, aber wir hatten doch en Schornstein.

77) M: Wir ham nen Schornstein, aber da geht die Zentralheizung, un' der Gasofen, der geht da rein, in den Schornstein. Und da ham wer hier im Wohnzimmer keinen Schornstein. Die Gretel, die ham einen, ne? Die ham ja so'n Ofen im Wohnzimmer. [3 Sek.] Ne? Auf jeden Fall bauten die sich, wollten die sich en Haus bauen, auch mit Schornstein, ne?

78) K: Aber Mama. Wir können doch mal + bei uns mal das anmachen.

79) M: Was denn?

80) K: Wo du grad eben was von gesagt hast.

81) M: Die Heizung?

82) K: Ja.

83) M: Die läuft auch jetzt im Winter. Nur die funktioniert halt anders, da muß man nicht immer was reinschmeißen, das geht mit Gas. Das Gas, das brennt dann auch, also da is auch ne Flamme dran.

84) K: Aber wofür is denn eigentlich unser Kamin?

85) M: Ja, damit da auch der Qualm oder was da is, von dem Feuer, von dem Gasfeuer, damit das auch da raus kann, damit das nicht hier im Haus drin bleibt, damit das auch nach draußen aufsteigen kann. Und früher hatten die hier in den Häusern, manche Familien hatten hier auch so Ofen gehabt, wo man nur mit Holz oder mit Kohle geheizt hat.

86) K: Die meisten?

87) M: Ja, ganz am Anfang, als die Häuser gebaut worden sind. Und dann ham die das nachher geändert, weil die nicht immer Lust hatten, da Holz rein zu tun und die Kohle da rein zu tun, da ham die sich andere Heizungen gebaut. Aber es is schon gemütlich. Wie bei, wie bei der Omma, im Häuschen in der Eifel, so hatten die das. [3 Sek.]

88) K: Läuft denn, ja, bei denen läuft doch auch immer, bei denen läuft doch noch der/der (()) Kamin.

89) M: Der Kamin, ja. Und da kommt auch der Qualm dann oben raus, ne. Solln wer weiterlesen?

90) K: [nicken?]

91) M: Gut. Auf jeden Fall wollten die sich dann wieder ein Haus bauen, mit Schornstein. „„Und wir brauchen uns (…) vor nichts zu fürchten, Bär'. Und sie kletterten von dem Baum und kamen bald zum Fluß […]. ‚Wie gut', sagte der kleine Tiger, ‚wenn man einen Freund hat, der ein Floß bauen kann. Dann braucht man sich vor nichts zu fürchten'".

92) K: Was in en das, das?

93) M: En Heft.

94) K: Wovon?

95) M: Auch von der Frau, von der wir das Buch hier haben. Komm, wir lesen mal weiter. „Sie zogen"/

96) K: Un was steht da drin?

97) M: Noch gar nix. „Sie zogen das Floß in den Fluß und schwammen damit auf die andere Seite." Guck mal, da sitzt se dadrin und da isse wieder zugedeckt. Braucht er nicht zu tragen, ne? „‚Vorsichtig, Bär', rief der kleine Tiger, ‚daß meine Tiger-Ente nicht umkippt. Sie kann nämlich nicht gut schwimmen' […]. […] und sie gingen so lange bis sie zu einer kleinen Brücke kamen".

98) K: Guck mal!

99) M: Komm, legen wer das mal/das erzähl ich dir gleich mal. „Die kleine Brücke hatte früher einmal der kleine Bär gebaut […]. Auf der anderen Seite des Flußes fanden sie einen Wegweiser. ‚[…] Panama. Tiger, wir sind in Panama! Im Land unserer Träume, oooh — komm her, wir tanzen vor Freude'. Und sie tanzten vor Freude hin und her".

100) K: Von vorne und hinten, von vorne und hinten.

101) M: [leise lachen] Von vorne nach hinten und hin und her. „Aber du weißt schon, was das für ein Wegweiser war. Na?" Hhh? „Genau".

102) K: Von vorher.

103) M: Von vorher. „Und als sie noch ein kleines Stück weitergingen, kamen sie zu einem verfallenen Haus mit Schornstein. […] ‚Ich brauche zuerst einen Schaukelstuhl', sagte der kleine Tiger, ‚sonst kann ich mich nicht schaukeln'". Da.

104) K: (())

105) M: Da baut er den.

106) K: Guck ma, immer Kurve. Kurve, Kurve.

107) M: Mhm. Weißte warum? Damit der schaukeln kann, deshalb is der so krumm. Wenn er gerade wär, dann ging das ja nicht, ne? „Und er baute einen Schaukelstuhl. […] und sie hätten nie erfahren, wie gemütlich so ein schönes, weiches Sofa aus Plüsch ist". [leise lachen] So. Dann/

108) K: Plüsch.

109) M: Machen wer ma. Tschüß, ihr zwei.

110) K: Und jetzt wollten wer ma was, ma uns das anhören.

111) M: Wollen wer uns das ma anhören? Ja, dann laß mer mal.

Fallbeispiel 2: Ben (Wieler 1997, S. 250 ff.)
[Die Kinder besitzen bereits ein anderes Bilderbuch von Janosch; dieses wird der Untersucherin gezeigt]

1) M: Paß auf, paß auf Ben, <u>das</u> gehört nicht uns, das weißte ja, das andere gehört uns, ne. Weil das müssen ja noch andere Kinder (( )). Soll ich dir das ma vorlesen.

2) K: Ja, aber/

3) M: Ja? Sollen wer das zusammen mal lesen?

4) K: [lauter] Ja, aber/

5) M: Du guckst die Bilderchen an, und/und ich eh/

6) K: Da, das hier.

7)   M: Ja, das, das is das ja.

8)   K: [laut] Der angelt.

9)   M: Ja. Du guckst dir die/

10) K: Ja, aber das muß, aber dann kann/muß der Patrick aber/

11) M: Der Patrick muß dann auch mal mit dem ‚game-boy' aufhören, ne, der hört mir dann auch zu, okay?

12) K: Aber er will mit den angeln.

13) M: Jaa, Benni, wir müssen aber von vorne anfangen, und nicht in der Mitte. + + Siehste! Das sin doch die zwei Freunde, das is der Tiger, und das is der Bär, das weißte doch, die kennste doch, ne? Und das is doch dieser Wald, weißte doch auch/

14) K: Ja, und da/

15) M: /wo der Bär/

16) K: Ja, und da/

17) M: Und über diese Brücke müssen die immer/gehen die immer, damit die sich im Wald treffen können.

18) K: Und hier is das Wasser.

19) M: Da is das Wasser. Über den Fluß müssen die immer laufen, ne?

20) K: Da muß man nur, so, und dann so, und dann so, so, so/

21) M: Zieh mal deine Brille an, dann kannst du das auch ganz toll sehen.

22) K: [quengelnd] Nee. [3 Sek.] Ah, eine Angel.

23) M: Paß ma auf, paß ma auf, paß ma auf! „Es"/hör mir auch zu, Patrick, ja? Dann hört der Ben nämlich auch zu. „Es waren einmal ein kleiner Bär und ein kleiner Tiger/

24) K: Mach lauter!

25) M: [lauter] /die lebten unter/unten am Fluß". So?

26) K: Das is ja der Fluß.

27) M: „Dort, wo der Rauch aufsteigt"; wo steigt der Rauch auf? „Neben dem großen Baum", da. „Und sie hatten auch ein Boot".

28) K: Boot?

29) M: Ein Boot hatten sie. „Sie wohnten in einem kleinen gemütlichen Haus + mit Schornstein,/

30) K: Hhhh!

31) M: ‚und es, und es geht gut', sagte der kleine"/

32) K: Hatte da einer wohnt?

33) M: Mhm. Da wohnt der Tiger und der Bär.

34) K: Ha/

35) M: „‚denn wir haben alles'";

36) K: hatte da schon mal einer drinne wohnt?

37) M: Jetzt hör mal auf!

38) K: (( )) der da wohnt.

39) M: Mhmmmh. / „‚denn wir haben alles, was das Herz begehrt […]'.[…] Der kleine Bär ging jeden Tag mit der Angel fischen, und der kleine Tiger ging in den Wald Pilze finden". So guck ma, da sitzt der im Boot und angelt.

40) K: [lachen] Angelt der + einen Fisch?

41) M: Einen Fisch will er haben, ne? „Der kleine Bär kochte jeden Tag das Essen; denn er war ein guter Koch. ‚Möchten Sie den Fisch lieber mit Salz und Pfeffer, Herr Tiger oder besser mit Zitrone und Zwiebel?'"!

42) K: Tot.

43) M: „‚Alles zusammen', sagte der kleine Tiger […]. Sie hatten wirklich ein schönes Leben dort unten in dem kleinen gemütlichen Haus am Fluß". Guck ma, liegt der Fisch in der Pfanne!

44) K: Warum denn?

45) M: Ja, den hat er geangelt, und jetzt tut er'n, tut er'n braten. Genau so, wie ich eure Fischstäbchen, ne.

46) K: Guck ma da! Was macht/was is da?

47) M: Ja, paß aufl

48) K: Das is das Boot.

49) M: Das is das Boot. „Aber eines Tages schwamm auf dem Fluß eine Kiste vorbei […] ‚Oh, Panama ist das Land meiner Träume‘, sagte der kleine Bär“.

50) K: Guck ma, der (( )) passiert (()).

51) M: Hm. „Er lief nach Haus und erzählte dem kleinen Tiger bis spät in die Nacht hinein von Panama. ‚In Panama‘, sagte er, ‚ist alles viel schöner, weißt du‘“./

52) K: Guck ma da!

53) M: [flüsternd] Ja. /“‚Denn Panama riecht von oben bis unten nach Bananen. Panama ist das Land unserer Träume, Tiger. Wir müssen sofort morgen nach Panama […]‘. […] Am nächsten Morgen standen sie noch viel früher auf als sonst. ‚Wenn man den Weg nicht weiß‘, sagte der kleine Bär, ‚braucht man zuerst einen Wegweiser‘. Deshalb baute er aus der Kiste einen Wegweiser“. Guck ma, da tun se sich was vorstellen. + „Und wir müssen meine Angel + mitnehmen‘, sagte der kleine Bär […]. […] ‚Hallo Maus‘, sagte der kleine Bär, ‚wir gehen nach Panama […]‘. […] ‚Ach, was wissen Mäuse denn von Panama? Nichts, nichts und wieder nichts‘“. [3 Sek.] Siehste, da is die Maus, die hat so’n kleinen Strick. [3 Sek.] „Sie kamen beim alten Fuchs vorbei, der gerade mit einer Gans seinen Geburtstag feiern wollte. ‚Wo geht’s denn hier nach Panama?‘ fragte der kleine Bär. ‚Nach links‘, sagte der Fuchs, ohne lange zu überlegen, denn er wollte nicht gestört werden. Nach links war aber falsch. Sie hätten ihn besser nicht fragen sollen“. + Ach, der hatte gerade/gerade en Päuschen gemacht. Siehste, der hatte Hunger.

54) K: Wer?

55) M: Der Fuchs, guck.

56) K: Hatte der die? [5 Sek.]

57) M: „Dahin/Dann trafen sie eine Kuh. ‚Wohin geht(‘s) denn hier nach Panama?‘ fragte der kleine Bär. ‚Nach links‘, sagte die Kuh. Bald fing es auch noch an zu regnen, und das Wasser tropfte vom Himmel […]. Als der Regen vorbei war, gingen sie weiter. […] Sie trafen bald zwei Leute, einen Hasen und einen Igel, die trugen ihre Ernte nach Hause“. (( ))

58) K: Guck ma, ’n Igel!

59) M: Jaa.

60) K: Die Stacheln!

61) M: (( )) oben drauf, ne. „„Kommt mit zu uns nach Haus‘, sagten die beiden […]. Und dann erzählte der kleine Bär den beiden Leuten den ganzen Abend von Panama. ‚Panama‘, sagte er, ‚ist unser Traumland, denn Panama riecht von oben bis unten nach?

62) K2: Bananen.

63) M: Bananen. Nicht wahr, Tiger?‘ […] Einmal trafen sie eine Krähe. ‚Vögel sind nicht/nicht dumm‘, sagte der kleine Bär, und er fragte die Krähe nach dem Weg. ‚Welchen Weg?‘ sagte die Krähe […]. ‚In unser Traumland‘, sagte der kleine Bär. ‚Dort ist alles ganz anders. Viel schöner und so groß‘“.

64) K: Hat die, hat die ganz scharfe/ganz scharfe?

65) M: Mhm.

66) K: (( ))

67) M: Mhm. Das ist ein Baumstamm.

68) K: Hat die Fü/scharfe?

69) M: Füße.

70) K: Scharfe + Füße?

71) M: Hm.

72) K: Warum denn?

73) M: Damit die sich besser am Baum festhalten kann, ne. (( )) „„Das Land kann ich euch wohl zeigen‘, sagte die Krähe, denn Vögel wissen alles. […] Und sie zeigten mit dem Flügel ringsherum. ‚Ooh‘, rief der kleine Tiger, ‚ist daaas schön! Nicht wahr, Bär?‘ ‚Viel schöner als alles, + was ich + in meinem

ganzen Leben gesehen habe', sagte der kleine Bär". Für/guck mal, da oben sinnse. [7 Sek.] „Was sie sahen, war aber gar nichts anderes als das Land und der Fluß, wo sie immer gewohnt hatten […]. ,Ooh, das ist ja Panama', sagte der kleine Tiger. ,Komm, wir müssen sofort weiter, wir müssen zu dem Fluß […]'. […] Und sie kletterten vom Baum und kamen bald zum Fluß. […] ,Such + du schon mal Bretter und Holz', sagte der kleine Bär. Und dann baute er ein Floß".

74) K2: Da.

75) M: Mhm. „„Wie gut', sagte der kleine Tiger, ,wenn man einen Freund hat, der ein Floß bauen kann. Dann braucht man sich/

76) K: [quengelt]

77) M: /vor nichts zu fürchten'". Mh? [4 Sek.] „Sie zogen das Floß in den Fluß und + schwammen damit auf die andere Seite […] Auf der anderen Seite des Flusses fanden sie einen Wegweiser. […] ,Was + siehst du da, Tiger?' […] Und was + steht darauf geschrieben?' […] ,[…] Tiger, wir sind in Panama! Im Land unserer Träume, oooh – komm her, wir tanzen vor Freude'".

78) K2: [leise lachen]

79) M: [leise lachen] Mh.

80) K: [fröhlich] Da tanzen se.

81) K2: Das is doch das Schild, dasse selbst gebastelt haben.

82) M: „Und sie tanzten vor Freude hin und her und ringsherum. […] Und als sie noch ein kleines Stück weitergingen, kamen sie zu einem verfallenen Haus mit'm Schornstein. […] Dann pflanzten sie im Garten Pflanzen, und bald war es wieder so schön wie früher. […] Nur war es jetzt noch schöner; denn sie kauften sich ein Sofa aus Plüsch und ganz weich".

83) K2: Da.

84) M: Mhm. „Das kleine Haus bei den Sträuchern kam ihnen jetzt so schön vor wie kein + Platz auf der Welt".

85) K: Warum issen da so'n/für ein Tier?

86) M: (( )) Da's der Tiger, und da's der Bär. [3 Sek.] „,O Tiger', sagte jeden Tag der kleine/

87) K: Mama (())/

88) M: /Bär, ,wie gut ist es, daß wir Panama gefunden haben, nicht wahr?' ,Ja', sagte der kleine Tiger, ,das Land unserer Träume. Da brauchen wir nie, nie wieder wegzu/zugehen'. Du meinst, dann hätten wir/sie doch gleich zu Hause bleiben können?. O Nein/

89) K: [seufzen]

90) M: /denn sie hätten den Fuchs nicht getroffen, und die Krähe nicht […] und sie hätten nie erfahren, wie gemütlich so ein schönes weiches Sofa aus Plüsch ist".

91) K: Und sie ham auch nicht den Esel! [3 Sek.]

92) M: Die Kuh war das, ne? [2 Sek.] Siehste?

93) K: Is die jetzt zu Ende, die?

94) M: War schön? + Ende. [3 Sek.]

95) K: Was machen die'n jetzt?

96) M: Ja, se wollten eben nach/nach Panama reisen, ne?

97) K: [beim Zurückblättern] Und da?

98) M: Und da? Was machen se denn da?

99) K2: Schluß.

100) K: Da's nix mehr. Hej, das [ein anderes Buch] gehört miirr! Das hat mir vom Toni bekomen!

101) M: Mhm.

102) K: Das gehört mir! […]

103) M: Ja, das müssen wir aber wohl wieder abgeben.

104) K: Und das hier nicht. Das gehört mir.

105) M: Ja, das gehört dir.

106) K: Nee, das gehört mir, und das hab' ich von Toni bekommen. […]

107) M: Was hat der Tiger und der Bär denn gemacht? Weißte das denn noch? Weißte.

108) K: Geangelt.
109) M: Geangelt, hm, hm.
110) K: Und noch mit ein Boot gefahren.
111) M: Und mit ei'm Boot gefahren. Und wen ham se alles getroffen?
112) K2: Ich weiß es.
113) K: [hastig] E,e, nee, ehm, den Fuchs, un noch [4 Sek.] un noch/
114) M: Wen ham se alles gefunden/getroffen?
115) K: Den Boot. […]
116) M: Und, wo die dann übernachten, wie heißt das hier?
117) K: Weiß ich nich. Hm. [4 Sek.]
118) M: Und, wo die (( )) reinkrochen, krabbeln, unter der Erde?
119) K: Mauseloch. […]
120) K: Und der Vogel?
121) M: Das war eine Krähe, ne?
122) K2: Das war ein Vogel.
123) M: /ne große, ne? Was hat der Vogel denn mit denen, zwei gemacht?
124) K: Der hat die, Vogel, die die Richtung gezeigt.
125) M: Toll! Da hast du ganz toll aufgepaßt, hör mal.
126) K: [seufzen]
127) M: Und wie hieß das Land?
128) K: Panama.
129) M: Panama, + ne.
130) K: Ja. […]
131) K: Ooo, da fahrn die ganz toll mit dem Boot.
132) M: Die fahrn anscheinend gerne Boot, ne?
133) K: Hm. Und was macht der? Der Tiger?
134) K2: (()) einen Graben macht er.
135) K: Da essen die, und da angelt der. […]
136) M: Das sind zwei dicke Freunde.
137) K2: Sind die dick?
138) M: Nein, aber das sagt man so, wenn man/wenn man sich gut versteht: ‚Das sind zwei dicke Freunde‘.

Unterscheidungs-dimension	Fallbeispiel Markus	Fallbeispiel Ben
Atmosphäre/ Interaktionsklima		
Phaseneinteilung/Dauer der einzelnen Phasen (bitte Nummern der Äußerungen angeben)		
Reaktion der Mutter auf Abschweifungen und Fragen des Kindes		
Kommentare der Mutter, Aufmerksamkeitslenkung		
Erfahrungen des Kindes mit dem Vorlesen (inkl. der zugewiesenen Rolle)		
Konzept des Vorlesens		
Schichtzugehörigkeit		

Tabelle 13: Auswertungstabelle der Vorlesedialoge mit Markus und Ben

Aufgabe 6:

a) Wieler konnte in ihrer Studie zwei Konzepte des Vorlesens ermitteln: zum einen als „gemeinsames Vergegenwärtigen einer Geschichte" (Wieler 1997, S. 256), das auch als ,offenes Vorlesen' bezeichnet werden kann, zum anderen als „Mitteilen eines Textes" (ebd., S. 256) bzw. „Lektüre-Vortrag" (ebd. S. 261), d.h. das ,geschlossene Vorlesen'. Ordnen Sie die beiden Vorlesedialoge jeweils einem Konzept zu und notieren Sie Ihre Antwort in Tabelle 13.

b) Laut Wieler ist der Ausschluss des Kindes aus der Kommunikation über das Bilderbuch bzw. dessen Inhalt „als repräsentativ für die Beobachtungen des gesamten Projekts in Familien der sozialen Unterschicht zu werten" (Wieler 1997, S. 261). Aus welcher Schicht stammen demnach Bens bzw. Markus' Familie?

c) B. Hurrelmann benennt als Problem sowohl von Kindern aus Zuwandererfamilien mit niedrigem Bildungsstatus als auch von muttersprachlichen Kindern mit niedrigem Bildungsstatus: „Es mangelt an Erfahrungen mit dekontextualisierter Sprache" (B. Hurrelmann 2003, S. 185). Was ist – mit Blick auf die Ausführungen zu Mündlichkeit und Schriftlichkeit – hier gemeint? Wie äußert sich der Umgang mit dekontextualisierter Sprache in den beiden Vorlesedialogen?

Das Leseklima in der Familie – günstige und ungünstige Dynamiken familialer Lesesozialisation II

In der Lesesozialisation spielt die Familie eine entscheidende Rolle. Welche Erfahrungen Kinder im Elternhaus mit Schriftlichkeit und Literarität gemacht haben, prägt die Leseentwicklung der Kinder – all ihrer Eigenaktivität im Sozialisationsgeschehen zum Trotz – nachhaltig. Anders gesagt: Was in der Familie schief läuft, kann später nur mit hohem Aufwand wieder ausgeglichen werden.

Eine mittlerweile schon klassisch zu nennende Studie zur Wirkung der Familie auf das Leseverhalten ist die Studie „Leseklima in der Familie" (B. Hurrelmann et al. 1993). In dieser Studie wurden 200 Kölner Familien mit neun- bis elfjährigen Kindern im Jahr 1991 quantitativ und qualitativ untersucht (zur Anlage der Studie vgl. ebd., S. 20 ff.). Selbst wenn diese Studie schon etwas älter ist, ist sie immer noch ergiebig. Hier sollen zunächst die Ergebnisse der Fragebogenerhebung im Vordergrund stehen, im nächsten Abschnitt folgen Ergebnisse aus den qualitativen Interviews.

Aufgabe 7:

In der Meteorologie wird „Klima" definiert als eine „Zusammenfassung der Augenblickszustände der Atmosphäre (der Aufeinanderfolge der Wetterzustände) für einen Ort oder eine Region". Im Allgemeinen bezieht sich Klima „auf die Nähe der Erdoberfläche, d.h. auf den unmittelbaren Lebensraum des Menschen." Es wird „durch die meist ziemlich variablen momentanen Atmosphärenzustände in einem längeren Zeitintervall bestimmt und durch deren grundlegende statistische Eigenschaften (Mittelwert, Streuung, Extremwerte, Häufigkeitsverteilung u.a. für jedes Element) charakterisiert" (Pethe 2006, S. 5).

Warum hat B. Hurrelmann den Begriff „Klima" für ihre Studie gewählt? Beziehen Sie sich in Ihrer Antwort auf die Definition der Meteorologie.

In der Studie wurden Faktoren des Leseklimas in der Familie ermittelt und wie sich diese statistisch auf das Leseverhalten der Kinder auswirken. Zu diesem Zweck wurden Regressionsberechnungen durchgeführt (s. unten stehende Erläuterung zu Regressionsanalysen). Im vorliegenden Beispiel wurden die fünf Faktoren des Leseklimas sowie die schulische Leseförderung und das Geschlecht als unabhängige Variablen (Prädiktoren) gesetzt, die das Leseverhalten der untersuchten Kinder beeinflussen. Das Leseverhalten lässt sich in fünf Dimensionen zerlegen: wie gern (Lesefreude),[1] häufig (Lesefrequenz) und lange (Lesedauer) die Kinder lesen, wie emotional oder intellektuell involviert sie dies tun (Leseerfahrung) und was sie vom Lesen abhält (Lesehemmung). In Tabelle 14 ist angegeben, welchen Erklärungswert die Prädiktoren für die einzelnen Lesedimensionen haben

Prädiktor-variable	Dimension des Leseverhaltens (abhängige Variable)							
	Lesefreude (26 % Varianz-aufklärung (=VA))		Lesefrequenz (ca. 25 % VA)	Lesedauer (ca. 25 % VA)	Lese-erfahrung (ca. 30 % VA)	Lese-hemmung (ca. 13 % VA)	
Soziale Einbindung des Lesens	30,9		47,6	30,1	20,0	36,0	2
Leseverhalten der Eltern	16,1		16,5	40,5	–	–	
Gespräche und frühe Leseförderung	14,9		10,5	29,4	14,3	38,4	1
Familienklima	–		–	–	–	–	
Nutzung elektronischer Medien	11,9		10,9	–	–	–	
Schulische Leseförderung	16,2		–	–	65,7	–	
Geschlecht des Kindes	10,0		14,5	–	–	25,6	3
Summe	100,0		100,0	100,0	100,0	100,0	

Tabelle 14: Erklärungswert unterschiedlicher Bedingungen für das Leseverhalten der Kinder in %
(Quelle: B. Hurrelmann et al. 1993, S. 231)

Erläuterung: Regressionsanalysen
Solche Analysen dienen der Überprüfung von Ursache-Wirkung-Zusammenhängen; man überprüft also einen kausalen Zusammenhang. Dabei unterscheidet man zwischen der *abhängigen* Variable, d.h. derjenigen Eigenschaft, die erklärt werden soll, und der *unabhängigen* oder Prädiktorvariable, die einen Einfluss auf die abhängige Variable ausübt. Im vorliegenden Beispiel aus Tabelle 14 sind die einzelnen Dimensionen des Leseverhaltens das, worauf z.B. das Geschlecht des Kindes und die soziale Einbindung des Lesens in den Familienalltag einen Einfluss haben. In der Regressionsanalyse lässt sich ermitteln, wie gut der Vorhersagewert der unabhängigen Variablen für die Ausprägung der abhängigen Variable ist (vgl. Lietz 2006, S. 494).

---

[1]   Bei der Lesefreude wurde ein anderes statistisches Verfahren eingesetzt (die Diskriminanzanalyse).

Mit den sieben unabhängigen Variablen lassen sich je nach abhängiger Variable von einem Achtel bis zu einem knappen Drittel der Streuungen um den Mittelwert (Varianz) erklären. So lassen sich etwa ein Viertel der Unterschiede in der Lesefreude auf die sieben Bedingungen zurückführen, aber nur 13 Prozent der Lesehemmungen. Anders gesagt: Im ersten Fall sind andere als die in die Berechnung eingeflossenen Variablen für drei Viertel der Unterschiede zwischen den Befragten verantwortlich, im zweiten Fall sogar für fast neun Zehntel der Unterschiede. Nicht nur der Anteil aufgeklärter Unterschiede in den einzelnen Dimensionen des Leseverhaltens differiert, sondern auch die Bedeutsamkeit der Prädiktorvariablen für das Leseverhalten. In Tabelle 14 lässt sich diese Angabe entnehmen, wenn man die Spalten bei den Aspekten des Leseverhaltens vertikal liest. So speisen sich die Unterschiede in der Lesehemmung aus drei Faktoren: 38,4 Prozent der Unterschiede lassen sich durch den Faktor Gespräche und frühe Leseförderung aufklären, etwas weniger (36,0 Prozent) über die alltägliche Einbindung des Lesens und immerhin ein Viertel über das Geschlecht des befragten Kindes. Die Wichtigkeit der Einflussfaktoren ist in der Spalte neben den Prozentangaben angegeben.

Aufgabe 8:

a) Wenn Sie die Tabelle 14 studiert haben, tragen Sie bitte in die noch leere Spalte neben der Zahlenkolonne die Reihenfolge ein, welcher der Prädiktoren den größten Anteil an Unterschieden im Leseverhalten vorhersagt. Was fällt Ihnen auf, wenn Sie a) die Spalten mit den einzelnen Dimensionen und b) die Zeilen mit den unabhängigen Variablen betrachten?

b) In der Tabelle ist nur ersichtlich, dass die einzelnen Faktoren einen Einfluss haben, aber nicht ob er positiv oder negativ ist. Stellen Sie in Form von „je größer, desto größer/kleiner"-Formulierungen Vermutungen darüber an, wie der Einfluss der Prädiktorvariablen auf das Leseverhalten ist.

c) Wo liegt gemäß den Daten in der Tabelle das größte Potenzial schulischer Leseförderung?

d) Wie bewerten Sie allgemein die Befunde zum Einfluss schulischer Leseförderung? Kann die Schule bei der Freizeitlektüre die Kinder überhaupt erreichen oder steht sie dem Einfluss der Familie machtlos gegenüber?

e) Die Leseklima-Studie zeigte einerseits zwar deutliche und systematische Unterschiede im Leseverhalten der Geschlechter (vgl. dazu B. Hurrelmann et al. 1993, S. 51 ff.), aber Mädchen werden in der Familie den Daten zufolge nicht intensiver gefördert als Jungen. Wie lassen sich diese Unterschiede nach Ihrer Ansicht dennoch erklären?

f) Notieren Sie für Ihre eigene Leseautobiografie, wie das Leseklima bei Ihnen zu Hause war. Recherchieren Sie die Aspekte, die Ihnen ad hoc nicht einfallen.

Die Erwartbarkeit von Lesekarrieren aufgrund des familialen Leseklimas

In der qualitativen Teilstudie wurden 24 Familien nochmals in teilstrukturierten Intensivinterviews befragt. Die Auswahl der Familien erfolgte zum einen anhand des Leseverhaltens der Kinder, zum anderen danach, wie erwartbar das Verhalten der Kinder angesichts der Bedingungen in der Familie (Leseförderung und Leseverhalten der Eltern) war (vgl. B. Hurrelmann et al. 1993, S. 26). Die vier Arten von LeserInnen werden

Ihnen zunächst vorgestellt. Bitte lesen Sie den folgenden Auszug aus der Studie und bearbeiten Sie im Anschluss die Aufgaben.

Aufgabe 9:

Bitte füllen Sie die nachstehende Tabelle 15 aus, indem Sie Angaben aus dem Textauszug zu den folgenden Dimensionen vervollständigen: Familienklima, Bedeutung des Lesens und von Büchern in der Familie, Leseverhalten der Eltern, Leseförderung bzw. -erziehung der Eltern, Anschlusskommunikation über Bücher und Gelesenes und Leseverhalten des Kindes.

„In der Gruppe der **‚erwarteten Leser'** zeigt sich durchgängig, daß Bücher ein selbstverständlicher und alltäglicher Gebrauchsgegenstand der Familie sind. Meist findet sich ein überdurchschnittlicher, z.T. sehr hoher Buchbesitz in den Haushalten. Die Eltern lesen häufig und viel, und – was hier entscheidend ist – ihr Lesen ist in den Alltag und in die familiale Interaktion integriert. Freizeit- und berufsbezogenes Lesen gehen häufig ineinander über. In allen Fällen lernen die Kinder unterschiedliche Ansprüche an Bücher kennen (Lesen zur Entspannung, zu Informations- und Bildungszwecken etc.). Dies findet seine Entsprechung in einem breiten Leseinteresse der Kinder, die sich in der Regel für eine ganze Reihe unterschiedlicher Buchgattungen interessieren. Auch die Lesesituationen sind vielseitiger als in den meisten anderen Familien: Vorlesen und gemeinsames Lesen sind ebenso anzutreffen wie zurückgezogenes Lesen. Es finden häufig Gespräche über Bücher statt, Leseerfahrungen werden ausgetauscht, und auch die Kinder finden mit ihrer Lektüre Aufmerksamkeit und Interesse. Die Eltern kennen die Lesevorlieben ihrer Kinder und können daher auch geeignete Bücher zur Verfügung stellen. Zudem werden die Kinder früh an Kauf und Ausleihe von Büchern beteiligt, indem sie gemeinsam mit den Eltern in Buchhandlungen und Bibliotheken gehen.

Bei den als **‚erwartete Wenig-Leser'** bezeichneten Kindern sind die Verhältnisse genau umgekehrt: Bücher spielen im Alltag so gut wie keine Rolle. Die Eltern lesen wenig und haben im Vergleich zur Gesamtstichprobe sehr eingeschränkte Lesevorlieben. Lesen ist an ganz spezifische, oft nichtalltägliche Situationen gebunden (Urlaub, Krankheit), und die nur sporadisch verwirklichten Leseinteressen sind zudem häufig bei beiden Elternteilen so unterschiedlich, daß eine Kommunikation über die Lektüre kaum stattfindet. Die unterschiedlichen Lesehaltungen der Eltern, die prinzipiell die Möglichkeit einer Vermittlung verschiedener Funktionen von Büchern beinhalten würden, werden eher als einander ausschließend betrachtet und stark bewertet, wodurch für die Kinder zusätzliche Konflikte entstehen können. Eine Hochschätzung des Lesens, die wir auch in diesen Familien häufig fanden, macht sich dann bisweilen in Leistungsanforderungen an das Kind bemerkbar oder führt zu anderweitigen Funktionalisierungen des Lesens, die aber den Bedürfnissen des Kindes oft zuwiderlaufen (z. B. durch das Lesen ‚zur Ruhe zu kommen'). Die Diskrepanz zwischen der theoretischen Hochschätzung des Lesens und der gleichzeitigen Bedeutungslosigkeit im Alltag der Familien verhindert dabei weitgehend eine Vermittlung von Lesefreude. Die Leseerfahrungen der Kinder finden bei ihren Eltern nur wenig Resonanz, so daß eine Verstärkung des Lesens weitgehend ausbleibt, wenn es nicht gerade mit Lernerfolgen (etwa im schulischen Bereich) verbunden ist.

Eltern können also weitgehend nur in Abhängigkeit von ihrer eigenen Lesebiographie dem Kind ein Partner und Begleiter seiner Leseentwicklung sein. In den ‚unerwarteten' Fällen finden sich nun aber Beispiele, die gerade dieser Regel entgegenlaufen und damit die Bedeutung weiterer Bedingungsfaktoren erhellen.

In der Gruppe der **‚unerwarteten Wenig-Leser'** finden sich zahlreiche Hinweise auf die Störanfälligkeit der Kommunikation über Bücher. Vielfach sind die Leseprozesse der (durchaus viel und lange lesenden) Eltern aus dem Familienalltag ausgegliedert. Dies gilt zunächst sogar unter räumlicher Abgrenzung (gelesen wird nur im Arbeitszimmer oder nur vor dem Einschlafen), drückt sich aber in der Regel auch in einer entsprechenden Lesehaltung aus (‚Lesen ist Privatsache'). Häufig sind auch vereinseitigte Funktionalisierungen des Lesens zu beobachten (Lesen z. B. nur zum Zwecke der Informationsgewinnung oder aus beruflichem Interesse). Dem Kind wird damit signalisiert, daß das Lesen dem Rückzug und der Abgrenzung von den anderen Familienmitgliedern dient oder daß es bloß eine ‚lästige Pflichtübung' ist. Von den Leseerfahrungen der Eltern wird das Kind ausgeschlossen, über Gratifikationserwartungen im Hinblick auf Bücher erfährt es nur wenig und antizipiert entsprechend auch für sich nur selten positive Effekte des Lesens. In einigen Fällen wird deutlich, daß sich diese für das Lesen ungünstigen Bedingungen in Abhängigkeit von dem allgemeinen Interaktions- und Kommunikationsklima in der Familie gestalten können: In einem emotional von Distanz geprägten Familienklima, das zudem nur wenig Gemeinsamkeiten zwischen den einzelnen Mitgliedern aufweist, sind die Kommunikationsprozesse mitunter ohnehin spärlich und störanfällig, oder sie sind einseitig durch Spannungen zwischen den Familienmitgliedern geprägt. Am deutlichsten stellte sich dies für uns in Beispielen dar, in denen über die Mediennutzung Dominanzverhältnisse, Reglementierungsversuche, ‚Koalitionen' innerhalb der Familie u. a. ausgedrückt werden. Unter allen diesen Bedingungen ist für die Kinder kein positives Modell gegeben.

Daß Kinder auch zu **‚unerwarteten Lesern'** werden können, d. h., auch wenn Bücher in der Familie kaum eine Rolle spielen, verweist ebenfalls häufig auf die Bedeutung allgemeiner Beziehungs- und Kommunikationsmuster in der Familie. Die Impulse zum Lesen kommen bei diesen Kindern oft von außen (z. B. durch die schulische Leseförderung). Entscheidend ist aber, daß das Interesse der Kinder an Büchern in der Familie wohlwollend aufgenommen wird, daß sie mit dem Lesen Aufmerksamkeit finden und ihre Erfahrungen reflektiert werden. Natürlich fällt dies wenig lesenden Eltern in der Regel schwerer, häufig finden aber gerade in diesen Familien Prozesse statt, die im Sinne einer Sozialisation der Eltern durch das Kind zu verstehen sind. (Die Eltern beginnen, die Bücher ihrer Kinder zu lesen, werden an ihre eigenen Leseerfahrungen als Kinder erinnert usw.) Da hierfür eine gewisse Bereitschaft der Eltern notwendig ist, sich auf die kindlichen Erfahrungsformen einzulassen, beobachteten wir diese Phänomene häufiger bei einer stark kindzentrierten Erziehungshaltung und im Kontext eines positiv-emotionalen Familienklimas" (B. Hurrelmann et al. 1993, S. 53 ff.).

Dimension	Erwartete LeserInnen	Erwartete Wenig-LeserInnen	Unerwartete LeserInnen	Unerwartete Wenig-LeserInnen
Familienklima				
Bedeutung des Lesens und von Büchern in der Familie	selbstverständl			
Leseverhalten der Eltern				
Leseförderung bzw. -erziehung der Eltern				

Dimension	Erwartete LeserInnen	Erwartete Wenig-LeserInnen	Unerwartete LeserInnen	Unerwartete Wenig-LeserInnen
Anschlusskommunikation über Bücher und Gelesenes				
Leseverhalten des Kindes				
Fallbeispiel				

Tabelle 15: Lesetypologie aus der Studie „Leseklima in der Familie"

Aufgabe 10:

Im unten stehenden Kasten finden Sie vier Fallbeispiele aus dem qualitativen Teil der Leseklima-Studie. Bitte lesen Sie diese und bearbeiten Sie anschließend die folgenden Aufgaben:

 a) Ordnen Sie die vier Kinder einem der vier Typen zu und ergänzen Sie den Namen des Kindes aus dem Fallbeispiel in der untersten Zeile in Tabelle 15.

 b) Beschreiben Sie für jedes Fallbeispiel vereinfachend die Ko-Konstruktionsprozesse:
  • Welche Bedingungen und Handlungsalternativen finden die vier Kinder in der *Logik der Situation* vor?
  • Welche Handlungsalternativen ergreifen die Kinder (und die Eltern) in der *Logik der Selektion*?
  • Zu welchem Leseklima führen diese Handlungen in der *Logik der Aggregation*?

 c) Klären Sie für sich die wichtigsten Unterschiede, aber auch Gemeinsamkeiten der Typen-Paare „Erwartete VielleserInnen" – „Unerwartete VielleserInnen" sowie „Erwartete WenigleserInnen" – „Unerwartete WenigleserInnen". Nutzen Sie dazu sowohl die Fallbeispiele als auch die zu Beginn des Kapitels vorzufindende Beschreibung der Typologie und Ihre Ergebnisse aus Tabelle 15.

 d) Welchem der vier Lesetypen ordnen Sie sich zu? Begründen Sie die Zuordnung, indem Sie Ihr familiales Leseklima in der Kindheit genauer beschreiben und ggf. eine weitere Recherche betreiben (z.B. in Form eines Gesprächs mit Ihren Eltern).

 e) Die Befunde der Leseklima-Studie basieren auf Daten aus dem Jahr 1991. Halten Sie diese für übertragbar auf die heutige Zeit? An welchen Punkten haben Sie Zweifel? Begründen Sie Ihre Antwort mit dem Wandel in den Familienstrukturen (Stichwort: Veränderungen der typischen Kleinfamilie) und dem Wandel der Medien.

Fallbeispiel Nicole: „Nicoles Eltern haben ihre Tochter nicht bewußt mit Büchern vertraut gemacht, und sie beschäftigen sich selbst kaum einmal mit Büchern. Allerdings wächst das Mädchen in einer offenen und freundlichen Familie auf, in der beide Eltern ihre Freizeit aktiv gestalten und auch jegliches kreative Interesse ihrer Tochter unterstützen. Im Hinblick auf eine direkte Leseförderung findet Nicole günstige Bedingungen in der Schule vor. Hier wird auf das Lesen sowohl von Sachtexten als auch von fiktionaler Literatur Wert gelegt. Der Unterricht strebt außerdem eine Verbindung zwischen häuslichem und schulischem Lesen an. Nicole – die wie ihre Eltern eine Natur-Liebhaberin ist – findet in der Klassenbücherei genügend Bücher, die ihren Neigungen entgegenkommen und die auch bei ihren Eltern auf Interesse stoßen. Weil Nicole daheim ausreichend Freiräume für kreatives Tun erhält, ist auch ihr Lesen und die weitere Verarbeitung des Gelesenen wohlwollend in den Familienalltag integriert. Nicole spielt ihren Lesestoff, den sie auch aus der Schule mitbringt, zu Hause oft nach; sie malt häufig ein Bild zu einer Geschichte und hat auch schon selbst eine Geschichte geschrieben" (B. Hurrelmann et al. 1993, S. 281 f.).

Fallbeispiel Jonas: „In Familie N. gibt es ebenfalls viele Gemeinsamkeiten im Umgang mit Lektüre: Zum einen erlebt Jonas seine Eltern oft in beruflich bedingtes Lesen vertieft, zum anderen nimmt er wahr, daß seine Eltern zur Unterhaltung lesen, und ahmt dies nach. Er liest beispielsweise vor dem Einschlafen, weil seine Eltern dies auch tun. Sonntags sitzt die gesamte Familie des öfteren im Wohnzimmer beisammen und schmökert in Büchern. Als Lesestoff wählt jedes Familienmitglied meistens seine eigene favorisierte Lektüre. Weil die Familie sich aber über den jeweiligen Lesestoff unterhält, kommt es auch zum Austausch der Bücher selbst. Dabei haben vor allem Mutter und Vater und Vater und Sohn ähnliche Buchvorlieben. Herr N. mag die Comics und die Kinderbücher seines Sohnes, den er wiederum zum Lesen von einigen seiner Sachbücher anregt. – Der Junge kann die kommunikative Einbindung von Büchern in den Alltag als eine ähnlich unauffällige Gemeinsamkeit in der Familie erleben wie den Umgang mit anderen Medien auch" (B. Hurrelmann et al. 1993, S. 120 f.).

Fallbeispiel Jens: In Jens' Familie gibt es „nur wenig Zusammenhalt, und das Familienklima muß als stark kontrolliert und reglementiert beschrieben werden. Der Junge verbringt einen Großteil des Nachmittags allein zu Hause, da sowohl seine Mutter als auch deren Partner ganztägig berufstätig sind und er selbst keinen organisierten Freizeitinteressen nachgeht. Die meiste Zeit verbringt er vor dem Fernsehgerät oder in dem recht karg ausgestatteten Wohnzimmer, in dem er toben kann. Das Interview macht deutlich, daß es in dieser Familie keine gemeinsamen Freizeitinteressen gibt und daß auch die einzelnen Familienmitglieder nur wenige Hobbies haben. Die Mutter bemüht sich darum, sowohl ihrem Sohn als auch dem Partner gerecht zu werden, was sich aber nicht in entspannten gemeinsamen Aktivitäten niederschlägt, sondern eher zur Abgrenzung der beiden Gruppen ‚Mutter-Sohn' und ‚Mutter-Partner' führt. Im Interview suchen die Mutter und Jens jeweils die Gesprächslenkung zu gewinnen [...]. Frau F. bewertet den hohen Fernsehkonsum ihres Sohnes als sehr schlecht und versucht, ihn durch Verbote und Regeln einzuschränken. Diese Versuche hintergeht Jens offensichtlich [...]. Letztlich läßt sie Jens weiterhin viel allein gucken und nutzt auch selbst das Fernsehen gemeinsam mit ihrem Partner intensiv. Gemeinsame Sehsituationen kommen so gut wie nie vor; vielmehr wird das Fernsehen für Jens zum Mittel der Abgrenzung von den Erwachsenen. Auch im Umgang mit Büchern zeigt sich mehr gegenseitige Abgrenzung und Reglementierung als eine Möglichkeit der Gemeinsamkeit. Zwar gibt die Mutter wieder, wie wichtig für sie das Lesen sei und wie gern sie dies an Jens weitergeben möchte, sie schafft aber keine Situation, in der Jens einen lustbetonten Umgang mit Büchern kennenlernen könnte. Der Junge liest allein fast nichts, fordert aber mitunter, daß seine Mutter ihm etwas vorlesen solle. Dies erfüllt Frau F. nur unter bestimmten Bedingungen, wenn sie nämlich selbst ‚Lust und Energie' dazu hat, wenn ihr ‚das Vorlesebuch gefällt' und wenn sie in der ‚richtigen Stimmung' ist. Machtkampf und Reglementieren gehen in dieser Familie mit einer starken Leistungsorientierung einher. Die Mutter liest eigentlich nur dann, wenn sie sich beruflich weiterbilden möchte, nicht zur Entspannung. Der Junge stellt von sich aus die Fragen der Interviewerin, die sich auf sein Freizeitleseverhalten beziehen, in den schulischen Zusammenhang und betont ständig den Umfang der Lektüre, die er selbständig gelesen hat. Sogar die seltenen – als Entspannung gedachten – gemeinsamen Spielsituationen mit der Mutter oder dem Partner scheint Jens unter Leistungs- und Konkurrenzdruck zu erleben" (B. Hurrelmann et al. 1993, S. 190 f.).

Fallbeispiel Frank: „In Franks Familie spielen Bücher in der Freizeit fast keine Rolle. Die Familienmitglieder lesen nicht gern. Seit Frank jedoch in der Schule Probleme hat und vor allem im Lesen und in der Rechtschreibung nicht gut zurechtkommt, fordert seine Mutter ihn oft auf, zu einem Buch zu greifen. Sie deutet im Gespräch an, daß sie Angst hat, ihr Sohn könne in der Schule versagen, weil er ein ‚Lesemuffel' sei. Alle Fragen der Interviewerin, die auf das Freizeit-Leseverhalten des Kindes abzielen, stellt sie in den Rahmen seiner Schulleistungen. So liest sie dem Jungen seit Schulbeginn gar nichts mehr vor, denn Frank soll nicht zu sehr verwöhnt werden, sondern allein lesen. Auch früher hat das sporadisch praktizierte Vorlesen eher unter dem Aspekt gestanden, die Konzentrationsleistungen des Kindes zu fördern, als eine entspannte gemeinsame Situation mit einem Buch herbeizuführen. Die Mutter fordert den Jungen heute regelmäßig auf, ihr etwas aus einem Buch oder aus einer Zeitschrift vorzulesen, damit sich seine Lesetechnik verbessert. Oft sind diese erzwungenen Situationen für Frank eine solche Belastung, daß er ‚anfängt zu weinen', dann aber doch der Aufforderung der Mutter nachkommt und liest. ‚Wie so vieles' geschehe auch das Lesen ‚nur unter Druck', meint die Mutter. Insgesamt erfährt Frank lediglich, daß das Lesen eine hohe Bewertung, diese aber keine Begründung, geschweige denn eine alltagsbegleitende Bedeutung hat. Lesefreude vermittelt sich so nicht" (B. Hurrelmann et al. 1993, S. 135).

2.2.3 Das Mehrebenenmodell familialer Lesesozialisation: Positive und negative familiale Ko-Konstruktionsdynamiken

Im Mehrebenen-Modell der Ko-Konstruktion befindet sich als vermittelnde Instanz zwischen der gesellschaftlichen Makro-Ebene und der Mikro-Ebene des Individuums die Familie auf der Meso-Ebene. Da die Familie immer auch ein Ort der Vergesellschaftung ist und auf das spätere Leben vorbereiten soll, sieht sie sich über die Logik der Situation mit gesellschaftlichen Erwartungen konfrontiert. Auf welche Art die Instanz Familie in der Logik der Selektion handelt und damit über die Logik der Aggregation Einfluss auf die Makro-Ebene nimmt, hängt entscheidend von einer weiteren Mikro-Vertiefung ab. Denn das soziale Gebilde Familie besteht aus einzelnen Individuen, die ihre Umwelt wahrnehmen, aufgrund dieser Wahrnehmung (re)agieren und damit die Familie formen. Erst über diese nochmalige Vertiefung lassen sich die Veränderungen oder Kontinuitäten in der Familie einerseits und der Gesellschaft andererseits begreifen.

Auf die Lesesozialisation angewendet (s. Abbildung 15) heißt das: Die Familie und gerade die Eltern nehmen wahr, dass sie Erziehungs- und Vergesellschaftungsaufgaben im Sinne der Leseförderung haben. Diese setzen sie in lesesozialisatorisch relevante Handlungen um und schaffen damit ein bestimmtes Leseklima. Das familiale Leseklima wiederum ist der Ausgangspunkt für Ko-Konstruktionen sowohl bei den Kindern als auch bei den Eltern. Dass beide in der Abbildung separiert werden, dient der analytischen Trennung. Realiter zeigt schon der Name des Faktors „*Soziale* Einbindung des Lesens" in den Familienalltag deutlich, dass hier Interaktionen zwischen den Beteiligten gemeint sind. Die Leseaktivitäten der Kinder auf der Grundlage des Leseklimas und die Lesekultur der Eltern sind also im tatsächlichen Leben nicht voneinander zu trennen, bedingen einander und führen so auf der Meso-Ebene zur Etablierung einer geteilten Lesekultur, die ihre Entsprechung auf der Mikro-Ebene findet – oder auch nicht.

Ob diese Prozesse positiv gelingen oder fehlschlagen, hängt von zweierlei ab. Zunächst muss die Aufmerksamkeit auf die gesamtgesellschaftliche Situation gerichtet werden und hier vor allem auf den Wandel (etwa von der Industriegesellschaft zur Wissensgesellschaft) mitsamt seinen weit reichenden Folgen für den Arbeitsalltag. Erst in dieser Einbettung familialen Tuns in gesellschaftliche Veränderungen lässt sich die Reaktion der Meso-Instanz Familie als funktional oder dysfunktional begreifen. Maß-

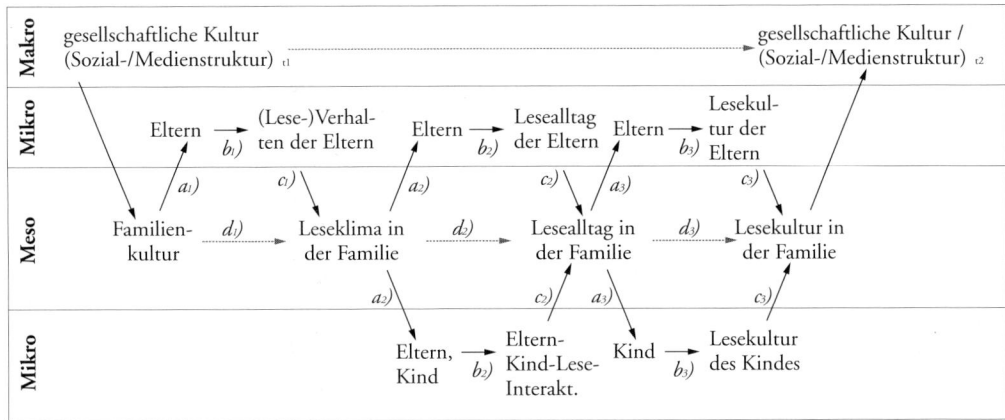

Abbildung 15: Das Mehrebenen-Modell der Lesesozialisation in der Familie
(Quelle: nach B. Hurrelmann et al. 2006, S. 24 ff.)

geblich dafür ist, welches Selbstverständnis die Eltern hinsichtlich ihres Bildungsauftrages haben und wie sie entsprechend handeln

Im Abschnitt „Günstige und ungünstige Dynamiken familialer Lesesozialisation" im Lehrbuch (Kapitel 4.2.1, S. 183 ff.) wird beschrieben, wie die widersprüchlichen gesellschaftlichen Normen für familiales Erziehungshandeln zu positiven oder negativen Dynamiken in der Lesesozialisation der Mittel- und Unterschichten führen. Lesen Sie bitte diesen Abschnitt und bearbeiten Sie dann die folgenden Aufgaben:

Aufgabe 11:

a) Suchen Sie in den beiden Vorlesedialogen mit Ben und Markus (s. Kapitel 2.2.2) Passagen heraus, an denen sich die Orientierung der Mütter an einer der beiden lesebezogenen familialen Aufgaben zeigen lässt.

b) Beschreiben Sie anhand der beiden Vorlesedialoge den „prototypischen Positivfall" und den „prototypischen Negativfall" der Lesesozialisation für die frühe Kindheit. Rekonstruieren Sie im System der Logiken nach Esser:
  • die vorherrschende lesebezogene Aufgabe der Familie;
  • die Handlungen der Mutter und des Kindes und
  • die auf dieser Basis entstehende soziale Situation.

Im Folgenden werden zwei Familien porträtiert, die im Rahmen einer Studie zur Transmission von Bildungsstrategien in Mehrgenerationen-Familien untersucht wurden. Dem Beispiel der schon aus dem Kapitel 2.1.3 bekannten Familie Fink, die aus dem Arbeitermilieu stammt, wird Familie Schramm gegenüber gestellt. Bitte lesen Sie die beiden Kurzporträts mit Blick auf gelingende und misslingende Bildungs- und damit letztlich Lesesozialisationsprozesse. Die Aufgabe wird sein, das beschriebene Geschehen unter dem Aspekt der Ko-Konstruktion zu analysieren. Da ein familiales Geschehen nur mit Blick auf die gesamtgesellschaftlichen Veränderungen auf der Makro-Ebene als funktional oder dysfunktional beurteilt werden kann, ist es nötig, zunächst die Makro-Ebene zu betrachten. Ein empirischer Referenzpunkt hierfür ist die Studie der amerikanischen Wirtschaftswissenschaftler David Autor, Frank Levy und Richard Murnane, die an dieser Stelle vereinfachend mit der Situation hierzulande gleichgesetzt werden soll. Die Autoren haben u.a. die Veränderungen in fünf verschiedenen Aufgabentypen von 1960 bis 1998 ermittelt. Dafür bildeten 12.000 Berufsbeschreibungen samt Ausbildungszeit, Anforderungen an die Berufstätigen und weiterer Charakteristika die Grundlage. Die fünf Typen von Aufgaben sind im Einzelnen (vgl. Levy & Murnane 2004, S. 47 f.):

1. *Manuelle Routine-Aufgaben:* Diese gleichförmigen Aufgaben folgen mehr oder weniger explizierten Regeln. Beispiele sind das Einsetzen von Glasscheiben in Autokarossen oder das Einfüllen einer genau abgezählten Zahl von Pillen in Medikamentenverpackungen.

2. *Manuelle Nichtroutine-Aufgaben:* Diese ebenfalls manuellen Aufgaben folgen weniger einfachen „Wenn, dann-Regeln", sondern erfordern körperliches Geschick bei komplexeren Aufgaben wie dem Fahren eines LKWs, der Gebäudereinigung oder dem Einsetzen von Steinen in Schmuck.

3. *Geistige Routine-Tätigkeiten:* Aufgaben dieses Typs erfordern Konzentration und folgen wie bei der manuellen Routine bestimmten Regeln. Solche Tätigkeiten wären das Ausfüllen von Formularen und das Korrigieren von multiple choice-Aufgaben.

4. *Geistige Nichtroutine-Tätigkeiten:* Probleme zu lösen, ist der Kern dieses Aufgabentyps. Beispiele sind: ein Arzt, der sich mit eigenartigen Symptomen eines Patienten konfrontiert sieht und eine Diagnose stellt, ein Koch, der ad hoc anhand der gerade auf dem Wochenmarkt verfügbaren Lebensmittel ein Menü zusammenstellen soll, oder ein Mechaniker, der ein laut Messinstrumenten fahrtüchtiges Auto reparieren muss, das partout nicht fahren will.

5. *Interaktive Nichtroutine-Tätigkeiten:* Bei diesen Aufgaben steht die Interaktion mit Menschen im Vordergrund, um Informationen zu erlangen, zu erklären oder davon zu überzeugen, dass die Informationen für die Handlungen der anderen wichtig sind. Eine Managerin, die ihr Team motiviert, ein Verkäufer, der die Reaktion eines potenziellen Autokäufers erspürt, oder ein Biologielehrer, der die Zellteilung erklärt, sind Beispiele für diesen Typ.

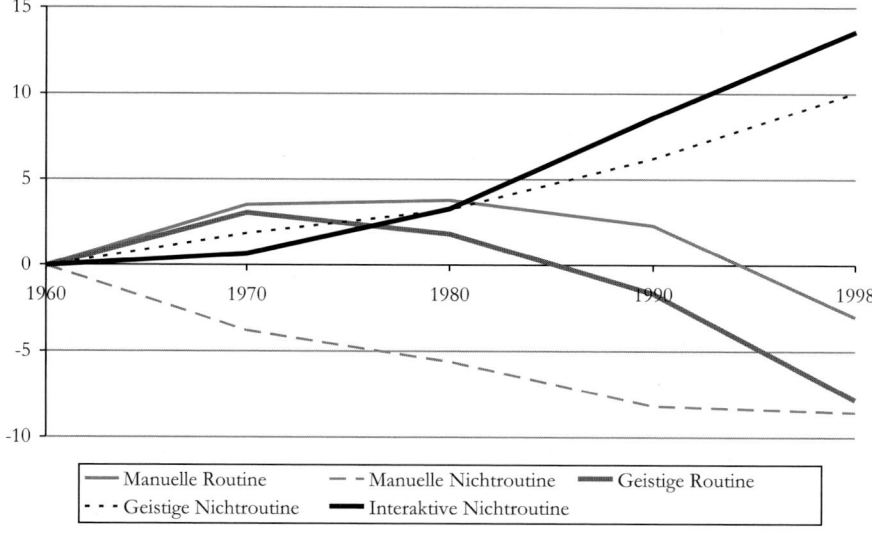

Abbildung 16: Veränderungen bei Arbeitsaufgaben in den USA von 1960 bis 1998
(Quelle: nach Autor, Levy & Murnane 2003, S. 1298; Levy & Murnane 2004, S. 50)

Abbildung 16 zeigt, welche Bedeutung die einzelnen Aufgabentypen im Laufe von fast 50 Jahren in amerikanischen Berufen gewonnen oder verloren haben. In dem Diagramm bildet 1960 das Ausgangsjahr, in dem alle Typen auf 0 gesetzt wurden, d.h. alle sind gleich wichtig. Die Graphen zeigen die prozentualen Veränderungen in der Bedeutung, die die einzelnen Aufgaben für die amerikanische Wirtschaft zum jeweiligen Messzeitpunkt hatten.

Aufgabe 12:

a) Betrachten Sie die Grafik und benennen Sie, welche Arten von Tätigkeiten am stärksten vom Bedeutungsverlust betroffen sind. Was eint diese Aufgabentypen?

b) Der Untertitel einer Publikation mit Ergebnissen aus der kurz angerissenen Studie lautet „Wie Computer den nächsten Arbeitsmarkt schaffen". Warum sind die Aufgabentypen besonders betroffen, die Sie in der Aufgabe zuvor benannt haben? Warum sind es die anderen nicht?

c) In welchem Tätigkeitstypus sind Bildung und Lesekompetenz am wichtigsten? Warum ist das so? Begründen Sie Ihre Antwort auf der Grundlage des Kompetenz-Begriffs (s. Kapitel 1 des Lehr- und Arbeitsbuches).

Aufgabe 13:

Lesen Sie nun die Porträts der Familien Fink und Schramm im unten stehenden Kasten und bearbeiten Sie dann die folgenden Aufgaben:

a) Wo lassen sich mit Blick auf die einzelnen Generationen Prozesse der Kontinuität und des Wandels in beiden Porträts erkennen? Was bleibt gleich, was ändert sich?

b) Welche der fünf Tätigkeitsformen aus der Studie von Autor, Levy und Murnane (s. Abbildung 16) bestimmen den Arbeitsalltag der Generationen in beiden Familien?

c) Ist das lesesozialisatorische Geschehen in den beiden Familien mit Blick auf die Daten aus der Studie von Autor, Levy und Murnane zeitgemäß oder nicht?

d) Erstellen Sie mit Hilfe der Abbildung 15 für jede Familie ein Schaubild, in welchem Sie die Ko-Konstruktionen aller drei Generationen in beiden Familien erfassen.

e) In einer Studie kommt ein Team um Andrea Bertschi-Kaufmann auf der Grundlage der Ergebnisse zu der dringenden Forderung, dass unter der Perspektive der Leseförderung Sozial-, Familien- und Bildungspolitik zu verquicken seien (vgl. Bertschi-Kaufmann et al. 2004, S. 244). Nur auf die Schule zu setzen, heißt es dort, „erinnert fatal an das Bild des Ertrinkenden, der sich an den eigenen Haaren aus dem Wasser ziehen soll" (ebd.). Wie sehen Sie das? Was müsste man aus Ihrer Warte bspw. bei Familie Fink tun, um sie wieder gesellschaftlich anschlussfähig zu machen? Wo müsste man Ihrer Meinung nach ansetzen, um die Probleme der Töchter Nadja und Rikarda zu lösen und ihnen mit nachhaltiger Wirkung aus der negativen Dynamik herauszuhelfen?

1. Die Familie Fink

Die Generationen wurden schon oben vorgestellt. Zum Lösen der Aufgabe ist es notwendig, sich das Porträt der Familienmitglieder in Erinnerung zu rufen. Wie die Wahrnehmungen der Familienmitglieder zu formaler Bildung, ihre Bildungsaspirationen und ihre bildungsrelevanten Aktivitäten aussehen, soll nun skizziert werden (die Paraphrase folgt Büchner & Krah 2006, S. 128 ff., Familie Schramm: ebd., S. 137 ff.). In der Familie gibt es keine Tradition, formale Bildungsabschlüsse zu erwerben und ihren Wert zu schätzen. Für Großeltern und Eltern war es vielmehr selbstverständlich, nach der Pflichtschulzeit sofort ohne Lehre in einen Beruf zu wechseln. Gelernt wurde im Job, und welches praxisrelevante Können man sich dort aneignete, war wichtiger als ein formaler Bildungsabschluss. Mutter Claudia resümiert: „Das war noch leicht damals; da ging es nicht um Zeugnisse, da ging es um das, was du konntest" (zit. n.: ebd., S. 128). Dass das heute anders ist, hat die Familie realisiert, denn sie weiß um die grundsätzlich gestiegene Bedeutung von Bildungsabschlüssen für die Berufslaufbahn. Mit Blick auf das Verschwinden der traditionellen Arbeiterjobs und die Nachteile der körperlich anstrengenden Tätigkeiten wünscht sich gerade Mutter Claudia für ihre beiden Töchter eine bessere Zukunft und entsprechende Schulabschlüsse:

Mutter Claudia: „Ich habe immer gesagt, Kinder denkt dran, eure Schul', das ist das A und O. Das ist für euch wichtig. Dafür gehe ich auch schaffen. Sag' ich, das ist mir egal, was das kostet oder sonstiges, Hauptsache, ihr macht mir die Schule."

Tochter Nadja: „Ich hab ja 'nen Abschluss."

Mutter Claudia: „Ja, du hast auch 'nen Abschluss. Und was hat's gebracht der Abschluss? Hast 'nen Hauptschulabschluss und der zählt heute Scheiße." (zit. n.: ebd., S. 129)

Tochter Nadja berichtet von ihren Enttäuschungen über die Absagen bei Bewerbungen um Stellen, die für Jugendliche mit Hauptschulabschluss nur noch angeblich erreichbar sind. Eine Motivation zum Erwerb weiterer Qualifikation ist in der gesamten Familie dennoch nicht erkennbar. Lebenslanges Lernen erscheint der Familie als Zumutung bzw. diese zukunftsgerichtete Eigenaktivität ist zu unsicher für sie: Von den Investitionen weiß man nicht, ob und was sie bringen. Die Tochter Rikarda geht gegen ihren Willen zur Realschule. Sie äußert sich so:

„Und Schule, da geht die Meinung sehr auseinander. (…) Ich bin der Meinung, Hauptschulabschluss ist genug, ich hab auf die Schule keine Lust mehr. Aber die (Mutter) versucht mit allen Mitteln, mir da Realschule reinzudrücken, dass ich da noch mal zwei Jahre Schule mache, und da reden wir aneinander vorbei, irgendwo. Ich will arbeiten gehen und Geld verdienen und die will, dass ich in die Schule geh. (…) Bei der Entscheidung, das ist doch klar, ich unterliege meinen Eltern. (…) Ich bin ja noch nicht volljährig, dann kann ich nicht einfach irgendwas unterschreiben, da brauch' ich halt meine Eltern. Und wenn ich das hätt' halt unterschreiben wollen, irgendwas, dann machen sie's nicht, dann hab' ich natürlich Pech. Sagen wir mal, wir haben's beide leid, da drüber zu reden. Ich hab's einfach hingenommen, wie's ist und (…), kann man nix mehr machen" (zit. n.: ebd., S. 130).

Beide Töchter haben massive Probleme in der Schule. Nadja ist sozial depriviert, sie berichtet von körperlicher Gewalt seitens der Klassenkameraden, bezeichnet die Schule als einen Ort, an dem „Krieg" herrsche und „der pure Hass" regiere, und hat einige Zeit lang sehr viel geschwänzt. Offenbar hat sie wegen ihrer Kleidung an der Schule in den Augen der Lehrer auch das Image sexueller Freizügigkeit, sodass weder MitschülerInnen noch Lehrkräfte für sie eine Unterstützung sind. Ihre Schwester Rikarda ist auf andere Weise auffällig: Sie geriert sich bewusst provokativ als vermeintlich rechtsradikal, wähnt sich dabei überlegen und hat einen schlechten Ruf bei den Pädagogen. Dabei erlebt sich Rikarda als Opfer: „die Lehrer, die sind total gegen dich" (zit. n.: ebd., S. 136). Die Entscheidung, die Schule zu wechseln, um so einen Neuanfang zu starten, wird in der Familie erwogen, aber aller Voraussicht nach nicht praktisch umgesetzt.

Mit der Schule (in Form von Gesprächen mit den Lehrern) haben auch die Eltern schlechte Erfahrungen gesammelt. Eine Hilfe sind sie hier und auch sonst aus Sicht der Töchter nicht; professionelle Hilfe in Anspruch zu nehmen, ist für die Familie aber keine Option. Die Freizeit gerät auf diese Weise speziell für die beiden Töchter zu einer Gegenwelt zur Schule, worin sie den Eltern und deren Verhältnis von Arbeit zu Freizeit ähneln. Die Rolle der Clique und spontaner Treffen, des Nachtlebens sowie der Nutzung des

Fernsehens ist für die beiden Mädchen groß, während die legitime Kultur mit Freizeitaktivitäten wie Lesen oder die Teilnahme an organisierten Aktivitäten praktisch bedeutungslos sind.

Bezüglich ihrer Zukunft erscheint Tochter Nadja der Weg der Mutterschaft gangbar. Ihre Mutter und Großmutter unterstützen dies: Eine ‚gute Partie' zu machen, zu heiraten, zwei bis drei Kinder in die Welt zu setzen, ein Eigenheim zu haben, aber dabei dennoch zu arbeiten, ist ein Wunschgedanke der Mutter. Nadja schätzt ihre Chancen nüchterner bis vollkommen resignativ ein: „Vor allem, mehr als bewerben kann man sich ja auch net. Was will man mehr machen, als sich bewerben, oder so. Kriegste nur Absagen, ist doch normal, irgendwann schiebst du den Hass und denkst: Von wegen, ist mir egal, werde ich halt ne Nutte oder so was" (zit. n.: ebd., S. 137).

2. Die Familie Schramm

a) Vorstellung der Generationen

Die Großeltern: Die Großeltern väterlicherseits, Antonie und ihr Mann, stammen aus kleinen Verhältnissen. Beide wollten Lehrerin bzw. Lehrer werden, doch durchkreuzen die finanziellen Möglichkeiten der Herkunftsfamilie und der zweite Weltkrieg diese Pläne. Die Großmutter Antonie hat einen Volksschulabschluss erworben, danach eine Lehre als Verkäuferin absolviert und arbeitete nach der Geburt ihrer zwei Söhne als Büroangestellte. Ihr Mann war ursprünglich Schneider, fand nach den Kriegswirren aber eine Anstellung als Arbeiter in einem Stahlwerk im Ruhrgebiet. Antonie Schramm wohnt heute in einer nordhessischen Kleinstadt.

Die bereits verstorbenen Großeltern mütterlicherseits sind privilegierter aufgewachsen. Die Großmutter ist Tochter eines Uhrmachermeisters, besuchte das Gymnasium und studierte Medizin im Ruhrgebiet (wenn auch wegen des Kriegs nicht zu Ende). Hier lernt sie auch ihren Mann kennen, der einer Bauernfamilie mit hohem Ansehen vor Ort entstammt. Er ist das einzige Kind, das studiert, und wird Pfarrer. Mit seiner Frau, die im Alter von 50 Jahren noch eine Ausbildung zur Religionspädagogin absolviert, zieht er nach Bayern und hat zusammen mit ihr vier Kinder.

Die Eltern: Vater Hans-Jürgen hat nach seinem Abitur ein Gymnasial-Lehramtsstudium (Religion, Mathematik) begonnen, bei dem er auch seine Frau Martha kennen lernt. Diese beginnt nach Erwerb der Hochschulreife ein Pharmazie-Studium, wechselt dann zu Medizin und schließlich – bedingt durch das Kennenlernen ihres Manns – zum Lehramt. Noch während des Studiums kommt der Sohn Jonas auf die Welt. Beide Elternteile sind sehr aktiv. In ihrer Freizeit besuchen sie Fortbildungen, sind sportlich aktiv, sozial gut vernetzt und engagieren sich sozial und kirchlich. Martha Schramm hat sich außerdem nach einer langen Familienphase mit viel karitativem Engagement der Arbeit mit Schülern verschrieben, die längere Zeit stationär behandelt werden.

Die Kinder: Der schon erwähnte Jonas (23 Jahre) hat noch einen Bruder Björn (20 Jahre) und eine Schwester Käthe (18 Jahre). Käthe wohnt als einzige noch zu Hause und besucht das Gymnasium. Sie plant ein Lehramts- oder Psychologiestudium und will zuvor ein Freiwilliges Soziales Jahr im Ausland absolvieren. Ihre beiden Brüder studieren schon. Jonas hat Psychologie gewählt und macht nebenbei eine kostspielige psychotherapeutische Zusatzausbildung; Björn ist nach einem angefangenen Physikstudium zur Informatik mit Nebenfach Psychologie gekommen.

b) Wahrnehmungen der formalen Bildung, Bildungsaspirationen und bildungsrelevante Aktivitäten

Die Großeltern väterlicherseits: Großmutter Antonie wächst im Arbeitermilieu im Ruhrgebiet auf und erlebt finanzielle Nöte ihrer Eltern. Sie wird deshalb als Zehnjährige zu ihrer Tante nach Pommern geschickt. Dass sie dort nicht aufs Lyzeum gehen darf, sondern die Volksschule besuchen muss, ist mit Blick auf ihren Berufswunsch Lehrerin für sie eine ernst zu nehmende soziale Niederlage. Ihr Onkel ist ein kleiner Beamter, und dies bietet ihr einen Aufstieg vom Arbeiter- ins Kleinbürgertum einer Kleinstadt. Antonie isst und kleidet sich besser als bei ihren Eltern, sie erhält Musikunterricht, wird Mitglied in einer freikirchlichen Gemeinde. In ihr reift ein Bildungshabitus, der sich z.B. darin zeigt, dass sie während der Lehre als Verkäuferin in der Freizeit Maschinenschreiben und Stenografie lernt. Ihre Mühen werden belohnt, denn sie wechselt vom Steh- zum Sitzberuf: Ihr werden zunehmend Bürotätigkeiten übertragen. Antonie Schramm macht also unter den Umständen das Beste aus ihrer Lage und erlebt einen sozialen Teilaufstieg. Ihr Mann, den sie in der Freikirche kennen lernt, ist ebenfalls auf seine Art erfolgreich. Er erwirbt sich als Laienprediger in der Freizeit Ansehen.

Die beiden Söhne des Paares werden in die vielfältigen kirchlichen Freizeitaktivitäten ganz selbstverständlich einbezogen. Ob Gesprächsrunden, Ausflüge, Choraktivitäten und Feste – sie sind immer dabei und erleben dabei eine andere Freizeit als Familien im Umkreis der Schramms. Den Großeltern ist es wichtig, dass ihre Kinder eine ausgefüllte, sinnvolle – oder auch pietistische – Freizeit erleben. Und so schicken sie die Söhne in christlich geprägte Freizeiten während der Ferien, statt sie gleichsam „nutzlos" zu Hause zu lassen.

Die Großeltern mütterlicherseits: Martha Schramms Mutter schlägt in den 1940er Jahren einen für die damalige Zeit ungewöhnlichen Weg ein, indem sie ein Medizin-Studium aufnimmt. Nachdem sie nach Bayern gezogen ist, domestiziert sie gewissermaßen ihre als derb empfundene provinzielle Umwelt, indem sie ihre Vorstellungen von Kultiviertheit in den Familienalltag einbringt. Dazu zählen neben nachmittäglichen Teezeremonien auch die Leseförderung der Tochter, der überdies Musikunterricht als auch die Teilnahme an Jugendfreizeiten (auch im Ausland) ermöglicht werden. Ins Elternhaus kommen häufig andere Personen, offenbar wird dort viel diskutiert.

Die Eltern: Hans-Jürgen Schramm und sein Bruder werden intensiv von ihren Eltern gefördert. Sie lernen zu Hause vor Schuleintritt Lesen und Schreiben und erhalten die Möglichkeit, ein Instrument zu lernen, was Vater Schramm über sich ergehen lässt, während sein Bruder schnell das Handtuch wirft. Wie ernst den Eltern der Erfolg der Kinder ist, zeigt folgende Erinnerung des Vaters, in der er das Schulgeld für den Besuch des Gymnasiums anspricht: „Da gibt's keine Sachen, da wird woanders gespart und die Lichter werden ausgemacht, aber an so 'nen Punkten war es großzügig" (zit. n.: ebd., S. 141). Dennoch sind die Erinnerungen an die Kindheit bei Hans-Jürgen Schramm negativ. Er empfindet die Familientraditionen als einengend, und das Milieu ist nicht seine Welt. Der Wechsel zum Studium in eine andere Stadt ist Flucht und Aufbruch zugleich. Im Studium engagiert er sich stark in der studentischen Kultur, stellt die Form der erlebten Religiosität auf den Prüfstand, findet in Abgrenzung zu der der Eltern eine neue Form des Glaubens und erlebt all das als einen stark prägenden geistigen, kulturellen und sozialen Öffnungsprozess. In der christlichen Studentengruppe trifft er seine spätere Frau.

Mutter Martha hat sich bewusst für eine als links geltende Universitätsstadt entschieden. Sie will „weit weg von diesem konservativen Bayern" (zit. n.: ebd., S. 144). Sie prägt stark den Familienalltag, was folgendes Zitat zeigt:

„(…) ich habe meistens einen Blumenstrauß auf dem Tisch. (…) ein schöner Garten. Ganz klar. (…) Ja, also Musik machen. Ja. Das ist mir ganz wichtig. Also die Käthe fängt jetzt so an Cello zu lernen (…). Wir machen gerade zusammen eine schöne Bachsonate. (…) Musik ist mir wichtig, ja. (…) Also Ästhetik ist mir schon wichtig, ja. Auch Klamotten oder so. Oder dass wir zum Beispiel darauf achten, dass wir nicht unmäßig dick werden, ja? Also geben wir uns schon Mühe, ja. Das gehört ja auch dazu, oder?"

Martha Schramm legt nicht nur Wert auf Ästhetik, sondern auch auf eine sinnvolle und aktive Freizeitgestaltung: Lesen, Vorlesen, Diskussionen, kreative und politische Aktivitäten prägen die Familienfreizeit.

Die Kinder: Die Bildung der Kinder finanzieren die Eltern ganz selbstverständlich, und sie beraten sie ebenfalls in Bildungsfragen. Björn Schramm erinnert sich:

„dann sehr schnell gemerkt, dass das [erste Studium – MP] nicht so toll war. Und dann bei der nächsten Entscheidung, nämlich die Entscheidung abzubrechen, da haben mir dann meine Eltern sehr geholfen, also, da hab ich mich an die gewandt, ne. Also, weil bei der ersten Entscheidung nämlich nicht, das war mein Ding. Dann hab ich sehr lange mit denen geredet, und auch als es darum ging, was ich dann mache, hab ich auch viel mit denen geredet, und jetzt ist es wieder mein Ding. (…) Also, es ist nicht so, dass sie mir gesagt haben: Mach doch das und das! Sondern ich hab halt gesagt: Ja, und es ist so (…) Und ich könnte das machen und das. (…) Und dann halt haben sie ihre Meinung dazu gesagt oder mir Tipps gegeben. (…) Sie haben mich darin bestärkt, dass es meine eigene Entscheidung ist und dass es aber von ihrer Seite aus in Ordnung ist. Also immerhin, sie als Geldgeber und so weiter (…), Mama hätte das ja auch gemacht damals und so, ne, und deswegen (…)." (zit. n.: ebd., S. 146)

Tochter Käthe hat praktisch keinen freien Nachmittag. Sie spielt Querflöte und Volleyball, reist viel (zu christlichen Freizeiten), trifft Freunde, gibt Nachhilfe, hat Kindergottesdienste mitgestaltet und sich im Orchester engagiert. Sie ist dabei sehr selbstdiszipliniert: „dass ich, wenn ich was mache, dass ich das dann auch durchhalte, oder so, ich kam eigentlich nie auf die Idee, dass ich, wenn ich irgendwo ein Termin hatte, dass ich da nicht hingehe, wenn ich keine Lust habe" (zit. n.: ebd., S. 147).

2.2.4 Familie im Wandel – Rückblick und Ausblick

In der Studie „Lesekindheiten – Familie und Lesesozialisation im historischen Wandel" (2006) hat die Forschergruppe um B. Hurrelmann den historischen Wandel der familialen Lesesozialisation in *drei Querschnitten* untersucht:

- die Biedermeierzeit (um 1830)
- die Kaiserzeit (um 1900)
- den Eintritt in die Mediengesellschaft (um 1980).

Bezüglich der (Lese-)*Kindheit* werden in der Studie *drei Entwicklungsphasen* der Lesesozialisation in den Blick genommen:

- die Phase der prä- und paraliterarischen Kommunikation (frühe Kindheit, null bis sechs Jahre)
- die Phase der Alphabetisierung (sechs/sieben Jahre) und
- die Phase der selbstständigen kindlichen Lektüre (acht bis zwölf Jahre).

Schließlich werden *drei Datenquellen* zur historischen Rekonstruktion der „Lesekindheiten" in unterschiedlichen Epochen herangezogen:

- zeitgenössische Erziehungsratgeber (normative Textsorte – je ca. 70 Titel pro Querschnitt)
- zeitgenössische Kinderliteratur (fiktionale Textsorte – je ca. 70-80 Titel pro Querschnitt)
- Autobiografien (Biedermeier: ca. 100 Titel; Kaiserzeit: 220 Titel – lebensgeschichtlich-rekonstruktive Textsorte); für die Mediengesellschaft wurde stattdessen eine standardisierte Befragung mit 20- bis 26-jährigen Kölner Studierenden im Jahr 2001 durchgeführt.

Im Folgenden sollen einige Einblicke in den ersten und dritten Querschnitt der Studie, die Biedermeierzeit und die Zeit der Mediengesellschaft, gegeben werden, um den historischen Wandel von Sozialisationsbedingungen exemplarisch zu verdeutlichen. Dabei wird vor allem die erste Phase der kindlichen Lesesozialisation, die Phase der prä- und paraliterarischen Kommunikation, in den Blick genommen.

Kindheitsbilder, Familienstrukturen und Erziehungsideale in der Biedermeierzeit

Unter der *„Biedermeierzeit"* wird die Epoche zwischen 1815 und 1848 verstanden; sie endete mit der deutschen Märzrevolution von 1848. In dem Begriff *Biedermeier* werden in Anlehnung an ein zeitgenössisches Satiremagazin die Biederkeit, der Kleingeist und der unpolitische Konservatismus des Bürgertums der Zeit verspottet. Später wurde der Begriff eher wertneutral verwendet als Synonym für die neue bürgerliche Kultur der Häuslichkeit und der Betonung des Privaten.

Aufgabe 14:

Lesen Sie die folgenden Informationen zum Kindheitsbild der Aufklärung, Romantik und Biedermeierzeit und zur Erziehungsphilosophie des Biedermeier. Leiten Sie daraus ab, welches Idealbild von Familie in jener Epoche vorherrschend war und wie die geschlechtsspezifische Arbeitsteilung in dieser Familie funktioniert hat.

Das Kindheitsbild in der Biedermeierzeit

Das Kindheitsbild der Biedermeierzeit verbindet Kindheitsvorstellungen von Aufklärung und Romantik: Die Aufklärung betrachtete Kinder als „vorzivilisierte Wesen", deren Gefühle und Leidenschaften sowie ungezügelte Phantasie durch eine „vernünftige" Erziehung in kontrollierte Bahnen gelenkt werden sollten. Die Romantik dagegen verklärte Kinder zu beinahe göttlichen Wesen: Gerade ihre ausschweifende Vorstellungs- und Einbildungskraft gilt den Romantikern als höchste Errungenschaft der Menschheit (Urgrund der Poesie), die um jeden Preis erhalten werden muss. Die Hierarchie von Erwachsenen und Kindern kehrt sich somit um. Im Biedermeier kommt es zu einer Kompromissbildung dieser beiden gegensätzlichen Auffassungen: Kinder sollen vernünftig belehrt und moralisch unterwiesen werden, zugleich werden sie als naiv und gutartig idyllisiert. Kinder sind ehrlich, wissbegierig, fröhlich, von ursprünglicher Herzensgüte und aufopferungsbereiter Eltern- oder Nächstenliebe gekennzeichnet. (Zur vertiefenden Lektüre empfohlen: B. Hurrelmann et al. 2006, S. 86 ff.)

Empfehlungen aus Erziehungsratgebern der Biedermeierzeit

Die Erziehungsratgeber der Zeit popularisieren die Ideen der Aufklärung: Erziehung als planmäßiges, reflektiertes und verantwortliches Handeln der Erwachsenen-Generation gegenüber den Jüngeren wird als zentrale Aufgabe der Familie propagiert. Jenseits der paternalistischen Aufklärung, die am „vernünftigen Vater" als pädagogischer Leitfigur orientiert war, werden nun allerdings – in der Tradition der Romantik – die Mutterrolle aufgewertet und die Psychologisierung des Umgangs mit kleinen Kindern empfohlen. Der Vater wird aus der zentralen Erzieherposition allmählich verdrängt; die Mutter hat neben den Kindern auch die Dienstboten zu erziehen. Die Ratgeber betonen die Sprachlichkeit von Erziehung – an Stelle von Gewalt und körperlicher Züchtigung – und die methodische Verbesserung durch Konsequenz und Rationalität.

Beispiel: „Die glücklichsten Stunden des Kindes sind jene, die es in der Nähe seiner Mutter verlebt, und diese muß, um ihre Pflichten recht zu erfüllen, ihren Kindern durchaus viel Zeit widmen. Dennoch hat die Mutter auch noch andere Verpflichtungen, und es ist deßhalb äußerst wünschenswert, während der Zeit, welche diesen gewidmet werden muß, die Kinder Personen anvertrauen zu können, die fähig seyen, sie zu vertreten." („Ansichten über erste Erziehung und das Regiment in der Kinds-Stube (1843). Müttern, von einer Mutter gewidmet.", zit. n.: B. Hurrelmann et al. 2006, S. 80)

Kindheit, Familie und Erziehungsvorstellungen in der Mediengesellschaft

Vom Eintritt in die „*Mediengesellschaft*" spricht man seit etwa 1980; als Indikatoren gelten neben der Vollversorgung der Haushalte mit Fernsehgeräten die Ausweitung des Fernsehangebotes durch private Sender mit entsprechender Kommerzialisierung sowie die Durchsetzung des Fernsehens als gesellschaftliches Leitmedium: Insgesamt „formiert sich mit der Durchsetzung der neuen elektronischen Medien der gesellschaftliche Kommunikationshaushalt neu." (B. Hurrelmann et al. 2006, S. 301)

Aufgabe 15:

a) Lesen Sie die Informationen im nachstehenden Kasten und diskutieren Sie in Ihrer Lerngruppe, inwiefern die dort angesprochenen Sachverhalte mit Ihren eigenen Kindheitserfahrungen und Familienkonstellationen übereinstimmen oder sich davon unterscheiden.

b) Vergleichen Sie die für die Zeit um 1980 beschriebenen Kindheitsvorstellungen und Familienstrukturen mit denjenigen der Biedermeierzeit: In welchen Punkten macht sich am deutlichsten ein gesellschaftlicher Wandel bemerkbar?

c) Reflektieren und bewerten Sie: Welche Chancen bietet dieser Wandel für das Aufwachsen von Kindern, welche Risiken?

Wandel von Familie und Kindheit nach 1968

Nach der „antiautoritären Revolte" der 68er Generation verändern sich Familienstrukturen und Kindheitsbilder tiefgreifend. Die zunehmende ökonomische Selbstständigkeit (durch Berufstätigkeit) und gesellschaftliche Emanzipation der Frauen führt, zusammen mit vielen anderen Faktoren, zu einer Aufweichung des Ideals von der bürgerlich-patriarchalischen Kleinfamilie; gegenüber früheren Jahrzehnten erhöhen sich die Scheidungsraten beträchtlich. Wohngemeinschaften, Single-Haushalte, Eineltern- und Patchwork-Familien zeigen eine Pluralisierung von Lebensformen an; gleichzeitig werden die Anforderungen an die Erziehungsaufgaben der Eltern (vor allem der Mütter) komplexer. Der Anspruch an das pädagogische Engagement der Eltern wird deutlich erhöht, der Glaube an die „Machbarkeit des Erziehungserfolgs" verstärkt den Handlungsdruck für die Eltern, genauer: für die Mütter. Moderne Familien- und Erziehungsvorstellungen erhöhen die mit der weiblichen Rolle verbundenen Belastungen, vor allem bei Doppelbelastung durch Berufstätigkeit der Frauen. Die Folge ist ein dramatischer Geburtenrückgang in der bundesrepublikanischen Gesellschaft.

In den Erziehungsratgebern der 1970er und 1980er Jahre werden neue Vorstellungen von Kindheit vermittelt. Die alte „autoritäre" Erziehung wird abgelöst von „anti-autoritären" oder „demokratischen" Vorstellungen: Achtung und Respekt des Kindes stehen nun an erster Stelle; Selbstbewusstsein, Selbstständigkeit und Intelligenz sollen gefördert werden. Der Emanzipation der Frauen folgt die „Emanzipation" des Kindes aus der autoritären Bevormundung in der patriarchalischen Kleinfamilie. (Zur vertiefenden Lektüre empfohlen: B. Hurrelmann et al. 2006, S. 305 ff.)

Kinderliteratur im Biedermeier und in der Mediengesellschaft

Die beliebtesten kinderliterarischen Gattungen der Biedermeierzeit sind Familiengemälde, Exempelgeschichten, moralische Kinderschauspiele, Versfabeln, Sprüche und moralische Gedichte. Romantische Genres – Märchen, Sagen, Gedichte und Lieder – werden in pädagogischer Absicht bearbeitet (die Stiefmutter im Märchen tritt an die Stelle der „bösen" leiblichen Mutter etc.); ein biedermeierliches Familienidyll prägt auch die Kinderliteratur. Abweichendes Verhalten wird drastisch stigmatisiert (Beispiel: Struwwelpeter-Geschichten von 1845), meist jedoch werden Bilder der Harmonie beschworen. Neu in der Kinderliteratur der Biedermeierzeit ist die zunehmende Emotionalisierung des Eltern-Kind-Verhältnisses: Zuwendung und Liebe bzw. Liebesentzug werden zur Grundlage von Erziehung.

Aufgabe 16:

Vergegenwärtigen Sie sich noch einmal grundlegende Merkmale des Kindheitsbildes in Aufklärung, Romantik und Biedermeier (vgl. Aufgabe 14); lesen Sie dann die vier Kindergedichte im nachstehenden Kasten und ordnen Sie diese jeweils einer der drei Epochen zu.

Kindergedichte aus drei Epochen

Wiegenlied
Eio popeio, was rasselt im Stroh,
Die Gänslein gehen barfus,
Und haben keine Schuh,
Der Schuster hats Leder,
Kein Leisten dazu,
Kann er den Gänslein
Auch machen kein Schuh.

Eio popeio, schlags Kikelchen todt,
Legt mir keine Eier,
Und frisst mir mein Brod,
Rupfen wir ihm dann
Die Federchen aus,
Machen dem Kindlein
Ein Bettlein daraus.

Eio popeio, das ist eine Noth,
Wer schenkt mir ein Heller,
Zu Zucker und Brod?
Verkauf ich mein Bettlein,
Und leg mich aufs Stroh,
Sticht mich keine Feder,
Und beißt mich kein Floh
Eio popeio.

Weißt du, wie viel Sterne stehen
An dem blauen Himmelszelt?
Weißt du, wie viel Wolken gehen
Weithin über alle Welt?
Gott der Herr hat sie gezählet,
Daß ihm auch nicht eines fehlet,
An der ganzen großen Zahl.

Weißt du, wie viel Mücklein spielen
In der hellen Sonnenglut?
Wie viel Fischlein auch sich kühlen
In der hellen Wasserflut?
Gott der Herr rief sie mit Namen,
Daß sie all´ ins Leben kamen,
Daß sie nun so fröhlich sind.

Weißt du, wie viel Kinder frühe
Stehn aus ihren Bettlein auf,
Daß sie ohne Sorg und Mühe
Fröhlich sind im Tageslauf?
Gott im Himmel hat an allen
Seine Lust, sein Wohlgefallen,
Kennt auch dich und hat dich lieb.

Mutter, in die Schule gehen
Bruder, Schwester jeden Tag,
Lernen manches Sprüchlein schön,
Wie´s ein Kind verstehen mag.
Liebe Mutter, laß mich nun
Auch mit ihnen beiden gehen;
Will schon Alles fleißig thun,
Alles merken und verstehn.
Immer durft´ ich spielen bloß,
Gar zu klein erst war ich noch;
Aber nun bin ich ja groß,
Meine Mutter, laß mich doch!

Empfindungen der Kindheit
Kindheit! Frühling meines Lebens,
Laß mich deiner würdig seyn!
Mein Erziehn sey nicht vergebens
Denn sonst bleib ich immer klein;
Früh verschöne mich die Tugend
Früh verfeine mich Verstand:
Und in meiner ersten Jugend
Sey mir Gott und Welt bekannt.
(…)
Lasse mich der Eltern Freude
Und der Tugend Ehre seyn;
Kein Gepränge mit dem Kleide:
Nur ein schönes Herz sey mein!
Würdig vor dem Himmel wandeln,
Kröne jeden Augenblick:
Edel denken, edel handeln,
Dies sey meines Lebens Glück!

Quellen:
Ewers, Hans-Heino (Hg.): Kinder- und Jugendliteratur der
   Aufklärung. Eine Textsammlung. Stuttgart: Reclam 1980
Ewers, Hans-Heino (Hg.): Kinder- und Jugendliteratur der
   Romantik. Eine Textsammlung. Stuttgart: Reclam 1984
Pech, Klaus-Ulrich (Hg.): Kinder- und Jugendliteratur vom Bie-
   dermeier bis zum Realismus. Eine Textsammlung. Stuttgart:
   Reclam 1985

Die *Kinderliteratur der Mediengesellschaft* ist geprägt durch einen tiefgreifenden Paradigmenwechsel, der die Themen, Formen und Funktionen von Kinder- und Jugendliteratur betrifft. An die Stelle einer „Heile-Welt-Literatur" treten gesellschaftskritische und psychologische Themen; das Märchenhafte und Phantastische wird verdrängt von einer vorwiegend realistischen Problemliteratur; einfache Erzählformen werden abgelöst durch komplexe experimentelle und psychologische Erzählformen, die dem Repertoire der literarischen Moderne entstammen.

Aufgabe 17:

Lesen Sie das folgende Beispiel für den Wandel der Kinderliteratur nach 1970 und bearbeiten Sie dann folgende Fragen:

a) Welches Bild von Kindheit und Familie wird in den Erzählungen Ursula Wölfels vermittelt?

b) Worin bestehen die Unterschiede zu dem Bild von Kindheit und Familie, das aus den Kindergedichten von Aufklärung, Romantik und Biedermeier hervorging?

c) Worin sehen Sie Chancen, worin Risiken der neuen Kinderliteratur im Hinblick auf die AdressatInnen dieser Texte? Beziehen Sie in die Bewertung auch Ihre eigenen Erfahrungen mit diesen oder ähnlichen Texten in Ihrer Kindheit ein!

Wandel der Kinderliteratur nach 1970

„Als Meilenstein in der Entwicklung sind Wölfels Kurzgeschichten im Band *Die grauen und die grünen Felder* (1970/1973) zu werten. Hier sind es keine latenten Unzufriedenheiten mehr [...], sondern gezeigt wird die Realität von Kindern in sozialen Krisenzuständen, wobei die Familie nur einen von vielen gesellschaftlichen Problemzusammenhängen ausmacht. Die beiden Erzählungen ‚Der Vater' und ‚Das Miststück' beziehen sich auf Kinder, die bei ihrer Mutter in Eineltern-Familien leben: In der ersten Geschichte wird von einem Jungen erzählt, der zunehmend unter der sozialen Stigmatisierung und der Sehnsucht nach einer Vaterfigur leidet, die bei der Begegnung mit dem wirklichen Vater aber bitter enttäuscht wird. In der zweiten Geschichte geht es um einen Jungen, der mit der Alkoholkrankheit und wachsenden Unzurechnungsfähigkeit seiner Mutter, die er liebt, zurechtkommen muss. Familie ist in Wölfels Geschichten ein unsicherer Raum. Durch die Unzulänglichkeit der Erwachsenen ist hier für Kinder keine Geborgenheit zu erwarten. Im Vorwort bringt die Autorin die Intention ihres Erzählens programmatisch zum Ausdruck: ‚Wahre Geschichten haben nicht immer ein gutes Ende. Sie stellen viele Fragen, und jeder soll die Antworten selber finden. Diese Geschichten zeigen eine Welt, die nicht immer gut ist, aber veränderbar.'" (B. Hurrelmann et al. 2006, S. 316 f.)

Literarische Sozialisation im Biedermeier – Errungenschaften

Die in der Kinderliteratur der Biedermeier-Zeit vorgeführten Vermittlungskonzepte stehen eher in der Tradition der Romantik als der Aufklärung und zielen darauf ab, die Freude an Gedichten und Geschichten zu fördern, mit Sprache zu spielen, durch Reime und Rhythmus der Kinderlyrik und -lieder sinnliche Erfahrungen mit Sprache zu ermöglichen, durch Bewegungsspiele und Kniereiterverse die emotionalen Beziehungen zu vertiefen, durch Erzählen und Vorlesen die Freude an Geschichten zu wecken und das Verstehen narrativer Texte zu fördern.

Für die Phase der prä- und paraliterarischen Kommunikation hat sich in der Kinderliteratur ein Bewusstsein ausgebildet, dass schriftliche Texte eines auf Kinder zugeschnittenen mündlichen Vermittlungskontextes bedürfen. Mit der Ausgestaltung der Vorlese- oder Erzählsituationen wird zugleich ein affektiv fundiertes, positives Verhältnis zur Literatur begründet. Die „Märchenerzähl-Situation" in der „Dämmerstunde" wird zum Prototyp solcher Vermittlungssituationen. Hier prägt die Biedermeier-Literatur einen modernen Typus von Lesesozialisation, der bis heute gültig ist. (vgl. B. Hurrelmann et al. 2006, S. 125 ff.)

Aufgabe 18:

Lesen Sie die nachfolgenden Zeugnisse aus Autobiographien von Personen, deren Kindheit in die Zeit des Biedermeier fiel.

a) Vergleichen Sie die dort beschriebenen literarischen Erfahrungen aus der Phase der prä- und paraliterarischen Kommunikation mit Ihren eigenen Kindheitserfahrungen: Wo finden Sie Übereinstimmungen, wo Unterschiede?

b) Überprüfen Sie die These, dass der hier beschriebene Typus literarischer Frühsozialisation in der Familie bis heute gültig ist.

Familiale Lesekulturen um 1830 in autobiographischen Zeugnissen

„Die ersten poetischen Anregungen, deren ich mich entsinnen kann, bestanden in den alten Liedern, welche meine Mutter mir in traulichen Dämmerstunden vorsang, ohne Begleitung und mit ungeschulter, aber wohltönender und zum Herzen dringender Stimme." (Bodenstedt 1988, S. 5 f.)

„Wenn der Vater in dämmernder Abendstunde einen der Knaben auf dem Knie reiten ließ und im Takte dazu recitierte: […] ‚Ehnchen, Beenchen, Bick und Banck, reisen wir nach Engelland, Engelland ist zugeschlossen, und der Schlüssel abgebrochen', so war der Eindruck auf die Kinderphantasie nicht minder romantisch als späterhin der einer schottischen Ballade." (Gerok 1876, S. 49)

„Das sind dann köstliche Stunden gewesen, wenn wir uns dicht um Mama setzten und die Bilder besahen, die sie uns eingehend erklärte. Wie müde muß sie oft geworden sein durch das viele Reden und Antworts geben!" (Spach 1892, S. 52)

„Dann wurde die Mutter gebeten, von dem Schatz ihrer Märchen und Geschichten etwas herauszugeben, von denen sie einen unerschöpflichen Reichtum besaß. Vieles davon fand ich später unter Grimms Volksmärchen wörtlich wieder als alte Bekannte." (Kudlich 1873, S. 18)

Mit Puppen- oder Papiertheater, unter Anleitung der Mutter selbst gebastelt, erfährt das bürgerliche Kind seine ersten Begegnungen mit literarischen Stoffen der Erwachsenen: „Was Mutter spielte? Eigentlich alles, einschließlich der Opern, die sie als Dramen wiedergab – so den Freischütz neben Pfefferrösel, Götz und Zriny, selbst Grimm'sche Märchen, wie Dornröschen, Schneewittchen nach eigener Dramatisierung" (Grosse 1896, S. 31 f.).

„Das Repertoire wechselte ab zwischen Einaktern, die irgendeinem ‚Kinderfreund' entnommen waren, und mehr oder weniger großen Fragmenten der schillerschen Dramen, unter denen sich wieder ‚die Räuber' einer verdienten Bevorzugung erfreuten." (Spielhagen 1890, S. 57 f.)

(Zur vertiefenden Lektüre empfohlen: Hurrelmann et al. 2006, S. 138 ff.; alle zitierten Quellen sind dort nachgewiesen.)

Literarische Sozialisation in der Mediengesellschaft – Defizite

Da es aus der Generation der um 1980 Geborenen noch keine autobiografischen Zeugnisse gibt, wurde anstelle der Auswertung von Autobiografien eine Fragebogen-Erhebung mit 145 Lehramts-Studierenden (Jahrgänge 1975–1980) an der Universität Köln durchgeführt. Die Auswertung erbrachte, dass die kleinfamiliale Kernfamilie in der Mittelschicht (der die Studierenden überwiegend entstammen) ein erstaunlich zählebiges Kulturmuster darstellt. Hinsichtlich der literarischen Sozialisation in der Familie weisen die Daten auf einige Probleme hin, die von B. Hurrelmann et al. in ihrer Darstellung der Ergebnisse hervorgehoben werden.

Aufgabe 19:

Lesen Sie die Informationen im nachstehenden Kasten und diskutieren Sie die dort angesprochenen Probleme:

a) Stimmen Sie mit den Verfasserinnen der Studie überein, dass es sich bei den beschriebenen Sachverhalten um Probleme handelt, die zukünftig in den Familien bearbeitet werden müssen?

b) Wenn ja: Welche Möglichkeiten der Problemlösung sehen Sie?

c) Wie müsste Ihrer Ansicht nach eine gelungene Lese- und Mediensozialisation von Kindern in der Familie der Zukunft aussehen?

Probleme der literarischen und Mediensozialisation in Familien der Mediengesellschaft

1) Bildungsdifferenzen in der Medienerziehung: Das Bildungsniveau der Eltern hat einen höchst signifikanten Einfluss auf die Lese-Umwelt der Kinder, ebenso auf die Häufigkeit der prä- und paraliterarischen Kommunikation in der Familie und auf die Leseerziehung der Kinder. „Diese Daten machen deutlich, dass im Bereich des *Lesens* die Bildung der Eltern nach wie vor eine bedeutsame Variable für die Ausprägung von Familienkulturen darstellt, das kulturelle Kapital der Familien also eine unterscheidende Ressource für den kindlichen Erwerb von Lese- bzw. literarischer Kompetenz bleibt. Im Bereich des *Fernsehens* ist dies nicht so deutlich." (B. Hurrelmann et al. 2006, S. 333)

2) Mangelnde Passung zwischen kinderliterarischem Textangebot und entwicklungsspezifischen Lesebedürfnissen sowie Verstehensfähigkeiten der AdressatInnen: Die moderne Kinder- und Jugendliteratur ist bezüglich ihrer literar-ästhetischen Darstellungsformen wesentlich komplexer als die traditionelle KJL; sie stellt darum erhöhte Anforderungen an erwachsene Vermittler („kompetente Andere") und privilegiert damit ungewollt die Mittelschicht-Familien, die diese Kompetenzen in der prä- und paraliterarischen Kommunikation mitbringen. Die Verfasserinnen der „Lesekindheiten"-Studie konstatieren hier eine „große Unbekümmertheit bis Rücksichtslosigkeit vieler Autoren und Kinderbuchmacher" (B. Hurrelmann et al. 2006, S. 365). Die „Qualitäts- und Prestige-Aufwertung von Kinderliteratur" führe letztlich zu einer Verfestigung des „exklusiven Bildungshabitus" der Mittelschicht-Familien (ebd., S. 366); die Kinder aus weniger privilegierten Familien würden auf diese Weise den unterhaltsamen Medienangeboten des kommerziellen Fernsehens bzw. der Bildschirmspiele, Videos, Hörkassetten etc. geradezu in die Arme getrieben.

3) Die Anforderungen einer umfassenden Mediensozialisation von Kindern der Mediengesellschaft werden von den Mittelschicht-Familien nicht erfüllt: „Lesesozialisation wird faktisch zum Teilbereich einer umfassenden Mediensozialisation. In dieser Situation hätte [...] bereits ein Interesse entstehen können, die Möglichkeiten fruchtbarer Wechselwirkungen zwischen den Rezeptionskompetenzen in beiden Domänen, den Print- und den modernen elektronischen Medien, gezielt zu erkunden und systematisch zu fördern." (B. Hurrelmann et al. 2006, S. 371) Dafür interessieren sich jedoch weder Kommunikationswissenschaft noch Medienpädagogik noch der Erziehungsdiskurs insgesamt. Höher gebildete Eltern unterstützen vor allem die Genusskomponente des Lesens und stärken sie gegenüber der Konkurrenz des Fernsehens: Vorlesesituationen, Gespräche in der Familie über Lektüre und andere gesellige Aktivitäten werden häufig gegen das Fernsehen gesetzt. Bedenklich ist daran: Eine mögliche wechselseitige Förderung von Medien- und Lesekompetenzen gerät nicht in den Blick; Lesen wird zum Merkmal einer sozialen und kulturellen Distinktion der oberen Schichten. Die Aufgabe einer umfassenden Medienerziehung ist zur Zeit des Eintritts in die Mediengesellschaft den Erwachsenen noch nicht bewusst; diesbezüglich gibt es ein „Defizit an Problemlösungskapazität" auch in den Mittelschichtfamilien (ebd., S. 389).

2.3 Lesen in der Grundschule: Elementare Schriftkultur

2.3.1 Kognitive Anforderungen beim Erwerb von Lese- und Schreib-kompetenz

Der Aufbau der Alphabetschrift

Die Schrift, die wir in Deutschland bzw. in allen anderen westlichen Ländern verwenden, ist eine alphabetische Schrift (auch: Buchstabenschrift). Die aus dem Lateinischen stammenden Schriftzeichen haben den Zweck, Laute und Lautsequenzen visuell auszudrücken (vgl. Topsch 2000, S. 5). Jedem Schriftzeichen ist dabei in der Regel ein Laut zugeordnet. Daher können Alphabetschriften theoretisch eine unendlich große Zahl von Wörtern mit Hilfe eines eng begrenzten Zeichensystems fixieren (Alphabet). Die Bedeutung der Schriftzeichen ergibt sich erst auf dem „Umweg" der Lautung (Topsch 2000, S. 5). Das Wort „Nase" ist beispielsweise aus vier Buchstaben zusammengesetzt, die wiederum jeweils durch einen Laut repräsentiert werden. Alphabetschriften sind ein Bruch mit den Bilder- und Wortschriften, da ihre Zeichen nicht mehr direkte/unmittelbare Bedeutungen enthalten.

Aufgabe 1:

Ein deutscher Tourist reist nach Hongkong. Auf dem Flughafen sucht er die Toiletten. Ein Schild weist ihm den Weg. Zwar kann er das chinesische Schriftzeichen nicht lesen, doch das Piktogramm daneben erkennt er sofort und versteht auch dessen Aussage: ⚲ | ⚹ .

  a) Was sind die Merkmale eines Piktogramms bzw. worin liegen die Unterschiede zu dem chinesischen Wortzeichen und zu unserer Buchstabenschrift?

 b) Auch die Alphabetschrift entstand aus Bildzeichen und entwickelte sich über mehrere Jahrtausende hinweg durch verschiedene kulturelle Einflüsse zu einer hoch abstrakten Buchstabenschrift. Versuchen Sie den folgenden Satz als Piktogramm darzustellen und diskutieren Sie auf dieser Basis Vor- und Nachteile der beiden Schriftsysteme: „Die Bundestagsdebatte dauerte länger als erwartet."

Die Phonem-Graphem-Korrespondenz

Um den Sinngehalt eines Wortes verstehen zu können, muss (vereinfacht dargestellt) jeder einzelne Buchstabe bzw. jede Buchstabengruppe dem zugehörigen Laut zugeordnet werden (Phonem-Graphem-Korrespondenz). Erst durch die abstrakte Verknüpfung dieser Laute kann ein Sinngehalt aus der Buchstabenkomposition gewonnen werden. Den Vorgang bezeichnet man auch als „Dekodieren" (Sinnfindung) (vgl. Topsch 2000, S. 11).

Trotz dieser Darstellung ist die Phonem-Graphem-Beziehung oder auch Phonem-Graphem-Korrespondenz kein „1:1-Verhältnis" von Phonemen und Graphemen. Dies wird durch die Tatsache deutlich, dass die deutsche Sprache 44 Phoneme, aber lediglich 30 unterschiedliche Grapheme aufweist (vgl. Topsch 2000, S. 19). Dennoch ist die Phonem-Graphem-Korrespondenz das stärkste Verbindungsglied zwischen gesprochener und geschriebener Sprache.

Phoneme sind die kleinsten bedeutungsunterscheidenden Einheiten einer Sprache. Für sich genommen tragen Phoneme keine Bedeutung. Ersetzt man jedoch in einem Wort ein Phonem durch ein anderes (**K**iesel → **W**iesel), verändert sich die Bedeutung des Wortes. Führt das Ersetzen eines Lauts durch einen anderen zu einer Änderung (oder zum Verlust) der Bedeutung des Wortes, können beide Laute unterschiedlichen Phonemen zugeordnet werden. Bei Phonemen handelt es sich jedoch nicht um die Laute selbst (vgl. Topsch 2000, S. 26; Kürschner 2003, S. 36).

Grapheme sind auf der Schriftebene die Gegenspieler zu den Phonemen bzw. ihre graphische Realisierung. Sie werden auch als Buchstabentyp bezeichnet. Das Wort „besenrein" besteht z.B. aus neun Buchstaben, aber aus sechs Graphemen, da die Buchstaben e jeweils dreimal und n jeweils zweimal vorkommen (vgl. Topsch 2000, S. 26; Kürschner 2003, S. 29).

Aufgabe 2:

a) Versuchen Sie den Satz über der beigefügten Anlauttabelle zu entziffern. Achten Sie dabei genau auf ihre Vorgehensweise und die einzelnen Leistungen, die Sie dabei vollbringen. Welche Schwierigkeiten haben sich beim Lesen des Satzes für Sie ergeben?

בטח פֿירהגת יֹשֵׁב נֹשׁ 𝔈ψאַל יֹקֹשֵׁר ,לֹסֹקֹת וֹיֹיֹאַלֹ יֹנַ אַψאַל 𝔈הֹנֹרֹ!

ט	→ **Ü**berholschild	יֹ	→ **M**uschel	לֹ	→ **S**chaf
בֹ	→ **V**ogel	קֹ	→ **E**sel	אֹ	→ **Ch**inese
יֹ	→ **L**eiter	וֹ	→ **I**gel	סֹ	→ **W**ald
גֹ	→ **E**nte	בֹ	→ **T**elefon	ψ	→ **S**onne
הֹ	→ **N**ase	פֹֿ	→ **K**atze	אֹ	→ **U**hr
ח	→ **A**meise	יֹ	→ **I**nsel	נֹ	→ **D**elphin
𝔈ψ	→ **Z**ahn	𝔈	→ **R**ind		

Tabelle 16: Fantasie-Übersetzungstabelle (Quelle: eigene Darstellung 2009)

b) Beschreiben Sie sich gegenseitig genau Ihr Vorgehen beim Lesen des Satzes. Mit welcher Strategie sind Sie an das „Dekodieren" herangegangen?

c) Versuchen Sie, anhand der Anlauttabelle einen vollständigen Satz selbst zu verfassen und geben Sie ihn evtl. einer anderen Person zu lesen.

Schwierigkeiten beim Schriftspracherwerb

  ### Aufgabe 3:

Überlegen Sie auf der Basis Ihrer Erfahrungen aus der vorigen Aufgabe, welche Schwierigkeiten sich wahrscheinlich für Lese- und SchreibanfängerInnen ergeben, die noch nicht auf eine erprobte Strategie zurückgreifen können.

LehrerInnen müssen sich im Umgang mit dem Schriftspracherwerb auf zahlreiche Hindernisse einstellen. Der komplexe Dekodierungsprozess bietet Anlass für Schwierigkeiten auf unterschiedlichen Ebenen.

Aufgabe 4:

Das folgende Transkript gibt ein (fiktives) Lehrer-Schüler-Gespräch wieder, welches die potenziellen Ursachen für verschiedene Arten von Schwierigkeiten beim Lesen in den Vordergrund stellt.

 a) Lesen Sie das Transkript aufmerksam durch und unterstreichen Sie die Textstellen, in denen Schwierigkeiten für das Kind entstehen. Ordnen Sie die gefundenen Schwierigkeiten (evtl. farblich) einer der folgenden Kategorien zu: a) Wahrnehmung; b) Wort-Analyse; c) Wort-Synthese; d) Abstraktion.

Transkript: Ein Schüler (Alex) der ersten Klasse liest einem Lehramtsstudenten einen kurzen Text vor.

1) Student: So, Alex. Lies mir doch bitte mal diesen Satz hier vor.
2) Alex: Wer hat mir das geschrieben?
3) S: Das steht hier nicht. Is' aber auch nicht so wichtig.
4) A: Mein Papa hat auch mal was geschrieben.
5) S: Ja? Das is' ja klasse. Na dann wirst du bestimmt auch mal ein toller Schreiber. Lies mir den mal vor… und dann stell dir doch mal vor, dass dein Papa den geschrieben hat.
6) A: Das is' so klein!
7) S: Was?
8) A: Na die Buchstaben. Die kann man gar nicht richtig lesen.
9) S: Na dann streng dich mal an, oder brauchst du etwa eine Brille zum Lesen? Lies mal das erste Wort hier. Das da. (zeigt auf *Er*)
10) A: E…
11) S: Richtig, und weiter?
12) A: *r*
13) S: Gut! Und jetzt beide zusammen.
14) A: E…r, er… Aber was heißt denn das?
15) S: *Er.* Kennst du das Wort nicht? So wie „*er liest mir vor*".
16) A: Ach, *er*… aber das ist doch ein *r*. Dann muss das doch *a* sein.
17) S: Ne, das spricht man nur „*ea*". Aber es wird *er* geschrieben.
18) A: Achso, hm.
19) S: Weiter. Das nächste Wort. (zeigt auf *geht*)
20) A: Wer ist er?
21) S: Das sehen wir dann gleich, wenn du weiter liest. Das steht dann im Text. Lies erst mal das nächste Wort.
22) A: *g, g, g*… was ist das? (zeigt auf das *e*)
23) S: Das weißt du doch. Das ist ein *e*. Hast du doch eben auch erkannt.

24) A: Aber, das sieht ganz anders aus. Das da. (zeigt auf das *E*)

25) S: Ja, stimmt. Das ist groß geschrieben. Am Satzanfang schreibt man immer groß, weißt du? Aber das hier ist trotzdem ein *e*. Nur klein geschrieben.

26) A: Hm, g...e...h...h...t. *gehet. gehet?*

27) S: Wo ist denn da noch ein *e*?

28) A: Ist keins. Wie heißt das dann?

29) S: *geht!*

30) A: Aber wieso ist denn da ein *h*?

31) S: Das spricht man nicht mit. Dadurch wird das *e* länger. Wie bei *Reh*. Da ist auch ein *h* hinten dran.

32) A: *geeeeht.* (spricht das *e* ganz lang)

33) S: *er geht*, ne?

34) A: Ja, *er geht.*

35) S: Weiter.

36) A: *er gehtna...*

37) S: Moment, die beiden nicht zusammen lassen. Das sind ja zwei Wörter. Guck mal, da ist doch eine Lücke dazwischen.

38) A: Oh, ja... na... Und was ist das? (zeigt auf das *c*)

39) S: Ein *c*.

40) A: *nac... nac... h... nac...h. naaaac...h.* Was? (spricht das *a* lang)

41) S: Die beiden spricht man zusammen. Das ist dann ein *ch*.

42) A: *na... ch, nach.*

43) S: *nach*, richtig!

44) A: Oh, was ist das noch mal?

45) S: Ein *H*. Das hatten wir schon mal, ne? Hier bei *geht*.

46) A: Ja, das spricht man doch nicht mit, ne?

47) S: Doch, doch, hier ja. Hier ist das ja am Satzanfang.

48) A: Hm, ja dann. *H...a... Ha...u...*

49) S: Die hier spricht man auch zusammen, dann ist das *au*. So wie bei: *au*, das tut weh!

50) A: *Hau*, oh, wie *hauen*, ne?

51) S: Ja, fast. Aber da ist ja noch einer.

52) A: *Hau...s... Haus. Haus!*

53) S: Ok, und der letzte Buchstabe?

54) A: *Hauseee.*

55) S: Das *e* hier spricht man kürzer. *e*, wie bei Hase.

56) A: Hase, Hause. Uff! (Alex seufzt)

57) S: Gut! Und wie heißt das dann?

58) A: Was jetzt? Hause?

59) S: Ne, der ganze Satz.

60) A: Weiß nicht mehr...

61) S: Denk noch mal nach!

62) A: Hm... keine Ahnung! Irgendwas mit *nach Haus*?

63) S: *Er geht nach Hause.* So, dann mal weiter. Den nächsten Satz.

64) A: Oh, ich kann nicht mehr. Das ist so langweilig und anstrengend.

65) S: Aber das ist echt wichtig, dass du das kannst.

66) A: Wieso?

b) Gleichen Sie die Schwierigkeiten von Alex mit Ihren eigenen Erfahrungen bei der Bearbeitung der Aufgabe 2 aus der Tabelle 16 ab. Wo gibt es Übereinstimmungen?

 c) Antworten Sie ausführlich auf Alex' letzte Frage: Wieso ist es wichtig, dass er Lesen lernt?

Probleme des Fibelunterrichts

Bis in die 1960er Jahre spalteten sich die Leselernmethoden der Fibeln in die analytische Methode und die synthetische Methode auf. Die *analytische* Methode nimmt ihren Ausgangspunkt im ganzen Wort oder Satz. Die Kinder sollen sich dabei zunächst geschriebene Wörter als optische und bedeutungshaltige Ganzheiten einprägen und dabei allmählich gleiche Elemente und deren Funktionen entdecken (vgl. Weinhold 2006, S. 25). Bei der *synthetischen* Lehrmethode geht es darum, den Anfängern zuerst einzelne Elemente der Alphabetschrift, also die Buchstaben, näher zu bringen und sie im Verfahren der Synthese zu unterweisen, bis Wörter vollständig erlesen werden können.

Empirische Untersuchungen zeigten, dass die Lerneffekte dieser beiden Lehrmethoden keine signifikanten Unterschiede ergaben (vgl. Weinhold 2006, S. 25). Daher werden in den heutigen Fibeln beide Methoden in einer „integrativen Methode" miteinander kombiniert, wobei je nach Bundesland die eine oder andere Arbeitsweise hervorgehoben wird. Insgesamt treten Fibeln in den Ländern in unterschiedlicher Form auf, was demonstriert, dass es keine einheitlichen Vorstellungen über einen erfolgreichen Leselehrgang gibt. Grundlegende Gemeinsamkeiten der Fibeln sind dennoch gegeben. Buchstaben werden nach und nach in einer festgelegten Reihenfolge eingeführt und zu kleinen Wörtern zusammengesetzt. Der Ausgangspunkt liegt also in den isolierten Einheiten, den Buchstaben bzw. Lauten, die allmählich zu komplexen Einheiten, den Wörtern und Sätzen, zusammengefügt werden. Dabei werden zunächst vornehmlich Wörter gewählt, die für die Kinder leicht auszusprechen sind. Alle Buchstaben werden mit der Zeit thematisiert und die Anzahl der zu lesenden Wörter nimmt stetig zu und ist vorgegeben (vgl. Weinhold 2006, S. 25 f.). Das Bemühen um lesetechnische Einfachheit engt dabei die Möglichkeit der Textgestaltung ein.

  Aufgabe 5:

Lesen Sie die Textpassagen im Lehrbuch zu den Problemen des Fibelunterrichtes (S. 192 f.). Dort ist u.a. die Rede von einer „systematischen Unterforderung des literarischen Verstehens" der Kinder: Kinder in der heutigen Mediengesellschaft kommen schon mit ausgeprägten Rezeptionskompetenzen zur Schule. Auch ohne Vorlesen von Geschichten werden diese Kompetenzen durch Film, Fernsehen und Kassetten bzw. CDs erlangt. Den Kindern sind hierdurch frühzeitig komplexe Figurenkonstellationen und literarische Handlungsmuster vertraut (vgl. Rosebrock 2003, S. 122).

Vergleichen Sie die narrativen Strukturen und Spannungsbögen der folgenden Texte miteinander und erläutern Sie die Problematik des Fibeltextes mit Bezug auf den ersten Text. Dieser ist ein Transkript der TKKG-Folge „Das leere Grab im Moor" aus der Kinder-Kassettenreihe „Ein Fall für TKKG" von Stefan Wolf. Der zweite Text stammt aus einer Fibel für die erste Grundschulklassenstufe.

Text 1: TKKG-Transkript

Klößchen: „Grrrrr…. Uuuuuuuuh… Uaaaaaahhhh…"

Tarzan: „O Mann! Das ist ja nicht zum Aushalten. He, Willi! Träum gefälligst leise! Du bist nicht allein. Klößchen!"

Klößchen: „Was… was… wo sind… die Kannibalen?"

Tarzan: „Einer liegt unter deinem Bett und fletscht die Zähne. Mann, Willi! Mit 13 Jahren hat man doch nicht so kindische Träume! Von Kannibalen! Sogar im Traum dreht sich bei dir alles ums Futtern. Du standst wohl schon auf der Speisekarte, wie?"

Klößchen: „Junge, da bin ich aber knapp entkommen. Hätte ich weiter geträumt, wäre ich wohl erwischt worden. Der Kessel war schon angeheizt. So ein dicker Häuptling wollte mich als Bouillon mit Einlage."

Tarzan: „Da wäre der ganze Stamm satt geworden. Du hast vielleicht gestöhnt. Na, das kommt davon, wenn man sich den Magen mit Schokolade verkorkst."

Klößchen: „Nur kein Neid. Mach's Licht aus, ich will schlafen; zu meinen Kannibalen zurück. Die sind erfreulicher als du."

Tarzan: „Hm, du hast trotzdem zu viel Schokolade gegessen."

Klößchen: „Jeder Mensch, so hat Dr. Meinhard neulich gesagt, müsse mal an die Grenzen seiner Leistungsfähigkeit herangeführt werden. Und ich, zum Teufel, zum Kuckuck, verdammt noch mal, wollte wissen, wie viel Schokolade ich essen kann. Gute Nacht."

Tarzan: „Gute Nacht, hhhh, was war das?"

Klößchen: „Was ist denn nun schon wieder?"

Tarzan: „Sieht aus, als wär ein Stern geplatzt."

Klößchen: „Ach, du spinnst, wo denn? Ich seh nichts."

Tarzan: „War wohl ne Sternschnuppe. Hm, komisch. Es sah aus, als wär eine Granate am Himmel explodiert."

Klößchen: „Träume du von explodierenden Sternen, aber lass mich mit meinen Kannibalen in Ruhe. Gute Nacht."

Tarzan: „Hm, gute Nacht."

Text 2: Sätze aus einer Fibel

Das ist Herta.

Die Henne Herta will heiraten.

Wer wird Hertas Ehemann?

Der Hase oder der Hund oder der Hai?

Nein, hier ist Hertas Mann.

Es ist Hans der tolle Hahn.

Herta und Hans heiraten im Hof.

Neuere Methoden des Schriftspracherwerbs

Der **Spracherfahrungsansatz** baut darauf auf, dass die Kinder schon vor dem Lese-Erstunterricht Erfahrungen mit Schrift und Schreiben gemacht haben. Das Konzept verzichtet auf einen festgelegten systematischen Lese- und Schreiblehrgang. Es arbeitet stattdessen von Anfang an mit allen Elementen der Schrift, welche die Kinder lesend und schreibend erproben können. Im Vordergrund steht dabei das Schreiben und Lesen eigener Texte, wobei besonders das Ausdrucks- und Mitteilungsbedürfnis der LernerInnen zum Zuge kommt (vgl. Weinhold 2006, S. 27). Anhand einer „didaktischen Landkarte" können LehrerInnen sich orientieren, welche verschiedenen kognitiven, sprachlichen und motorischen Fähigkeiten angeeignet werden sollen.

Eine berühmte Ausprägung des Spracherfahrungsansatzes stammt von Jürgen Reichen, der das Konzept „Lesen durch Schreiben" entwickelte (vgl. Reichen 1988). Zentrales Element dabei ist die Anlauttabelle (s. Abbildung 17), die den Kindern sofort alle Buchstaben zur Verfügung stellt. Um ein Wort nach der Reichen-Methode lesen zu können, müssen erst die Buchstaben des betreffenden Wortes anhand der Anlauttabelle in ihre lautliche Form umgesetzt und dann mit den anderen Elementen synthetisiert werden.

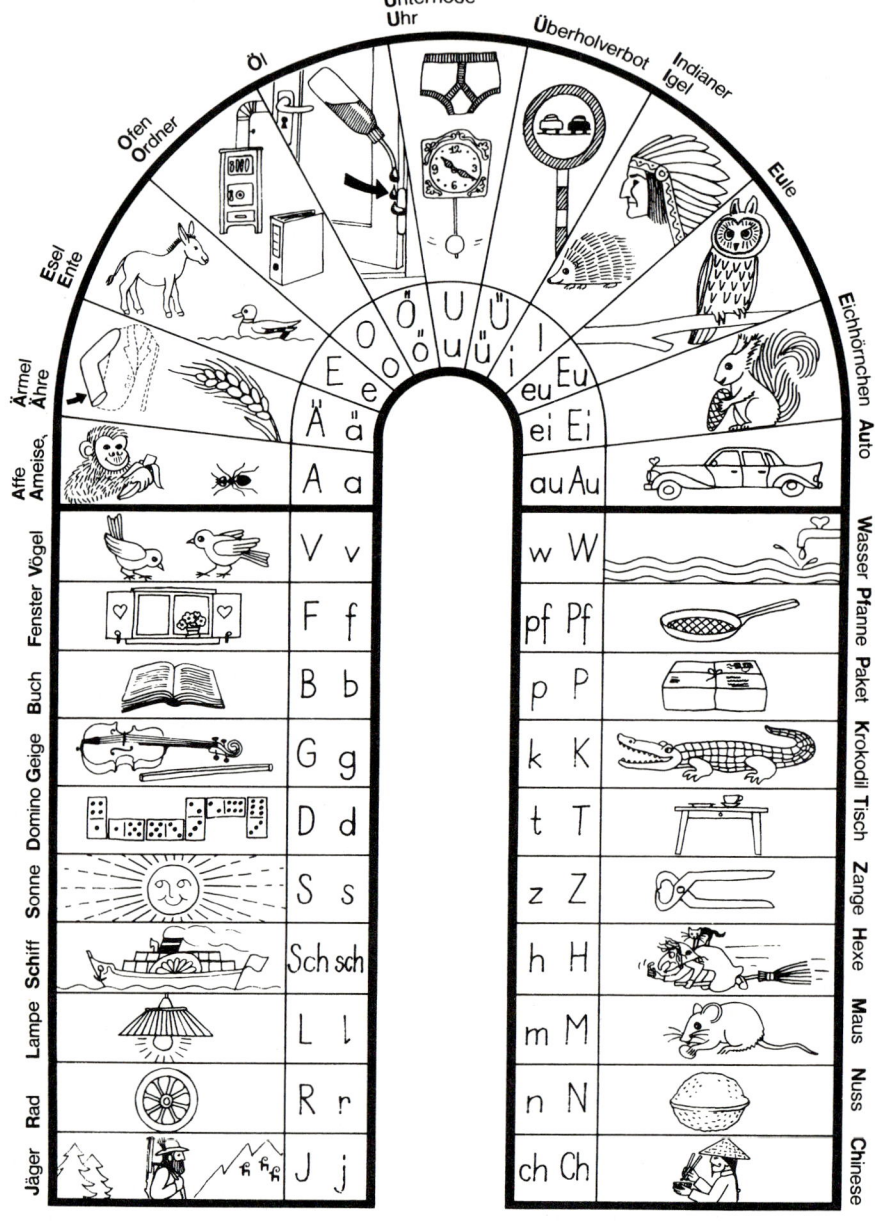

Abbildung 17: Anlauttabelle nach Reichen (Quelle: Reichen 1988, S. 16)

Aufgabe 6:

a) Beschreiben Sie genau, wie eine Schülerin vorgehen muss, wenn sie mit dem Spracherfahrungsansatz das Wort *Lesen* schreiben will.

b) Reichens Methode folgt der Prämisse „Schreib, wie du sprichst". Befolgt man diese Anweisung, könnte der Satz auch wie folgt aussehen: „Schraip wi du schbrichsd". Erläutern Sie, welche Problematik offenkundig mit dieser Methode verbunden ist.

Das Konzept der **silbenanalytischen Methode** ist stark sprachwissenschaftlich fundiert und basiert auf der Erkenntnis, dass für Schriftunkundige die kleinste Einheit der *gesprochenen (mündlichen) Sprache* die Silbe darstellt (und nicht der einzelne Laut). Daher wird auch in einem Lese-Erstunterricht, der mit der silbenanalytischen Methode arbeitet, die Analyse und Synthese von Silben in den Vordergrund gestellt (vgl. Weinhold 2006, S. 29). Das Ausgangsproblem besteht darin, dass es vielen Kindern nicht möglich ist, die Laute einer Silbe zu differenzieren (vgl. Röber-Siekmeyer 2002, S. 337; Winkler 2004, S. 22). Das Wort *Lesen* wird z.B. zu *Lesn*. Im Unterrichtskonzept nach der silbenanalytischen Methode erhalten die Kinder für das Lesen und Schreiben eine „grafische Hilfe zum Erkennen/Differenzieren der jeweiligen Wort-/Silbenstrukturen: Häuserbilder, die die Wörter silbisch gliedern und welche die Kinder veranlassen, durch die jeweilige innere Ausgestaltung die innere Struktur der Silbe bzw. des Wortes zu kontrollieren" (Fuchs & Röber-Siekmeyer 2002, S. 108).

Unterrichtsbeispiel
Die Kinder erhalten ein Beispielwort (z.B. *Lesen*), welches schon in ein Häuschen eingetragen ist:

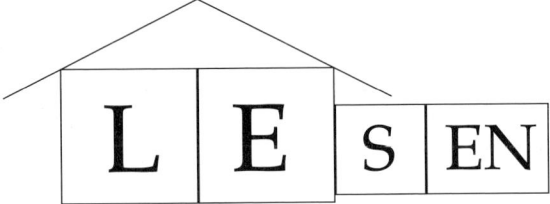

Die Lehrerin erklärt, dass die betonte Silbe in das Häuschen kommt und die unbetonte Silbe in die Garage. Das Lasso bzw. der Kreis um das E zeigt an, dass der Laut gedehnt ausgesprochen wird. Nun erhalten die Kinder ein Arbeitsblatt, in dem schon Häuser vorgezeichnet sind:

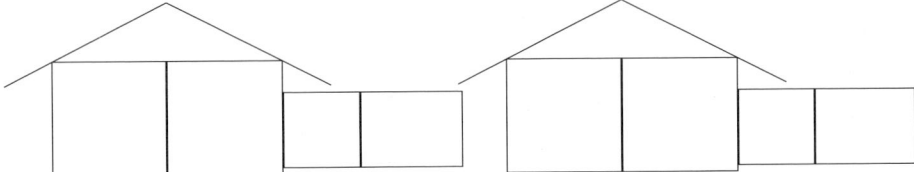

Es ist ebenfalls eine Reihe von Wörtern vorgegeben, die in ihrem silbischen Aufbau dem Beispielwort gleichen: Rosen, haben, Hasen, Schulen, usw. Schwerpunktmäßig geht es zunächst um zweisilbige Wörter, deren erste Silbe betont ist, da diese Wortstruktur im Deutschen am häufigsten vorkommt (vgl. Weinhold 2006, S. 29). Die Kinder haben die Aufgabe, die Wörter in die Häuser zu übertragen und mit der richtigen Betonung vorzulesen. Dabei bekommen sie ein Gefühl für die Silbenstruktur und die Betonung der jeweiligen Wörter. Die silbische Gliederung mit ihren Akzentuierungen und die Artikulation bewegen die Kinder dazu, Wörter so zu lesen, wie sie tatsächlich ausgesprochen werden. „Damit wird auch die Wahrscheinlichkeit verbessert, dass der Sinn des Wortes schon beim ersten Lesen erkannt wird" (Weinhold 2006, S. 30). Nach und nach werden in dieser Übung Wörter verwendet, deren Aufbau komplizierter und schwieriger ist. In einem weiteren Unterrichtsschritt können auch Wörter aus literarischen Texten untersucht und in den Häusern untergebracht werden.

Aufgabe 7:

a) Welchen Kindern wird der Umgang mit der silbenanalytischen Methode wahrscheinlich schwerer fallen, wenn man beachtet, dass die gesprochene Sprache der Kinder hierbei zum Ausgangspunkt für den Schriftspracherwerb gemacht wird?

b) Überlegen Sie sich einen weiteren Unterrichtsentwurf, in dem mit der silbenanalytischen Methode gearbeitet wird.

Aufgabe 8:

Lehrer Müller ist verzweifelt. Er bekommt eine erste Klasse und soll das erste Mal in seiner langen Berufskarriere Lese-Erstunterricht geben. Bisher war er nur für den Mathe-Unterricht zuständig. Er hat keine Ahnung davon, mit welcher Vorgehensweise er im Lese-Erstunterricht die besten Ergebnisse erzielen kann. Deshalb wendet er sich an Sie. Als junge, engagierte Studierende haben Sie den Auftrag, alles über die Grundzüge der verschiedenen Methoden des Lese-Erstunterrichts in Erfahrung zu bringen und deren Vor- und Nachteile zu untersuchen, um abzuwägen, mit welcher Methode die größten Erfolge und Fortschritte erzielt werden können.

Lesen Sie den nächsten Abschnitt und tragen Sie Ihre Ergebnisse in die Tabelle 17 ein, um sie Lehrer Müller präsentieren zu können.

Methoden	Fibelunterricht	Spracherfahrungs-ansatz	Silbenanalytische Methode
Grundzüge			
Vorteile			
Nachteile für den sprachlichen Lernprozess			

Methoden	Fibelunterricht	Spracherfahrungs-ansatz	Silbenanalytische Methode
Nachteile für den Lerner / die Lernerin			
eigene Anmerkungen			

Tabelle 17: Methoden des Schriftspracherwerbs im Vergleich

2.3.2 Entwicklung von Lesemotivation in der Grundschule

Aufgabe 9:

Lesen Sie den Abschnitt zur „Entwicklung von Lesemotivation in der Grundschule" im Lehrbuch (S. 193 ff.) und bearbeiten Sie dann die folgenden Aufgaben!

a) Lesen Sie die beiden folgenden Textabschnitte (Auszüge aus: „Die wilden Fußballkerle – Leon, der Slalomdribbler" von Joachim Massannek und „Oma" von Peter Härtling) und schätzen Sie dabei ein, ob die Bücher Ihnen als Kind Lesevergnügen bereitet hätten. Wie beurteilen Sie die Geschichten heute?

b) Diskutieren Sie die Frage, welches der beiden Bücher Ihrer Einschätzung nach SchülerInnen im empfohlenen Lesealter eher einen Anreiz verschafft, das Buch zu Ende zu lesen. Begründen Sie Ihren Standpunkt.

c) Welchen der beiden Texte würden Sie als Lektüre im Unterricht bevorzugen? Welche pädagogischen Überlegungen haben Sie zu Ihrer Entscheidung veranlasst?

Joachim Masannek: Die wilden Fußballkerle. Bd. 1: Leon, der Slalomdribbler
- Genre: realistische Abenteuer
- Umfang: 167 Seiten
- Lesealterempfehlung: ab acht Jahre

Hey, ihr da! Ja, ihr! Da seid ihr ja endlich. Ich hab schon gedacht, dass wir uns nie kennen lernen werden. Ich heiße Leon, und das da sind wir: die Wilden Kerle. Nun, ein netter Kinderbuchautor würde jetzt sagen, wir sind elf Freunde und ein kuscheliger Hund und wir spielen für unser Leben gern Fußball. Aber ich bin kein netter Kinderbuchautor. Ich bin ein Wilder Kerl und das hier, was ihr hier lest, ist auch kein Kinderbuch. Das hier ist echt: so echt wie das Leben. Genau! Und deshalb ist mein Hund Socke nicht nur ein Kuscheltier, worauf ihr Gift nehmen könnt, und wir sind nicht nur elf Freunde. Wir sind viel mehr: Wir sind gefährlich und wild. Fabi, zum Beispiel, ist mein bester Freund. Er ist der schnellste Rechtsaußen der Welt, der Wildeste unter Tausend. Auf ihn kann ich mich tausendprozentig verlassen und ich wünsch mir, dass er nie aufhört Fußball zu spielen. Aber Fabi interessiert sich für so viele andere Sachen. Er interessiert sich sogar, und das werdet ihr mir jetzt am wenigsten glauben, er interessiert sich sogar... er interessiert sich sogar schon ein ganz kleines bisschen für Mädchen. O Mann! Das tut noch nicht einmal Marlon und der ist schon zehn. Marlon ist mein großer Bruder und wie jeder große Bruder ist er ganz oft die Pest. Dann treibt er mich in den Wahnsinn. Aber da kann man nichts machen. Seinen Bruder braucht man halt. Man braucht ihn so, wie man atmen muss, und auf dem Rasen geht auch nichts ohne ihn. Er ist unser Kopf und unser Herz, denn er gibt niemals auf. Mein Bruder Marlon ist ganz schlicht und einfach die Nummer 10 und darauf bin ich ganz schlicht und einfach sehr stolz. Markus dagegen kommt heimlich und unerlaubt. Er soll ein Golfprofi werden oder ein Tennis-Ass. Das will zumindest sein Vater, aber Markus denkt nicht daran. Immer wenn er ausbüchsen kann, steht er bei uns im Tor. Und wenn ihr mich fragt, wird er in den nächsten 25 Jahren auch nichts anderes tun. Markus ist ein Naturtalent. Er wurde als Torwart geboren. Wer gegen Markus ein Tor schießt, kommt ins Guinness-Buch der Rekorde und bestimmt nie wieder raus. Fragt „Tippkick". Der steht nämlich schon drin. Viel mehr werdet ihr von ihm allerdings nicht erfahren. Maxi „Tippkick" Maximilian redet nicht viel. Er ist ein Mann der Tat und er hat den härtesten Schuss auf der Welt. Er hat Markus einfach mit dem Ball ins Netz katapultiert. [...]

Ich, Leon, der Slalomdribbler, Torjäger und Blitzpasstor-Vorbereiter. So nennt mich auf jeden Fall Willi, wenn ich nicht gerade zu egoistisch und ballverliebt oder dickköpfig bin, und das bin ich nun mal. Das muss Willi mir nicht sagen. Willi ist unser Trainer und der muss es wissen. Auch wenn er sonst nur im Kiosk am Bolzplatz bedient und es im Leben zu nichts gebracht hat: Willi, der fast einmal Fußballprofi war, ist und bleibt der beste Trainer der Welt. Genauso wie wir, die *Wilden Fußballkerle*, die beste Fußballmannschaft sind, in der ich je mitspielen möchte. Aber bis das so weit war, bis wir alle zusammen waren und es die *Wilden Fußballkerle* in Wirklichkeit gab, musste noch sehr viel passieren. Aller Anfang ist schwer, das wisst ihr bestimmt, doch in unserem Fall galt das besonders. Als bei uns alles anfing, gab es nur Schnee. Es herrschte ein ewiger, nie enden wollender Winter und dann stellten sich auch noch der Dicke Michi und seine *Unbesiegbaren Sieger* in unseren Weg.

Peter Härtling: Oma
• Genre: realistische Geschichte
• Umfang: 99 Seiten
• Lesealterempfehlung: ab acht Jahre

Wie Kalle zu Oma kam

Mit siebenundsechzig Jahren ist man alt, behaupten die Leute. Oma bestreitet das. Sie sagte immer – und das sagen eine Menge alter Leute –, man ist so jung, wie man sich fühlt. Oma fühlte sich ziemlich jung. Sie sagte auch, ich bin außen ein altes Weib und innendrin ein Mädchen. Wer sie gut kannte, glaubte ihr das. Oma hatte nicht viel Geld, schimpfte manchmal über die kleine Rente und über ihren verstorbenen Mann, der auch keine Größe gewesen sei, doch sie lachte lieber, als dass sie schimpfte. Und sie verstand sich einzurichten. Ihre Wohnung in München war klein und fast so alt wie sie. Die Couch war schon ein paar Mal unter zu schweren Gästen zusammengekracht. Der Ölofen war der einzige neue Gegenstand, und mit ihm kam sie nicht zurecht. Sie fürchtete, eines Tages mit ihm in die Luft zu fliegen. Wenn er anfing zu blubbern, redete sie auf ihn ein, als wäre er ein störrischer Esel. Sie redete überhaupt gern mit sich selbst und mit den Sachen, die um sie herum waren. Daran mussten sich Leute, die sie nicht gut kannten, erst gewöhnen. Denn selbst in Unterhaltungen fing sie manchmal an, mit sich selbst zu reden, und wenn der andere sie dann erstaunt ansah, schüttelte sie bloß den Kopf, ihn hatte sie ja gar nicht gemeint. Oma wurde Oma gerufen, auch von den Nachbarn im Haus, von dem Bäcker an der Ecke, auch von den Jungen im Hof, die sie manchmal hänselten, aber im Grunde gern hatten, ihr sogar manchmal die Tasche in den fünften Stock trugen. [...]

Omas Sohn hatte wiederum einen Sohn. Von ihm und Oma wird die Geschichte erzählen. Er heißt Karl-Ernst oder genauer: er hieß so, denn er wurde von Anfang an Kalle gerufen. Kalle wuchs in einer kleinen Stadt in der Nähe von Düsseldorf auf. Sein Vater arbeitete im Büro einer Fabrik. Er rechnet immer zusammen, was die anderen dann in die Lohntüten kriegen – so erklärte Kalle den Beruf seines Vaters. Manchmal ging Kalles Vater in die Kneipe, meistens am Freitagabend, und dann kam er betrunken nach

Hause und beweinte die Welt. Kalles Mutter schimpfte: Immer am Wochenende das heulende Elend! Kalle konnte diese Ausbrüche nicht verstehen, denn eigentlich war sein Vater ein fröhlicher Mann. Er kam gut mit ihm aus. Besser als mit der Mutter, die immerfort über den Dreck klagte, den die beiden Männer ihr hinterließen und den sie wegputzen musste. So putzte sie den ganzen Tag. Ganz normal ist das nicht, fand Kalles Vater. Kalles Eltern kamen bei einem Autounglück um, als Kalle fünf Jahre alt war. Sie hatten ihn zur Nachbarin gebracht.

Dorthin kam auch der Polizist, der der Frau sagte: Beide sind tot. Kalle begriff das erst gar nicht. Er konnte sich nicht vorstellen, lange nicht, dass er die Eltern nicht wiedersehen würde. Dass sie für immer weg sein sollten. Das geht gar nicht, sagte er oft. Die Nachbarin legte ihn ins Bett, ein Arzt steckte ihm ein Zäpfchen in den Po, was ihn zum Lachen brachte. Jetzt wirst du schlafen können. Schlaf erst mal, kleiner Mann, sagte der Arzt. Kalle fand die Bezeichnung „kleiner Mann" idiotisch und den Arzt blöd. Er fand in diesen Tagen alle blöd, weil sie ihm dauernd über den Kopf strichen oder ihn an sich zogen, weil sie ganz anders waren als sonst. Nur die Oma nicht. Die war gekommen, hatte wohl auch geheult, aber dann alle angeherrscht: Es muss ja weitergehen, irgendwie geht es weiter! Und hatte in einer Runde von lauter fremden Onkels und Tanten in Kalles Anwesenheit beschlossen: Den Kalle nehme ich mit. Der bleibt bei mir. Einer der Onkel sagte: Aber in deinem Alter, Erna! Darauf lachte die Oma und schrie ihn an: Willst du ihn haben? Quatsch doch nicht rum! Kalle hatte Oma vorher nur wenige Male gesehen. Gefallen hatte sie ihm immer. Sie sprach ein wenig lauter, als er es sonst gewohnt war, sagte Worte, die nicht immer anständig waren, und behandelte den Vater so, als wäre er so alt wie Kalle. Die Mutter nannte sie Heulsuse, den Vater manchmal Waschlappen. Kalle nannte sie Kalle. Niemals kleiner Mann, Süßer oder Jüngelchen. Sie nahm ihn erst. Es wunderte ihn, wie schnell man eine Wohnung aufräumen konnte, und wie schnell die aufgeräumte Wohnung dann leer war. Oma verteilte die Möbel. Das brauche ich alles nicht, sagte sie. Am Schluss hatte Kalle einen Koffer mit seinen Sachen, sonst nichts. Und mit dem Koffer, den Oma schleppte, fuhr er fort aus der Stadt, in der er mit seinen Eltern gelebt hatte. Zur Oma nach München.

Erster Leseknick bereits in der Grundschule

Karin Richter und Monika Plath führten 2001 an der Universität Erfurt eine empirische Untersuchung zur Entwicklung der Lesemotivation bei GrundschülerInnen durch. Sie kamen zu dem Ergebnis, dass ein erster „Leseknick" bereits nach der zweiten Klasse einsetzt, also im Übergang vom so genannten „Anfangsunterricht" zum „weiterführenden Lesen und Schreiben" (vgl. Lehrbuch, S. 194 f.). Auch das folgende Schaubild (Abbildung 18) aus einer Erhebung der Bertelsmann-Stiftung bestätigt, dass die Leselust der Kinder im Alter von neun Jahren einen Einschnitt erfährt. Die Leseindizes wurden dabei primär aus dem Freizeitleseverhalten der Kinder und Jugendlichen gebildet.

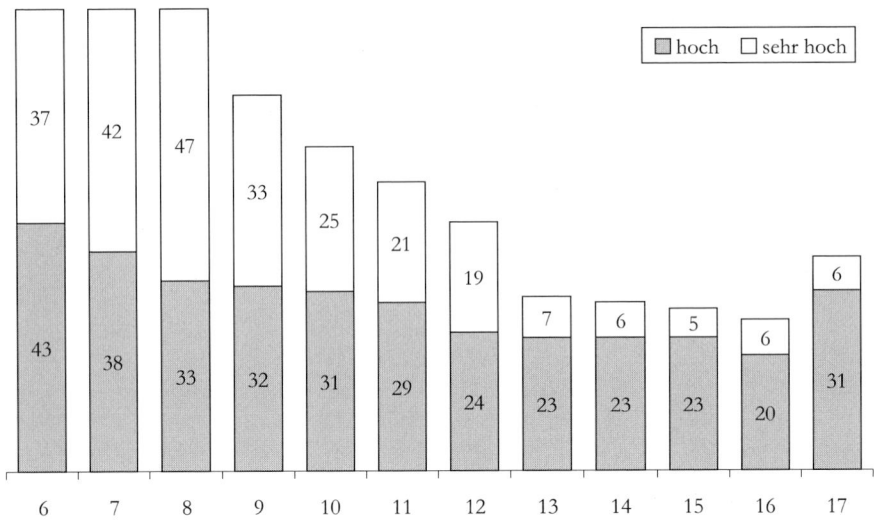

Abbildung 18: Übersicht (sehr) hoher Leseindizes nach Alter
(Angaben in Prozent, Quelle: Harmgarth 1997, S. 25)

Bei der Betrachtung des Phänomens des „ersten Leseknicks", der sich zwischen der zweiten und vierten Klasse vollzieht, stellt sich unweigerlich die Frage, welche Faktoren als mögliche Ursachen auszumachen sind. Richter und Plath befragten in ihrer Studie 52 Lehrerinnen dazu, welche Bücher sie vornehmlich für die Lektüre im Unterricht einsetzen. Dabei kam es zur Nennung folgender Titel:

AutorIn: Titel	Gesamt	Kl. 2	Kl. 3	Kl. 4
Peter Härtling: „Oma"	8		2	6
Theodor Storm: „Der kleine Häwelmann"	5	5		
Benno Pludra: „Bootsmann auf der Scholle"	4	3	1	
Elisabeth Shaw: „Der kleine Angsthase"	3	3		
Eward Parker: „Insel der 1000 Gefahren"	3		1	2
Gerhard Holtz-Baumert: „Ein bisschen Angst"	2	1	1	
Ursula Wölfel: „Fliegender Stern"	2			2
Tilde Michels: „Igel komm, ich nehm dich mit"	2	1	1	
Mirjam Pressler: „Nickel Vogelpfeifer"	2			2
Astrid Lindgren: „Karlsson vom Dach"	2	2		
Astrid Lindgren: „Pippi Langstrumpf"	2		1	1

Tabelle 18: Unterrichtslektüre in der Grundschule
(Mehrfachnennungen; Quelle: Richter & Plath 2005, S. 78)

Einen Überblick darüber, welche Bücher bei den Kindern im Alter von sechs bis 13 Jahren bevorzugt gelesen werden, liefert die folgende Abbildung aus der KIM-Studie 2006.

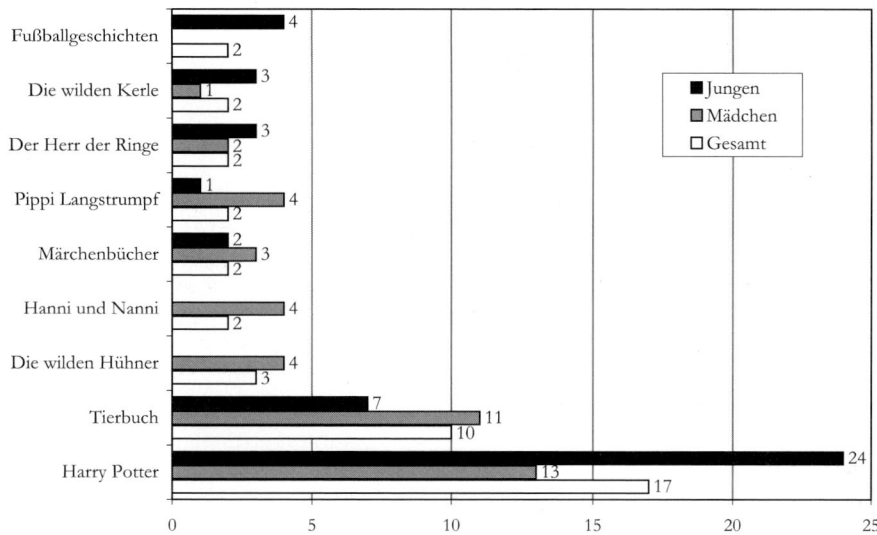

Abbildung 19: Welches Buch liest du zurzeit? (in Prozent; Quelle: Medienpädagogischer Forschungsverbund Südwest 2006, S. 28)

Aufgabe 10:

Vergleichen Sie die von den Lehrerinnen genannten Buchtitel aus Tabelle 18 mit den Angaben der Kinder aus Abbildung 19. Recherchieren Sie ggfs. Ihnen unbekannte Titel und AutorInnen im Internet. Welche Schlussfolgerungen lassen sich aus dem Vergleich für den Unterricht ableiten?

Aufgabe 11:

In der Studie von Richter und Plath wurden die Kinder nach ihren Lektürepräferenzen befragt. Die folgende Tabelle enthält die Ergebnisse nach Genres.

a) Berücksichtigen Sie bei der Betrachtung zunächst die Angaben aus der Spalte „Gesamt" und ordnen Sie die Genres nach Beliebtheitsgrad, indem Sie in der zweiten Spalte (Ranking) Nummerierungen einfügen.

b) Welchem Genre bzw. welcher Art von Lesestoff würden Sie die Texte „Oma" und „Die wilden Fußballkerle" zuordnen? Fragen Sie sich vor dem Hintergrund der angegebenen Buchlesepräferenzen aus Tabelle 20 erneut, welcher der beiden Titel GrundschülerInnen mehr Anreiz verschaffen würde, das Buch zu Ende zu lesen.

Aufgabe 12:

In der Studie von Richter und Plath wurden die 52 Lehrerinnen befragt, welche Art von Literatur sie für ihren Unterricht in der Grundschule am häufigsten verwenden. Insgesamt wurden dabei 89 Titel genannt, die in Tabelle 19 Genres zugeteilt wurden.

 a) Vergleichen Sie die von den Lehrerinnen bevorzugten Genres (Tabelle 19) mit denen der SchülerInnen (Spalte „Gesamt") aus Tabelle 20 und arbeiten Sie die wichtigsten Unterschiede heraus.

 b) Bringen Sie die Ergebnisse des Vergleichs in Verbindung zu dem Phänomen des Leseknicks in der Grundschulzeit: Welche Zusammenhänge vermuten Sie?

1. Wahre Geschichten	43 Titel = 48 %
2. Märchen/Sagen	15 Titel = 17 %
3. Abenteuerliteratur	14 Titel = 16 %
4. Sachliteratur	11 Titel = 12 %
5. Tiergeschichten	6 Titel = 7 %
6. Bücher über Film und Fernsehen	0 Titel = 0 %

Tabelle 19: Von Grundschullehrerinnen im Unterricht bevorzugt verwendete Genres
(Quelle: Richter & Plath 2005, S. 78)

Genres	Ran-king	Ge-samt	Klassenstufe			Geschlecht			
			2	3	4	RJ	Jungen	RM	Mäd-chen
… die über be-stimmte Dinge informieren		55,9	61,5	58,3	48,9		59,0		52,9
… in denen Abenteuer er-zählt werden		64,4	69,0	60,1	64,5		63,7		65,1
… in denen Märchen, Sagen und Phantasiege-schichten erzählt werden		45,0	58,3	41,2	37,2		35,0		55,1
… in denen Tiergeschichten erzählt werden		45,4	67,0	41,9	29,7		31,7		59,0

Genres	Ran-king	Ge-samt	Klassenstufe			Geschlecht			
			2	**3**	**4**	**RJ**	**Jungen**	**RM**	**Mäd-chen**
… in denen wahre Geschichten erzählt werden		25,0	38,4	19,6	18,6		25,0		25,1
… in denen es um Fernseh-sendungen oder Fernseh-filme geht		27,1	37,7	25,9	18,9		28,6		25,6

Tabelle 20: Antworten auf die Frage „Welche Bücher und Geschichten liest du gerne?"
(in Prozent; Quelle: Richter & Plath 2004, S. 88)

2.3.3 Die Passung als Grundlage gelingenden Unterrichts

Aufgabe 13 zum Einstieg:

Bitte notieren Sie aus Ihrer Erinnerung ein Beispiel einer besonders gut gelungenen Deutschstunde. Schreiben Sie auf, welchen Text oder anderen Medieninhalt Ihr Lehrer oder Ihre Lehrerin ausgewählt hat und mit welcher Methode er bzw. sie ihn hat bearbeiten lassen.

Was ist Passung?

Welche Unterrichtsmethodik für welche SchülerInnen die passendste ist, ist Gegenstand der so genannten ATI-Forschung („Aptitude-Treatment-Interaction"). Sie untersucht die Wechselwirkung zwischen Merkmalen der lernenden Personen (aptitude) und den eingesetzten Unterrichtsmethoden (treatment). Die LernerInnen-Merkmale umfassen „alle stabilen kognitiven, emotional-motivationalen und konativen (handlungsspezifischen) Merkmale von Schülern/innen, von denen man annimmt, dass sie einen Einfluss auf das Lernen im Unterricht haben". Zu den Unterrichtsmethoden gehören „alle didaktischen Maßnahmen zur Vermittlung von Lerninhalten […], aber auch Unterrichtsstile […], Persönlichkeitsmerkmale und Einstellungen von Lehrpersonen" (Christmann & Rosebrock 2006, S. 155). Die ATI-Forschung geht von der Prämisse aus, dass nicht jede Methode für alle Lernenden gleich gut geeignet ist, sondern dass im Sinne einer Passung beide Seiten aufeinander abzustimmen sind, um so ein produktives Wechselverhältnis zu ermöglichen. Das wiederum setzt voraus, dass Lehrpersonen bekannt ist, welche Methode für welche SchülerInnen geeignet ist oder nicht (vgl. ebd.).

Für die Passung lassen sich insgesamt drei Bestandteile benennen, die in Abbildung 18 dargestellt sind:

- *SchülerInnen.* Hierzu zählen spezifische Lesekompetenzen, -motivationen und -modi, die die Heranwachsenden mitbringen.
- *Unterrichtsmethode.* Darunter fallen, wie schon erwähnt, alle didaktischen Maßnahmen, die eine Lehrkraft unter Berücksichtigung der eigenen Kenntnis und Präferenzen einerseits und institutioneller Vorgaben andererseits ergreift.
- *Unterrichtsgegenstand.* Ihn wählt die Lehrperson auf der Grundlage eigener Merkmale und der Alternativen auf der Meso-Ebene in einer ko-konstruktiven Handlung.

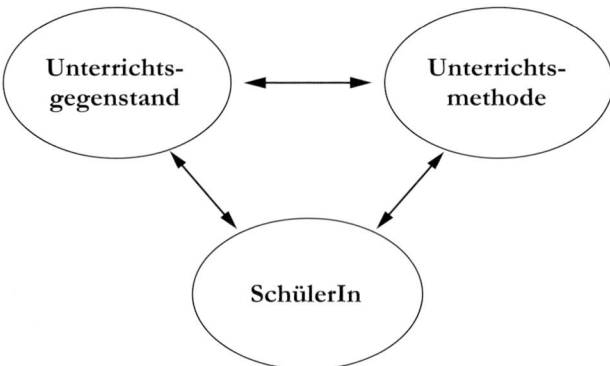

Abbildung 20: Arten von Passungen (Quelle: nach Christmann & Rosebrock 2006 und Nickel-Bacon 2006)

Aufgabe 14:

Im Folgenden finden Sie Auszüge aus LABs. Bitte lesen Sie sie und beantworten Sie die darauf folgenden Fragen.

Beispiel 1: „Und als es dann endlich wieder ans Lesen ging, so zwischen neunter und zehnter Klasse, kam es auf den Inhalt selbst kaum noch an. Nur noch Interpretieren und Analysieren war gefragt. Auch hier stand ich notentechnisch recht gut da, doch ob es mir auch Freude bereitete, Bücher so zu zerpflücken, hat mich nie jemand gefragt. Es machte mir keine Freude.

Außerdem lasen wir Bücher, die mir immer sehr schwer zu lesen erschienen; ich wollte etwas, was man in einem Zug durchlesen konnte, was einen fesselte. Aber stattdessen waren es (in meinen Augen) öde, verstaubte Schinken, die eher an hochgestochene, altdeutsche Gedichte erinnerten als an spannende Geschichten. Außerdem hatte ich das Gefühl, dass es in allen Büchern, die wir lasen, nur noch um dasselbe ging, als hätte jemand einen einzigen Stoff immer wieder adaptiert. Es ging immer darum, dass ein Junge, der irgendwie anders ist als die anderen, sich selbst finden will, und am Ende vor Verzweiflung stirbt oder sich selbst umbringt. So lasen wir z.B. ‚Unterm Rad‘, ‚Die Judenbuche‘ etc. Wenn ich ehrlich bin, habe ich keine Ahnung mehr, worum es in einem der Bücher ging, ich kann nicht einmal mehr sagen, ob es noch mehr gab, und ob mein Gefühl mit den gleichen Inhalten tatsächlich der Wahrheit entspricht.“ (LAB-Korpus Ohlsen).

Beispiel 2: „Im Deutsch-Leistungskurs der Oberstufe gefiel es mir, Lektüren von Goethe oder Schiller zu lesen und anschließend mit der Klasse in unterschiedlicher Form zu bearbeiten. Ich fand es interessant die unterschiedlichen Interpretationen in der Klasse zu besprechen und über Inhalte zu diskutieren. Trotz festgelegtem Lehrplan hatten wir gelegentlich die Möglichkeit zwischen Buchvorschlägen der Lehrerin zu entscheiden. So lasen wir beispielsweise ‚Mephisto‘ von Klaus Mann oder ‚Das Parfum‘ von Patrick Süskind, was mich persönlich sehr ergriffen hat. Hier bekam ich nicht das Gefühl, Pflichtlektüre zu lesen, um im Anschluss am Unterrichtsgeschehen teilnehmen zu können, sondern las auch privat gern über die nötigen Seiten hinweg. Ich war von dem Buch gefesselt, von den wunderbaren Düften und dem ausgeprägten Geruchssinn Grenouilles, aber auch von den vorherrschenden Grausamkeiten. Die Szenen konnte ich mir in meinem Kopf detailliert vorstellen, sodass ich geradezu gespannt auf den gleichnamigen

Film war, ob der mit meinen Vorstellungen übereinstimmte. Wie so oft, war dieses natürlich nicht der Fall, und ich war enttäuscht. Seitdem lese ich vermehrt lieber Bücher, als mir einen Film anzuschauen.
Zum Frontalunterricht bot meine Deutschlehrerin alternative Formen der Bearbeitung von Literatur an, wie z.B. Rollenspiele zu verschiedenen Szenen der Bücher oder Gesprächsrunden. Auf diese Weise lernten wir den Inhalt der Lektüre auf andere Art kennen, die durchweg positiv von uns Schülern aufgenommen wurde. Dies gab uns das Gefühl, nicht alles frontal aufgedrängt zu bekommen, sondern vielmehr die Freiheit, den Unterricht mit unseren eigenen Ideen aktiv mitgestalten zu können und so zu partizipieren.
Andere bewährte Methoden waren auch die Übertragung von Szenen der Bücher auf Talk-Shows, in denen die Figuren des Buches sich vorstellten und charakteristische Merkmale ihrer Person dem Publikum präsentierten. Dies forderte zum Mitdenken auf und vermittelte auf spielerische Art und Weise den Inhalt des Buches. Zudem motivierte es mich zur regen Beteiligung am Deutschunterricht.
Des Weiteren erachte ich es als sinnvoll, diese etwas anspruchsvollere Lektüre im Unterricht durchzunehmen, da ich mich allein vermutlich nie an sie ran getraut hätte und mir die Freude, die ich dabei empfunden habe, verborgen geblieben wäre. Auch habe ich die Scheu vor entsprechender Lektüre abgebaut.
Ich lernte den Deutschunterricht also als sehr abwechslungs- und zugleich facettenreich kennen und zählte dieses Fach durchgängig seit der Realschulzeit zu meinem Lieblingsfach." (LAB-Korpus Philipp)

a) Wo liegen welche Passungen (nicht) vor? Welche Methoden lassen sich aus den Beispielen ermitteln?

b) Warum gelingt in dem einen Beispiel die Passung und in dem anderen nicht? Begründen Sie Ihre Antwort, indem Sie die Bedürfnisse der befragten Personen aus den LAB-Auszügen rekonstruieren.

c) Wenn Sie die eingangs gestellte Aufgabe nach einem besonders gelungenen Beispiel bearbeitet haben: Welche Passung(en) hat es dort gegeben? Sehen Sie Parallelen zu den hier vorgestellten Beispielen?

d) Verallgemeinern Sie aus den Beispielen und aus Ihrer Erfahrung Merkmale guten Literaturunterrichts.

Aufgabe 15:

Cornelia Rosebrock und Daniel Nix haben eine Systematik von Lesefördermaßnahmen vorgenommen. In der folgenden Darstellung sind einige dieser Verfahren mit ihren Zielen und den Bereichen enthalten. Bitte lesen Sie sich diese Kurzvorstellung durch und danach die fünf Beispiele. Stellen Sie eine Passung her, indem Sie den Beispielen das aus Ihrer Sicht zugehörige und notwendige Leseförderverfahren zuordnen, und begründen Sie Ihre Entscheidung.

1. *Lautleseverfahren.* Mit diesen Verfahren, bei denen die SchülerInnen laut lesen, sollen die technische Lesefähigkeit trainiert, die Leseflüssigkeit automatisiert und indirekt das Textverstehen verbessert werden. Gerade disfluente LeserInnen haben solche Mühe mit dem Dekodieren, dass all ihre kognitive Kapazität hierfür benötigt wird und sie infolgedessen nicht in der Lage sind, den Sinn des Gelesenen zu verstehen. Sie erinnern damit an Fahrschüler, die sich derart auf die Betätigung der Gangschaltung konzentrieren, dass sie das Verkehrsgeschehen gar nicht wahrnehmen (vgl. Rosebrock & Nix 2008, S. 31, 36).

2. *Lesestrategien.* Auch Lesestrategien sollen das Textverstehen verbessern. Sie richten sich, anders als die Lautleseverfahren, auf hierarchiehöhere Prozesse des Textver

stehens. Lesestrategien sind wie eine Sequenz von Lesehandlungen zu verstehen, mit denen man ein Ziel erreichen will, z.B. das Textverstehen zu verbessern. Die Strategien lassen sich wie einzelne Werkzeuge verstehen, die man bei Bedarf einsetzt. Den Hauptgedanken eines Absatzes in einem Satz zusammenfassen, unverstandene Absätze noch einmal langsam lesen, wichtige Aussagen unterstreichen – solche (und viele andere) Tätigkeiten unterstützen eine aktive Auseinandersetzung mit dem Text (vgl. ebd., S. 59, 65 f.).

3. *Sachtextlektüren unterstützen.* Die Sachtexte, die in der Schule vorrangig behandelt werden, sollen Wissen in bestimmten Gebieten (Domänen) vermitteln. Wegen ihrer Domänenspezifik enthalten sie eher ungewohnte, alltagsfernere oder auch abstraktere Begriffe, die ein entsprechendes Vorwissen erfordern, um den Text adäquat zu verstehen. Daneben sind Sachtexte in ihrer Gestalt bzw. Textstruktur vielfältig. Sie können ihren Gegenstand chronologisch, kontrastiv, additiv und logisch, als langer Fließtext, als Hypertext sowie mit und ohne Bilder darstellen. Daher kommt es hier auf zweierlei an: erstens das Vorwissen der SchülerInnen „anzuwärmen" und ihr Interesse zu stimulieren sowie zweitens die Textstruktur nachvollziehbar zu machen (vgl. ebd., S. 74 ff.).

4. *Vielleseverfahren.* Diese Verfahren, bei denen das Lesen eher selbstzweckhaft ist, zielen auf eine Steigerung der hierarchiehohen und -niedrigen Leseleistungen und eine Festigung der Lesemotivation. Im Kern geht es darum, dass SchülerInnen die Möglichkeit gegeben wird, regelmäßig einen selbstgewählten Text zu lesen, der aber nicht zum Gegenstand des Unterrichts wird. Damit können einerseits mangelnde Leseanregungen in Familie und peer group kompensiert werden und den Kinder und Jugendlichen eine habituelle Leserrolle nahe gebracht werden. Andererseits werden sie in der Fähigkeit geschult, souverän Texte auszuwählen (vgl. ebd., S. 47 ff.).

5. *Leseanimation* dient per Inszenierung des Lesens bzw. literarischer Kultur der Steigerung der Lesemotivation. Maßnahmen wie Lesekisten, Lesenächte, Hitlisten und Buchvorstellungen adressieren sich an Kinder und Jugendliche mit stabiler Leselust und eröffnen Möglichkeiten, neue Anregungen für das eigene Lesen zu erhalten und Lesen durch die unweigerlich einhergehende Anschlusskommunikation als sozial bedeutsam zu erfahren (vgl. ebd., S. 90 f.).

Beispiel 1: „Dennis liest einen Text laut vor. Während er sich Buchstabe für Buchstabe, Wort für Wort bemüht, dem Geschriebenen einen Sinn zu geben, wird die Klasse langsam unruhig und Dennis noch unsicherer, als er es ohnehin schon ist. Die Lehrerin fragt den Schüler schließlich nach dem Inhalt des Gelesenen, doch dieser zuckt nur ahnungslos mit den Schultern, um dann – nach einem suchenden Blick auf den Text – einzelne Satzteile und Wörter wiederzugeben. Als er korrigiert wird, erwidert Dennis, dass er Lesen sowieso ‚blöd finde' und der Text ‚total langweilig' sei. Während des anschließenden Gesprächs der Klasse über den Text schweigt der Junge – es gibt nichts, worüber er sprechen könnte." (Gailberger & Dammann-Thedens 2008, S. 35)

Beispiel 2: Sarah ist gerade umgezogen und neu in die Klasse 8c gekommen – und sie langweilt sich komplett im Deutschunterricht. Ihr Lehrer lässt nur Texte lesen, bei denen Sarah sich fragt, wie sich jemand etwas derart Langweiliges ausdenken kann. Und dann dieser Unterricht: Permanent kauen sie die Texte durch und interpretieren in den Text hinein, was der Lehrer hören will. Privat liest Sarah aber sehr gern, am liebsten Bücher von Ildiko von Kürthy. Sie kennt ihre neue Klasse noch nicht so gut, aber neulich, in einer langweiligen Deutschstunde, hat sie gesehen, dass ein Junge während der Lektüre eines Buchs mit dem Titel „Vollidiot" mehrfach laut gelacht hat, und sie würde gern wissen, ob es sich lohnt, das Buch zu lesen.

Beispiel 3: Sören stammt aus einer Familie, in der er Bücher kaum kennen gelernt hat. Trotzdem kann er recht gut lesen: Er stockt nicht beim Lesen und versteht Texte gut. Dennoch liest er kaum. Seinem

Deutschlehrer fällt das auf, als die Klasse 6b die Lieblingsbücher vorstellen soll, denn Sören weiß keines zu nennen. Auf die Frage, warum das so ist, antwortet Sören: „Bei mir zu Hause habe ich kein Buch gefunden, und einen Ausweis für die Bibliothek habe ich nicht. Wir haben nicht so viel Geld." Der Lehrer fragt ihn, was ihn interessiert, und Sören gibt als Antwort: „Ich mag Fußball und Geschichten mit Monstern, und mein Kumpel Steffen hat mir neulich was von diesem Roman über den Dschinn Bartimäus erzählt, aber ich glaube, das Buch ist zu dick."

Beispiel 4: Frau Müller ist verzweifelt: Sie wollte gerade im Deutschunterricht ihrer zehnten Klasse einen Einstieg in eine neue Unterrichtseinheit zum Thema Satire und Zensur beginnen. Dazu hat sie ein Gerichtsurteil mitgebracht und ihrer Klasse zum Lesen gegeben, die rekonstruieren soll, worum es ging. Am Ende der Stunde sind die Klasse und Frau Müller genervt, weil niemand aus der 10a etwas mit dem sperrigen Text anfangen konnte und schon gar nicht damit, warum ein ehemaliger Bundespräsident als „hochinfektiöser Prionenklumpen" bezeichnet wurde.

Beispiel 5: Martina liest im Sozialkunde-Unterricht einen langen Hintergrund-Aufsatz zum Thema Studiengebühren. Das Thema interessiert sie brennend, denn sie will unbedingt studieren, und sie wirkt während der Lektüre engagiert. Als sie den Text zu Ende gelesen hat, hat sie dennoch das Gefühl, nicht alles verstanden zu haben, und überfliegt den Aufsatz noch einmal. Als der Lehrer sie fragt, welche verschiedenen Gründe für bzw. gegen die Studiengebühren sprechen und was für sie die Hauptaussage war, zuckt sie mit den Schultern. Sie sagt: „Keine Ahnung. Das waren viel zu viele Informationen für mich. Mir brummt jetzt echt noch der Schädel."

Aufgabe 16:

Welche Lesefördermaßnahmen aus Aufgabe 15 würden Sie als wichtigste Maßnahmen bei der PISA-Risikogruppe erachten? Begründen Sie Ihre Meinung.

Aufgabe 17:

Betrachten Sie die sechs Ziele des Literaturunterrichts in Kapitel 2.5.1. Welche Maßnahmen der Leseförderung aus Aufgabe 15 dienen der Erreichung dieser Ziele?

2.4 Lesen in der peer group: Lektüre im Medienverbund oder in der Medienkonkurrenz?

2.4.1 Übergänge zum autonomen Lesen: Geschlechterspezifische Unterschiede in Freizeitlektüre und Medienpraxis

Die Ergebnisse von Harmgarth (1997) aus Abbildung 18 differenzierte Böck in ihrer Studie von 2007 weiter aus, sodass neben der Einordnung nach Altersstufen auch Aussagen über die Geschlechter möglich sind.

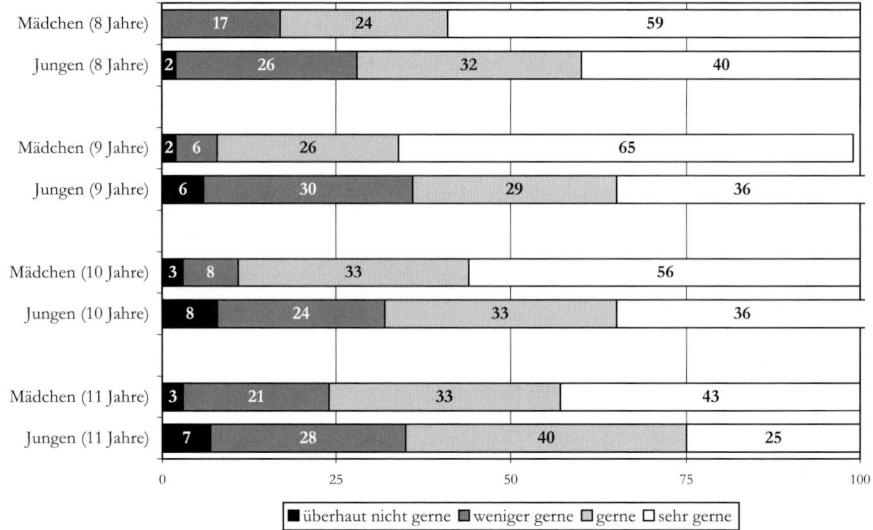

Abbildung 21: Antworten auf die Frage „Wie gerne liest du in deiner Freizeit Bücher?"
(in Prozent; Quelle: Böck 2007, S. 64)

Aufgabe 1:

 a) Untersuchen Sie anhand der Abbildung 21 den simulierten Verlauf des Leseverhaltens von Mädchen und Jungen im Alter von acht bis elf Jahren und stellen Sie dabei Gemeinsamkeiten und Unterschiede zwischen den Geschlechtern heraus.

 b) Richten Sie Ihren Blick noch einmal zurück auf die Tabelle 20. In der angesprochenen Studie wurden nicht allein die Lektürepräferenzen aller Schüler „Gesamt" erhoben, sondern ebenfalls eine Unterscheidung zwischen den Präferenzen von Jungen und Mädchen vorgenommen.
- Stellen Sie jeweils ein neues Ranking nach den Lektürepräferenzen der Jungen und Mädchen auf (Spalte RJ und RM in der Tabelle 20) und vergleichen Sie die Ergebnisse miteinander. Wo entdecken Sie Unterschiede bzw. Übereinstimmungen?
- Vergleichen Sie die von den Lehrerinnen bevorzugten Genres (Tabelle 19) mit den Buchlesepräferenzen der Jungen (Tabelle 20) und heben Sie die entscheidenden Unterschiede hervor.

 c) Nach welchen inhaltlichen und pädagogischen Kriterien würden Sie als angehender Lehrer bzw. als angehende Lehrerin bei der Suche nach geeigneter, anregender Schullektüre für Ihren Leseunterricht vorgehen?
- Schreiben Sie mindestens fünf Kriterien auf.
- Vergleichen Sie Ihre Kriterien mit den in Tabelle 21 benannten Anforderungen an Bücher von Dritt- bis Sechstklässlern aus der Studie von Böck (2000). Inwieweit stimmen Ihre Kriterien mit denen der Kinder, speziell der Jungen, überein?

Erwartungen an Bücher	gesamt	männlich	weiblich
spannend	93	94	93
lustig	89	84	94
nicht zu dick	63	61	66
einfach zu lesen	51	54	48
viele Bilder	47	50	42
tolle Heldin, toller Held	44	46	43

Tabelle 21: Anforderungen an Bücher nach Geschlecht bei österreichischen Dritt- bis Sechst-klässlern (in Prozent; Quelle: Böck 2000, S. 156)

d) Wie bewerten Sie die Wirkung der beiden Texte „Oma" und „Die wilden Fußballkerle" auf das Lesevergnügen der Jungen? Wird ein Leseanreiz gegeben, und wenn ja, welcher?

e) Welche Konsequenzen würden Sie vor dem Hintergrund dieses Kapitels in Bezug auf die Passung für Ihren Leseunterricht ziehen? Wie könnte man den Unterricht stärker auf die Interessen der Jungen abstimmen? Wie groß schätzen Sie dadurch die Gefahr für eine negative Veränderung der Lesemotivation der Mädchen ein? Nehmen Sie bei der Beantwortung Bezug auf Ihren Vergleich der Buchlesepräferenzen von Jungen und Mädchen aus Tabelle 20.

2.4.2 Die Bedeutung der peers für die Lesesozialisation in der Jugend

Zur Relevanz der Gleichaltrigen für die Lesesozialisation – Thesen und Befunde

Aufgabe 2 zum Einstieg:

Erinnern Sie sich an Ihre Jugend zurück und notieren Sie Lese- und Medienerlebnisse, bei denen Ihre FreundInnen eine Rolle spielten. Welche Printmedien und Bücher wurden Ihnen damals von FreundInnen nahe gebracht?

Generell ist die Forschungslage zum Einfluss der Gleichaltrigen/peers hierzulande unbefriedigend, sodass Hypothesen und Vermutungen an Stelle von empirisch gesicherten Erkenntnissen in der Forschung überwiegen. Im Folgenden sollen zwei Thesen der aktuellen Forschung vorgestellt und in den anschließenden Abschnitten vertieft werden. Aus der ersten These wird nur der direkte Einfluss Gegenstand von Aufgaben sein.

Zwei Thesen zum Einfluss der peers auf die Lesesozialisation
These 1: Peers haben „direkt Einfluss auf die Lesemotivation der Einzelnen, auf deren Auswahl und Beschaffung von Texten; indirekt und akkumulierend auf die Ausbildung von Lesehaltungen und von Lesekompetenz" (Rosebrock 2004, S. 252).
These 2: Anschlusskommunikation (mit peers) „ist nicht nur ein, sondern womöglich der zentrale Faktor für die Entwicklung von Lesemotivation" (Pieper et al. 2004, S. 65).

Zu These 1: Der direkte peer-Einfluss auf Leseverhalten und -motivation

Da die Gleichaltrigen in der Jugend zu wichtigen Orientierungspersonen werden, dürfte das Mediennutzungsverhalten von FreundInnen für Jugendliche ein Bezugspunkt für das eigene Medienhandeln werden. Ob es Computerspiele, Filme, Handyklingeltöne, Musik oder Zeitschriften sind: Jugendliche orientieren sich an dem, was ihre Freund-Innen gut finden und tauschen Medien. Aufs Lesen angewendet können peers zu PrivatbibliothekarInnen werden, die den Geschmack des/der Einzelnen treffen und authentische Leseempfehlungen geben. Gattermaier (2003) fragte in seiner Erhebung danach, wodurch Buchlektüren ausgelöst werden. Abbildung 22 enthält ausgewählte Antworten, die sich auf soziale Interaktionen mit anderen beziehen. Nicht berücksichtigt wurden Aussagen wie „Wenn mir die äußere Aufmachung gefällt" oder Verfilmungen etc.

Aufgabe 3:

 a) Wie beurteilen Sie insgesamt den Einfluss der Freunde im Vergleich zu den anderen Antworten in Abbildung 22?

 b) Welche erwachsene Person hat laut den Daten in Abbildung 22 noch am ehesten eine Chance, eine Buchlektüre bei Jugendlichen zu initiieren?

 c) Wie ist in Abbildung 22 das Verhältnis von Empfehlungen, die a) FreundInnen und b) LehrerInnen gegeben haben? Wie lässt sich dies mit Blick auf die Entwicklungsaufgaben in diesem Alter erklären?

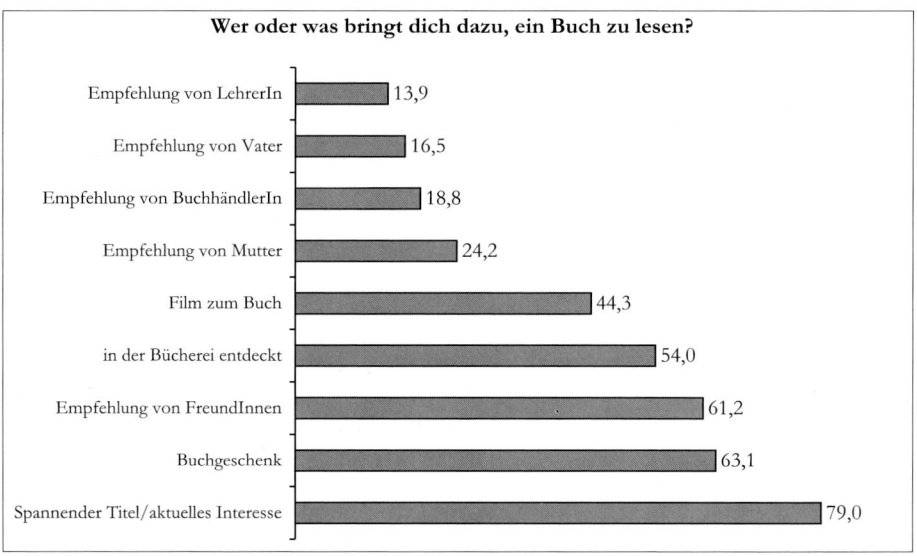

Abbildung 22: Fruchtbare Buchtipps bei Achtklässlern (in Prozent, Quelle: Gattermaier 2003, S. 338, Auswahl)

Aufgabe 4:

Zwei Verfasserinnen von LABs schrieben Folgendes:

Beispiel 1: „Im Alter von 13 kam dann, unausweichlich, die große Liebesroman-Phase. Ich und meine Freundinnen kauften und tauschten tonnenweise ‚Denise-Heftchen'. Diese Lektüre versteckten wir sogar vor Eltern und Lehrern – schließlich waren die Dinger verrucht; rosa oder hellblau – und am Ende jeder Geschichte küssten sich zwei!!" (Graf 2007, S. 93)

Beispiel 2: „Ich saß mit ein paar Freunden zusammen, und einer fing an, vom neuen Stephen King-Buch zu erzählen, und auch alle anderen wussten was zu den SK-Büchern zu erzählen, nur ich saß daneben und wusste nicht einmal, wer dieser Stephen King nun war. Das wurmte mich, also ging ich kurzerhand in die Buchhandlung und kaufte mir das erstbeste SK-Buch, das ich fand. Es war eine spannende Mischung aus einem Psycho-Thriller und einer Horror-Geschichte. Die Schreibweise von SK faszinierte mich so sehr, dass ich bisher ca. 10 seiner Bücher las" (ebd., S. 38).

a) Was sind die Motive für das Lesen in den beiden Beispielen?

b) Welche Rolle spielen peers in dem Beispiel?

c) Welche Entwicklungsaufgaben der Jugend (s. Lehrbuch, S. 201 f.) sind in den Beispielen betroffen?

Zu These 2: Partizipatorisches Lesen, Anschlusskommunikation und Lesemotivation

Aufgabe 5:

a) Im Folgenden werden Ihnen Auszüge aus Lektüreautobiografien, aus einer Gruppendiskussion mit jugendlichen Bravo-Leserinnen und einer Interview-Studie mit ZeitungsleserInnen präsentiert. Bitte lesen Sie in Kapitel 4.1.4 des Lehrbuches die Passagen zum „partizipatorischen Lesen" und unterstreichen Sie in den unten stehenden Textauszügen die verschiedenen Varianten des Lesens zur Partizipation. Bitte notieren Sie auch, wenn Sie andere Lesemodi feststellen.

Auszug 1: „Während der Pubertätszeit interessierte ich mich besonders für solche Bücher, die sich mit den Problemen der Jugendlichen befassten. Das Thema ‚Liebe' stand natürlich an oberster Stelle. Man hatte selbst noch nicht viel erlebt oder begann gerade ‚erste Erfahrungen zu machen' und wollte wissen, ‚wie das so ist'. Ich bemerkte anhand dieser Bücher, dass ich nicht die einzige war, die vielleicht Probleme hatte. Zusammen mit meiner besten Freundin lieh ich mir diese Bücher aus unserer Stadtbücherei aus. Wir tauschten die Bücher untereinander und fanden so genügend Gesprächsstoff, indem wir den Inhalt der Lektüre auf unser eigenes Leben übertrugen" (Graf 2007, S. 134 f.).

Auszug 2: „Die Kenntnis bestimmter Bücher glaube ich gehört zur Allgemeinbildung, weil ich die Erfahrung gemacht habe, dass teilweise über diese Bücher diskutiert wird und (ich) somit ohne diese Kenntnis gar nicht am Gespräch teilhaben kann" (Graf 2007, S. 135).

Auszug 3: Eine 15-Jährige über die Rezeption von Musikzeitschriften: „Jedes Mädel bringt so eine Zeitschrift mit. Dann setzen wir uns da draußen hin und lesen die nacheinander. Und dann lacht man sich erst mal tot" (Roch 2006, S. 182).

Auszug 4: „… man sollte sie gelesen haben. Die [Nicht-Leser] wissen dann ja gar nicht, um was es da geht. Die können ja gar nicht mitreden. Ist ja langweilig" (Roch 2006, S. 182).

Auszug 5: „Wir reden meistens über Politik oder darüber, was in der Welt so passiert. Meistens rede ich mit meinem besten Freund über Politik. Der liest auch Zeitung und hat total viel Ahnung von Politik und Wirtschaft." (Graf-Szczuka 2007, S. 171 f.).

b) Welche Lesemedien sind Ihrer Meinung nach typisch für die Zwecke privater und öffentlicher Kommunikation?

 c) Zu welchen Zwecken lesen die Befragten die jeweiligen Texte? Und welche Rolle spielen sie im Rahmen ihrer peer-Beziehungen?

Aufgabe 6:

In den jährlich durchgeführten JIM-Studien (Jugend, Internet, Multimedia) wurden im Jahr 2005 die 12- bis 19-Jährigen gefragt, über welche Medien sie sich mit ihren FreundInnen unterhalten. In Abbildung 23 sind die Antworten für mindestens wöchentliche Gespräche dargestellt.

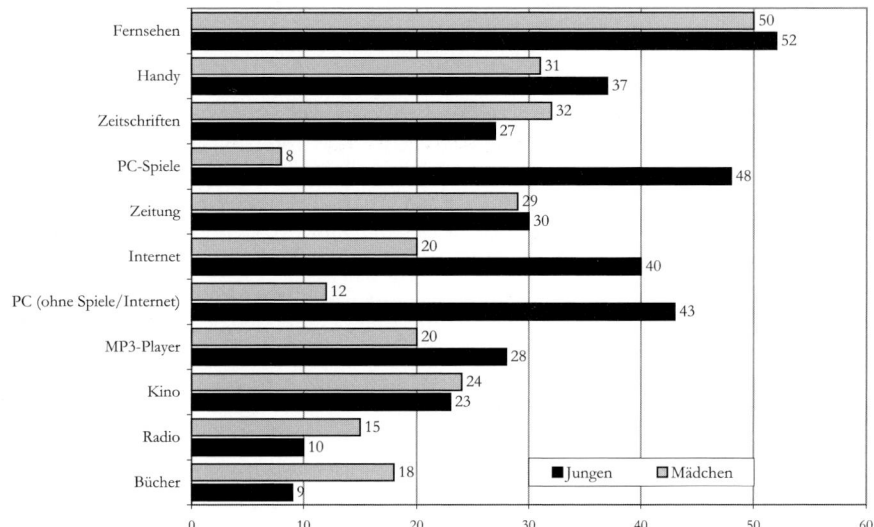

Abbildung 23: Gespräche mit Freunden über Medien 2005 bei 12–19-Jährigen
(täglich oder mehrmals pro Woche in Prozent; Auswahl, Quelle: Medienpädagogischer Forschungsverbund Südwest 2005, S. 54)

  a) Welche Medien spielen in der Kommunikation eine große Rolle, welche nicht?

  b) Welches Printmedium ist für Jugendliche dasjenige, über das sie am häufigsten reden?

  c) Bei welchen Medien lassen sich die größten Geschlechterunterschiede feststellen, bei welchem die geringsten?

  d) Woher, glauben Sie, kommt die unterschiedliche soziale Präsenz von Medien in Gesprächen?

Der Teufels- und Engelskreis der Lesesozialisation in der peer group

Da im Lehrbuch die prototypischen Dynamiken nur angerissen wurden, sollen sie hier im Arbeitsbuch noch einmal ausführlicher vorgestellt werden. Im Anschluss folgen Aufgaben.

Wie in Familie und Schule besteht eine Aufgabenpolarität auf der Makro-Ebene, welche Anforderungen die peer group erfüllen soll. Die beiden Aufgaben lauten im Einzelnen:

- **Aufgabe 1**: Peer groups sollen einen erlebnisorientierten Freiraum gegenüber der leistungsbetonten Welt der Erwachsenen schaffen, in dem Jugendlichen ein Probehandeln möglich ist.
- **Aufgabe 2**: Peer groups sollen Jugendliche gesellschaftsfähig machen, indem sie Anpassungsleistungen verlangen und Verhaltensweisen einschränken (vgl. Groeben & Schroeder 2004, S. 330 f.; Schmidt 2004, S. 19).

Wie auf der Meso-Ebene die jeweilige peer group daraus ihre eigenen lesebezogenen Aufgaben ko-konstruiert, wird von zwei Variablen beeinflusst: Schicht und Geschlecht. Für den Einfluss beider Variablen gibt es empirische Hinweise, allerdings lässt sich nicht sicher begründen, welcher der beiden Faktoren bedeutsamer ist (vgl. Groeben & Schroeder 2004, S. 331). Deshalb enthalten die beiden prototypischen Fälle sowohl die Schicht- als auch die Geschlechtszugehörigkeit als Moderatorvariablen, die im Ko-Konstruktions-Schema (s. Abbildung 24) das Zusammenspiel von Makro- und Meso-Ebene beeinflussen.

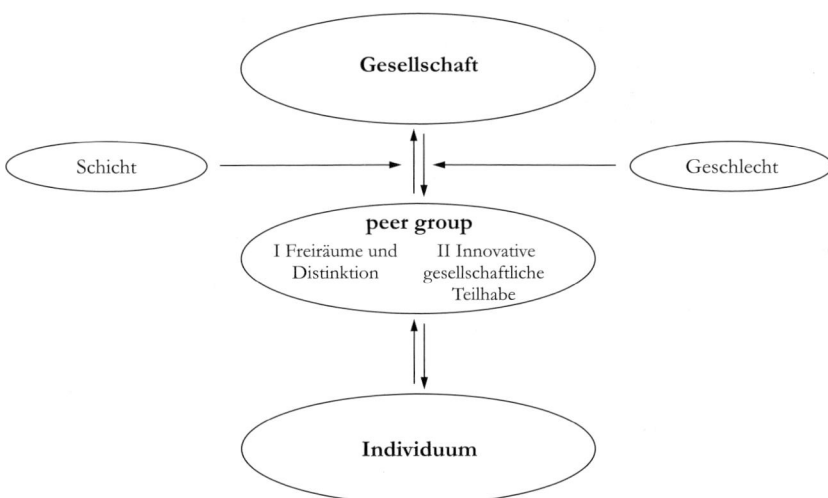

Abbildung 24: Ko-Konstruktions-Schema in der jugendlichen peer group
(Quelle: nach Groeben & Schroeder 2004)

Die wenigen Daten, die zur peer group vorliegen, führen dazu, dass die Ko-Konstruktionsdynamiken vor allem hypothetischen und vorläufigen Charakter haben. Wie vorhandene Beschränkungen oder Vorteile in den peer groups weiter verstärkt werden, zeigen der folgende Teufels- sowie der Engelskreis.

Der prototypische Negativfall: Verstärkung schicht- und geschlechtsspezifischer Beschränkungen bei der männlichen Unterschicht-peer-group

In der peer group mit Mitgliedern der männlichen Unterschicht kulminieren die bisherigen Bildungserfahrungen insofern, als es zum (resignativen) Abwenden von dem Lesen als unerfüllbarer Leistung kommt. Damit akzentuiert sie eher die Distanz zur Erwachsenenwelt und sucht sich eigene Ziele, die Zusammenhalt stiften. Die Handlungsmuster auf der Meso-Ebene korrespondieren mit der Absage an die Lesekultur. Printmedien gelten den Jugendlichen als Teil einer wenig geliebten Lernwelt. Im Sinne einer Negation tilgen sie Printmedien aus ihrer Lebenswelt und wenden sich speziell den audiovisuellen Medien zu, wodurch literarische Anschlusskommunikation unterbunden wird (Logik der Situation). Die Individuen reduplizieren diese Handlungsmuster in der Logik der Selektion: Nicht zu lesen gerät zu einem Weg, in die peer group integriert zu werden und ist Bestandteil der Gruppenidentität. Nicht durchs Lesen, sondern durch andere soziale Interaktionen sowie mediale Erfahrungen werden Entwicklungsaufgaben bewältigt. Diese Prozesse führen zu einer kollektiven Abkehr vom Lesen über die Logik der Aggregation. Als Resultat kommt es zu folgendem Teufelskreis: „Die Jugendlichen verstärken sich in ihren dezidiert anti-literarischen Identitätsentwürfen und vergrößern so die Distanz zu Schule und Lesen" (vgl. Groeben & Schroeder 2004, S. 331 f., Zitat: S. 332).

Der prototypische Positivfall: Verstärkung schicht- und geschlechtsspezifischer Vorteile bei der weiblichen Mittelschicht-peer-group

Die peer group, deren weibliche Mitglieder sich aus der Mittelschicht rekrutieren, bezieht beide Normen ein: die der individuellen Freiräume und der Vergesellschaftung. Das bedeutet fürs Lesen, dass über Genres, Inhalte und Rezeptionsweisen der Abstand zu den Erwachsenen gesucht wird, das Lesen an sich als eine gesellschaftlich hochgeschätzte und notwendige Praxis jedoch nicht infrage gestellt wird. Die Handlungsmuster der Gruppe zeichnen sich dadurch aus, dass sie in ein zusätzliches soziales Bezugssystem eingebettet sind, das einerseits eine Abgrenzung von den Erwachsenen, andererseits eine Fortführung des geschätzten Lesens ermöglicht. Demgemäß gibt die peer group nicht nur Leseanregungen, sondern ermöglicht Anschlusskommunikation und weist den rezipierten Texten eine in der Gruppe ausgehandelte lebensweltliche Bedeutung zu (Logik der Situation). Auf der Individualebene wird die gelebte Gruppennorm fortgesetzt (Logik der Selektion). Die Jugendlichen befinden sich über ihr Leseverhalten in einer Gruppe, die Lesen als Bestandteil der Gruppenidentität versteht. In der Gruppe vermögen die Jugendlichen über den Aufbau einer literarischen Identität ihre „kindliche" Leselust abseits der Erwachsenenwelt fortzusetzen und setzen die Lektüreanregungen, -stoffe und -formen zur Bearbeitung von Entwicklungsaufgaben ein. Nebenbei wird das Textverstehen elaboriert, was wiederum die Qualität der Anschlusskommunikation steigert. Über die Logik der Aggregation wird ein Engelskreis initiiert: Indem die literarischen Erfahrungen aktiv von den Jugendlichen eingebracht werden, verstärkt sich das lesefreundliche Gruppenklima. Im besten Falle regen die peer group-Mitglieder sich wechselseitig zu weiteren Lektüren an und erweitern ihr literarisches Spektrum kontinuierlich (vgl. Groeben & Schroeder 2004, S. 332 f.).

Aufgabe 7:

a) Lesen Sie die folgenden drei Beispiele und prüfen Sie, inwiefern die oben beschriebenen Sachverhalte aus Teufels- und Engelskreis in den Beispielen wiederzufinden sind.

b) Rekonstruieren Sie die drei Logiken, die zum Engels- bzw. Teufelskreis führen. (Tipp: Beginnen Sie mit den ersten beiden Beispielen, ehe Sie sich am letzten versuchen.)

c) Überlegen Sie bzw. diskutieren Sie, welche Bedingungen zu den Dynamiken führen und welche Folgen sie haben.

d) Welche Maßnahmen der Leseförderung aus dem Katalog im Kapitel zur Passung (2.3.3) wären bei Vertretern des Engels- und Teufelskreises Ihrer Meinung nach geeignet?

Beispiel 1: Der Fall Ronald

„Beliebt in der Mittelstufe waren Dürrenmatt, Sartre und auszugsweise gab es auch Kurzgeschichten von Hemingway und Kafka. Doch der Inhalt fesselte mich keineswegs. Das lag wohl auch mit daran, dass diese Geschichten mich nicht in eine andere Welt katapultierten! Dieses ‚Katapultieren' war großartig! Das waren Bücher! Ich betrat diese Welt mit ca. 10 Jahren, nämlich als ich anfing, meine Bücherauswahl selbst zu treffen: Michael Ende und J.R.R. Tolkien krachten mit Brachialgewalt in mein Leben hinein und saugten sich in jeder Faser meines Kopfes fest. Schulische Probleme hatten ein Ende – wie wunderbar (!), denn ich brauchte nur mit den Hobbits, Artus oder Atréju durch die unermesslichen Weiten der Anderswelt zu reisen und war glücklich. Dort war ich die Brosche am Hut von Gandalf und Merlin und erlebte alles – scheinbar – hautnah mit. Abhalten konnte mich keiner davon. Außerdem hatte ich noch einen Freund, der diese Leidenschaft voll und ganz teilte, was uns eher anspornte, mit dem Lesen dieser angeblich ‚unwichtigen' Literatur (!?) weiter fortzufahren, statt es zu lassen; es war keine Seltenheit, dass wir 4–5 Stunden nach der Schule in unserem Lieblingsbuchladen ‚Fantastische Buchhandlung – Karl-Heinz Müller' verbrachten und letztendlich dann dort unser gesamtes Taschengeld für Neuerscheinungen ausgaben, auf die wir schon lange, lange warten mussten. Ganz nebenbei: Wichtig war auch der Austausch über all diese Bücher mit dem besagten Freund. Dadurch blieben die Inhalte haften und das Wissen ließ sich mit Neuentdecktem gut verknüpfen!" (LAB-Korpus Philipp)

Beispiel 2: Der Fall Melina

„Mein Neuanfang gelang gegen Ende meiner Pubertät durch die Tatsache, dass ich in einen Jungen verliebt war, der ein großer Fan der ‚Drei Fragezeichen'-Serie von Alfred Hitchcock und den Büchern von Stephen King war. Nach der Kirche am Sonntag trafen wir Jugendlichen uns in der Pfarrbücherei des Ortes, um dort bis zum Mittagessen gemeinsam abzuhängen. Unter uns Jugendlichen begann ein Wettstreit darüber, wer in kürzester Zeit die meisten Bücher las. Wir tauschten uns jeden Sonntag über die Inhalte und Vorlieben der während der Woche gelesenen Bücher aus. Zu Beginn wollte ich nur dem Jungen imponieren, im Verlauf fand ich aber Gefallen an den spannenden und gruseligen Geschichten von Stephen King. Dieser Autor und die Themen seiner Bücher waren für Kinder ungeeignet, was mich vor allem in meinem Erwachsensein bestätigte.

Auch meiner Mutter und einer kompetenten Buchverkäuferin habe ich es zu verdanken, dass ich wieder regelmäßig mit dem Lesen anfing. Meine Mutter veranlasste in einer Buchhandlung ein Beratungsgespräch, und das empfohlene Buch ‚Die Säulen der Erde' von Ken Follett traf deutlich meinen Geschmack. Es weckte darüber hinaus meine bis heute anhaltende Vorliebe für historische Romane. Ich wurde dadurch wieder eine begeisterte Leserin, die mit FreundInnen Bücher austauschte und mit ihnen über den Inhalt diskutierte. Einige Male habe ich bis tief in die Nacht gelesen oder Verabredungen verschoben, weil ich ein Buch so fesselnd fand." (LAB-Korpus Philipp)

Beispiel 3: Der Fall Malte

In einer Befragung mit 153 männlichen Bibliotheksnutzern im Alter von sechs bis 18 Jahren Anfang der 2000er Jahre äußerte sich ein 18-jähriger Waldorfschüler so: „Lesen ist langweilig … es dauert lang und bringt nichts … ich geh' noch zur Schule, aber das schafft man auch ohne lesen … Ich kenn' niemanden, der Bücher liest, das ist wirklich so. Die Mädchen. Die vielleicht … Außerdem unterhält man sich mit denen nicht über Bücher, weil, wenn das rauskommt, dass jemand Bücher liest, ist ja uncool …" (zit. bei Bischof & Heidtmann 2002, S. 27).

Aufgabe 8:

Lesen Sie die folgenden zwei Beispiele. Richten Sie Ihr Augenmerk dabei zunächst **a)** auf das Medienverhalten von Stefan bzw. Cenk und **b)** die Rolle von peers bei ihren Medienaktivitäten. Im Anschluss folgen einige Fragen.

Beispiel 1: Stefan
Der Deutschunterricht

Interviewer (I): (…) Der nächste Punkt ist der Deutschunterricht. Kannst du mir sagen, was ihr als letztes im Deutschunterricht gelesen habt?

Stefan (S): Also jetzt haben wir ein Diktat geschrieben, das weiß ich noch und gelesen, also nur das Diktat so, ähm Zauberlehrling, so Hexenmeister

I   Ok, ein Diktat, bei dem ihr ein Gedicht abschreiben musstet.

S   Ja

I   Kannst du mal versuchen, es mir zu erzählen, was das für ein Gedicht ist, worum ging es da?

S   Also es war so ein Zauberlehrling, der gezaubert hat, wo sein Hexenmeister weg war. Und dann hat er so einen Besen verzaubert, dass er Wasser holen soll, hat ihn mit so einer Axt geschlagen, da sind es zwei Besen geworden und ja und dann ist irgendwann der Hexenmeister zurückgekommen und hat alles geklärt. Hat also den Besen befohlen, die sollen nicht mehr das machen.

I   Ok, kannst du dich noch an sonst etwas erinnern, das ihr gelesen habt? Habt ihr gemeinsam ein Buch gelesen?

S   Ja, jetzt sind wir an Anne Frank im Lesen. Im Weltkrieg. So eine Jüdin, die Tagebuch führt. Das sind wir jetzt gerade am Lesen.

I   Ok, und wie ist das, kannst du mal erzählen, was die so erlebt?

S   Die wohnen so in ein ärmeres Haus [SIC] mit verschiedenen Menschen drin und ja, die dürfen halt nicht so viel rausgehen und so. Und die haben ab und zu mal Streit, berichten halt über einzelne Sachen. So wie sie streiten und so. Ja das und was im Tagebuch drin steht, halt was da drin passiert, allgemein so.

I   Also dann würdest du sagen, so über den Alltag.

S   Ja.

I   Aber das ist ja wahrscheinlich nicht ein normaler Alltag gewesen so während des Kriegs. Gibt es etwas, was dir besonders in Erinnerung ist?

S   Also da stand drin, dass manche Juden in so ein Lager gestellt worden sind [SIC]. Und die sind ja davon [SIC] geflüchtet.

I   Und wie macht ihr das, wenn ihr das Buch lest, kannst du mal erzählen, wie das abläuft.

S   Ja, ab und zu liest der Lehrer vor und sonst müssen wir nach der Reihe vorlesen. Dann kriegen wir so ein gelbes Blatt, so einmal in drei Wochen oder so und dann müssen wir ausfüllen, was da passiert ist 29. Dezember und so. Dann müssen wir ausfüllen, was so passiert ist, da steht die Frage und hintendrauf müssen wir die Antwort schreiben.

I   Also ihr lest im Schulzimmer alle gemeinsam.

S   Ja.

I   Und gibt es auch manchmal Leseaufgaben, dass ihr zu Hause etwas lesen müsst?
S   Ja, manchmal müssen wir 10 Seiten oder so lesen.
I   Auch von der Anne Frank?
S   Ja, heute auch. (...)
I   Und wie würdest du sagen: Liest du das gerne?
S   Es geht, normal. [3 SEK] Ich lese es, damit ich es weiß.

Literale Praxen in der Freizeit
I2 Dann liest du das [Hiphop-Magazin] regelmäßig?
S   Ja. (...)
I   Warum dann genau?
S   Ja Hiphop gefällt mir, ich bin halt aufgewachsen mit Hiphop.
I   Machst du selber auch Hiphop-Musik?
S   Ja. Ich mache ab und zu Rap mit Kollegen, aber nicht von hier. Von XY, wissen Sie vielleicht, wo das ist?
    (...)
I   Kannst du mir erklären, was rappen genau heißt in diesem Zusammenhang für dich?
S   Rappen kann man über sein Leben. Also es sollen halt Reime sein. Das was sich immer reimt.
I   Und wenn du sagst, du gehst mit denen rappen, wie muss ich mir das ganz konkret vorstellen?
S   Also wir gehen vor PC [SIC], dann hat man so Programm [SIC], Hiphop-Maker oder so, dann kann man da Instrumental-Lied [SIC] drauf machen, also ohne Gesang, und dann da drauf kann man halt, muss man halt Text schreiben oder so und dann kann man darauf rappen, kann man die Stimme und so verändern.
I   Dann improvisierst du nicht beim Rappen, sondern du schreibst das zuerst auf und du überlegst dir vorher, welche Musik dazu passen könnte.
S   Ja.
I   Und tust du das allein? Kommt da jeder mit seinem eigenen Text oder
S   Zusammen meistens.
I   Das macht man gemeinsam. Kannst du das mal beschreiben?
S   Also zum Beispiel ich gehe zu ein Kolleg [SIC] und dann reden wir zuerst so und dann fangen wir an, Texte zu schreiben, reden wir halt ab und zu, über was, er schreibt seinen Text, ich schreibe meinen Text und dann, er sagt dann (...) ist das gut, sag ich ja, das passt gerade zu meinen anderen Sachen.
I   Mh, das stelle ich mir jetzt schwierig vor, wenn beide schreiben und dann muss man zusammen etwas machen. (...)
S   Ja, es dauert halt Zeit. Man muss halt schon miteinander reden, dass es klappt.
S   Also [ich] mache (...) ganze CDs, also Albums. Und schicke sie bei so Lables [SIC].
    (Quelle: Schneider 2008)

Beispiel 2: Cenk
„Cenk, 14 Jahre und kurdischer Herkunft, ist wie viele Jungen in seinem Alter ein begeisterter Computerspieler. Besonders schätzt er Onlinerollenspiele. Diese Leidenschaft ist ein Motor, um sich die Welt des Internet zu erobern. Weitere Anstöße und Unterstützung, um sich mit der neuen Medienwelt zu beschäftigen, erhält er von seinem Bruder. Im Internet sucht Cenk nach Informationen über Add ons und neue Spiele und besucht Spielerforen. Dabei begnügt er sich nicht mit deutschsprachigen Foren und Chats, sondern greift auch auf fremdsprachige zu. Ein englischsprachiges Forum zu einem seiner favorisierten Spiele fand er so hilfreich, dass er es kurzerhand ins Deutsche übersetzt und online gestellt hat. Das hat Cenk Aufmerksamkeit und Lob von anderen Fans eingebracht, worauf er recht stolz ist. Cenk ist jedoch nicht aufs Spielen im Internet fixiert. Seine medialen Aktivitäten sind sehr vielfältig: Er nutzt das Internet, um für seine Hausaufgaben zu recherchieren. Er hat eine eigene Homepage. Er stellt Videos her und

veröffentlicht sie online. Er kommuniziert mit anderen Heranwachsenden in schuelervz.net. Die meisten kennt er persönlich, sie gehören zu seinem Freundes- und Bekanntenkreis und er trifft sie nahezu täglich. Cenk fällt in unseren Erhebungen durch sein Wissen und seine Fähigkeiten in Bezug auf die Medienwelt und durch seine hohe soziale Kompetenz auf: Er erklärt, hilft bei Verständnis- und Handhabungsschwierigkeiten ohne Arroganz und Dominanz. In seiner Klasse ist er anerkannt und gut integriert. Cenk besucht eine Hauptschule in einem als sozialer Brennpunkt ausgewiesenen Stadtteil einer westdeutschen Großstadt" (Theunert 2008, S. 11).

  a) Bitte füllen Sie die folgende Tabelle 22 aus, um die beiden Falldarstellungen zu strukturieren

| | Stefan | | Cenk |
	Freizeit	Schule	Freizeit
Erwähnte Lesestoffe			
Lese- bzw. Schreibaktivitäten (Was? Wozu? Mit wem und für wen?)			
Lese- bzw. Schreibmedien			
Lebensweltliche Relevanz der genutzten Medien und ihrer Inhalte			
Genannte peers			
Erkennbare Lesemodi			

Tabelle 22: Medienverhalten von Stefan und Cenk in der Freizeit und in der Schule

   b) Vergleichen Sie bei Stefan die Bereiche Schule und Freizeit. Wie stehen sich diese Bereiche gegenüber?

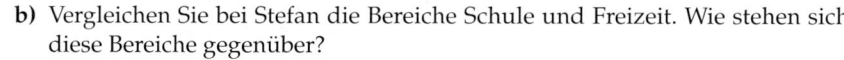 **c)** Welche Parallelen und Unterschiede finden sich zwischen Stefan und Cenk?

  d) Halten Sie Stefan und Cenk für typische Repräsentanten des Teufelskreises? Warum (nicht)?

  e) Welche Maßnahmen der Leseförderung würden Sie bei Stefan bzw. Cenk ergreifen? Beziehen Sie in Ihre Antwort Lesestoffe und -modi sowie Unterrichtsmethoden ein, die hier für eine Passung sorgen.

2.4.3 Die ‚Lesekrise' am Ende der Kindheit und die Transformation von Lesemodi in Pubertät und Adoleszenz

Die Lesekrise am Ende der Kindheit

Die biografische Leseforschung konstatiert am Ende der Kindheit eine „Lesekrise", die das „goldene Lesezeitalter" der Kindheit ablöst. Diese äußert sich laut den Aussagen von Graf (1995) oftmals in einer Veränderung der Lesehäufigkeit: „so gibt es Fälle von starken Einbrüchen der Lesefrequenz bis hin zu Lesepausen, aber es tritt in dieser Phase auch verstärkte Leseintensität auf" (Graf 1995, S. 113).

Aufgabe 9:

In den JIM-Studien werden seit 1998 regelmäßig und repräsentativ Jugendliche im Alter von 12–19 Jahren zu ihrem aktuellen Umgang mit Medien befragt. Das folgende Diagramm aus der JIM-Studie 2008 gibt eine Übersicht über die Häufigkeit des Bücherlesens bei den 12–19 Jährigen einmal für die Gesamtstichprobe (n=1.141) sowie nach Alter unterteilt. Betrachten Sie die einzelnen Altersgruppen. In welcher Altersspanne würden Sie von einer von der biografischen Leseforschung konstatierten ‚Lesekrise' sprechen? Begründen Sie ihre Einordnung.

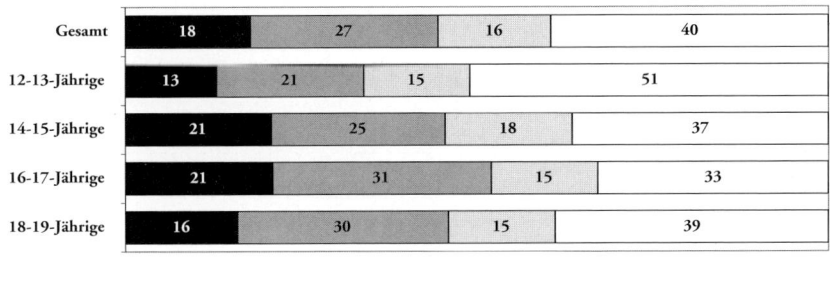

Abbildung 25: Häufigkeit der Buch-Lesens von 12- bis 19-jährigen Jugendlichen 2008
(Quelle: Medienpädagogischer Forschungsverbund Südwest 2008, S. 24)

Lesekrise?

Aufgabe 10:

In der PEER-Studie (*Peer Effects on Early Adolescent Reading*) von Philipp (2010) wurden SchülerInnen aus niedersächsischen Haupt- und Realschulen und Gymnasien zu Beginn der Sekundarstufe I befragt, einmal in der Mitte der Klasse fünf (Dezember 2006 bis Februar 2007, N = 501, Alter: M = 10,6 Jahre) und ein weiteres Mal am Ende der sechsten Klasse (Juni 2008, N = 519, Alter: *M* = 12,1 Jahre). Knapp 400 Kinder konnten zweimal, d.h. längsschnittlich befragt werden. Abbildung 26 enthält die Antworten von allen Befragten, sodass sie nicht als echte Längsschnittdaten interpretiert werden sollten. Dennoch lassen sie Rückschlüsse auf das Leseverhalten und seine Veränderung im Laufe der ersten beiden Jahre der Sekundarstufe zu.

Betrachten Sie die nachfolgenden Diagramme aus der PEER-Studie von Philipp (2010) zur Printmediennutzung bei Fünft- und Sechstklässlern.

a) Vergleichen Sie zunächst die Nutzungshäufigkeiten der verschiedenen Printmedien. Bei welchen Printmedien sind Einbrüche in der Lesehäufigkeit zwischen fünfter und sechster Klasse zu erkennen? Wo sind die stärksten Einbrüche zu verzeichnen?

  b) Betrachten Sie dann auch die Unterschiede zwischen den Geschlechtern und den einzelnen Schulformen. Welche Unterschiede stellen sie fest?

  c) Beurteilen Sie, inwiefern man aufgrund der quantitativen Daten Philipp (2010) von einer generellen „Lesekrise" am Ende der Kindheit sprechen kann.

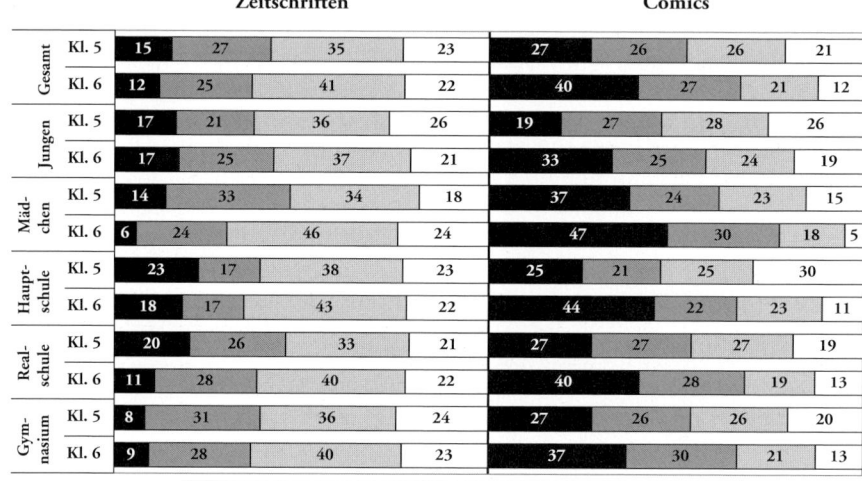

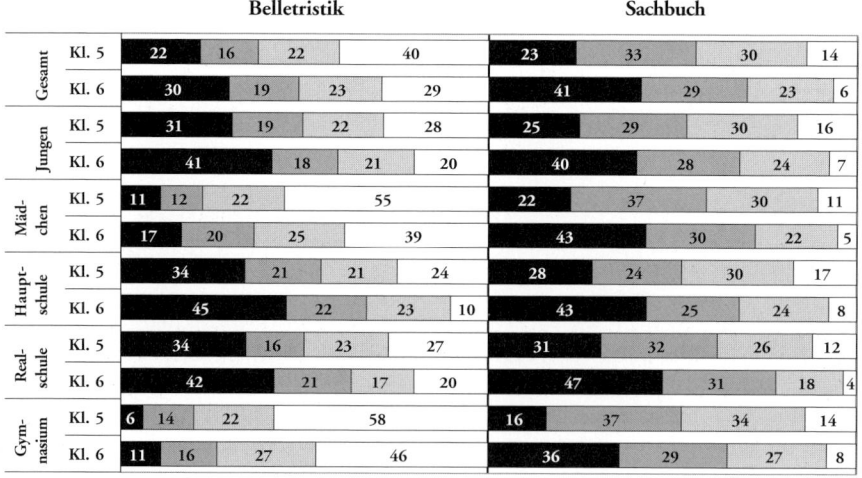

Abbildung 26: Häufigkeit der Printmediennutzung bei Fünft- und Sechstklässlern

(N = 465–508; Quelle: Neuberechnung aus dem Datensatz von Philipp 2010)

Ursachen der (Buch-)Lesekrise

Aufgabe 11:

Lesen Sie die folgenden Auszüge aus Lektüreautobiografien und arbeiten Sie die Gründe heraus, die bei den LeserInnen zu einer Krise in ihrem Leseverhalten geführt haben.

> „Seitdem ich etwa 16 war und es für mich galt, die Welt da draußen eher durch Partys und Klamotten-kaufen zu begreifen und zu erkunden, hat sich meine intensiver Bezug zur Bücherwelt stark gewandelt. Lesen gab mir auf einmal nicht mehr das Gefühl von Freiheit, und der Rückzug in mich selbst und Ver-bindungen zu Gelesenem waren nicht mehr angesagt. Ich begriff irgendwie, vielleicht war es die Schule, die mich dazu veranlasste, so zu denken, dass Lesen etwas mit Anforderung zu tun hatte. Ich konnte Bücher wie ‚Das Feuerschiff‘ oder ‚Das siebte Kreuz‘ nicht mehr nur einfach um des Lesens willen lesen und mir die Gedanken machen, die ich wollte, sondern war aufgefordert bestimmten Fragen nachzugehen. Da entstand irgendwo ein Bruch zwischen den Büchern und mir." (LAB-Korpus Garbe)
>
> „Nach einer ganzen Anzahl von gelesenen Büchern dieser Art hörte ich plötzlich damit auf, diese Bücher zu lesen, da sie in Aufbau und Struktur immer gleich waren und auf die Dauer viel zu schnulzig wurden. Mit dieser Art von Büchern hatte ich mich plötzlich überlesen." (Graf 2007, S. 72)

Aufgabe 12:

Die Schule scheint an der Entstehung der Lesekrise beteiligt zu sein. Doch wie trägt die Schule eventuell dazu bei, dass SchülerInnen auch das Lesen in der Freizeit aufgeben bzw. verringern? Nele Ohlsen hat 2008 im Rahmen ihrer Examenarbeit eine Studie zur Lesesozialisation in der Schule durchgeführt. Sie untersuchte 50 studentische Lektüreautobiografien zur Schulzeit u.a. auch hinsichtlich der Aus-wirkung auf das private Lesen der SchülerInnen zur Zeit der Lesekrise.

a) Lesen Sie die folgenden LAB-Auszüge aus der Studie von Ohlsen (2008) und arbeiten Sie die schulisch bedingten Ursachen heraus, die nach den Selbstaus-künften der SchülerInnen zu einer Verringerung der privaten Leseaktivität geführt haben.

b) Lediglich ein Achtel der befragten Studierenden berichtet davon, dass die Schule ihre private Leselust negativ beeinflusst habe. Beurteilen Sie diese Er-gebnisse hinsichtlich ihrer Problematisierung der „Lesekrise" in Aufgabe 2.

> „Besonders in den Klassen 8–10 ging mir über den mittelmäßigen Deutschunterricht hinaus auch meine private Leselust nahezu vollständig verloren. Im Nachhinein betrachtet war es wohl vorrangig die veraltete Sprache, wie in ‚Romeo und Julia‘ oder ‚Kabale und Liebe‘, die mir die Freude an der Literatur verleidet hat." (w, 22 Jahre)
>
> 5 „Ich erinnere mich noch an viele Schullektüren, die mich vom Inhalt her und auch von der Sprache und des Stils nicht wirklich ansprachen. So richtig schwer ist mir das Lesen aber nur bei sehr wenigen gefallen, da ich einfach versuchte, mich für die ‚Pflichtlektüre‘ zu interessieren, was meistens auch funktionierte. Wirklich zum Lesen ermunternd schien mir der Deutschunterricht allerdings die ge-samte Unter- und Mittelstufe entlang nicht. Oftmals verdeutlichten meine Lehrer ihre Unlust am
>
> 10 Lesen der Lektüren, indem die uns vortrugen, dass sie nichts für den Rahmenplan des Deutsch-Un-terrichts könnten und sie diese Bücher ebenfalls trocken fänden." (w, keine Altersangabe)
>
> „Besonders motivierend war diese Tatsache natürlich nicht, weshalb es mir teilweise als Zeitverschwen-dung schien, diese mich überhaupt nicht interessierenden Bücher lesen zu müssen. In dieser Zeit litt

15 meine Freizeitlektüre außer in der Ferienzeit auch einfach unter dem Zeitmangel, der sich automatisch einstellte, wenn wir mal wieder drei Lektüren für den gleichen Zeitraum zugemutet bekamen." (w, keine Altersangabe)

„Mit diesem Reclam-Heftchen setzte der Druck ein, beim Lesen auf Anhieb alles verstehen und sich einprägen zu müssen. Hinzu kam das Gefühl, ständig auf interpretatorisch Wichtiges zwischen den Zeilen achten zu müssen und bloß nichts zu übersehen. Es ist nicht so, dass mir das Interpretieren
20 nicht gefiel; aber es fehlte, die Worte und Sätze einfach auf sich wirken zu lassen, ohne gleich alles ‚auseinander zu nehmen'. Diesen teilweise frustrierenden und blockierenden Druck nahm ich von da ab an mit – auch in die Freizeitlektüre, die zunehmend weniger wurde." (w, 23 Jahre)

„Ich gelangte in eine Phase, in der ich auch persönlich keine Bücher mehr lesen wollte, und auch der Deutschunterricht half mir lange nicht, diese Unlust am Lesen zu überwinden, ich würde sogar viel-
25 mehr sagen: An manchen Stellen hat der sogar zu der Unlust am Bücherlesen beigetragen. Einige Zeit las ich die Schullektüren sogar gar nicht mehr. Da ja sowieso niemanden meine persönliche Verbindung zu diesem Buch interessierte, las ich lieber eine Inhaltsangabe sowie einen Interpretationsansatz im Internet, um so im Thema zu bleiben." (w, keine Altersangabe) (Quelle: LAB-Korpus Ohlsen)

Die Transformation von Lesemodi in Pubertät und Adoleszenz

Für einen Teil der Heranwachsenden lässt sich in der Pubertät und Adoleszenz eine Neuorientierung im Hinblick auf Lektürestoffe und Lesemodalitäten beobachten. Das bisherige Leseverhalten erfährt in den meisten Fällen eine Transformation, und es entscheidet sich in diesem Lebensabschnitt, wie die Lesekarrieren der Einzelnen im Weiteren verlaufen.

Aufgabe 13:

In den folgenden LAB-Auszügen beschreiben LeserInnen ihren Weg in die und aus der „Lesekrise" hinaus und die darauf folgenden Transformationen ihres Leseverhaltens.

  a) Arbeiten Sie anhand der LAB-Auszüge heraus, auf welche Weise die Lesekrise überwunden wurde und eine Transformation des Leseverhaltens erfolgte.

  b) Bestimmen Sie die jeweiligen Lesemodi, die jetzt ausgebildet bzw. realisiert werden.

„Mit Erreichen der Sekundarstufe I verlor ich jedoch den Bezug zu Büchern, da ich mich völlig von dem großen Angebot anderer ‚Jugendbeschäftigungen' hab mitreißen lassen. Ich wollte lieber fernsehen, mich mit Freunden beschäftigen und höchstens noch mal eine Zeitschrift und die vorgegebene Schullektüre lesen. Das Lesen war einfach nebensächlich geworden, und es war wichtiger, über einen Film
5 mitreden zu können als über ein Buch. Nur die Lektüre aus der Schule mussten durchgelesen werden, obwohl ich bezweifle, dass dies für mich wirkliches Lesen im Sinne von Einlassen auf ein Buch war. Das ging so über drei bis vier Jahre so, bis alle plötzlich über ein Buch (Harry Potter) redeten. Das war eines der ersten Bücher, die ich seit langer Zeit freiwillig las, und von der ersten Seite an habe ich sofort wieder Bezug gefunden. Die eigene Phantasie wurde wieder gefordert, und ich konnte mich und meine
10 Persönlichkeit völlig auf die Handlung einlassen und Seite für Seite mit dem Geschehen leben und mich weiterentwickeln. Die Spannung riss mich mit und ich konnte das Lesen wieder genießen. Es hat schlichtweg Spaß gemacht. Sogar zur Schullektüre konnte ich Bezug und Interesse finden, welche ich vorher eher langweilig fand. Besondere Erinnerungen habe ich an Friedrich Dürrenmatts ‚Der Besuch der alten Dame'.

15 Von da an war ich dem Lesen und der riesigen Auswahl an Büchern wieder zugänglich und ich verschlang ca. ein Jahr alles, was ich in die Finger bekam, als hätte ich etwas aufzuholen. Nachdem ich mich in diesem Jahr dann völlig überlesen hatte, sodass ich die Texte überhaupt nicht verarbeiten konnte, pendelte sich ein Gleichgewicht meiner Lesemenge ein, sodass es ein gutes Maß war.
Jetzt lese ich besonders nach stressigen oder emotionalen Tagen gerne, da mir Bücher ein Ausgleich und manchmal auch ein Fliehen aus dem Alltagsleben bieten, meine Phantasie anregen und ich in
20 Welten versinken kann, die mir sonst verschlossen blieben. Die Welt auch einmal mit anderen Augen wahrnehmen, ob der Inhalt nun real ist oder auch nicht. Es ist für mich wichtig, zu träumen und auch gerade mal irreal zu denken. Diese Träume und Traumanregungen finde ich für mich persönlich auch in Büchern wieder, sodass es mittlerweile für mich sehr wichtig ist zu lesen." (LAB-Korpus Philipp)

„Später auf dem Gymnasium wurde der Lernstoff dann doch schwerer für mich, und ich musste mich
25 sehr bemühen, mit dem Stoff mitzukommen. Da blieb nicht mehr so viel Zeit zum Lesen, und auch die Interessen verschoben sich. Die Kinderliteratur wurde langweilig, aber als Ersatz hatten ja einige meiner Freundinnen die – von meinen Eltern verbotene – Bravo-Zeitschrift in ihren Schultaschen! Außerdem arbeitete ich bis ich 15 war als ehrenamtlicher Helfer in der Bibliothek, daher blieben der Bezug und auch das Verlangen nach neuem Lesestoff weiterhin erhalten.
30 Ein paar Jahre während der Oberstufenzeit und auch während der Ausbildungszeit zur Reiseverkehrskauffrau, also zusammengefasst lange sechs Jahre, gab es fast ausschließlich nur Fachbücher und wichtige Schulliteratur für mich, jedoch konnte ich mich mit einer Annette Droste-Hülshoff oder Goethe nie identifizieren – ich las sie, weil ich es musste, ich verstand sie auch – aber gefesselt oder fasziniert haben mich diese Werke nie wirklich.
34 Später, nach meiner Ausbildung fand ich relativ schnell wieder zu meinen Romanen oder Erzählungen und auch meiner Tageszeitung zurück; sie dienen mir abends auch heute noch zur Entspannung und als Informationsquelle. Raus aus dem Alltag von Haushalt, Kindern, Arbeit, rein in mein Buch. Manchmal über Stunden – so wie früher.
Aber die schönsten Momente sind, wenn ich ein Kinderbuch in der Hand halte und meinen Kindern
40 beim Zubettgehen daraus vorlese – ihre Augen leuchten dabei und sie lauschen meiner Stimme. Aber eigentlich sind sie währenddessen gerade mit Heidi auf der Alm." (LAB-Korpus Philipp)

Sekundäre literarische Initiation

Graf betont, dass das Lesen nach der Krise am Ende der Kindheit nicht bruchlos fortgesetzt wird, sondern neuer Anregungen von außen bedarf. Er spricht in diesem Zusammenhang von einer *„sekundären literarischen Initiation"* (vgl. Graf 2007, S. 76). Das Anregungszentrum wandert in dieser zweiten Initiationsphase häufig aus der Familie heraus.

Aufgabe 14:

a) Bestimmen Sie anhand der folgenden LAB-Auszüge diejenigen Instanzen, die in dieser zweiten Initiationsphase die häufigsten Anregungen zum (Buch-) Lesen liefern.

b) Stellen Sie Vermutungen darüber an, warum die zweite Anregungsphase häufig nicht in der Familie stattfindet, sondern vielmehr über andere Sozialisationsinstanzen erfolgt.

c) Graf (1995) bezieht die sekundäre literarische Initiation nur auf die Belletristik-LeserInnen und schließt die Sach- und FachbuchleserInnen aus. Würden Sie dieser Einteilung zustimmen?

„Ich war nur noch genervt, Bücher auf Zwang lesen zu müssen, und der Gefallen am Lesen wurde immer geringer.

Als ich mich im mittleren Jugendalter befand und nun auch meinen ersten Freund hatte, stellte ich das Lesen immer mehr in den Hintergrund. Ich erfand Ausreden, nicht mehr zu lesen, wie: ‚Lesen ist Zeitverschwendung' oder ‚Es gibt wichtigere Dinge, worum ich mich kümmern muss'. Des Weiteren fühlte ich eine nie zuvor empfundene Einsamkeit während des Lesens. Ich hasste diese Stille, war sehr schnell gelangweilt und hatte auch oft keine Geduld, die Bücher zu Ende zu lesen. Ich war nur noch genervt, vor allem ‚dicke Schinken' lesen zu müssen und las nur noch gerne die Zeitung vom Morgen, Jugendzeitschriften oder den Lesezirkel beim Zahnarzt.

In der Mitte meiner Schullaufbahn hatte ich dennoch das Gefühl, irgendetwas verpasst zu haben, wenn meine Mutter von ihrem Literaturkreis und manche Freundinnen von ihren Lieblingsbüchern erzählten und ich in Zeitschriften von Bestsellern las, die neu auf den Markt gekommen sind.

Als mir eine Freundin dann einmal ein Buch ans Herz gelegt hatte und ich ihr berichten sollte, wie es mir gefallen hat, nahm ich es mit in den Urlaub und las es am Strand. Seit langem war ich zum ersten Mal wieder entspannt und hatte wieder Spaß daran, in einem Buch vertieft zu sein." (LAB-Korpus Philipp)

„Ich weiß noch, dass viele meiner MitschülerInnen und ich erstaunt darüber waren, wie viel Enthusiasmus von unserem Lehrer an uns weitergegeben wurde. Die Folge war, dass einige von uns auch ‚Faust 2. Teil' in unserer Freizeit gelesen haben.

Zurückblickend betrachtet war dieser Lehrer mit Sicherheit der ausschlaggebende Grund, weshalb ich nach einer gewissen Zeit des Desinteresses zum Lesen zurück gekehrt bin. Denn seit diesen zwei Unterrichtsjahren mit ihm betrachte ich das Lesen mit anderen Augen und schätze die Lektürenvielfalt und so manche ruhige Stunde mit einem interessanten Buch sehr." (LAB-Korpus Ohlsen)

„Ganz besonders gut war der anregende Unterrichtsstil der Deutsch-LK-Lehrerin. Jeder Schüler wurde zum Mitdenken angeregt, und eine gute Kommunikation zwischen Lehrerin und Schülern fand statt. Viel Zeit für andere Unterrichtsinhalte als die der vom Ministerium vorgegebenen blieb nicht. Durch ihre guten Motivationskünste gelang es ihr jedoch, fast jeden Schüler dazu zu bringen, sich freiwillig mit Themen zu beschäftigen und die kurz im Unterricht vorzustellen. Durch viele Anregungen gelang es ihr aus mir eine Leserin zu machen." (LAB-Korpus Ohlsen)

Aufgabe 15:

Ein interessantes Ergebnis der Studie von Ohlsen (2008) ist, dass die befragten Studierenden nur von sekundären literarischen Initiationen in der Oberstufe berichten, nicht jedoch in der Sekundarstufe I; hier wird vielfach die Leseförderung in der achten Klasse eingestellt. Lediglich eine Studierende von 50 berichtet von Lesefördermaßnahmen nach Klasse 7 (vgl. Ohlsen 2008).

 a) Was lässt sich aufgrund dieser Befunde über den Verlauf der Lesesozialisation bei denjenigen SchülerInnen vermuten, die die Schule bereits nach der Sekundarstufe I verlassen?

 b) Welche Maßnahmen müssten getroffen werden, um auch diesen SchülerInnen entsprechende Anregungen zu ermöglichen?

Aufgabe 16:

Nach Garbe, Holle und Jesch (2009, S. 204) erscheint es gerade in der unter Erwerbsgesichtspunkten kritischen Phase der „Lesekrise" bzw. der Transformation von Lesemodi wichtig, zahlreiche Zugänge zu Lesestoffen und Lesefunktionen zu eröffnen, damit die verschiedenen Optionen überhaupt zur Verfügung stehen.

a) Erläutern Sie diesen Gedanken, indem Sie sich auf die LAB-Auszüge aus Aufgabe 5 und 6 dieses Kapitels beziehen.

b) Wie sollten konkrete Angebote aussehen? Beziehen Sie ihre Überlegungen sowohl auf Form und Vielfalt der Angebote sowie auch auf verschiedene Medien. Erste Anregungen finden Sie auch in den LAB-Auszügen.

Die Lesekrise als schichtübergreifendes Phänomen?

Die lesebiografischen Befunde zur Lesekrise stammen aus autobiografischem Material, das von Studierenden verfasst wurde (vgl. Graf 1995). Da diesen eine günstige Bildungsbiografie unterstellt werden kann, bleibt die Frage, wie die „Lesekrise" in ungünstigen Bildungsbiografien verläuft.

Aufgabe 17:

Das folgende Porträt des Hauptschulabsolventen Tom stammt aus der Studie von Irene Pieper et al. (2004) zur Lesesozialisation in schriftfernen Lebenswelten. Arbeiten Sie anhand der kurzen Falldarstellung von Tom und der LAB-Auszüge dieses Kapitels die Gemeinsamkeiten und Unterschiede der „Lesekrise" zwischen günstigen und ungünstigen Bildungsbiografien heraus.

a) Wie verläuft Toms Lesesozialisation? Versuchen Sie, einzelne Phasen zu bestimmen (vgl. hierzu auch Kapitel 3.2.3).

b) Welche Rolle spielt der Migrationshintergrund vermutlich in Toms Lesesozialisation?

c) Wie erlebt Tom die Zeit der „Lesekrise"? Vergleichen Sie die Einbrüche im Leseverhalten der eher günstigen Biografieverläufe in Aufgabe 5 mit Toms Lesesozialisation. Welche Gemeinsamkeiten und Unterschiede stellen Sie fest?

„Tom ist unmittelbar vor der ersten Klasse mit seiner Familie aus Polen nach Deutschland gekommen. Auch dort habe er schon ferngesehen, in Deutschland allerdings sei das Programm wie die Spielzeugwelt bunter gewesen, ‚jeder Tag war eine Aufregung' (153), und er glaubt, die deutsche Sprache durch das Fernsehen gelernt zu haben. Er habe deutsch sprechen, lesen und schreiben gleichzeitig gelernt. Bis zur vierten Klasse, die er wiederholen musste, sei das Lesen sehr schwierig für ihn gewesen; der Deutschunterricht in der Grundschule wird negativ und beängstigend erinnert. Er erinnert sich an ein Buch, in dem jeden Tag ein Abschnitt zu lesen gewesen sei. Meistens hätte er das nicht gelesen, er hätte Mitschüler gefragt, was da besonderes war und dies hinaus ‚gepulsiert' (264). ‚Deshalb denk ich mir auch immer noch diese Abneigung zum Bücher halt. Man hat das als Kind immer als was Schlimmes empfunden, wenn man da lesen musste [...] Wenn der Lehrer dann genommen hat, dann musste man schon vorlesen [...] Ööh, Paranoia ja, dann hat man nach dem Typ, auf dem Stuhl gesessen vor Angst, geschwitzt ja, bis der Stuhl nass war ja (lacht) Ja war schon so auf jeden Fall' (164–165). In der Hauptschule sei ihm der Unterricht leichter gefallen, er habe auch gute Noten gehabt. Auch zur Zeit seines Hauptschulbesuch las Tom in der Freizeit keine Bücher, zeitweilig wurde in der Clique die *Bravo* gelesen. An den Inhalt der Lektüre *Damals war es Friedrich*, die ca. in der siebten Klasse gelesen wurde, erinnert sich Tom ansatzweise. In letzter Zeit habe er sich aber ein Buch über einen japanischen Kämpfer gekauft und es ganz durchgelesen, es ging, also meine Augen gingen wirklich durch die Blätter' (80).

Tom schildert sich als zu verträumt, um sich auf einen längeren Text leicht konzentrieren zu können. Seine Eltern hätten eine größere literarische Praxis als er: ‚Ich sag ma ist schon bisschen komisch ja, meine Mutter liest gerne, mein Vater liest genauso gerne, ich les überhaupt gar nicht gern so, ich sag ma ich les nur das was mir gefällt und das ist noch schlimm für mich ja' (132)". (Pieper et al. 2004, S. 238)

Aufgabe 18:

  Beurteilen Sie abschließend, inwiefern man von der „Lesekrise" im Sinne Werner Grafs als schichtübergreifendem Phänomen sprechen kann.

2.5 Lesen in den weiterführenden Schulen: Pflichtprogramm oder Motor der (Selbst- und Welt-)Erkenntnis?

2.5.1 Ziele des Literaturunterrichts, Aufgaben der Schule

Aufgabe 1:

a) Vervollständigen Sie bitte diese zwei Sätze:
„Besonders wichtig an der *Schule* war mir …"

....

....

„Belastet hat mich an der Schule vor allem…"

....

....

 b) Schildern Sie bitte ausführlich eine Situation im *Literaturunterricht,* die Ihnen in besonders positiver oder negativer Erinnerung geblieben ist.

Verschiedene Aufgaben des Literaturunterrichts
Der Literaturunterricht soll Verschiedenes leisten, wie es der Katalog aus sechs Zielen zeigt, den Mechthild Dehn et al. (1999, S. 597 ff.) vorstellen: Der Literaturunterricht soll
a) die *Freude am Lesen fördern.* Hier geht es darum, das Interesse am Lesen bzw. die Lesemotivation zu wecken und zu erhalten (vgl. Dehn et al. 1999, S. 598);
b) die kognitive Fähigkeit vermitteln, *Texte zu verstehen, zu analysieren und zu erschließen,* d.h. Lesekompetenz soll ausgebildet werden (vgl. ebd., S. 598 f.);
c) *literarische Bildung* vermitteln, d.h. die SchülerInnen sollen mit den historisch und national bedeutsamen literarischen Werken und literaturgeschichtlichen Epochen und Strömungen vertraut gemacht werden (vgl. ebd., S. 599);
d) *Imagination und Kreativität fördern.* Beim Lesen, speziell von Literatur, kommt die Vorstellungskraft zum Tragen, um den Textinhalt in Form von inneren Bildern individuell zu konkretisieren. Diese Ima-

ginationsfähigkeit steht in engem Zusammenhang mit der Kreativität, die es ermöglicht, Routinen zu durchbrechen und Gegenentwürfe zu Bestehendem zu liefern (vgl. ebd., S. 599 f.);

e) *Identitätsfindung und Fremdverstehen ermöglichen.* Das bedeutet, dass die Identifikationsmöglichkeiten mit literarischen Figuren genutzt werden sollen, um eigene Probleme und sich selbst sowie andere im Spiegel der Fiktion zu sehen. Außerdem hält Literatur Erfahrungsräume und Sichtweisen bereit, die es in der alltäglichen Erfahrungswelt der SchülerInnen nicht gibt. LeserInnen haben so die Chance, die eigene gegen eine andere Sichtweise auszutauschen und quasi nebenbei ihre Fähigkeit zu Empathie und Fremdverstehen auszubauen (vgl. ebd., S. 600).

f) *zur Auseinandersetzung mit anthropologischen Grundfragen befähigen.* Literarische Texte thematisieren immer wieder individuelle und gesellschaftliche Probleme, z.B. Liebe, Tod, Konflikte moralischer Art oder zwischen Gefühl und Verstand, aber auch Reifungs- und Ablösungsprozesse. Dadurch soll es Heranwachsenden ermöglicht werden, sich mit diesen existenziellen Fragen zu beschäftigen, zugleich kann unter der historischen Perspektive auch das sich wandelnde Menschenbild erfahren werden (vgl. ebd., S. 600 f.).

Aufgabe 2:

a) Bitte ordnen Sie folgende Unterrichtssituationen einem der sechs Ziele nach Dehn et al. (1999) zu:

a) Eine Lehrerin lässt die SchülerInnen die Erzählweise einer Kurzgeschichte bestimmen.

b) Eine Lehrerin bittet die Klasse, zu einem Roman ein alternatives Ende zu schreiben.

c) Ein Lehrer lässt in einer Klausur eine Passage aus „Faust" interpretieren.

d) Eine Lehrerin führt mit ihrer Klasse eine Lesenacht durch.

e) In einer Klausur wird nach den Lebensdaten von Goethe und dem Begriff „Sturm und Drang" gefragt.

f) Da im Geschichtsunterricht das Thema Nationalsozialismus behandelt wird und einige SchülerInnen fragten, warum so viele Deutsche unkritisch den Nazis folgten, beschließt eine Lehrerin, im Unterricht „Die Welle" zu lesen.

g) Ein Lehrer fragt nach der Lektüre von „Romeo und Julia", worin die besondere Tragik der Handlung liegt.

b) Halten Sie die Ziele untereinander für verträglich? Wo ergeben sich Ihrer Meinung nach Konflikte zwischen gegenläufigen Zielen?

In seiner Befragung aus dem Jahr 1999 ließ Klaus Gattermaier mehr als 350 DeutschlehrerInnen aus Sachsen und Bayern in einem Katalog von 16 Zielen des Deutsch- und Literaturunterrichts angeben, für wie wichtig sie einzelne Lehr-Lern-Ziele halten. In Tabelle 23 sind diese Ziele samt der Mittelwerte für das Gesamtsample (alle bayrischen und sächsischen Lehrkräfte) und das bayrische Teilsample (LehrerInnen in Haupt- und Realschulen sowie Gymnasien) aufgeführt. Inhaltlich lassen sich die Zahlen wie folgt interpretieren: „1" steht für „sehr wichtig", „2" für „wichtig", „3" für „weniger wichtig" und „4" für „nicht wichtig". Damit markiert der Wert 2,5 die Scheidemarke, an der sich tendenziell für wichtig bzw. unwichtig gehaltene Ziele trennen.

Lehr-Lern-Ziel des Literaturunterrichts	Alle (Bayern und Sachsen)		Hauptschule (Bayern)		Realschule (Bayern)		Gymnasium (Bayern)	
	Mittel-wert	Rang	Mittel-wert	Rang	Mittel-wert	Rang	Mittel-wert	Rang
Lesefreude vermitteln	1,33	1	1,44	2	1,29	1	1,33	1
Lesefertigkeit verbessern	1,44	2	1,29	1	1,47	2	1,65	6
Sprachkompetenz durch gutes Vorbild verbessern	1,56	3	1,67	5	1,58	4	1,62	4
Diskussionsfähigkeit, Gesprächs-bereitschaft fördern	1,58	4	1,65	4	1,52	3	1,51	2
Zur Auseinandersetzung mit menschlichen Grundfragen beitragen	1,63	5	1,71	6	1,68	8	1,61	3
Zum privaten Lesen hinführen	1,68	6	1,71	6	1,59	5	1,63	5
Kreativität und Imagination fördern	1,73	7	1,96	9	1,67	6	1,67	8
Ethische Urteilskompetenz fördern	1,75	8	1,79	8	1,86	11	1,71	10
Informationsentnahme aus Texten schulen	1,80	9	1,46	3	1,67	6	1,99	12
Zur Identitätsfindung und zum Fremdver-stehen beitragen	1,83	10	1,98	10	1,76	10	1,66	7
Kritisches Lesen einüben	1,85	11	2,13	11	1,68	8	1,70	9
Literarische Texte interpretieren können	2,04	12	2,63	14	2,32	15	1,80	11
Moralische Grundsätze verankern	2,06	13	2,13	11	1,99	12	2,33	14
Literarisches Wissen vermitteln	2,21	14	2,88	16	2,25	14	2,16	13
Kulturteilhabe ermöglichen	2,29	15	2,38	13	2,14	13	2,33	14
Literarästhetisches Empfinden ausbilden	2,36	16	2,83	15	2,58	16	2,24	16

Tabelle 23: Zielpräferenzen der LehrerInnen für den Lese- und Literaturunterricht für alle Befragten und das bayrische Teil-Sample (Quelle: Gattermaier 2003, S. 215, 223)

Aufgabe 3:

 a) Welche Aufgaben des Unterrichts werden vom Gesamtsample besonders stark gewichtet?

 b) Gibt es Ziele, die generell als weniger wichtig wahrgenommen werden (Mittelwert größer als 2,5)? Welche Teilsamples sind besonders betroffen?

c) Bei den tendenziell unwichtigen Zielen ist das Teilsample der bayrischen HauptschullehrerInnen auffällig, das andere Wertigkeiten bei den wichtigen Zielen hat. Warum werden nach Ihrer Auffassung im Vergleich mit den anderen Teilsamples bestimmte Ziele dort vernachlässigt, warum andere besonders betont?

d) Ordnen Sie die Ziele aus dem Katalog zunächst einem der sechs Ziele des Literaturunterrichts nach Dehn et al. (1999) zu. Welche Aufgaben werden von allen Befragten bzw. in den Teilsamples besonders stark gewichtet?

e) Welche Ziele sind bzw. welches Ziel ist Ihnen besonders wichtig? Wie bewerten Sie mit Blick auf Ihre eigenen Präferenzen die Zielsetzungen der befragten LehrerInnen?

Nicht fürs Leben, sondern für die Institution selbst zu lernen, ist ein sprichwörtlicher Vorwurf, der der Schule gemacht wird. Diese Wahrnehmung der formellen Sozialisationsinstanz Schule hat damit zu tun, dass sie unterschiedliche Aufgaben erfüllen soll und dies faktisch unterschiedlich erfolgreich tut. Joachim Fritzsche (2004, S. 203) zählt vier Funktionen auf:

Vier Funktionen der Schule (nach Fritzsche 2004):

1. *Qualifikation*: Die Schule soll kulturnotwendige Fertigkeiten und Wissensbestände vermitteln, die in der Familie nicht bzw. nicht so gut weitergegeben werden können.
2. *Allokation*: Aufgrund ihrer schulischen Leistung wird den SchülerInnen ein Platz in der Gesellschaft zugewiesen, indem über Noten Berechtigungen zu weiteren Ausbildungsgängen vergeben werden.
3. *Vermittlung von Werten und Normen*: Im Sinne einer Enkulturation sollen die Heranwachsenden zu gesellschaftlich handlungsfähigen Persönlichkeiten erzogen werden.
4. Bereitstellung von peer groups: In der Schule kommen Gleichaltrige zusammen, die sich untereinander sozialisieren (s. Kapitel 4.2.3 im Lehrbuch und Kapitel 3.3 im Arbeitsbuch).

In den vier Funktionen ist die Förderung von Lesekompetenz nur ein Ziel unter anderen und am ehesten noch der Qualifikationsfunktion zuzuordnen. Damit ist sie ebenfalls betroffen von den zwei gegensätzlichen Aufgaben der Schule, die Groeben und Schroeder herausgearbeitet haben:

Zwei gegensätzliche Aufgaben der Schule (nach Groeben & Schroeder 2004):
- Die **explizite Aufgabe**, die in Bildungs- und Lehrplänen Einzug findet, lautet: „Schule hat die Aufgabe, die Schüler/innen in Richtung auf eine [...] **Persönlichkeitsentwicklung** zu fördern und zu qualifizieren" (Groeben & Schroeder 2004, S. 321).
- Diese Aufgabe zu erfüllen wird von einer **weiteren Aufgabe** erschwert, die dem (deutschen) System Schule mit seiner starken Selektivität **implizit** innewohnt: „Schule hat die Aufgabe, eine leistungsgerechte **Selektion und Allokation** der Schüler/innen vorzunehmen" (ebd.).

Aufgabe 4:

Ordnen Sie die Funktionen der Schule (Fritzsche 2004) den Aufgaben der Schule (Groeben & Schroeder 2004) zu.

Klaus Ulich hat von 1999 bis 2004/2005 in mehreren Seminaren insg. 184 Lehramtsstudierende zu ihren Schulerfahrungen schriftlich befragt. Die StudentInnen sollten sich zu vier Bereichen frei äußern: 1.) was sie außer Fachlichem gelernt haben, 2.) was ihnen an der Schule besonders wichtig war, 3.) was sie in der Schule belastete und 4.) was die Schule nach eigener Meinung aus ihnen gemacht hat. Interessant erscheinen in den Erinnerungen die Bereiche 2 und 3, da zwischen positiver Bedeutsamkeit und negativen Wirkungen der Schule die Spannung der beiden Aufgaben der Schule besonders eindrucksvoll gezeigt werden kann.

Tabelle 24 enthält die zu Kategorien verdichteten Antworten auf die Frage, was den Studierenden an ihrer Schule besonders wichtig war. Hinter der Kategorie „Persönliche Entwicklung" verbergen sich primär positive Aussagen wie „Durchsetzungsvermögen", „Eigenverantwortung", „Selbstständigkeit", unter die außerschulischen Aktivitäten gehören als soziale Ereignisse Klassenfahrten und Ausflüge sowie musisch-kreative Aktivitäten wie Chor, Theater etc. Unter die positiven Beziehungen zu LehrerInnen fallen Äußerungen über begeisterungsfähige, freundliche und faire Lehrer, die die Schüler unterstützen und ernst nehmen. In Tabelle 25 sind die Belastungen aufgeführt, die die Studierenden geschildert haben. Lesen Sie nun zunächst beide Tabellen sorgfältig und bearbeiten Sie dann die Aufgabe 5:

„Besonders wichtig an der Schule war mir ..."	Prozent	Funktion der Schule	Aufgabe der Schule
Freunde, Klassengemeinschaft	90		
Persönliche Entwicklung	28		
Positive Beziehung zu LehrerInnen	27		
Aktivitäten außerhalb des Unterrichts	24		
Gute Leistungen, Abitur	24		
Spaß an Fächern	18		
Interessanter Unterricht	10		

Tabelle 24: Wichtige schulische Aspekte, Mehrfachantworten (Quelle: Ulich 2006, S. 193)

„Belastet hat mich an der Schule vor allem …"	Prozent	Funktion der Schule	Aufgabe der Schule
Leistungs-, Notendruck	74		
„schlechte", ungerechte Lehrer	68		
Konflikte und Konkurrenz in der Klasse	45		
Unterrichtsinhalte und -formen	22		

Tabelle 25: Schulische Belastungen, Prozent-Angaben, Mehrfachantworten (Quelle: Ulich 2006, S. 194)

Aufgabe 5:

a) Was war den Befragten am wichtigsten (Tabelle 24), was hat sie am meisten belastet (Tabelle 25)? Notieren Sie Ihre Antwort und vergleichen Sie sie mit den beiden Sätzen, die Sie zu Beginn des Kapitels vervollständigt haben.

b) Versuchen Sie, die elf genannten Aspekte jeweils einer schulischen Funktion (nach Fritzsche) und einer Aufgabe der Schule (nach Groeben & Schroeder) zuzuordnen. Wo gibt es Probleme?

Ulich hat eine Queranalyse über alle erfragten Aspekte schulischer Sozialisation vorgenommen. In dieser Analyse zeigte sich, dass sich 77 Prozent aller 1.526 Äußerungen (= 1.180) zu sechs inhaltlichen Bereichen zusammenfassen lassen. In Tabelle 26 sind die sechs häufigsten Erfahrungsfelder dargestellt. Hier wird auch angegeben, ob sie positiv oder negativ bewertet wurden.

Erfahrungsfeld	Anzahl Nennungen N=1.180	Anteil an allen Äußerungen in Prozent	davon positiv in Prozent	davon negativ in Prozent
Mitschüler (Freunde, Probleme in der Klasse)	268	23	69	31
Persönliche Entwicklung	263	22	85	15
LehrerInnen, -verhalten und -beziehung	198	17	31	69
Leistungen, Leistungsdruck	191	16	23	77
Soziale Kompetenzen	168	14	95	5
Unterricht/Fächer	92	8	56	44

Tabelle 26: Schulische Erfahrungsfelder und ihre Bewertung (Quelle: Ulich 2006, S. 198)

Aufgabe 6:

 a) Welche Bereiche werden von den Befragten meistenteils positiv oder negativ geschildert?

 b) Ist der Bereich, in dem die LehrerInnen genannt werden, ein positiv oder negativ erinnerter? Diskutieren Sie in Ihrer Lerngruppe mögliche Gründe für diesen Sachverhalt.

 c) Wie verhält es sich bei Ihnen und Ihren Erinnerungen an die Schule? Notieren Sie (auch für das Verfassen Ihrer LAB), in welchem der schulischen Erfahrungsfelder Ihre Erfahrungen mit dem Lesen in der Schule positiver bzw. negativer Art sind.

 d) Nehmen Sie sich Ihre Schilderung einer besonders ge- bzw. misslungenen Situation im Deutschunterricht vor. Welche Aufgaben der Schule und welche Ziele des Literaturunterrichts haben Sie darin thematisiert?

 e) Ordnen Sie die Ziele des Literaturunterrichts (nach Dehn et al. 1999) einer der beiden Aufgaben von Schule zu. Welches der sechs Ziele steht der Selektionsaufgabe am nächsten, welches der Persönlichkeitsförderung? Begründen Sie Ihre Meinung.

 f) Vergleichen Sie die Ziele des Literaturunterrichts mit den Funktionen des Lesens aus Kapitel 1.1.2 des Lehrbuches. Wo finden Sie Parallelen zwischen dem, wozu Lesen dient (Funktionen des Lesens), und dem, worauf der schulische Literaturunterricht abzielt? Ordnen Sie den Zielen mindestens je eine Funktion zu.

2.5.2 Probleme des Literaturunterrichts in der Sek I

Aufgabe 7:

  a) Analysieren Sie bitte die folgenden Auszüge aus studentischen Lektüreautobiografien. Woraus resultieren Ihrer Ansicht nach die Probleme des Deutschunterrichts in der Sekundarstufe I?

  b) Erinnern Sie sich an Ihren eigenen Deutschunterricht in der Sekundarstufe I. Lassen sich Parallelen zu den hier zitierten Äußerungen finden?

 c) Diskutieren Sie in Ihrer Lerngruppe, warum der Deutschunterricht in der Sekundarstufe I so negativ beurteilt wird.

„Während des Deutschunterrichts, ab der 9. Klasse bis in die Oberstufe, wurde ich immer aufgebrachter gegen die Art, wie Texte/Bücher regelrecht zerlegt, analysiert und zerlesen wurden. So, daß von ihrer ursprünglichen Faszination oft nichts mehr übrigblieb. So mit Texten umzugehen, machte mich wütend und hilflos. Zu oft verloren dabei die Texte, die Literatur, an Reiz und Faszination und hinterließen eine Leere. Um dem zu entgehen, blockte, schaltete ich im Unterricht ab. Meist las ich nur noch zu Hause, für mich – in Ruhe."

„Auf dem Gymnasium wurde das Lesen von der Lust zur Last. Es mußten Bücher gelesen werden, weil darüber gesprochen werden sollte, auch wenn sie mich nicht interessierten. Das ‚private Lesen', das Lesen aus Freude wurde seltener."

„Im Gymnasium mußte man dann schließlich lesen: 1–2 Seiten im Geschichtsbuch, kurze Geschichten, Gedichte. Am Anfang hat mir auch das viel Spaß gemacht. Später wurde es dann mehr, d.h. mehr mußte gelesen werden, und ich glaube, mein Interesse für schulrelevante Texte ließ nach. Vielleicht weil alle lesen mußten, alle das gleiche lasen und Lesen nichts Besonderes mehr war." (Garbe & Groß 1993, S. 97 f.)

Lesestoffe im Deutschunterricht

Deutlich wird bereits aus diesen kurzen LAB-Ausschnitten, dass es anscheinend mehrere Faktoren gibt, die zu den negativen Einstellungen gegenüber dem Deutschunterricht in der Sekundarstufe führen. Als einer dieser Faktoren gilt die Auswahl der Schullektüre.

Klaus Gattermaier hat in seiner 1999 durchgeführten Studie AchtklässlerInnen und LehrerInnen u.a. zu ihren favorisierten Buchgenres befragt. Die wichtigsten Ergebnisse dieser Befragung sind in Tabelle 27 zusammengestellt. Die Zahlen vor den Klammern geben die entsprechenden Anteile in Prozent wieder, die Zahl in Klammern markiert den Rangplatz des Genres innerhalb der befragten Gruppe.

Genrepräferenzen	„Das habe ich in diesem Schuljahr mit der 8. Klasse schon gelesen" Lehrerangaben (n=359)	„Das lesen Schüler in der Freizeit gerne" Lehrer-Fremdeinschätzung (n=359)	„Das lese ich gerne in der Freizeit" SchülerInnen-Selbsteinschätzung (n=1.582)
Bücher über Probleme von Jugendlichen	52,6 (1)	71,0 (1)	51,8 (3)
Klassische Literatur	35,7 (2)	0,6 (26)	9,5 (24)
Gedichte/ Gedichtbände	35,1 (3)	1,1 (22)	10,9 (23)
Dramen	29,2 (4)	0,8 (24)	24,1[2] (12)
Märchen und Sagen	17,3 (5)	12,3 (13)	15,5 (18)
Horror-, Grusel-, Gespenstergeschichten	15,3 (6)	64,3 (4)	56,3 (1)
Moderne Romane	14,5 (7)	9,4 (15)	32,6 (9)
Lustige Bücher	14,2 (8)	64,6 (3)	54,3 (2)
Abenteuerbücher	13,1 (10)	64,1 (5)	51,3 (4)
Liebesromane/ Liebesgeschichten	12,5 (11)	58,5 (6)	46,3 (6)
Science Fiction/ Phantasy/ Phantastische Literatur	11,7 (12)	70,6 (2)	41,0 (8)
Krimis, Spionagethriller	11,1 (13)	47,1 (9)	45,6 (7)
Sachbücher über eigene Hobbys	2,5 (17)	54,3 (7)	48,3 (5)
Bücher über Sportarten	0,6 (24)	9,7 (14)	31,2 (10)

Tabelle 27: Genrepräferenzen: Schullektüre (Lehrer-Angaben) vs. Privatlektüre der Schüler (Lehrer-Fremdeinschätzung vs. Schüler-Selbsteinschätzung)
(Angaben in Prozent. Quelle: Gattermaier 2003, S. 323 f.)

---

[2] Diese Zahl erscheint verhältnismäßig hoch. Es kann vermutet werden, dass viele Schüler unter „Drama" nicht den gattungsspezifischen Fachbegriff, sondern eher die umgangssprachliche Bedeutung von „Drama" (= schlimmes, schreckliches, Unglück auslösendes Ereignis) verstanden haben (vgl. Gattmaier 2003, S. 323).

Aufgabe 8:

a) Welche Genres wurden überwiegend in der Schule gelesen? Stellen Sie Hypothesen auf, warum gerade diese Genres bevorzugt mit SchülerInnen gelesen werden.

b) In welchem Verhältnis stehen Schul- und Privatlektüre? Vergleichen Sie hierzu die jeweiligen Top 5 der in der Schule gelesene Genres sowie der Freizeitlektüre der SchülerInnen. Welche Unterschiede stellen Sie fest?

Top 5 der in der Schule gelesenen Genres	Top 5 der in der Freizeit gelesenen Genres
1	1
2	2
3	3
4	4
5	5

Tabelle 28: Schul- und Privatlektüre von AchtklässlerInnen im Vergleich

c) Wie schätzen die LehrerInnen das Leseverhalten ihrer SchülerInnen ein? In welchem Verhältnis steht diese Einschätzung zur tatsächlich in der Schule gelesenen Lektüre und zur Selbsteinschätzung der SchülerInnen?

d) Welche Lesemodi können Sie den verschiedenen Lektüren in Schule und Freizeit zuordnen?

e) Welche Probleme ergeben sich aus der Diskrepanz von Schul- und Privatlektüre für den Deutschunterricht und für die Lesesozialisation der SchülerInnen?

Methoden im Deutschunterricht: ein Beispiel

Neben der Auswahl der Lesestoffe trägt auch die Auswahl der *Methoden* zu den Problemen des Deutschunterrichts in der Sekundarstufe bei, das heißt die Frage, wie mit diesen Lesestoffen konkret im Unterricht gearbeitet wird.

Aufgabe 9:

a) Vergegenwärtigen Sie sich noch einmal die Verlaufsformen der Lesesozialisation in der späten Kindheit und der Pubertät / Adoleszenz (vgl. Kapitel 4.2.3 im Lehrbuch und 3.2.3 im Arbeitsbuch) und diskutieren Sie dann die folgenden Fragen: Wodurch ist das (vor)pubertäre Leseverhalten gekennzeichnet? Wodurch das Lesen in der Schule? Woraus resultiert die Lesemotivation in Bezug auf das private Lesen und die Schullektüre?

b) Welchen Lesemodi nach Graf (s. hierzu Kapitel 4.1.4 im Lehrbuch) lässt sich das private Leseverhalten in der Sekundarstufe I zuordnen, welchem die Schullektüre?

c) Welche Folgerungen ergeben sich für die schulische Leseförderung, wenn diese auch bzw. gerade während der einsetzenden Lesekrise (s. Kapitel 4.2.3 im Lehrbuch) betrieben werden soll?

d) Lässt sich in der Differenz der Rezeptionsweisen eine Erklärung für die negativen Einstellungen bezüglich des Literaturunterrichts in der Sek I finden? Ist eine Passung hinsichtlich Gegenstand, Methode und SchülerInnen gegeben?

Aufgabe 10:

Lesen Sie die folgende Erzählung und bearbeiten Sie danach folgende Aufgaben:

a) Verfassen Sie eine kurze Interpretationshypothese zu Peter Hacks Erzählung „Der Bär auf dem Försterball": Was ist für Sie die Kernaussage des Textes? Diskutieren Sie anschließend Ihre Interpretationshypothesen in der Lerngruppe!

b) Formulieren Sie ein Lernziel für eine Unterrichtsstunde in einer siebten Klasse zu Hacks' Erzählung „Der Bär auf dem Försterball" und entwerfen Sie eine Unterrichtsstunde zu diesem Lernziel. Diskutieren Sie beides anschließend in Ihrer Lerngruppe.

Peter Hacks: Der Bär auf dem Försterball

Der Bär schwankte durch den Wald, es war übrigens Winter; er ging zum Maskenfest. Er war von der besten Laune. Er hatte schon ein paar Kübel Bärenschnaps getrunken; den mischt man aus Honig, Wodka und vielen schwierigen Gewürzen. Des Bären Maske war sehr komisch. Er trug einen grünen Rock, fabelhafte Stiefel und eine Flinte auf der Schulter; ihr merkt schon, er ging als Förster.

5 Da kam ihm, quer über den knarrenden Schnee, einer entgegen: auch im grünen Rock, auch mit fabelhaften Stiefeln und auch die Flinte geschultert. Ihr merkt schon, das war der Förster.

Der Förster sagte mit einer tiefen Baßstimme: „Gute Nacht, Herr Kollege, auch zum Försterball?"

„Brumm", sagte der Bär, und sein Baß war so tief wie die Schlucht am Weg, in die die Omnibusse fallen.

„Macht nichts", sagte der Bär leutselig. Er fasste den Förster unterm Arm, um sich an ihm festzuhal-

10 ten, und so schwankten sie beide in den Krug zum zwölften Ende, wo der Försterball stattfand. Die Förster waren alle versammelt. Manche Förster hatten Geweihe, die sie vorzeigten, und manche Hörner, auf denen sie bliesen. Sie hatten alle lange Bärte und geschwungene Schnurrbärte, aber die meisten Haare im Gesicht hatte der Bär.

„Juhu", riefen die Förster und hieben den Bären kräftig auf den Rücken. „Stimmung", erwiderte der

15 Bär und hieb die Förster auf den Rücken, und es war wie ein ganzer Steinschlag.

„Um Vergebung", sagten die Förster erschrocken, „wir wussten ja nicht, dass Sie der Oberförster sind."

„Weitermachen", sagte der Bär. Und sie tanzten und tranken und lachten; sie sangen, sie hätten so viel Dorst im grünen Forst. Ich weiß nicht, ob ihr es schon erlebt habt, in welchen Zustand man gerät, wenn man so viel tanzt und trinkt, lacht und singt. Die Förster gerieten in einen Tatendrang und der

20 Bär mit ihnen; der Bär sagte: „Wir wollen jetzt ausgehn, den Bären schießen."

Da streiften sich die Förster ihre Pelzhandschuhe über und schnallten sich ihre Lederriemen fest um den Bauch; so strömten sie in die kalte Nacht. Sie stapften durchs Gehölz. Sie schossen mit ihren Flinten in die Luft. Sie riefen Hussa und Hallihallo und Halali, wovon das eine so viel bedeutet wie das andere, nämlich gar nichts, aber so ist das Jägerleben. Der Bär riss im Vorübergehn eine Handvoll

25 trockener Hagebutten vom Strauch und fraß sie. Die Förster riefen: „Seht den Oberförster, den

Schelm", und fraßen auch Hagebutten und wollten sich ausschütten vor Spaß. Nach einer Weile jedoch merkten sie, dass sie den Bären nicht fanden.

„Warum finden wir ihn nicht?" sagte der Bär, „er sitzt in seinem Loch, ihr Schafsköpfe." Er ging zum Bärenloch, die Förster hinterdrein. Er zog den Hausschlüssel aus dem Fell, schloss den Deckel auf
30   und stieg hinunter, die Förster hinterdrein.

„Der Bär ist ausgegangen", sagte der Bär schnüffelnd, „aber es kann noch nicht lange her sein, es riecht stark nach ihm." Dann torkelte er zurück in den Krug zum zwölften Ende und die Förster hinterdrein. Sie tranken gewaltig nach der Anstrengung, aber die Menge, die der Bär trank, war wie ein Schmelz-wasser, das die Brücken fortreißt.

35   „Um Vergebung", sagten die Förster erschrocken. „Sie sind ein großartiger Oberförster."

Der Bär sagte: „Der Bär steckt nicht im Walde, und der Bär steckt nicht in seinem Loch; es bleibt nur eins, er steckt unter uns und hat sich als Förster verkleidet."

„Das muss es sein", riefen die Förster, und sie blickten einander misstrauisch und scheel an.

Es war aber ein ganz junger Förster dabei, der einen verhältnismäßig kleinen Bart hatte und nur
40   wenige Geweihe und überhaupt der Schwächste und Schüchternste war von allen. So beschlossen sie, dieser sei der Bär. Sie krochen mühsam auf die Bänke, stützten ihre Bärte auf die Tische und langten mit den Händen an der Wand empor.

„Was sucht ihr denn?" rief der junge Förster.

„Unsere Flinten", sagten sie, „sie hängen leider an den Haken."
45   „Wozu die Flinten?" rief der junge Förster.

Die Frau des Bären kam zur Tür herein und war zornig. „Pfui Teufel", rief sie, „in was für Gesellschaft du dich herumtreibst."

Sie biss den Bären in den Nacken, damit er nüchterner würde, und ging mit ihm weg.

„Schade, dass du so früh kamst", sagte der Bär im Walde zu ihr, „eben hatten wir ihn gefunden, den
50   Bären. Na, macht nichts. Andermal ist auch ein Tag."

(© Gertraud Middelhauve, München 1990; Quelle: Fritzsche 1994, S. 33 f.)

    c) Lesen Sie nun die folgende Darstellung einer analytisch-sachstrukturellen Unterrichtsstunde zu Hacks' Erzählung „Der Bär auf dem Försterball" und bearbeiten Sie dann die anschließende Aufgabenstellung.

Unterrichtsstunde zu „Der Bär auf dem Försterball" (Klasse 7)

Der Text wird zu Beginn der Stunde ausgeteilt. Zunächst korrigiert der Lehrer einen Druckfehler: In der kopierten Fassung fehlt „und Halali" hinter „Sie riefen Hussa und Hallihallo". Dann läßt er den Text abschnittsweise von verschiedenen Schülern vorlesen. Schon bei der ersten Leserin greift er
5   ein, weil sie ihm nicht ausdrucksvoll genug liest: „Ich wußte ja nicht, daß Sie der Oberförster sind" läßt er noch einmal lesen, um die „tiefe Baßstimme" deutlicher werden zu lassen (ein anderes Mäd-chen probiert das). Einmal unterbricht ein Schüler das Lesen und fragt, was denn „und es war wie ein ganzer Steinschlag" bedeute. Ein anderer Schüler erklärt diese Formulierung: „Das ist so hart gewesen, als wenn lauter Steine auf den Rücken fallen." An späterer Stelle bittet der Lehrer noch
10   einmal um besseres Lesen, und zwar wendet er sich diesmal an einen Jungen, der mehrfach bei seinem Vorlesen hatte lachen müssen: „Man muss untersuchen, ob er einen – Schwanz hat und Krallen an den Tatzen (lacht), sagte der Bär. Die hat er nicht (lacht), sagten die Förster. Aber Potzwetter! Sie selbst haben einen Schwanz und Krallen an den Tatzen, Herr Oberförster (lacht)." Der Lehrer bittet, „die ganze Stelle noch mal ein bisschen im Zusammenhang zu lesen"(!).
15   Unmittelbar nach der Phase des Vorlesens fragt der Lehrer: „Irgendwelche Worte, Begriffe unklar?" Auf das Schweigen der Schüler folgt alsbald der Impuls: „An einer Stelle hat jemand beim Lesen gezögert. Da hieß es ‚So viel Dorst im grünen Forst'". Ein Schüler erklärt: „Ich glaub', daß die so viel Durst im grünen

Forst haben, meint der." Ein anderer Schüler ergänzt: „Daß die so am Trinken waren und ..." Der Lehrer
unterbricht: „Aber warum steht denn da ‚Dorst'?" Antwort: „Ja, weil sich das sonst nicht reimt."

20 Da sich nun niemand mehr äußert, stellt der Lehrer wiederum eine Frage und leitet damit die nächste
Phase ein: „Wie findet ihr die Geschichte?" Zunächst kommen Antworten wie „albern", „komisch", „etwas
dumm von den Förstern aus". Dumm sei, einen Bären nicht von einem Menschen unterscheiden zu können.
Als eine Schülerin diesen Vorwurf ergänzt: „Wo kriegt er vor allem die Kleidung von dem Förster her?
Man sieht doch, der hat ja keine Maske von dem Bär, sondern der hat ja Haare", antwortet ein Junge: „'ne

25 Fabel!" Das greift der Lehrer auf und fragt nach dem Typischen der Fabel. Er hält an der Tafel fest:
FABEL: Tiere mit menschlichen Eigenschaften, Will eine Lehre vermitteln.
„Lehre" ist das Stichwort für die nächste Frage des Lehrers: „Welche Lehre will uns diese Geschichte vermitteln?" Die Schüler vermuten: Man soll nicht zu viel Alkohol zu sich nehmen. Das bleibt un-
widersprochen und zunächst als einzige „Lehre" stehen, denn nun fragt der Lehrer: „Also, daß die

30 Jäger betrunken sind, das erklärt noch nicht, warum sie den Bären für einen Förster halten. Das
müssen wir nochmal untersuchen, woran das liegt." Auch auf diese Frage gibt es rasch eine Antwort:
Es liegt an der guten Verkleidung. Und schon ist man bei der nächsten Frage: Haben die Förster den
Bären denn am Ende der Geschichte erkannt? Nach einigem Hin und Her besteht Einigkeit, daß die
Förster den Bären bis zum Ende nicht identifiziert haben. Der Lehrer resümiert: „Die Geschichte

35 sagt uns nichts darüber, daß sie den Bären erkannt haben. Was hätten die dann sonst gemacht?" Eine
Schülerin: „Abgeknallt." Der Lehrer: „Ja. Nicht? O.K."
Damit scheint diese Phase des Unterrichtsgesprächs beendet. Aber der Lehrer kommt auf die Frage
zurück, warum die Förster den Bären für einen Förster halten, und als das wiederholt ist, fragt er,
warum sie ihn denn für einen Oberförster halten. Schnell tragen die Schüler Indizien zusammen, und

40 der Lehrer bittet um genaue Zitate. Es stellt sich heraus, daß die Frage „Woran zeigt sich, dass die
Förster den Bären für den Oberförster halten?" doppeldeutig ist. Einige Schüler nennen Merkmale
des Bären („kräftigster Schulterschlag", „säuft am meisten", „größter Bart"), andere verweisen auf das
Verhalten der Förster, die ja Befehle von dem Bären entgegennehmen. Daraufhin bittet der Lehrer:
„Könnt ihr dies mal nachweisen am Text? Bitte, jeder kuckt nochmal eine Minute in den Text hinein,

45 ganz ruhig, bis dahin bitte keine Meldung. An welchen Stellen gibt der Bär Befehle bzw. gibt er Anwei-
sungen? Streicht sie euch mal bitte an!"
Das Zusammentragen der Textstellen nimmt längere Zeit in Anspruch, da sich herausstellt, dass es
strittige Fälle gibt. „Der Bär steckt nicht im Walde, und der Bär steckt nicht in seinem Loch. Bleibt nur
eins: Er steckt unter uns und hat sich als Förster verkleidet." Ist das eine „Anweisung", die der Bär gibt?

50 Ein Schüler hält es für eine bloße Feststellung, ein anderer für eine Aufforderung, wenn auch eine indirekte.
Mehrere Minuten lang streiten die Schüler über den Sinn dieser Sprachhandlung. Schließlich versucht
der Lehrer einen Kompromiß, schlägt sich aber faktisch doch auf die Seite des Schülers, der die Äußerung
als Aufforderung verstanden hat. Der siegreiche Schüler bricht in Triumphgeheul aus. Der unterlegene
Schüler versucht es noch einmal in einer Art Coda: „Nein, das is 'ne Feststellung." Aber der Lehrer will

55 endlich weiterkommen: „O.K. Aber sie suchen ihn. Weiter! Ist das die letzte Stelle?"
Als alle direkten und indirekten Aufforderungen genannt sind, faßt sie der Lehrer noch einmal zusammen
und stellt dann die nächste Frage: „Warum sucht der Bär den Bären?" Die Schüler antworten mit den
unterschiedlichsten Mutmaßungen – jemand meint, der Bär wolle sich bloß einen Scherz erlauben, jemand
anders glaubt, der Bär habe Hunger und möchte durch die Aufforderung zur Bärenjagd ein Motiv dafür

60 schaffen, ins Freie zu gehen, wo er Hagebutten fressen kann, und ein Schüler meint, als Oberförster fühle
er sich zu solchem Verhalten verpflichtet. Diese Meinungen bleiben im Raum stehen.
Als nächstes fragt der Lehrer nach dem Verhalten der Förster. An welchen Stellen ist es besonders komisch oder auffällig? Zunächst weisen die Schüler auf das Hagebuttenfressen hin, das ja auch vorher
gerade genannt worden war. Dann wird die Stelle besprochen, an der die Förster den Jüngsten und

65 Schwächsten aus ihrer Gruppe für den Bären halten. Und ein Schüler erwähnt noch die Tölpelhaftigkeit,
dass die Förster sich nichts dabei denken, als der Bär den Schlüssel zu seiner Wohnung aus dem Fell
zieht und die Tür aufschließt. „Paßt das jetzt irgendwie zusammen? Gerade den Bären halten sie für den

Oberförster, und gerade diesen einen jungen Förster halten sie für den Bären?" fragt der Lehrer. Antwort: Die Förster halten den Mutigsten für den Oberförster und den Schwächsten für den Bären.

70 Die Schlußphase der Besprechung leitet der Lehrer mit einer Frage ein, die ja schon zu Beginn einmal gestellt und kurz beantwortet worden war: „Was ist denn nun die Lehre dieser Geschichte?" Als sich zunächst nur wenige Schüler melden, wiederholt er: „Was will uns diese Geschichte lehren?" und erinnert daran, dass Fabeln eine Lehre enthalten. Die Schüler mutmaßen: Nicht jeder ist das, was er zu sein vorgibt; man muß sich die Leute genauer ansehen, denn dann fällt man nicht auf „Bären"

75 herein; man hält sich bisweilen für klüger, als man ist. Der Lehrer lenkt hin zu einer bestimmten Antwort: Wenn ihr daran denkt, woran sich die Förster gehalten haben, als sie den Oberförster identifizierten – tiefste Stimme, kräftigster Schulterschlag, säuft am meisten, größter Bart –, woran erkennen sie den Oberförster? Was steckt da vielleicht für eine Lehre für uns dahinter?" „Daß vielleicht nicht immer der Größte und Stärkste der Beste ist und als Anführer taugt."

80 Da ist die Stunde zu Ende. „Schönen Dank", verabschiedet sich der Lehrer, „dann schönes Wochenende, und am Montag die Arbeit." (Fritzsche 1994, S. 38 f.)

Analysieren Sie die oben dargestellte Unterrichtsstunde zu Hacks' „Der Bär auf dem Försterball". Füllen sie dazu die folgende Tabelle aus.

Gestaltung des äußeren Rahmens (Situation, Sitzanordnung, Atmosphäre, Regeln)	
Lernziel(e)	
Kriterien der Textauswahl	
Text-Leser-Verhältnis	
Lehrer-Schüler-Verhältnis	
Gesprächshaltung des Lehrers	
Gesprächsverlauf (Phasen) *Anfang*	
Gesprächsbeiträge des Lehrers (initiativ und reaktiv)	
Gesprächsbeiträge der SchülerInnen (initiativ und reaktiv)	

Tabelle 29: Analysetabelle für die Stunde „Der Bär auf dem Försterball"

d) Sehen Sie eine Verbindung zwischen den negativen Äußerungen über den Literaturunterricht in den Lektüreautobiografien, dem pubertären Lesemodus und der hier dargestellten Unterrichtsstunde? Begründen Sie Ihre Antwort.

Traditionelle analytische Verfahren	Häufigkeit[3]	Häufig (%)	Handlungs- und produktionsorientierte Verfahren	Häufigkeit	Häufig (%)
1.Fragen zum Text beantworten (mündlich oder schriftlich)	1,19	81,4	11. Eine Fortsetzung zu dem Text schreiben	2,07	12,7
2. Über einen Text ausführlich sprechen	1,25	76,3	12. Einen Text nachspielen (z.B. als Rollen-/Stegreifspiel)	2,22	9,9
3. Schülermeinungen zum Text diskutieren	1,32	69,3	13. Bilder zu einem Text zeichnen oder malen	2,26	8,7
4. Ein Arbeitsblatt ausfüllen oder einen Hefteintrag machen	1,40	62,6	14. Nach dem Muster eines Textes selbst einen Text schreiben	2,27	10,1
5. Überlegungen darüber anstellen, was sich eine Person im Text denkt	1,45	58,5	15. Einen Brief schreiben (z.B. an eine Figur, die im Text vor kommt oder aus der Sicht einer Figur)	2,34	11,0
6. Eine Person im Text beschreiben/charakterisieren	1,46	56,5	16. Zu dem Text eine mögliche Vorgeschichte erfinden	2,48	3,1
7. Kennzeichen eines literarischen Textes erarbeiten	1,52	51,3	17. Einen Text zusammenbauen, der vorher in seine Einzelteile zerschnitten worden ist	2,49	5,4
8. Eine Textanalyse machen	1,58	48,0	18.Tagebucheinträge schreiben, z.B. aus der Sicht der Hauptfigur	2,56	6,5
9. Das Lesen und Vorlesen eines Textes einüben (z.B. der Fabel, der Kurzgeschichte)	1,63	41,1	19. Aus dem Text ein Hörspiel oder einen Videofilm machen	2,81	0,8
10.Anhand der Überschrift überlegen, was im Text stehen könnte	1,72	38,0	20. Zum Text eine passende Musik suchen oder selbst machen	2,86	0,8

Tabelle 30: Methodenpräferenzen:Welche literaturunterrichtlichen Methoden werden wie oft eingesetzt? (Lehrer-Gesamtsample) (Quelle: nach Gattermaier 2003, S. 286 f.)

---

[3] „Der Häufigkeitswert errechnet sich aus den drei zur Antwort vorgegebenen Antwortmöglichkeiten, wobei für ‚Häufig' der Wert 1, für ‚Ab und zu' 2 und für ‚Nie' 3 gesetzt wird. Ein theoretisch möglicher Häufigkeitswert von 1,00 würde demnach bedeuten, dass alle Lehrer angeben, eine betreffende Methode in diesem Schuljahr ‚häufig' angewendet zu haben." (Gattermaier 2003, S. 286).

Methodenpräferenzen im Literaturunterricht

Neben dem analytisch-sachstrukturellen Unterricht, der eher zu den traditionellen Methoden des Deutschunterrichts gehört, gibt es noch eine Vielzahl anderer Methoden, die im Unterricht einsetzbar sind, wie z.B. die neueren handlungs- und produktionsorientierten Verfahren. Wie und in welchem Umfang aber werden diese Methoden von DeutschlehrerInnen eingesetzt? Gattermaier befragte 359 DeutschlehrerInnen zu ihren Methodenpräferenzen im Deutschunterricht. Dazu wurde den Lehrkräften eine Auswahl von 20 Methoden vorgelegt, zu denen sie angeben sollten, wie oft („Häufig", „Ab und zu" oder „Nie") sie die jeweiligen Methoden in ihrem Literaturunterricht einsetzten (vgl. Gattermaier 2003, S. 282). Die 20 Methoden wurden in zwei Cluster aufgeteilt, die der Dichotomisierung innerhalb der literaturdidaktischen Diskussion der letzen Jahre entsprechen: Die erste Gruppe umfasste eher *t*raditionelle analytische Verfahren (Cluster „tr"), die zweite Gruppe die neueren *h*andlungs- und *p*roduktionsorientierten Verfahren (Cluster „hp"). Die Tabelle 30 bietet eine Übersicht über die Methodenpräferenzen der Lehrkräfte.

Aufgabe 11:

  a) Welche Methoden dominieren im Literaturunterricht der Sekundarstufe I? Welche werden weniger eingesetzt? Wie ist hierbei das Verhältnis der traditionellen Methoden gegenüber den handlungs- und produktionsorientierten Methoden?

 b) Stellen Sie Vermutungen darüber an, warum die Verteilung der Methodenpräferenzen in dieser Weise ausfällt.

 c) Lässt sich in den Methodenpräferenzen der Lehrkräfte eine Erklärung für die negativen Einstellungen von SchülerInnen bezüglich des Literaturunterrichts in der Sek I finden? Beziehen Sie in Ihre Überlegungen auch die Unterrichtsstunde zu „Der Bär auf dem Försterball" mit ein.

Schulische Leseförderung

Gerade im Hinblick auf die in Kapitel 2.4.3 thematisierte Lesekrise und deren Folgen kommt der Schule eine besondere Bedeutung hinsichtlich der Leseförderung zu. Wie aber ist es in der Sekundarstufe I um die Leseförderung bestellt? Leistet sie „den Aufbau und die Sicherung der Lesemotivation, die Vermittlung von Lesefreude und Vertrautheit mit Büchern, die Entwicklung und Stabilisierung von Lesegewohnheiten" (B. Hurrelmann 1994, S. 21), wie Bettina Hurrelmann Leseförderung definiert?

Zur Frage, „ob und in welchem Ausmaß DeutschlehrerInnen eine breiter angelegte, also über das Planen und Durchführen einzelner Lese-/Literaturstunden hinaus reichende Leseförderung betreiben", erstellte Gattermaier einen Leseförderindex. Der Index „ist der Versuch, leseförderndes Verhalten zu messen" (Gattermaier 2003, S. 312). In den Leseförderindex flossen unterschiedliche Einzelaspekte seines Fragebogens ein:

- Anzahl der gelesenen Bücher im betreffenden Schuljahr;
- Breite der im Lese-/Literaturunterricht berücksichtigten Genres;
- Lese- und Medienempfehlungen in Schule und Unterricht;
- Art und Weise gegebener Leseempfehlungen;
- Aktionsformen zur Leseförderung;
- Umfang und Bereitschaft, sich über die Privatlektüre der SchülerInnen zu informieren sowie der Einfluss dieser Informationen auf den eigenen Lese-/Literaturunterricht.

Diese wurden je nach Antwort unterschiedlich bewertet (von 0 bis 3) und ergaben zusammenaddiert am Ende für jede Lehrkraft eine Maßzahl bzw. einen Leseförderindex. Diesen Index hat Gattermaier in Noten übersetzt (1 = sehr gut, 2 = gut, 3 = befriedigend, 4 = ausreichend, 5 = mangelhaft, 6 = ungenügend). Wie die Notenverteilung ausfällt, zeigt Tabelle 31.

1	2	3	4	5	6
2,0 %	5,6 %	26,3 %	39,6 %	25,1 %	1,4 %

Tabelle 31: Leseförderindex (Ergebnisse als Notengruppen von 1 bis 6)
(Quelle: Gattermaier 2003, S. 352)

Aufgabe 12:

a) Welche Note(n) bekommt der Großteil der Lehrkräfte?

b) Inwiefern wird der Literaturunterricht in der Sekundarstufe I nach den obigen Daten B. Hurrelmanns Definition von Leseförderung gerecht?

Maiwald macht in seiner Publikation „Literatur lesen lernen" (2001) folgende Aussage: „Vielleicht wird der Leseeinbruch nach der literarischen Pubertät [Anm. d. Verf.: Gemeint ist hier das suchthafte Leseverhalten vor dem Einsetzen der Lesekrise] […] nicht nur dadurch verursacht, dass sich die Jugendlichen nach der pubertären Lesewut lieber der ‚richtigen' Welt zuwenden (vgl. Schön 1993, S. 267), sondern auch dadurch, dass ihnen der Literaturunterricht in diesen Jahren das Lesen gründlich verleidet hat. Man kann Schöns Bedenken darüber nur teilen, dass ‚identifikatorische Leseweisen von der Literaturdidaktik als ›trivial‹ abgewertet wurden: Die Literaturdidaktik arbeitet auf das Ziel hin, solche Leseweisen als inkompetent zu ›überwinden‹, d.h. den Schülern zugunsten nicht-involviert interpretierender Leseweisen auszutreiben' (1995b, S. 122). Zeitpunkt dieser Austreibung ist groteskerweise der Literaturunterricht gerade in einer Phase, in der durch positive Leseerfahrungen die Weichen zu stellen wären für gelingende Lesekarrieren" (Maiwald 2001, S. 22).

Aufgabe 13:

a) Was müsste sich am schulischen Literaturunterricht ändern, damit er seine eingangs dargestellte lesesozialisatorische Funktion wirklich umfassend erfüllen kann?

b) Was kann daraus für die Lehrer(aus-)bildung abgeleitet werden? Was müssen (angehende) LehrerInnen wissen und können, um im Bereich der Leseförderung angemessen unterrichten zu können?

c) Nehmen Sie zu dem Zitat von Maiwald Stellung, indem Sie sich auf Ihre Erkenntnisse aus diesem Kapitel beziehen. Formulieren Sie aufbauend auf Maiwalds Zitat Empfehlungen für die Verbesserung des Literaturunterrichts in der Sekundarstufe I.

2.5.3 Lesestoffe in der Schule: die „Kanonfrage" und das Problem der Leseförderung

Aufgabe 14:

 a) Versuchen Sie sich an literarische Werke zu erinnern, die Sie während Ihrer Schulzeit gelesen haben. Nehmen Sie eine spontane Einteilung der Werke vor in *literarisch-kanonische* Werke und in *andere* Werke, die Ihrer Ansicht nach *nicht* zur kanonischen Schulliteratur zählen.

 b) Notieren Sie die Kriterien, nach denen Sie Ihre Unterscheidung vorgenommen haben. Was charakterisiert die *kanonischen* bzw. die *nicht-kanonischen* Werke in Ihrem Fall?

Was ist ein literarischer Kanon?

Im Kasten finden Sie zwei Definitionen des Begriffs „Kanon":

> **Renate von Heydebrand:** Ein Kanon ist „eine strenge Auswahl von Autoren und Werken [...], die eine Gemeinschaft für sich als die vollkommensten anerkennt und mit Argumenten verteidigt. [...] Ein Kanon ist nicht irgendeine statistisch ermittelte Bestenliste; er wirkt als Norm, und er muß als solche gepflegt und im allgemeinen Bewusstsein gehalten werden" (von Heydebrand 1993, S. 5).
> **Michael Krejci:** Ein Kanon ist „eine als allgemeingültig und verbindlich gedachte Auswahl vorbildlicher dichterischer Werke mustergültiger Autoren" (Krejci 2001, S. 269).

Aufgabe 15:

 a) Welches sind die zentralen Eigenschaften bei Renate von Heydebrand bzw. bei Michael Krejci, die einen Kanon ausmachen?

 b) Stellen Sie Vermutungen darüber an, welche Kriterien hinter den Begriffen „vollkommen" (v. Heydebrand) bzw. „vorbildlich" und „mustergültig" (Krejci) stehen.

Den *einen* literarischen Kanon gibt es nicht und auch der Begriff „Kanon" kann im literarischen Kontext Unterschiedliches meinen. Fuhrmann stellt zwei Kanones vor: einen traditionellen und einen erweiterten. Beide Kanonkonzepte sind in der nachfolgenden Tabelle aufgelistet.

Traditioneller Kanon	Erweiterter Kanon
1. Nationalliteratur	1. Weltliteratur
2. Fiktionale Literatur	2. Sach- und Gebrauchsliteratur
3. „hohe Literatur"/„Dichtung"	3. Unterhaltungs- und Trivialliteratur
4. Kanonische Literatur	4. Unterdrückte Literatur
5. Literatur der Vergangenheit	5. Gegenwartsliteratur
6. Geschriebene/gedruckte Literatur	6. Medienliteratur (in Film und Fernsehen, Hyperfiction etc.)
7. Erwachsenenliteratur	7. Kinder- und Jugendliteratur

Tabelle 32: Kanonarten (Quelle: nach Fuhrmann 1993)

Aufgabe 16:

a) Nach welchen Kriterien werden die Kanones hier jeweils gebildet? Was verstehen Sie unter „unterdrückter Literatur"?

b) Welche Bildungsnormen werden innerhalb des Kern- bzw. des erweiterten Kanons berücksichtigt (s. Kapitel 1.1.1 im Lehrbuch und Arbeitsbuch)?

c) Welche Unterschiede zwischen dem Kernkanon und dem erweiterten Kanon halten Sie für den Literaturunterricht für bedeutsam? Welchen Kanon würden Sie Ihrem Unterricht zugrunde legen? Bitte begründen Sie Ihre Meinung.

Wie entsteht ein literarischer Kanon?

Entscheidend ist laut von Heydebrand, dass der Kanon eine Trägergruppe erfordert, die sie in ihrer Definition als „Gemeinschaft" bezeichnet. Darüber hinaus braucht ein literarischer Kanon Repräsentanten, die von ebendieser Gemeinschaft akzeptiert werden und die Aufgabe haben, den Kanon zu verteidigen und zu pflegen. Der Kanon im Sinne von Heydebrands ist demnach überindividuell – die Auswahl der Werke und Autoren hat nichts mit dem persönlichen Geschmack der Kanonisierungsinstanz zu tun. Die Entscheidung für bestimmte Werke und AutorInnen muss vielmehr nach außen begründet und für andere nachvollziehbar sein, um in der Gemeinschaft Akzeptanz zu erfahren. Doch welches sind nun die Merkmale, die ein Werk erfüllen muss, um in den Kanon aufgenommen zu werden, und welches sind die Kanonisierungsinstanzen, die diese Werkauswahl treffen? Von Heydebrand und Winko machen dazu folgenden Vorschlag:

> „Ein literarischer Kanon ist die Summe literarischer Texte (und zugehöriger Autorennamen), die in einer Gesellschaft durch folgende (Wertungs-)Handlungen tradiert werden:
> - dauerhafte Präsenz im Druck, am Markt; Aufnahme in Klassikreihen
> - Gesamtausgabe(n), insbesondere Kritische Ausgabe
> - anhaltende Pflege in den literaturvermittelnden Institutionen (Schule, Universität, Literaturkritik, literarische Gesellschaften u. a.)
> - regelmäßige und ausführliche Behandlung in Literaturgeschichten, Lexika u. a.
> - wiederholte Verarbeitung durch nachfolgende Autoren" (von Heydebrand & Winko 1996, S. 222 f.).

Aufgabe 17:

a) Überlegen Sie, welche Berufsgruppen hinter den einzelnen Kanonisierungsinstanzen stecken und damit für die Auswahl kanonischer Werke mitverantwortlich sind. Füllen Sie dazu Tabelle 33 aus.

b) Werten Sie die Tabelle 33 aus und diskutieren Sie dann, welche Gruppen und Personen bei der Entscheidung über die Kanonisierung bestimmter Werke keine Mitsprache haben.

Kanonisierungsinstanzen	Berufsgruppen, die dahinter stehen
verantwortlich für eine *dauerhafte Präsenz* im *Druck* und auf dem *Markt*	
verantwortlich für das Erscheinen von Werken in *Gesamtausgaben* und/oder *kritischen Ausgaben*	
Behandlung der Werke in Schule, Universität, Literaturkritik, literarischen Gesellschaften etc.	
regelmäßige Behandlung der Werke in *Lexika* und *Literaturgeschichten*	
wiederholte Verarbeitung durch nachfolgende Autoren	

Tabelle 33: Kanonisierungsinstanzen und zugehörige Berufsgruppen

Im Juli 2004 startete das ZDF eine groß angelegte Aktion unter dem Titel „Unsere Besten. Das große Lesen". ZDF-RedakteurInnen hatten vorab in einem monatelangen Prozess eine Liste mit 200 Buchtiteln zusammengestellt. Um die Chancengleichheit zu wahren, berücksichtigten sie dabei nicht mehr als ein Buch pro AutorIn. Die TeilnehmerInnen an der ZDF-Aktion waren jedoch nicht an diese Vorschläge gebunden. Teilnahmekarten lagen in 8.000 Büchereien und 10.000 Buchhandlungen in Deutschland aus; außerdem konnte im Internet abgestimmt werden. Die Resonanz war stark: 250.000 LeserInnen nannten im Rahmen der Aktion ihr Lieblingsbuch. Aus den abgegebenen Vorschlägen wurden die 50 am häufigsten genannten Titel ermittelt und im Oktober 2004 von Johannes B. Kerner und seinen Gästen in einer zweistündigen ZDF-Show bekannt gegeben (s. Tabelle 34).

Rang	AutorIn	Werktitel
1	Tolkien, John Ronald Reuel	Der Herr der Ringe
2	NN	Die Bibel
3	Follett, Ken	Die Säulen der Erde
4	Süskind, Patrick	Das Parfum
5	Saint-Exupéry, Antoine de	Der kleine Prinz
6	Mann, Thomas	Die Buddenbrooks
7	Gordon, Noah	Der Medicus
8	Coelho, Paulo	Der Alchimist
9	Rowling, Joanne K.	Harry Potter und der Stein der Weisen
10	Cross, Donna W.	Die Päpstin
11	Funke, Cornelia	Tintenherz
12	Gabaldon, Diana	Feuer und Stein
13	Allende, Isabel	Das Geisterhaus

Rang	AutorIn	Werktitel
14	Schlink, Bernhard	Der Vorleser
15	Goethe, Johann Wolfgang von	Faust. Der Tragödie erster Teil
16	Ruiz Zafón, Carlos	Der Schatten des Windes
17	Austen, Jane	Stolz und Vorurteil
18	Eco, Umberto	Der Name der Rose
19	Brown, Dan	Illuminati
20	Fontane, Theodor	Effi Briest
21	Rowling, Joanne K.	Harry Potter und der Orden des Phönix
22	Mann, Thomas	Der Zauberberg
23	Mitchell, Margaret	Vom Winde verweht
24	Hesse, Hermann	Siddartha
25	Mulisch, Harry	Die Entdeckung des Himmels
26	Ende, Michael	Die unendliche Geschichte
27	Hahn, Ulla	Das verborgene Wort
28	McCourt, Frank	Die Asche meiner Mutter
29	Hesse, Hermann	Narziß und Goldmund
30	Zimmer Bradley, Marion	Die Nebel von Avalon
31	Lenz, Siegfried	Die Deutschstunde
32	Márai, Sándor	Die Glut
33	Frisch, Max	Homo Faber
34	Nadolny, Sten	Die Entdeckung der Langsamkeit
35	Kundera, Milan	Die unerträgliche Leichtigkeit des Seins
36	García Márquez, Gabriel	Hundert Jahre Einsamkeit
37	Irving, John	Owen Meany
38	Gaarder, Jostein	Sophies Welt
39	Adams, Douglas	Per Anhalter durch die Galaxie
40	Haushofer, Marlen	Die Wand
41	Irving, John	Gottes Werk und Teufels Beitrag
42	García Márquez, Gabriel	Die Liebe in den Zeiten der Cholera
43	Fontane, Theodor	Der Stechlin
44	Hesse, Hermann	Der Steppenwolf
45	Lee, Harper	Wer die Nachtigall stört …
46	Mann, Thomas	Joseph und seine Brüder
47	Strittmatter, Erwin	Der Laden
48	Grass, Günter	Die Blechtrommel
49	Remarque, Erich Maria	Im Westen nichts Neues
50	Schätzing, Frank	Der Schwarm

Tabelle 34: Die 50 am häufigsten genannten Bücher bei „Unsere Besten. Das große Lesen"
(Quelle: http://www.lesekost.de/kanon/HHL04ZDF.htm [Stand: 31.03.2009])

Aufgabe 18:

a) Entspricht die Liste der Top 50 einem Kanon? Wie würde Renate von Heydebrand argumentieren?

b) Bitte füllen Sie Tabelle 35 mit Blick auf die Liste der Top 50 aus. Beantworten Sie durch Angabe der jeweiligen Rangnummer des Buches dazu folgende Fragen:
  • Welche Werke der Liste sind nach der engen Kanondefinition schul-kanonische Werke?
  • Welche Werke gehören definitiv nicht zum Schulkanon?
  • Welche Werke sind Grenzfälle?
  • Welche Werke können Sie nicht zuteilen?

c) Nach welchen Kriterien könnten die TeilnehmerInnen die Werke nominiert haben?
(Tipp: Zur Beantwortung der Fragen ist es u.U. hilfreich, im Internet nach Kurzbeschreibungen der Werke zu recherchieren.)

	Schulkanonische Werke	Keine schulkanonischen Werke	Grenzfälle	Weiß nicht
Rang des Buches				

Tabelle 35: Einteilung der Top 50 in schul-kanonische und andere Werke

Im Jahr 2002 hat DIE ZEIT eine kanonische „Schülerbibliothek" veröffentlicht. Gemeint ist damit eine Liste von Werken, die nach Auffassung der ZEIT-JurorInnen alle SchülerInnen kennen sollten. Die Entscheidung über die aufgenommenen Werke hat eine achtköpfige Jury getroffen: eine Schülerin (17 Jahre), ein Schüler (17 Jahre), eine Deutschlehrerin, ein Deutschlehrer, eine Schriftstellerin (Ulla Hahn), ein Schriftsteller (Burkhard Spinnen), eine Literaturredakteurin und ein Literaturredakteur. Jede/r JurorIn verfügte über einen Joker, mit dem ein persönlicher Wunschtitel auch ohne Mehrheitsbeschluss in die Liste aufgenommen werden konnte. Die Entscheidung über die Aufnahme der übrigen Titel erfolgte in der Diskussion. So wurden von ursprünglich 260 Titeln 50 Titel ausgewählt, die mehrheitlich als schulische Pflichtlektüre unentbehrlich erschienen. Die folgende Tabelle enthält in alphabetischer Anordnung der Autorennamen eine Auflistung dieser Werke.

Nr.	AutorIn	Werktitel
1	Arnim, Bettina von	Die Günderode
2	Becker, Jurek	Jakob, der Lügner
3	Böll, Heinrich	Erzählungen
4	Borchert, Wolfgang	Draußen vor der Tür
5	Bote, Hermann	Till Eulenspiegel
6	Brecht, Bertold	Das Leben des Galilei
7	Büchner, Georg	Lenz, Leonce und Lena, Dantons Tod
8	Busch, Wilhelm	Ausgewählte Geschichten

Nr.	AutorIn	Werktitel
9	Dürrenmatt, Friedrich	Der Besuch der alten Dame
10	Ebner-Eschenbach, Marie von	Das Gemeindekind
11	Eichendorff, Joseph von	Aus dem Leben eines Taugenichts
12	Ende, Michael	Jim Knopf und Lukas der Lokomotivführer
13	Fallada, Hans	Kleiner Mann – was nun?
14	Fontane, Theodor	Effi Briest
15	Frisch, Max	Biedermann und die Brandstifter
16	Goethe, Johann Wolfgang von	Faust I
17	Goethe, Johann Wolfgang von	Die Leiden des jungen Werthers
18	Grimm, Wilhelm und Jacob	Kinder- und Hausmärchen
19	Grimmelshausen, Hans J. Christoffel von	Der abenteuerliche Simplicissimus
20	Haffner, Sebastian	Geschichte eines Deutschen
21	Hauff, Wilhelm	Märchen
22	Hoffmann, E.T.A.	Der Sandmann, Das Fräulein von Scuderi
23	Hölderlin, Friedrich	Hyperion
24	Jahnn, Hanns Henny	Das Holzschiff
25	Jokl, Anna Maria	Die Perlmuttfarbe
26	Kafka, Franz	Der Prozess
27	Kafka, Franz	Erzählungen
28	Kaschnitz, Marie Louise	Erzählungen
29	Kästner, Erich	Das fliegende Klassenzimmer
30	Keller, Gottfried	Die drei gerechten Kammacher, Romeo und Julia auf dem Dorfe, Kleider machen Leute
31	Kleist, Heinrich von	Michael Kohlhaas, Die Marquise von O., Das Erdbeben in Chili
32	Kleist, Heinrich von	Penthesilea
33	Lessing, Gotthold Ephraim	Nathan der Weise
34	Lichtenberg, Georg Christoph	Aphorismen
35	Luther, Martin	Das Matthäus-Evangelium
36	Lyrik I	Von Walther bis Hölderlin
37	Lyrik II	Von Novalis bis Hoffmann von Fallersleben
38	Lyrik III	Von Droste-Hülshoff bis Nietzsche
39	Lyrik IV	Von Morgenstern bis Bachmann
40	Lyrik V	Balladen
41	Mann, Heinrich	Der Untertan
42	Mann, Thomas	Mario und der Zauberer, Der Tod in Venedig
43	Musil, Robert	Die Verwirrungen des Zöglings Törleß
44	Roth, Joseph	Hiob

Nr.	AutorIn	Werktitel
45	Schiller, Friedrich	Kabale und Liebe
46	Schmidt, Arno	Brand's Haide
47	Schnitzler, Arthur	Fräulein Else, Traumnovelle
48	Seghers, Anna	Das siebte Kreuz, Der Ausflug der toten Mädchen
49	Storm, Theodor	Die Regentrude, Der Schimmelreiter
50	Wedekind, Frank	Frühlings Erwachen

Tabelle 36: Werke der ZEIT-Schülerbibliothek (alphabetisch nach AutorIn,
Quelle: http://www.zeit.de/2002/42/200242_sbib_liste_xml?page=all [Stand: 06.08.2007])

Aufgabe 19:

a) Welches Kanonverständnis liegt hier zugrunde? In welche Kategorien nach Fuhrmann lässt sich die Liste einteilen? Ergänzen Sie hierzu Tabelle 37.

Kanonkategorien nach Fuhrmann	Rang des Werkes in der ZEIT-Schüler-bibliothek
1. Kanonische Geltung des Werkes	
2. Lebensgeschichtliche Bedeutsamkeit des Werkes	
3. Subjektive Leselust	
4. Ästhetische Werkkriterien (z.B. Sprachschön-heit)	
5. Soziale Erwünschtheit	
6. Bedeutung des Werkes in der peer group	
7. andere:	

Tabelle 37: Zuordnung der Werke der ZEIT-Schülerbibliothek zu Kanonkriterien
(Quelle: nach Fuhrmann 1993, S. 73 ff.)

b) Wie bewerten Sie den „Joker" als Instrument der Kanonisierung?

c) Würden Sie als DeutschlehrerIn mit diesem Schülerkanon arbeiten? Nehmen Sie Stellung dazu!
(Tipp: Zur Beantwortung der Fragen könnte es hilfreich sein, im Internet nach Kurzbeschreibungen der Werke zu recherchieren.)

Probleme des literarischen Kanons

Die Unterrichtsziele des Literaturunterrichts „sind letztlich nie rein fachliche, sondern immer auch weiterreichende erziehliche" (Krejci 2001, S. 271). Ein verbindlicher Literaturkanon für die Schule steht dabei nicht selten im Spannungsverhältnis zu der Absicht des schulischen Literaturunterrichts, aus den Heranwachsenden mündige LeserInnen zu machen. Der potentielle Konflikt liegt darin, dass kanonische Inhaltsvorgaben einschränkend wirken, da sie per se einen Zwangscharakter haben. Selbstständigkeit, Eigenverantwortlichkeit und Kritikfähigkeit, drei Fähigkeiten, über die laut Krejci „mündige LeserInnen" verfügen müssen, werden aber nur schwerlich über Mittel des Zwangs erlernt (vgl. Krejci 2001, S. 272). Bei der Behandlung kanonischer Literatur in der Schule zeigt sich sehr oft eine Diskrepanz zwischen eben diesen Literaturvorgaben und den eigentlichen Leseinteressen der SchülerInnen (vgl. Kapitel 2.5.2). Die Passungsproblematik, die hier angesprochen ist, bezieht sich auf Defizite bei der Übereinstimmung der Schülerinteressen mit den im Literaturunterricht behandelten Unterrichtsgegenständen (vgl. hierzu Kapitel 2.3.3).

Nach von Heydebrand ist die Notwendigkeit eines Kanons aber nicht zu bestreiten: „Denn überall dort, wo Literatur in Auswahl vermittelt werden muß, stellt sich die Frage nach dem Maßgeblichen" (1993, S. 7). Dies trifft besonders auf die Schulen und Universitäten zu.

Die Veröffentlichung kanonischer Literaturlisten erlebt aktuell eine Hochphase. Viele absatzstarke Zeitungen und Zeitschriften liefern ihrer Leserschaft durch entsprechende Bücherlisten eine Orientierungshilfe auf dem Buchmarkt. Entsprechend aufgeflammt ist auch die mitunter kontrovers geführte Diskussion über die Notwendigkeit eines literarischen (Schul-)Kanons. Nachfolgend lesen Sie drei Zitate, die solche konträren Positionen wiedergeben.

Zitat 1 ist eine Äußerung zur 1997 in der ZEIT geführten Kanon-Debatte.

„Wer einen ‚Kanon' für die in der Schule zu lesenden Werke fordert, sollte sich gefragt haben: Soll dieser für alle Schülerinnen und Schüler aller Schularten gleichermaßen gelten? Wenn nicht – warum nicht?
Was machen wir mit den ungewollten Nebenwirkungen? Schule und Zwang verderben gleichermaßen die Freude an ihrem Objekt. Und: ‚Faust' oder ‚Der Mann ohne Eigenschaften' oder ‚Berlin, Alexanderplatz' oder die ‚Duineser Elegien' – nicht für 17-jährige geschrieben – werden zu falschen Zeiten gelesen. Und: Was man gelesen hat, hat man gelesen, basta!
Wie entsteht ein Kanon? Durch Addition und Staffelung der von den Befragten zuoberst genannten Titel? Auf diesem Wege könnte ein Kanon mit fünf Dramen von Schiller zustande kommen – ohne ein Stück von Kleist oder Hauptmann oder Brecht. Ein Kanon muss aber doch wohl ein ausgewogenes Ganzes sein. Wenn nicht auf diese arithmetische Weise: Nach welchen Kriterien wird der Kanon aufgestellt? Schon für die pädagogischen wird sich Übereinstimmung nicht leicht finden lassen, weil die Schule so verschiedene Lebensalter, Lernstadien und -bedürfnisse umfasst, geschweige denn für die literarischen und geschichtlichen.
Wenn es darüber Streit gibt, wer soll darüber entscheiden? Die Germanisten? Die Erziehungswissenschaftler? Die Schulbehörden? Die Parlamente? Gemischte Kommissionen?

Was, vor allem, will man mit dem Kanon erreichen? Ein gemeinsames Arsenal von Geschichten, Wert-
vorstellungen, Sinnfiguren? Ist Michael Kohlhaas entbehrlicher als Tonio Kröger? Tonio Kröger entbehrlicher als Simplicissimus? Simplicissimus entbehrlicher als Der Schwierige? Und alle diese doch hoffentlich
nicht ohne Maria Stuart und Frau Regula Amrain und Die unwürdige Greisin und Anne Frank?
Was setzt dem Kanon das Maß? Die Schulzeit und die Zahl der Deutschstunden? Die vorliegenden bedeutenden Werke? Die an ihnen zu erfahrenden großen moralischen und ästhetischen Themen?
Können 20 Werke genügen? Können 40 bewältigt werden? Von wem und, vor allem, wie?"
Hartmut von Hentig, Pädagoge (Quelle: http://hermes.zeit.de/pdf/archiv/1997/21/kanon1.txt.19970516.xml.pdf [Stand:
06.08.2007])

Zitat 2 ist ein weiteres Statement, das im Rahmen der 1997er Kanondebatte in der ZEIT abgegeben
wurde.

„Wer gegen einen länderübergreifenden Literaturkanon ist, kann auch gleich die ganze lästige Schulpflicht
abschaffen. Maßstäbe wachsen nicht auf dem freien Markt, und wenn die Edukation auch hier den Medi-
en überlassen bleibt, werden die letzten Leselustigen, nein, nicht unbelesen, aber rettungslos fehlbelesen
in die Geisterwelt hinaustaumeln. Ein wie auch immer zu erarbeitender Konsens (Betonung auf der
zweiten Silbe wie bei Konfekt) sollte auf jeden Fall bei Anno Merseburg beginnen, den Minnesang nicht
einfach leichtfertig überfliegen, die Lutherbibel wenigstens auszugsweise zur Kenntnis nehmen (‚Das
Hohelied Salomos‘, ‚Die Klagelieder Jeremiae‘) und sich dann langsam über die Barockpoesie, die deutsche
Klassik, Romantik, den Realismus etc. pp. bis zum Expressionismus, meinetwegen auch Dadaismus durch-
zuwählen suchen. Letztere Richtung nur, damit nachgeborene Afteravantgarden sich nicht bis zum Ende
der Welt für die Speerspitze experimenteller Schreibkunst halten. Auf keinen Fall sollte die Oberhoheit
über einen Lesekanon in die Hände von selbst nicht mehr längsschnittgebildeten Privatkanonikussen
gelegt werden. Die Schulkinder könnten sonst noch auf dumme Gedanken kommen und in beispielsweise
Nelly Sachs eine epochale Sprachkünstlerin oder in Peter Handke einen bedeutenden Stilisten erkennen
wollen. Daß einzelne jugendliche Vorprescher sich eine eigentümlich organisierte Lit-Galaxis zusammen-
lesen können, ist dabei gar keine Frage. Die schönen Rarissima soll sich jeder weiter im Alleingang aneig-
nen, und ein Erlösungsseufzer wie ‚Ein unsterbliches Blatt zu einem guten Ende gelesen‘ (Hölderlin) wird
wohl auf ewig zu den Spezialgenüssen einer selbstverfaßten Minderheit gehören."
Peter Rühmkorf, Schriftsteller (Quelle: http://hermes.zeit.de/pdf/archiv/1997/21/kanon1.txt.19970516.xml.pdf [Stand:
06.08.2007])

Zitat 3 ist ein Leserbrief als Reaktion auf die Veröffentlichung der Schülerbibliothek der ZEIT im Jahr
2001/2002.

„Was Ihre Unternehmung Schülerbibliothek ruiniert, ist nicht allein die muffige Auswahl (wo sind leben-
de Autoren, ausländische Autoren, Sachbuchautoren?), sondern der sich drohend und garantiert lesefreu-
devereitelnd erhebende pädagogische Zeigefinger: ‚So wie man die Winkelsumme des Dreiecks kennen
sollte oder die Hauptstädte Europas, so gehört es sich auch, Goethe oder Kafka oder Thomas Mann
gelesen zu haben.‘
Die Winkelsumme des Dreiecks müsste ich nachschlagen (bin nur Deutsch-Englisch-Lehrer), die Hauptstädte Europas kenne ich so leidlich (Sie kennen sicher auch die beiden von Zypern), Goethe, Kafka und
Thomas Mann lese ich, weil ich Lust dazu habe. Meine Schüler, ironiefähig wie sie sind, würden Ihnen
antworten, es ‚gehöre sich‘, Rap-Texte zu kennen, einen Chat meistern zu können und zu wissen, was ein
Jedi-Ritter ist."
Robert Peters, Aachen (Quelle: http://www.zeit.de/2002/44/Tot_muss_er_sein_Deutsch_muss_er_sein [Stand:
31.03.2009])

Aufgabe 20:

a) Suchen Sie alle Argumente pro und contra Kanon aus diesen Texten und schreiben Sie sie in Stichworten nach Pro und Contra sortiert auf.

b) Fassen Sie zusammen: Welche Probleme sind den Textauszügen zufolge mit schulischer Kanonbildung verbunden (seitens der SchülerInnen und der LehrerInnen)? Welche Probleme fallen Ihnen zusätzlich ein?

c) Welche Art von Kanon oder Textauswahl halten Sie selbst in den verschiedenen Schulformen (Grund-, Haupt-, Realschule und Gymnasium) für sinnvoll? Begründen Sie Ihre Ansicht unter Rückgriff auf Ihre Kenntnis typischer Lesesozialisationsverläufe, der Bildungsnormen und des Konzepts der Passung.

2.5.4 Ungünstige Dynamiken: Jugendliche aus schriftfernen Lebenswelten und der Deutschunterricht in der Hauptschule

Lesesozialisation in schriftfernen Lebenswelten

Bitte lesen Sie im Lehrbuch im Kapitel 4.2.4 den Abschnitt „Jugendliche aus schriftfernen Lebenswelten und der Deutschunterricht in der Hauptschule" (S. 207–210) und bearbeiten Sie dann die folgenden Aufgaben.

Aufgabe 21:

Was genau sind „schriftferne Lebenswelten" und wodurch sind sie gekennzeichnet? Lesen Sie dazu zunächst Auszüge aus der Beschreibung des von Pieper et al. untersuchten Samples.

> „Hinsichtlich der Herkunftskultur der befragten Jugendlichen spiegeln sich Verhältnisse an den ausgewählten Schulen in der Zusammensetzung des Samples wider. Erwartungsgemäß entstammt die Mehrheit, nämlich 23 der 27 Befragten, aus Familien mit Migrationshintergrund. […]
> In Bezug auf die Schulkarriere der Befragten ergibt sich das folgende facettenreiche Bild: Mehrheitlich
> 5 haben sie ausschließlich das deutsche Schulsystem durchlaufen, doch immerhin sechs Interviewpartnerinnen verfügen über Erfahrungen mit dem Schulsystem des Herkunftslandes. […] Innerhalb des Samples finden sich sieben Befragte, die auch über Erfahrungen mit höheren Schulen verfügen. Sie haben für einige Zeit eine Realschule oder ein Gymnasium besucht, sind an den dortigen Anforderungen aber gescheitert. Sonderschulen wiederum wurden von zwei weiteren Befragten vorübergehend besucht. […]
> 10 Bei der Schulbildung der Eltern dominiert der Hauptschulabschluss bzw. ein vergleichbarer Abschluss im Herkunftsland. Dreizehn Mal geben die jungen Erwachsenen an, ihre Mutter bzw. ihr Vater hätten keinen Schulabschluss, viermal wird der Realschulabschluss genannt, dreimal das Abitur. Die Väter arbeiten zumeist als angelernte Arbeiter (sechs Nennungen) oder im Handwerk (sieben Ausbildungsberufe werden genannt), ähnlich die Mütter (fünf Ausbildungsberufe werden genannt), die auch den Fa-
> 15 milienhaushalt führen. Es wäre jedoch verfehlt, das Herkunftsmilieu der Interviewten in Hinblick auf Bildungsstand und Berufstätigkeit der Eltern als homogen zu qualifizieren. Der Vater eines Jugendlichen ist Arzt, die Mutter eines anderen arbeitet als Bankangestellte. Lauras Eltern unterhalten ein italienisches Restaurant […].
> Die Lebensverhältnisse erscheinen teilweise beengt: Interviewte berichten, dass sie sich ein Zimmer
> 20 mit einem oder mehreren Geschwistern teilen. Der überwiegende Teil hat jedoch ein eigenes Zimmer in der elterlichen Wohnung. Die eigene Wohnung ist der Ausnahmefall. […]

Die Angaben zur Mediennutzung zeichnen ein weitgehend einheitliches Bild in Bezug auf die audiovisuellen Medien: Fernsehen und Video sind regelmäßig vorhanden, ebenso Stereoanlagen, viele Interviewte verfügen über eigene Geräte. Das Handy ist nahezu Standard. Der Computer hingegen ist nicht selbstverständ-
25 lich. Lediglich elf Interviewte haben Zugang zu einem Computer zu Hause oder einen eigenen PC. Die Angaben zum Buchbesitz schwanken. Eine größere Anzahl ist allerdings selten: Tageszeitungen sind eher die Ausnahme denn die Regel. […] Genannt werden die Bildzeitung, zweimal die Frankfurter Rundschau, eine Bad Sodener Zeitung und Wurfpresse. Als Informationsmedium tritt meist das Fernsehen hervor. Leseanregungen gehen nur in Einzelfällen von familienkommunikativen Kontexten aus. Teilweise empfinden
30 die Jugendlichen dies gegenwärtig als Desiderat: Laura liest ihrer jüngeren Schwester vor, damit diese etwas erlebt, was ihr selbst gefehlt hat. Auch Maria liest mit ihrer kleinen Schwester. […] Selten sind die gemeinsamen Medienerfahrungen Gegenstand des Gesprächs." (Pieper et al. 2004, S. 47 ff.)

   a) Wie setzt sich das von Pieper et al. untersuchte Sample zusammen? Beschreiben Sie diesbezüglich die oben geschilderten Lebensumstände der untersuchten jungen Erwachsenen.

- Welchem Bildungsstand gehören sie an? Welche Schulbildung haben die Eltern durchlaufen?
- Welche Medien nutzen sie vergleichsweise intensiv, welche weniger?
- Welchen Stellenwert hat das Medium Buch in ihrem Leben?
- Worin unterscheiden sich die Lebenswelten der untersuchten jungen Erwachsenen?

  b) Versuchen Sie anhand der Sample-Beschreibung, den Begriff „schriftferne Lebenswelten" zu definieren.

  c) Stellen Sie Vermutungen über den Verlauf der Lesesozialisation in schriftfernen Lebenswelten an.

Aufgabe 22:

Die in der Studie „Lesesozialisation in schriftfernen Lebenswelten" vorgestellten 27 jungen Erwachsenen sind allesamt AbsolventInnen dreier Hauptschulen im Raum Frankfurt/Main. Im Folgenden werden exemplarisch zwei HauptschulabsolventInnen porträtiert. Ihre Aufgabe besteht darin, im Anschluss eine Falldarstellung von Ali und Halima anzufertigen.

Beispiel 1: Ali
Ali ist zum Zeitpunkt des Interviews 18 Jahre alt. Er wurde in Marokko geboren und lebt seit fünf Jahren in Deutschland. Er befindet sich nach seinem (externen) Realschulabschluss an einer Frankfurter Hauptschule in einem (noch) nicht regulären Ausbildungsverhältnis im Hotelfach. Ali lebt bei seinen Eltern. Beide Eltern haben keinen Schulabschluss und sind Analphabeten; der Vater arbeitet als
5 Maurer, die Mutter ist Hausfrau. Ali hat drei ältere Geschwister, einen Bruder und zwei Schwestern. Ali charakterisiert sich selbst als Nicht-Leser: „Er lese nicht gern, mehr noch, er sei nicht so ein Typ, der gerne liest" (Pieper et al. 2004, S. 79). Dennoch weist Ali eine tägliche Lektürepraxis auf. Er liest täglich die *Bild*-Zeitung: „Doch Zeitungen, Bildzeitungen les ich, aber halt zu Hause Bücher mein ich, so halt Liebesdrama, das les ich nicht. Weil, d- man liest und liest, man kapiert nix […]. Deswegen
10 wozu soll ich lesen, aber Bildzeitung kauf ich halt jeden Tag" (ebd., S. 80).
Der Praxis als Nicht-Leser steht eine intensive Fernsehnutzung gegenüber: „ohne Fernseher kann ich halt nicht aushalten, weil man ok, es gibt ja halt Radio, aber man hört ja nur, aber beim Fernsehen hört man, sieht man. Deswegen ist viel interessanter. Und also ohne Fernseher kann ich halt auf gar

keinen Fall auskommen" (Pieper et al. 2004, S. 80). Zu Alis Vorlieben zählen vor allem Liebesfilme und
auch erotische Filme. Weniger ausgeprägt nutzt er das Fernsehen zur Information und schaut Musik-
kanäle. Musik spielt für Ali insgesamt eine wichtige Rolle. Er selbst bezeichnet sich als Hip- Hop-Fan.
Zwei weitere wichtige Medien stellen für Ali das Handy („Ohne Handy kann ich ja nicht auskommen",
ebd., S. 82) sowie der Internetchat dar.

In Alis Kindheit spielte Lesen keine Rolle. Gemeinsame Vorleseabende konnten aufgrund des Analphabetismus der Eltern nicht stattfinden. Auch an das Erzählen von Geschichten abends im Bett kann
Ali sich nicht erinnern: „Also in Marokko haben wir nur geschlafen, das war's" (Pieper et al. 2004, S.
83). Er ist sich lediglich einer Erzählung über die Eheschließung seiner Großmutter bewusst. Die
Medienpraxis, an die sich Ali erinnert, ist wiederum vom Fernsehen dominiert. Die Angaben zur Intensität der Mediennutzug bleiben uneindeutig, er gibt aber an, Zeichentrickfilme und später, mit 15,
Musikprogramme verfolgt zu haben.

Alis Erinnerung an den Deutschunterricht ist vor allem durch eine Lektüre geprägt: Plenzdorfs „Die
neuen Leiden des jungen W.", zu der er für seine Prüfung für den Realschulabschluss eine Inhaltan-
gabe sowie eine Charakterisierung der Hauptfigur vorbereiten musste. Die Lektüre erwies sich für
ihn als schwierig: „ich les, hab aber gar nicht kapiert" (Pieper et al. 2004, S. 84). Er erarbeitete den
Text dann gemeinsam mit einem Sozialpädagogen einer Jugendeinrichtung.

„Ich bin zu IJUZ [Internationales Jugendzentrum] gekommen, zu Soyrad [einem Sozialarbeiter dort], er
hat mit mir das ganze Buch gelesen. Wir haben zusammen ein, eine, wie heißt, eine, wie heißt noch mal,
Scheiße. Also es geht halt um ein – oh Mann eh – also ich charakterisiere den Typ. Das ist es, was musst
machen. Ja. Ich hab mit Soyrad gemacht" (Rosebrock & Nix 2008, S. 121). An die Erarbeitung erinnert
Ali sich positiv: „Ich hab die ganze Buch gelesen, hat, mit Hassan [= Soyrad, hier anderes Pseudonym]
hat's eigentlich voll Spaß gemacht, weil wir haben's so gemacht, den, der Buch hat rund fünf, hundertfünf-
zig Seiten glaub ich. Wir haben immer halt, also ich hatte ein Monat Zeit für den Buch zu lesen. Wir
haben immer jede, fast jeden Tag immer fünfzehn Seiten deswegen, ich mein fünfzehn Seiten gelesen und
über diese fünfzehn Seiten hab ich ein Inhaltsangabe geschrieben" (Pieper et al. 2004, S. 85).

Auch in der Schule wurde mit der Lektüre gearbeitet: „In der Schule? Wir haben ja da auch über den
Buch gesprochen, das war's ja, sonst hätten wir's ja nicht geschafft. Wir ham's in der Klasse halt gelesen,
wir ham's vorgelesen besser gesagt. Und der beste Inhaltsangabe schreiben wir an der Tafel. Dann schreiben wir alles ab. Aber danach haben wir den ganz, ganz Inhaltsangabe abgeschrieben, aber jeder musste
sein eigene Inhaltsangabe machen, wegen den Prüfung. Weil sonst – ist eh das gleiche, es ist fast das
gleiche –, aber man muss halt andere Wörter dafür finden. Ist so" (Rosebrock & Nix 2008, S. 121).

Die Prüfung selbst beschreibt Ali wie folgt: „an dem Tag wo ich Prüfung hatte […] ham die mir gesagt,
okay du gehst jetzt in einen Raum, damit du halt bisschen nachdenkst, wie um was das geht. Ich war in
diese Raum, aber irgendwie hab ich's ganze voll vergessen. War ja, ich war ja unter eine Schock […].
Danach kommt, kommt der Mann da raus, sagt zu mir, du bist jetzt dran. Da hab ich ihm gesagt, ich hab
es ganz vergessen. Hat er zu mir gesagt, interessiert mich nicht. Du geht's da jetzt rein. Ich we-, ich glaub
an dich […]. Ich war da drin und dann ham die mir die Fragen gestellt und ich hab so eine Angst gehabt"
(Pieper et al. 2004, S. 85 f.). Doch Ali gelingt es letztlich trotz aller Ängste und Schwierigkeiten, die ge-
forderte Inhaltsangabe und Charakterisierung zu geben und somit die Prüfung zu bestehen. Trotz der
intensiven Bearbeitung des Buches erinnert sich Ali jedoch nur noch vage an den Inhalt der Lektüre.

An den übrigen Deutschunterricht erinnert er sich kaum: „Vorher? In Deutsch? Auf Hauptschule
haben wir noch nie Buch gelesen. Das war der erste Buch, Realschulabschluss. Also halt, ich war vier
Jahre auf der Schule, ich hab noch nie da ein Buch gelesen. Was wir in Deutsch gemacht haben? Weiß
nicht. Deutsch halt." (Rosebrock & Nix 2008, S. 122)

Beispiel 2: Halima

Halima ist zur Zeit des Interviews 19 Jahre alt. Sie ist Marokkanerin, wurde aber in Deutschland geboren. Halima lebt noch in der Wohnung ihrer Eltern und hat vier Geschwister. Halimas Vater arbeitete bis zu seiner Verrentung als Rangierarbeiter bei der Deutschen Bahn, eine Berufstätigkeit seitens der Mutter kommt während des Interviews nicht zur Sprache. Ihr Zimmer muss sich Halima aufgrund der engen Wohnverhältnisse mit mehreren Geschwistern teilen. Die Verkehrssprache unter den Geschwistern ist Deutsch, mit den Eltern wird eher die Sprache aus dem Herkunftsland gesprochen. Halima selbst spricht akzentfrei Deutsch.

Halima hat die Schule mit dem Hauptschulabschluss verlassen und befindet sich zur Zeit des Interviews im zweiten Ausbildungsjahr zur Pharmazeutisch-Kaufmännischen Angestellten. Der Kontakt zu Halima wurde über die Berufsschule hergestellt; das Interview selbst findet heimlich statt, da die Eltern Halima ein Zusammentreffen mit Fremden außerhalb des Hauses verbieten. Diese lässt sich jedoch trotz des Verbotes auf das Interview ein.

Halima bezeichnet sich selbst als Leserin. Sie gibt an, etwa zehn Bücher in einem Monat zu schaffen. Lesen bildet für sie seit den letzten zwei Hauptschuljahren den Fokus ihrer Medienpraxis und bietet ihr eine Möglichkeit, über den Austausch über Gelesenes soziale Beziehungen innerhalb der engen Grenzen, die ihr gesetzt sind, herzustellen. Besonderes Interesse zeigt Halima an Lebensgeschichten muslimischer Frauen, die sich gegen ihren autoritären Vater auflehnen. Die Faszination dieser Geschichten, die Halima offensichtlich genussvoll rezipiert, hängen eng mit ihrer eigenen Lebenssituation zusammen: „Es ist wahr und das fis- fasziniert mich dann. […] Und ja, daher dass ich wahrscheinlich auch Muslimin bin und dann […] Weil ich mein, vielleicht, es, es muss nicht sein, aber vielleicht erwischt es mich ja auch mal auf diese Art und Weise. Nur kann ich mir sagen, ja die hat's geschafft, dann schaff ich's ja auch ganz locker […]. Und vielleicht deswegen, weil mich so was halt tierisch interessiert" (Pieper et al. 2004, S. 93). Halima definiert Wahrheit als das, worin sie ihre eigene Lebenssituation widergespiegelt sieht, Wahrheit im Sinne von Faktizität interessiert Halima dagegen nicht, deshalb ist auch die Tageszeitung kein Medium, auf das sie gezielt zurückgreift. Auch Tagesereignisse und politische Nachrichten sind nur selten ein Anlass zur Kommunikation – im Gegensatz zu den Lektüreerfahrungen, die sich zu einem bedeutenden Gesprächgegenstand für Halima und eine Freundin entwickelt haben. Des Weiteren haben Groschenromane einen großen Stellenwert in Halimas Lektürepraxis. Basierend auf diesem Interesse entstand ein heimlicher Kontakt zu einer Kioskbesitzerin, mit der Halima Bücher austauscht und über die Inhalte der Bücher spricht. Auffällig sind dabei die Heimlichkeit der Gespräche sowie die Heimlichkeit des Lektüreprozesses selbst. Halima liest bevorzugt im Zimmer des Bruders oder im elterlichen Bett: „Da bin ich frei […] und dann geh ich da rein […], schließ zu und da wird dann gelesen" (Pieper et al. 2004, S. 96).

Neben Halimas intensive Lesepraxis tritt ein ausgeprägter Fernsehkonsum. Sie bevorzugt Liebes-, Mystery- und Horrorfilme: „Ja ich liebe Horrorfilme […] Ja ich bin, ich bin total das Gegenteil von meinen Geschwistern" (Pieper et al. 2004, S. 97). Darüber hinaus hört Halima gerne Musik („alles außer Techno" (Pieper et al. 2004, S. 97)) und interessiert sich für Radiohoroskope.

Lesen spielte in Halimas Kindheit und Pubertät keine Rolle. Trotzdem hat sie frühe literarische Erfahrungen gesammelt. Ihre Mutter erzählte ihr zwar Geschichten aus „Tausendundeiner Nacht", Rituale wie das Erzählen von Gute-Nacht-Geschichten etc. benennt sie jedoch nicht. Die Versuche ihrer Mutter, sie durch mitgebrachte Bücher oder Bibliotheksbesuche zum Lesen zu bringen, schlugen fehl. Als Kind und Jugendliche habe sie kein Interesse an Büchern gehabt, sagt sie. Sie verbindet dieses Desinteresse auch mit Leseschwierigkeiten.

Das Leitmedium in Halimas Kindheit und Jugend war das Fernsehen. Sie berichtet von einem intensiven Fernsehkonsum, der bereits nachmittags im Anschluss an die Schule einsetzte. Ausführliche Aussagen zu Inhalten und Interessen macht sie nicht, sondern markiert diese Lebensphase ausgesprochen negativ und versucht sich von dieser abzugrenzen: „und dann saß man davor und die Zeit verging und man verblödete vor der Glotze" (Pieper et al. 2004, S. 98). Die Hinwendung zum Lesen erfolgt erst am Ende der Schulzeit durch einen erneuten Anstoß seitens der Mutter: „Ich weiß nicht,

50 Zufall. Meine Mutter hat mir ma ein Buch gekauft. […] Nur so. Weil ich hab nur, Mama mir ist langweilig […] und dann hat sie mir halt gedacht, okay. Nur durch Zufall. […] Und sie hat gemeint, ja
kannst ja ma lesen. […] Schalt den Fernsehen aus und lies. […] gut Fernsehen interessiert mich sowieso nicht mehr in der Zeit, hat ich so die Schnauze voll von diesen ganzen Serien, kann ich alle
schon auswendig […] dann hab ich einfach angefangen" (Pieper et al. 2004, S. 98). Unklar bleibt jedoch,
55 warum dieser Anstoß von Halima aufgegriffen wurde und zu einem grundlegenden Wandel ihrer
Haltungen und Anschauungen führte: „ich denk jetzt einfach, ich denk jetzt einfach auch anders"
(Pieper et al. 2004, S. 99).

„Ich mein, ich hatte seit der ersten Klasse wirklich tierisch Probleme. Ich konnte […] ich konnte
wirklich nicht gut schreiben, ich hatte tierisch Probleme" (Pieper et al. 2004, S. 99). Halima sieht den
60 Grund für ihre problematische Schullaufbahn in der fehlenden Unterstützung seitens der Lehrkräfte.
Geändert habe sich dieser Zustand erst in der neunten und zehnten Klasse. Halimas positive Erfahrungen mit dem Deutschunterricht beziehen sich in dieser Zeit hauptsächlich auf die emotionale
Anteilnahme durch ihre Lehrerin. Von dieser bekam sie neben der emotionalen Unterstützung auch
Hilfe im Rechtschreiben sowie beim Schreiben von Bewerbungen und bei der Suche nach einem
65 Ausbildungsplatz: „Ich persönlich kann nicht schreiben, deutsch schreiben […] und erst in der Zehnten hat sich meine Deutschlehrerin mit mir hingesetzt und hat mit mir geguckt. […] Und sie hat halt
gemeint, ich bin zwar, eigentlich darf ich das nicht, aber ich werte deine Arbeiten nicht" (Pieper et al.
2004, S. 99). Halima beschreibt ihren Deutschunterricht in dieser Zeit sehr positiv: „Zehnten war es
so, dass wir drüber diskutiert ham. Stark. […] Und daher dass sie das immer sagte, drück dich genauer
70 aus oder sei genauer, präziser […] dann wird man das mit der Zeit. […] Und wir sind alle besser
geworden find ich". Auf die Frage, ob sie gerne im Unterricht über Bücher geredet habe, antwortet
Halima: „Mhm, sehr gerne. Weil, wenn ich dann jemand hab, mit dem ich diskutieren kann, dann […]
will ich das auch" (Pieper et al. 2004, S. 100). Durch die Aufforderung zur Diskussion und zur Mei-
nungsäußerung entsteht bei Halima ein Bedürfnis zur Kommunikation über Bücher, das ihre Lesemo-
75 tivation auch außerhalb der Schule aufrechterhält. Zudem entwickelt Halima schnell bestimmte Lesevorlieben. Sie interessiert sich fortan für abgeschlossene Geschichten mit gutem Ende;
Unabgeschlossenes gefällt ihr nicht. Genauso verhält es sich mit kurzen Texten, diese mag Halima
ebenfalls nicht. „Ihr Interesse richtet sich auf umfangreiche Texte, denen sie sich mit dem spricht-
wörtlch langen Leseatem hingibt" (Pieper et al. 2004, S. 100). Diese Fähigkeit konnte sie laut Pieper
80 et al. erst durch die umfangreiche Lesepraxis gewinnen, die der Deutsch- und Literaturunterricht von
ihr gefordert hat. Halima beschreibt die Veränderung wie folgt: „Und jetzt, wenn ich halt en Buch lese,
kann ich dieses ganze Buch wiedergeben, […] und jetzt, jetzt kann ich wirklich, wenn ich lese, bleiben
mir so viele Stellen dann immer noch im Kopf liegen […] und ich erinner mich dann auch dran […]
und das find ich schön" (Pieper et al. 2004, S. 100).

a) Bitte bereiten Sie mithilfe der Tabelle 38 eine Falldarstellung von Ali und
Halima vor. Ziel ist es, über Alis und Halimas Medienbiografie und den Stellenwert des Lesens im Medienmenü beider Personen zu informieren.

- Fassen Sie dazu die wichtigsten Merkmale und Stationen in Alis und Halimas Lesesozialisation sowie prägende Elemente in der folgenden Tabelle zusammen.
- Grenzen sie dabei Alis und Halimas Lesesozialisation von Ihrer eigenen
Biografie ab. Welche Unterschiede stellen Sie fest?

Vergleichs-dimension	Ali *ist 18 Jahre*	Halima *19 Jahre*	eigene Person
Allgemeine Angaben (Familie, Herkunft)	Marokko-Herkunft* 3 ältere Geschwister Eltern Analphabeten* * seit 5 Jahren in Deutschland	Marokkanerin, aber in Deutschland geboren 4 Geschwister Vater arbeitete als Rangierarbeiter	
Schul- und Berufsausbildung	externer Realschulab-schluss an der Hauptschule	Hauptschulabschluss ist im 2 Ausbildungs-jahr als Pharmazeutisch-Kaufmännische Angestellte	
Mediennutzung	Fernseher Handy Internetchat	Fernseher Bücher 10 im Monat	
Freizeitverhalten	Fernsehen Internetchat Musik - Hip Hop	früher intensives Fernsehen heute intensives Bücher lesen	
Lesen im biogra-fischen Kontext	kein Vorlesen in der Kindheit - Analphabeten	Kindheit und Pubertät spielte Lesen keine Rolle erst ab der 10. Klasse	
Bedeutung der Familie in der Lese-sozialisation	Eltern haben ihm ein Sohn nicht vorgelesen - Analphabeten	Mutter erzählt Geschichten aus „Tausendundeiner Nacht"- kein Gute-Nacht-Geschichten Ritual △	
Bedeutung des Lesens für die dar-gestellte Person	man liest und liest und kapiert halt nichts	Gesprächsgegenstand kann sich mit dem Buch identifizieren	
Lesen im schu-lischen Kontext	in der Hauptschule gar nicht nur für den Real-schulabschluss	es gefällt ihr über Bücher im Unterricht zu reden	
Bedeutung einzel-ner LehrerInnen	Sozialpädagogen	Lehrerin in der 9. und 10. Klasse	

* keinen Schulabschluss Vater Maurer, Mutter Hausfrau

Tabelle 38: Auswertungstabelle der Leseautobiografien von Ali und Halima

  b) Welche Personen haben einen entscheidenden Einfluss auf die Lesesozialisa-tion von Ali und Halima? Welchen Effekt hatte ein bestimmtes Verhalten von Erwachsenen auf die beiden Heranwachsenden?

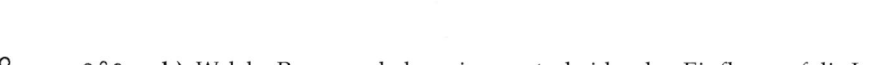

△ *Mutter versucht sie durch Bibliotheksbesuche und das Mitbringen von Büchern zum Lesen zu bringen*

c) Ali charakterisiert sich selbst als Nichtleser, differenziert dabei jedoch zwischen dem Lesen von Romanen und dem Lesen der Bildzeitung, die er täglich konsumiert: „Doch Zeitungen, Bildzeitungen les ich, aber halt zu Hause. Bücher mein ich, so halt Liebesdrama, das les ich nicht so. Weil, d- man liest und liest, man kapiert nix […]. Deswegen wozu soll ich lesen, aber Bildzeitung kauf ich halt jeden Tag" (Pieper et al. 2004, S. 79 f.). Welches Medium hat für Ali den Charakter eines „richtigen" Lesemediums? Formulieren Sie Hypothesen, warum Ali diese Unterscheidung trifft.

d) Diskutieren Sie, ob die Falldarstellungen von Ali und Halima mit den allgemeinen Erkenntnissen der Studie übereinstimmen oder ob beide bzw. eine/r von beiden eine eher untypische Lesesozialisation bildungsferner Schichten durchlaufen haben.

e) Welche Lesemodi, die in Kapitel 4.1.4 des Lehrbuches behandelt wurden, würden Sie Ali und Halima zuordnen?

f) Ordnen Sie die Sozialisationsverläufe von Ali und Halima in das prototypische Verlaufsschema nach Werner Graf ein (vgl. Kapitel 4.2.3 im Lehrbuch und Kapitel 3.2.3 im vorliegenden Arbeitsbuch). Benennen Sie auch die Schwierigkeiten, die sich dabei ergeben.

g) Stellen Sie sich vor, Ali und Halima wären Ihre SchülerInnen gewesen. Überlegen Sie, auf welche Weise Sie die beiden hinsichtlich ihrer Lesesozialisation gefördert hätten.

Neben den Interviews mit den HauptschulabsolventInnen wurden im Vorfeld der Studie von Pieper et al. *Experteninterviews* mit acht HauptschullehrerInnen im Raum Frankfurt am Main geführt. Ziel der Vorstudie war es, mittels der Aussagen der ExpertInnen Informationen über die Rezeptionskompetenzen, die schriftkulturellen Fähigkeiten sowie die Interessen von HauptschülerInnen aus der Lehrerperspektive zu gewinnen (vgl. Pieper et al. 2004, S. 38 f.).

Die LehrerInnen äußerten sich überwiegen negativ über die Lesekompetenzen ihrer SchülerInnen. Die sprachlichen und schriftsprachlichen Kompetenzen der SchülerInnen wurden von den Lehrkräften durchgängig als mangelhaft beschrieben (vgl. Pieper et al. 2004, S. 57 ff.). Entsprechend dieser Einschätzung schrieben die befragten LehrerInnen dem Literaturunterricht in der Schule, von wenigen Ausnahmen abgesehen, einen eher geringen Stellenwert zu. Er wurde den „eigentlichen Aufgaben" des Deutschunterrichts, Rechtschreibung und Grammatik, untergeordnet (vgl. Pieper et al. 2004, S. 63) und teilweise sogar als Überforderung der SchülerInnen angesehen. Die Schwierigkeiten des Literaturunterrichts in der Hauptschule hielten die ExpertInnen für nicht lösbar; entsprechend pessimistisch schätzten sie auch die kompensatorische Funktion der Schule ein (vgl. Pieper et al. 2004, S. 71 ff.)

Aufgabe 23:

Überlegen Sie sich, wie Sie die LehrerInnen davon überzeugen können, dass *gerade* dem Literaturunterricht und einer gut fundierten Leseförderung für SchülerInnen aus schriftfernen Lebenswelten eine große Bedeutung zukommt. Versuchen Sie den LehrerInnen in Ihrer Argumentation zu vermitteln, dass diese selbst tätig werden und sich von ihrer pessimistischen Einstellung lösen müssen. Beziehen Sie in Ihre Überlegungen auch Rosenbrocks „10 Thesen zur Förderung der Literacy bei HauptschülerInnen" mit ein, die nachstehend in gekürzter Form abgedruckt sind

Zehn Thesen zur Förderung der Literacy bei HauptschülerInnen

1. **Orientierung des Deutschunterrichts an den tatsächlichen Kompetenzproblemen**

   Die Lesekompetenzprobleme der Schüler werden im Literaturunterricht weitgehend als solche der Motivation abgetan. Die tatsächlichen Leseschwierigkeiten rücken dabei in den Hintergrund, da sie aufgrund mangelnder Diagnosefähigkeiten nicht erkannt werden. Die mangelnden diagnostischen Fähigkeiten der Lehrkräfte führen Pieper et al. auf ein Defizit der LehrerInnenausbildung sowie auf den großen Anteil fachfremd erteilten Deutschunterrichts in der Hauptschule zurück.

2. **Lesecurriculum entwickeln**

   Die Deutschdidaktik ist daher nach Pieper et al. gefordert, neben praktikablen Diagnoseverfahren ein Lesecurriculum zu entwickeln, das mit dem „Weiterführenden Lesen" nach der Alphabetisierung ansetzt und bis zum Ende der Pflichtschulzeit reicht. Dadurch könnte sichergestellt werden, dass Texte verstehend gelesen werden; es würde jedoch eine Umorientierung des zentralen Ziels des Deutschunterrichts von der Rechtschreibung auf die Lesekompetenz erfordern.

3. **Die Mediennutzung der Jugendlichen als Ausgangspunkt und als Zielperspektive für den Leseunterricht nutzen**

   Im Literaturunterricht der Hauptschule besteht kein Zusammenhang zwischen schulischer Lektüre und privater Mediennutzung. Gerade dieser Zusammenhang ist jedoch nötig, wenn das Lesen lebensweltliche Funktion für die jungen Leute bekommen soll. Ziel des Literaturunterrichtes an der Hauptschule muss daher die Zusammenführung der Medienwelten der Schüler sein.

4. **Muster der Zugehörigkeit von Schriftmedien zur Lebenswelt bereitstellen, die soziokulturell stimmen**

   Im Deutschunterricht der Hauptschule wird den Schülern weitgehend ein mittelschichtsorientiertes Modell der Literaturrezeption vorgestellt, das den Schülern den „Spaß an Literatur" und die Haltung der „Interessiertheit" quasi als Habitus von anderen vorführt. Der Unterricht setzt damit voraus, was er eigentlich ermöglichen sollte: Die Schüler der Hauptschule machen aufgrund ihrer bildungsfernen Herkunft eben nicht die Erfahrung, dass Lesen eine subjektive Bedeutung haben kann. Die Hautschule muss der Aufgabe, den Schülern diese Erfahrungen zu vermitteln, nachkommen.

5. **Lesetechniken mental trainieren**

   Der literarisch orientierte Lesebegriff an der Hauptschule setzt automatisiertes Lesen voraus; die Mühen des Lesens, die für Jugendliche mit der Rezeption von Lektüre verbunden sind, werden weitgehend nicht beachtet. Hier gilt es, den literaturdidaktischen Lesebegriff zunächst hintanzustellen und die Leseanstrengungen der Schüler anzuerkennen, zu honorieren und sichtbar zu machen, dass sich die Anstrengung durch eine Steigerung der Lesefähigkeit auszahlt.

6. **Literatur als Zugang zu den eigenen Lebenswelten entdecken**

   Die Textauswahl erfolgt in der Hauptschule weitgehend nach dem Prinzip der Komplexitätsreduktion und dem Versuch, interessante belletristische Texte auszuwählen. Im konkreten Fall führt dies häufig zur Lektüre problemorientierter jugendliterarischer Texte, die jedoch kaum auf Interesse stoßen, weder bei HauptschülerInnen noch bei SchülerInnen anderer Schulformen. Pieper et al. plädieren in diesem Kontext dafür, das Kriterium der Situiertheit der Texte in der Lebenswelt der Einzelnen zur Buchauswahl heranzuziehen, da ihrer Studie zufolge Texte nur dann mit eigener Beteiligung gelesen werden, wenn sie einen stimmigen Zugang zur eigenen Lebenswelt und Interessensphäre der SchülerInnen öffnen.

7. **Leseförderung als Aufgabe aller LehrerInnen, Lesekultur als Aufgabe aller Angehörigen der Schule**

   Pieper et al. plädieren für eine „Lesende Schule", in der Leseförderung in allen Fächern vertreten ist und in der eine von allen Angehörigen geteilte und unterschiedlich ausgefüllte praktische Lesekultur vertreten ist. Zur Schaffung einer schulischen „Leseöffentlichkeit" gehört die Schaffung von Leseprojekten und -anlässen sowie eine „in die subkulturell verschiedenen Lebenswelten und Funktionen der Lektüre hinein ausdifferenzierte schriftkulturelle Praxis" (Pieper et al. 2004, S. 203), die von den Schülern selbst geschätzt und interessiert praktiziert und seitens der Schule unterstützt wird.

8. **Förderung unter den Bedingungen ausgeprägter Heterogenität**
Die Heterogenität der Schülerschaft in der Hauptschule fordert besondere Aufmerksamkeit. Annähernd alle SchülerInnen sind von Misserfolgen geprägt und mittels „Negativauswahl" zusammengeführt worden. Der Großteil der Schüler hat einen Migrationshintergrund, die sprachlichen und kognitiven Leistungen der Schüler differieren erheblich. Die Probleme der Hauptschule sind daher nicht mehr unter dem Prinzip der Homogenität zu lösen; die Heterogenität muss anerkannt und von den Lehrplänen bis zur Unterrichtsplanung beachtet werden.

9. **Die Hauptschule neu erfinden**
Pieper et al. plädieren für eine Aufgabe der Kompatibilität zu anderen Schulformen und der Entwicklung von eigenständigen Curricula für die Hauptschule, um eine gezielte Förderung der Schüler zu erreichen und nicht als Aussonderungsort schwacher SchülerInnen, quasi als „verdünnte Realschule" (Pieper et al 2004, S. 204), nur suboptimale Ergebnisse zu erzielen.

10. **Die Aufarbeitung der eigenen Lesegeschichte als Ausbildungskomponente von HauptschullehrerInnen**
Den DeutschlehrerInnen selbst wird während ihres Studiums ein ausdifferenzierter Begriff und Umgang mit Literatur als wissenschaftliche Norm vermittelt, der im Gegensatz zu den Literaturerfahrungen der SchülerInnen steht, die sie später unterrichten werden. Vor diesem Hintergrund plädieren Pieper et al. zur Aufarbeitung der eigenen Lesegeschichte. Durch die Reflexion der eigenen Biographie soll die eigene Lesesozialisation nachvollzogen werden, um so die Faktoren gelingender Lesesozialisation zu erkennen, ein Problembewusstsein für die Lesesozialisation in bildungsfernen Schichten zu entwickeln und letztere im Idealfall positiv zu fördern.

2.5.5 Günstige Dynamiken: Kommunikative und kreative Aneignungsformen von Literatur in der gymnasialen Oberstufe

Der Einfluss der Lehrkraft

Die negativen Einstellungen gegenüber dem Deutschunterricht, die in Kapitel 2.5.2 beschrieben wurden, wandeln sich bei vielen SchülerInnen in der Adoleszenz. Hier kommt es häufig zu einer positiven Bewertung des Unterrichts, die in einem Großteil der Fälle der gymnasialen Oberstufe und oft auch dem Leistungskurs Deutsch zugeschrieben wird:

> „In der Oberstufe hat das Lesen in Deutsch wieder mehr Spaß gemacht, da wir eine Lehrerin hatten, die uns viel Freiheit im Umgang mit dem Text ließ – wir konnten frei und ohne Vorwissen unsere Meinungen und Eindrücke kundtun – und erst im zweiten Schritt literaturgeschichtliche und literaturwissenschaftliche Fakten am Text erarbeiten." (Studentische LAB, zit. n.: Garbe & Groß 1993, S. 98)
>
> „Wir hatten damals auch einen tollen Deutschlehrer, der sich so richtig für den Stoff begeisterte und uns damit anstecken konnte. Er hat uns teilweise auch Gedichte spielen lassen, was bestimmt urkomisch auf außenstehende Betrachter wirken musste, weil wir auf Tischen und Stühlen vor den heranfließenden Wassern geflüchtet waren oder unseren Mitspielern den Handschuh ins Gesicht warfen." (Studentische LAB, zit. n.: Garbe & Groß 1993, S. 97)
>
> „Durch den Deutsch-LK in der Oberstufe habe ich angefangen, mich mehr und mehr kritisch mit Büchern auseinanderzusetzen, auch mit denen, die ich außerhalb des Unterrichts las. Meine Lehrerin konnte mich richtig dazu animieren, die Bücher auch aus dieser Perspektive zu sehen und zu genießen." (Studentische LAB, zit. n.: Schön 1993, S. 225 f.)

Auffällig ist an diesen Äußerungen, dass die positive Bewertung des Literaturunterrichts offenbar eng mit der Person des Deutschlehrers bzw. der Deutschlehrerin verbunden ist. Was aber genau macht diese „besonderen Lehrpersönlichkeiten" aus? Was erreichen sie bei ihren SchülerInnen?

Aufgabe 24:

Die folgende Aussage stammt von einer Studentin, die in ihrer Lektüreautobiografie ihre Erfahrungen in ihrem Deutschunterricht und mit ihren DeutschlehrerInnen schildert.

„Die Lektüre in der Schule fand ich nur langweilig und trocken, ich fand keinen Zugang mich dieser Literatur zu nähern. ‚Andorra', ‚Kabale und Liebe', etc., etc., die Begeisterung hielt sich in Grenzen. Meine Deutschlehrer trugen ihren Teil dazu bei, dass die schulische Lektüre ihre Wirkung verfehlte. Zunächst hatte ich einen Deutschlehrer, der stets nur seine eigene Interpretation einer Geschichte

5 zuließ. Anschließend, in der 9. und 10. Klasse, wurde ich von einem Deutschlehrer unterrichtet, der immer wieder Witze auf Kosten von uns Schülern riss. Diese Tatsache führte bei mir dazu, dass ich mich immer weniger am Deutschunterricht beteiligte, um den Demütigungen meines Lehrers zu entgehen. Schließlich zog ich mich ganz zurück und beteiligte mich gar nicht mehr aus eigenem Antrieb am Unterrichtsgespräch. Der gesamte Unterricht ging nun eher an mir vorbei und interes-

10 sierte mich auch nicht mehr wirklich [...].
Ein Wandel erfolgte dann erst nach der zehnten Klasse und einem Schulwechsel. Plötzlich gab es da eine Lehrerin, die die Fähigkeit hatte, den Inhalt der Bücher so zu vermitteln, dass diese einen tieferen Sinn und eine Bedeutung bekamen. Eines dieser Bücher war ‚Tonio Kröger'. Ich wusste damals nicht, was in mir passierte, jedoch bewegte dieses Buch etwas in mir. Etwas verband mich mit diesem Buch, irgendet-

15 was war da, was mich beschäftigte. Dieses Gefühl war damals für mich nicht fassbar, doch sollte ich bald spüren, dass diese Empfindung noch an viel stärkerer Ausprägung gewinnen sollte. [...]
Darüber hinaus hat mir diese Erfahrung einen völlig neuen Zugang zur Literatur ermöglicht. Es hat mir gezeigt, dass die meisten (anspruchsvollen) Bücher dem Leser etwas vermitteln bzw. aufzeigen möchten, wenn man die Literatur nur nah und tief genug an sich heran lässt. Beginnt man unter

20 diesem Gesichtspunkt Literatur zu lesen, gewinnt sie einen völlig neuen Stellenwert und im Idealfall ist es dem Leser möglich, für sich selbst, z.B. durch Selbstidentifikation und Selbstreflexion einen neuen Zugang oder Blickwinkel für die eigene subjektive Welt zu finden und diese somit zu erweitern. Diese Erkenntnis hat in mir selbst eine Menge angeregt und ich bin meiner Lehrerin und der Literatur dankbar, diese Erfahrung gemacht haben zu dürfen." (LAB-Korpus Garbe)

---

  a) Beschreiben Sie die verschiedenen DeutschlehrerInnen hinsichtlich ihrer Persönlichkeit und ihrem Umgang mit den SchülerInnen.

  b) Wie werden die verschiedenen DeutschlehrerInnen von der Schülerin bewertet? Durch welche Merkmale unterscheiden sich positiv und negativ bewertete DeuschlehrerInnen?

  c) Welche Veränderungen sind bei der Schülerin hinsichtlich ihrer Literaturrezeption und ihrem Literaturverständnis eingetreten?

 d) Haben Sie selbst ähnliche Erfahrungen mit Ihren DeutschlehrerInnen gemacht? Bitte notieren Sie Ihre Erinnerungen und arbeiten Sie heraus, was aus Ihrer Sicht eine gute Lehrpersönlichkeit auszeichnet.

Der Einfluss der Unterrichtsmethoden

In den von Erich Schön und Werner Graf erhobenen Lektüreautobiografien sowie in den obigen Beschreibungen wird immer wieder negativ hervorgehoben, dass auch in der Oberstufe verhältnismäßig viele Klassiker Gegenstand des Unterrichts sind (vgl. Schön 1993, S. 225 f.; Graf 2007, S. 154 f.). Im ersten Moment erscheint dies vor dem Hintergrund der vorherigen Kapitel als Widerspruch zu dem positiven Verhältnis gegenüber dem Literaturunterricht und der Lehrperson, das eingangs in diesem Kapitel beschrieben wurde. Geht man jedoch trotz der Behandlung von Klassikern im Literaturunterricht der gymnasialen Oberstufe von einer gelingenden Passung aus, so fällt unweigerlich der Blick auf die von den LehrerInnen angewendeten Methoden. Liegt hier vielleicht das Geheimnis gelingenden Literaturunterrichts?

Aufgabe 25:

Der folgende Text ist ein Auszug aus der LAB einer Studentin aus dem Sommersemester 2000. Sie beschreibt darin ihren Deutschunterricht in der gymnasialen Oberstufe.

> „Der Kurs bestand aus zwölf Schülern, was für unsere Verhältnisse sehr klein war. Während der zwölften Klasse lasen wir erst einige klassische Bücher wie ‚Iphigenie auf Tauris‘, ‚Nathan der Weise‘ oder ‚Die Leiden des jungen Werthers‘, und später gingen wir zu moderneren Werken wie ‚Nora‘ oder ‚Ein Puppenheim‘ oder ‚Der gute Mensch von Sezuan‘ über. [...] Wenn wir ein Buch zu lesen
> 5 hatten, fing gleich zu Beginn der Stunden von selbst eine Diskussion über das Buch an: Jemand verstand vielleicht etwas nicht, fragte also nach, darauf versuchte sich ein anderer an einer Antwort, indem er seine Sicht der Dinge dazu mitteilte, woraufhin wieder jemand anders dagegen Einspruch erhob. Manchmal lief das Gespräch ganz ohne das Zutun unseres Lehrers, er griff aber selbstverständlich auch immer wieder ein, um dem Gespräch eine Richtung zu geben oder half uns wieder auf den
> 10 richtigen Weg, wenn unsere Phantasie mit uns durchging und die wildesten Spekulationen geäußert wurden. [...] Aber natürlich diskutierten wir nicht nur. Zu vielen Büchern bereitete jemand (freiwillig!) einen kleinen Vortrag über den Autor und seine Zeit vor und stellte ihn seinen Mitschülern vor. Eine andere Quelle hinsichtlich Informationen über Autor und Zeit war unser Lehrer, der über fast alle Autoren stundenlang hätte erzählen können, was er aber nur über Schiller und noch mehr über
> 15 Goethe tat. [...] Ich habe für mich festgestellt, dass mir die zwei Jahre in dem Leistungskurs unwahrscheinlich viel gebracht haben. Ich [...] habe vor allem gelernt, dass auch gelbe kleine Bücher wie ‚Faust‘ oder ‚Nathan der Weise‘ Spaß bringen können, wenn man sich ein wenig mit dem Autor befasst hat, nur ein wenig über die Entstehungszeit und über die in ihr lebenden Menschen weiß und wenn man es zulässt, die Lektüre an sich heranzulassen.“ (LAB-Korpus Garbe)

a) Beschreiben Sie die Unterrichtsmethode und die zugrunde liegende Haltung des Lehrers. Wie agiert der Lehrer? Wie verhalten sich / reagieren die SchülerInnen?

b) Wodurch zeichnet sich die Persönlichkeit des Lehrers aus? Vergleichen Sie den Lehrer aus diesem Auszug mit den Lehrerpersönlichkeiten, die in dem Textauszug in Aufgabe 17 beschrieben wurden. Lassen sich Gemeinsamkeiten erkennen?

c) Wie empfindet die Schülerin den Unterricht? Um welche Art von Lesemotivation handelt es sich bei den beschriebenen SchülerInnen?

d) Betrachten Sie diese Unterrichtsstunde hinsichtlich der Passung. Inwiefern kann man Ihrer Meinung nach von einer gelungenen Passung zwischen SchülerInnen, Methoden und Gegenstand sprechen?

Das Literarische Gespräch als Beispiel gelingenden Literaturunterrichts in den Sekundarstufen

Weitere positive Erinnerungen an den Deutschunterricht der gymnasialen Oberstufe werden an jenen Stellen des Unterrichts vermerkt, an denen schwierige literarische Texte im gemeinsamen Gespräch erschlossen wurden (vgl. Eggert et al. 2000, S. 127). Die Heidelberger Forschungsgruppe um Härle[4] erprobt seit mehreren Jahren Konzepte zur Planung, Leitung und Auswertung von Gesprächen im Unterricht. In zahlreichen Projektveranstaltungen in Schule und Hochschule entwickelten sie das „Heidelberger Modell", einen Ansatz zur Leitung literarischer Unterrichtsgespräche (vgl. Steinbrenner & Wiprächtiger 2006, S. 227).

Aufgabe 26:

Der folgende Text ist ein Auszug aus einem literarischen Gespräch aus dem Korpus der Heidelberger Forschungsgruppe. Das Gespräch wurde von Gerhard Härle im Rahmen eines Seminars mit Studierenden zu dem Gedicht „Brandmal" von Paul Celan geführt. Es handelt sich bei dem Gesprächstranskript um einen Auszug. Besonders zu Beginn und am Ende des Auszuges werden verstärkt die Beiträge des Gesprächsleiters abgedruckt, um die Haltung und die Beiträge der Gesprächsleitung zu verdeutlichen.

Brandmal

Wir schliefen nicht mehr, denn wir lagen im Uhrwerk der Schwermut
und bogen die Zeiger wie Ruten,
und sie schnellten zurück und peitschten die Zeit bis aufs Blut,
und du redetest wachsenden Dämmer,
und zwölfmal sagte ich du zur Nacht deiner Worte,
und sie tat sich auf und blieb offen,
und ich legt ihr ein Aug in den Schoß und flocht dir das andre ins Haar
und schlang zwischen beide die Zündschnur, die offene Ader –
und ein junger Blitz schwamm heran.

(Quelle: Celan, Paul (2003): Die Gedichte. Kommentierte Gesamtausgabe in einem Band. Hg. Von Barbara Wiedemann. Frankfurt am Main: Suhrkamp, S. 43)

Situation: Erste Sitzung eines Hauptseminars mit Studierenden ohne Vorerfahrung in literarischen Gesprächen. Innenkreis mit elf freiwilligen TN; Außenkreis mit ca. 40 BeobachterInnen mit Beobachtungsaufgaben

Leitung: Gerhard Härle (G.H.).

GesprächsteilnehmerInnen (anonymisiert): Blanche (B); Britta (Br); Corinna (C); Doris (D); Frieda (F); Jacqueline (J); Heidi (H); Ilona (I); Martin (Ma); Monica (M); Rosi (R)

Transkriptredaktion: Felix Heizmann

---

[4]   Zum Arbeitsteam gehören: Marcus Steinbrenner, Johannes Mayer, Maja Wiprächtiger-Geppert und Felix Heizmann. Das Team setzt sich intensiv mit dem literarischen Gespräch im Literaturunterricht der Primar- und Sekundarstufe I und an Förderschulen sowie in der Ausbildung von Studierenden auseinander.

Legende/Transkriptionszeichen:

*	kurze Pause (gesteigert als ** und ***)
(Beispiel)	vermuteter Wortlaut
(…)	unverständlicher Beitragsteil
[X.Y.: Beispiel]	gleichzeitig gesprochener Beitrag
[Pause]	außersprachlicher Kommentar
BeTOnung	Großbuchstaben: betonter Wortteil
X.Y. (?)	Sprecherzuweisung unklar
Ungewiss'	Apostroph kennzeichnet vermuteten Wortabbruch (hier statt vermutete Ungewissheit)

1) G.H.: Ich möcht erst mal jetzt uns und Sie alle hier herzlich begrüßen in diesem INnenkreis * und uns alle einladen mal wahrzunehmen, wie wir jetzt hier zusammen sitzen in einer für uns ja NEUen, erstmaligen und auch in der Form einmaligen Situation. Mal so umgucken, mit wem bin ich denn jetzt eigentlich hier zusammen. […] Und es ist wichtig, das wahrzunehmen, dass wir hier in einer beson-
5   deren Situation sind, aber es ist auch wichtig zu schauen, so nach und nach wird dieser Außenkreis immer unwichtiger und wir hier füreinander sind jetzt die Gruppe, die miteinander ins Gespräch kommen, zu kommen versucht. [Räuspert sich] […]. Aber ich sage alles an, ich möchte dieses Gespräch gerne LEIten, ich werde aber an dem Gespräch auch TEILnehmen. Leiten heißt für mich, dass ich die Schritte ansage, dass Sie sich zurücklehnen können, sich darauf einlassen können, dass ich ein Stück
10   der Verantwortung übernehme was jetzt, wie jetzt die einzelnen Abfolgen sind und dass ich auch auf die Zeit achte. So ein Gespräch zu führen, heißt auch, dass alle sich innerlich dafür bereit machen und bereit fühlen, sich mit ihren Ideen, Ansichten *** vielleicht auch, ähm, Einfällen hier ins Gespräch einzubringen und dabei aber auch wahrnehmen, dass wir mehrere Menschen sind, dass auch Andere Raum brauchen und dass wir vielleicht miteinander so ins Gespräch kommen können, dass es ohne
15   melden geht, dass wir also genug Wahrnehmung für einander entwickeln, zu spüren oder zu sehen, wann kann ich mich jetzt hier ins Gespräch einbringen ohne strecken zu müssen, wie man in der Schule sagt, sondern einfach so zu versuchen, da sich einzufädeln. Aber auch da werde ich, wenn es, wenn ich Probleme wahrnehme, zu helfen versuchen. [3 sec. Pause] Wir sollten alle genug Zeit und Raum haben, in diesem Gespräch zu Wort zu kommen, aber es soll niemand unter Druck und unter
20   Zwang sein, sich am Gespräch zu beteiligen und wenn ich irgendwo eine Aufforderung mache, mal etwas dazu zu sagen, und jemand will nichts dazu sagen, dann ist es genauso in Ordnung, wie wenn man dazu was sagt **. Ich habe schon gesagt, ein Text, der Text, den ich einbringen möchte, ist ein GeDICHT. Ich habe * ein Gespräch unter Studierenden beobachten dürften zu diesem Gedicht vor einiger Zeit, und das hat mich sehr fasziniert, sowohl das Gedicht selbst, mit dem ich mich vorher
25   NICHT viel beschäftigt hatte, als auch das Gespräch, und das hat mir Lust gemacht, das noch mal mit eigener Leitung und mit einer anderen Gruppe zu versuchen und zu erleben, und das Gedicht heißt Brandmal und stammt von Paul Celan und Sie bekommen nachher alle den Text auch die außen und, äh, Sie können dann das noch mal lesen. * Das Gedicht stammt aus dem Jahr 1949 und gehört zur, äh, Nachkriegslyrik, für die Paul Celan ja ein wichtiger deutschsprachiger Dichter ist. Ich lese es zu-
30   nächst einmal vor und bitte Sie, einfach zuzuhören, ohne inneren, ohne inneren Druck, einfach so auf sich wirken zu lassen.
(G.H. liest das Gedicht vor)
Nach diesem einmaligen Hören teile ich den Text aus nach links, nach rechts und dann bleibt vielleicht in vielen kleinen Untergrüppchen nach außen. Und Texte, die übrig sind, geben Sie einfach nach da *
35   hinten außen und alle haben die Möglichkeit, das Gedicht für sich still zu lesen. [55 sec Pause] Ja, gibt es jemand in unserer Runde, der oder die dies Gedicht noch Mal mit eigener Stimme vorlesen möchte, oder gibt es jemand, der oder die das Gedicht noch mal hören möchte von jemand Bestimmtem, dann ist dafür jetzt Gelegenheit, denn Gedichte haben ja auch einen Klang, und im Klang liegt auch eine bestimmte Wirkung, und unterschiedliche Klänge und unterschiedliches zur Sprache bringen

40 kann auch unterschiedliche Wirkungen erzeugen. Wenn jemand gerne noch mal lesen möchte, sind Sie herzlich eingeladen, das zu tun.

[…]

6) *G.H.:* Wir haben jetzt hier das Gedicht dreimal gehört, haben es selbst lesen können, und jetzt bitte ich mal alle hier im Innenkreis, EINE Wendung aus diesem Gedicht, die mich, ich sag es jetzt mal

45 per ich, die mich besonders ANspricht oder besonders irriTIERT oder besonders NEUgierig macht, mir zu MERken, aus dem Gedicht gewissermaßen als Kleinstbestandteil mir auswendig zu MERken, und wenn ich diese Wendung mir gemerkt habe, mein Blatt erst mal umgedreht auf meinen Schoß zu legen, weil wir dann über diese Wendungen miteinander, äh, uns bekannt machen wollen. Also eine Wendung, die mich besonders anspricht, merke ich mir, und bin dann bereit auch sie hier einzubrin-

50 gen, auch wenn sie dann vielleicht nicht hundertprozentig wörtlich ist. * Das ist kein Test *[Lachen]*, sondern eine Anregung * und ich sage dann noch was, also erst mal, dass jede und jeder die Zeit hat. *[12 sec..Pause]*. Ich möchte dann bitten, dass wir uns einander hier vorstellen mit dem Namen UND der Wendung, die mich besonders angesprochen hat oder irritiert, OHne sie zu erläutern, ohne sie zu interpretieren, sondern sie einfach mal einzubringen, den Namen dazu zu sagen und damit wir uns

55 da alle kennen lernen, würde ich bitten, das der REIhe nach zu machen, und wenn Sie links von mir anfangen würden, wäre es nett.

7) *F:* Ich heiße Frieda und, ähm, die Wendung, die ich mir so ins Auge direkt, ähm, gesprungen ist, war: und ich sagte Du zur Nacht deiner Worte. Und * soll ich schon was dazu sagen? Oder erst mal nicht?

8) *G.H.:* Erst mal so als Vorstellung.

60 9) *I:* Ja, ich bin Ilona und mich hat eigentlich, ähm, genau das gleiche * die * das * die gleiche Zeile, ähm, total fasziniert irgendwie: Und sagte ich DU zur Nacht deiner Wort.

10) *B:* Ja mein Name ist Blanche und ich habe auch die Zeile: und zwölf mal sagte ich DU zur Nacht deiner Worte.

11) *M:* Mein Name ist Monica und bei mir war's eine andere, * aber eher weil es mich verwirrt hat

65 ähm, das mit der ZÜNDschnur, die die a' offene Ader ist.

[…]

19) *G.H.:* Ich bin Gerhard Härle und für mich ist die Zeile besonders wichtig gewesen: und ein junger Blitz schwamm heran. *[4 sec. Pause]* Wir haben jetzt voneinander Wendungen gehört, wir haben unsere Namen gehört zumindest einmal und so mal ersten Kontakt aufgenommen und ich möchte

70 jetzt gerne das Gespräch anregen über das Thema, was spricht mich an, was reizt mich an den Wendungen, die ich eingebracht, an der Wendung, die ich eingebracht habe, an den Wendungen, die ich gehört habe, MEIne, DEIne Wendungen, was spricht mich an, was reizt mich zum Gespräch, vielleicht auch was irritiert und befremdet mich, wo möchte ich gerne anknüpfen? Und es gab ja einige, die, äh, Überschneidungen in den Wendungen, die uns wichtig waren und wir können jetzt mal versuchen

75 auch noch etwas dazuzugeben, was hat mich an meiner eigenen Wendung eigentlich, äh, besonders angesprochen, aber vielleicht auch, was habe ich empfunden, als ich die der anderen gehört habe und wo möchte ich gerne andocken? Und das machen wir jetzt nicht als Runde, sondern versuchen so, uns jetzt aneinander anknüpfend in das Gespräch hineinzufinden natürlich wieder den', können wir den Text wieder benutzen, ist ja klar.

80 […]

36) *H:* Und bekommt es für euch nicht auch irgendwie was Erotisches da unten, mit diesem * nä?

37) *R:* Ja, also das war mir sonnenklar [H: das ist auch dieses] *[Lachen]* ja ganz sicher. Ich hab' es' [G.H.: können wir das ein bisschen']. Ich hab das für mich jetzt, also ich denke sehr, sehr gerne in Bildern und will mir das, ähm, vorstellen. Es sind, äh, ist ein Mann und eine Frau und, ähm, die liegen

85 womöglich vielleicht auch irgendwo, ähm, haben die jetzt so einen Platz gefunden in einem Kirchturm, kann ich mir auch vorstellen *[Lachen]* und so, äh, ja unter dem, unter dem Dachstuhl, nä? Ähm, und glaube mit der Zeit, dass die immer noch, ähm, sich erinnern und dass die auch, ähm, Zukunftswünsche haben und Hoffnungen und ähm, dass sie aber wissen, die Zeit läuft weiter, wir können jetzt hier neu beginnen und was Neues machen. Und dann, ähm, ich habe nämlich mit dem wachsenden Dämmer

90 rumgemacht, und ich glaube, dass irgendeiner von den beiden so ein bisschen düstere Gedanken hat, das ist so was, ähm, Nebliges so, wabernde, wabernder Nebel so. Man redet manchmal so daher. Und dann plötzlich, ähm, in der Zeile sechs ähm hat es aufgehört, dass irgendwie so was Düsteres gesprochen worden ist. Also es war vielleicht irgend so, es stand mal still dieses, ähm, das Gespräch stand vielleicht auch mal still. Und dann hat er sich ihr zugewandt und, ähm, hat erst geguckt, ob sie, ähm,

95 wie es ihr geht und ob sie nicht Lust hätte, ähm, mit ihm etwas Neues zu beginnen, und das ist für mich klar, dass er erst in den Schoß guckte, dann schaute er ihr ins Gesicht oder ins Haar und dann schlang er sich, schlang zwischen beide sich die Zündschnur. Also es, der Funken ist übergesprungen, also sie haben sich gegenseitig signalisiert, dass sie jetzt, ähm, ja miteinander was Nettes haben möchten. [Lachen]

100 *38) H:* Aber das ist ja die Nacht ihrer Worte, in die er das flicht, das ist ja nicht sie selbst.

39) R: Ja, ja [G.H.: Ja, ja] die Nacht ist dunkel [G.H: nur absprechen, nicht, äh].

40) B: Ne klar deswegen, ähm, ich muss da an einen Horrorfilm denken, Freddy Krueger, die offene Ader, weiß ich nicht, habe ich voll das Bild von einem Horrorfilm in mir, also bei mir tut sich nichts mit Liebespaar. [Lachen] [3 sec. Pause]

105 *41) F:* Ich hatt auch gar nicht die Assoziation, das ist total lustig. Ich bin noch immer bei der Geschichte, ich denke auch wegen, wegen dem Seminar letztes Semester. Aber ich bin also, aber es ist total spannend. Weil, so ist vielleicht auch der junge Blitz irgendwie schwamm, schwamm heran. Das hat jetzt irgendwie so eine Deutung, so ein bisschen. Aber sonst, hat für mich (auch) dieser junge Blitz gar nicht, also (ich konnte) gar nichts anfangen sonst irgendwie aber.

110 *42) R:* Ich kann das völlig' also 1949 wurde das, ähm, geschrieben oder veröffentlicht, ja das stimmt, und das ist Nachkriegszeit für mich. Aber das ist trotzdem, also ich habe das nicht erlebt, und ich kann mir denken, dass die auch ** die hatten sehr viel mehr dunkle Gedanken ja.

43) I: Und wie [?: Entschuldigung] erklärst du dir dann das Auge, was er ihr in den Schoß legt?

44) R: Das ist ihr, äh, er guckt sie an, er beguckt sie, er, ja, er schaut nach ihr.

115 *45) H:* Es ist vielleicht das' soll ich? [M: mhm] es ist vielleicht, ich weiß es nicht, aber schon von Bedeutung, in der Zeile sieben, dass es heißt: ich legt IHR ein Auge in den Schoß, das heißt der Nacht deiner Worte und ich flocht DIR das andre ins Haar, also dieses Du, das heißt die Augen werden nicht an eine Person verteilt, sondern wirklich an zwei verSCHIEdene Instanzen sozusagen. [2 sec. Pause]

46) M: So, ich muss ganz ehrlich sagen, ähm, das von der Rosi, was sie jetzt gemeint hat, gefällt mir

120 auch, weil irgendwie alles, womit ich Probleme hatte in dem Gedicht, dadurch für mich klarer wird. Gerade auch diese, dieser Wechsel von dem Sie zu Du und zum Ich, zu dieser Form wird mir jetzt irgendwie klar. Und auch der Satz, den ich vorhin meinte, mit dem ich Probleme hatte mit der Zündschnur, der offenen Ader * macht so für mich doch schon mehr Sinn.

47) C: Ja, mir geht es genauso. Also ich habe jetzt vorhin überhaupt nicht dran gedacht, [M.: Ja, weil

125 du gesagt hast] (aber wo) du es gerade dargelegt [M.: aha] hast * ja.

48) I: Aber mit dem erotischen Bild kann ich mich eigentlich überhaupt GAR nicht anfreunden. *[Lachen]* Also es wird für mich *[Lachen]* etwas positiver, also für mich war auch dieser Knackpunkt Zeile fünf: Sagte ich DU zur Nacht deiner Worte. Als würde hier jetzt eine Art Aufarbeitung, ähm, passieren. Also * die Nacht deiner Worte, ich nähere mich ihr an. Und, ähm, die Nacht öffnet sich,

130 und das ist irgendwie was Positives, als könnte das jetzt alles, was jetzt sich aufgestaut hat, endlich verarbeitet werden. Und wie gesagt, dann die Verbindung vom, von dieser Nacht, von der Seele und ihr selbst, also, dass, dass sich da was tut, aber mit dieser Erotik nicht [M.: (...) dann die letzten drei] ja und DIE, damit habe ich echt ein Problem, weil das klingt, das ist für mich absolut NEgativ, also ich kann, also ich MÖchte gerne, dass das Ged' *[lacht]* Gedicht positiv endet, und aber irgendwie, ja,

135 dieser junge Blitz ist für mich total negativ, als wenn es doch nicht gelingt, als wenn grrrr * ja.

49) J: Also mir geht es SO, dass mich DEIN Bild auch sehr angesprochen hat. Und ich habe eine ganz andere Deutung jetzt drin durch dieses, diesen Anstoß da von DIR. Und ich würde in Zeile sechs, das SIE sie gar nicht mehr auf die Nacht deiner Worte münzen, sondern sondern das IST sie, das ist das Gegenüber des vielleicht zu Liebenden. Und ähm ** ohne Grund * oder wenn ich es dann mit diesem

140   Anstoß habe, (be)kommt das Wort, ähm, legt ihr ein Aug in den Schoß, das Wort SchOß eine andere Bedeutung * für mich. Also ich kann dein Bild ganz gut mitnehmen.

50) R: Also die Bedeutung, die es hat, also keine, es ist nichts ähm zu Entdeckendes mehr: Schoß meint DEN Schoß, den weiblichen Schoß [J.: ja]. *[3 sec. Pause]*

51) G.H.: Ich hänge noch bisschen an der Verwendung der Adjektive positiv und negativ, die jetzt hier
145   ein paar Mal kamen, Sie haben vorhin gesagt Nacht hat für Sie so etwas Negatives, [?: Ja] Dunkles, äh, Sie haben jetzt auch gesagt, der Blitz hat was Negatives, äh, das legt es sehr FEST für mich, also mich würde noch mal mehr interessieren, was sind da für Bilder und Assoziationen dabei, wenn, wenn wir negativ und positiv sagen. Bei mir geht es gerade mit der Nacht, wenn ich und du und Nacht höre, löst es bei mir natürlich auch noch ganz andere Bilder aus als NUR, das ist das Dunkle und Schwere
150   und das Licht geht aus, sondern in dem Dunklen und das Licht geht aus liegt ja für ich und du häufig auch eine große Chance, die jetzt auch anknüpft an, an Rosis äh Ideen äh, dass da Eroti', die Nacht ist ja auch der Ort des Erotischen, die Nacht ist der Ort der Begegnung von ich und, oder kann es sein wenn äh wenn wir Glück haben im Leben, kann das äh kann das sein und äh diese Dimension ist dann gar nicht für mich so eindeutig jetzt das Dunkle und Schwere und Negative, sondern die hat
155   dann wieder ein ganz anderes Potential, deswegen wollte ich da noch mal anknüpfen, an dieser äh MEHRwertigkeit, die ich da empfinde, aber ich bin Ihnen, glaube ich, ins Wort gefallen, Martin.

52) Ma: Ja ich wollte, wollte Ihnen nur' nur zustimmen, dass ich eigentlich das ähnliche Problem habe, dass für mich eigentlich es in irgendeiner Form schon, also die letzten drei Zeilen schon irgendwie * was Erotisches haben oder darstellen, aber ich, für mich ist es nicht irgendwie SCHÖN dargestellt
160   oder es [G.H.: mhm] da habe ich auch so meine Schwierigkeiten, ich kann mit der Deutung zwar schon irgendwas anfangen, aber ** Erotik ist für mich eigentlich, sollte was Schönes sein, aber das kommt aus den drei Zeilen für mich jetzt nicht SO * unbedingt raus

53) M: Was für mich ganz klar ist, ähm, ihr sagt immer, dass der Blitz so was Negatives hat [Ma: hm]. Aber wir reden gerade die ganze Zeit von dieser düsteren Stimmung von dem wachsenden Dämmer,
165   und weil ich denke, in Zeile fünf wechselt es schon, dass die Nacht dann eher positiv wird, aber letztendlich, wenn er' ein junger Blitz, also jung ist ja nicht bedrohlich, ist ja was KLEInes, irgendwie so, *[Lachen]* ja, ähm, daher kommt, Blitz ist ja was Helles, was ja die Nacht irgendwie oder dieses Dunkel WEGnimmt, wieso das jetzt alle als negativ ansehen.

54) I: (Soll ich da eine Antwort geben, vielleicht) [G.H.: ja] Durch die offene Ader [M: die offene Ader]
170   (...)

[...]

105) G.H.: Gut * ja wir sind für einige Zeit jetzt miteinander und mit dem Gedicht in' im Gespräch gestanden, ich sag's schon in der Vergangenheitsform, weil wir jetzt dieses Gespräch auch schon wieder abrunden können, sollen, müssen. Und ich möchte jede und jeden mal für einen Moment
175   bitten, in sich zu horchen hier, wir bleiben noch' noch immer hier im Innenkreis * soll noch nicht das Ende selbst des Gesprächs * zu gucken, was ist mir denn jetzt in dem Gespräch wichtig geworden, gibt es etwas, wo es mich hingeführt hat, wo ich gerade stehe und gibt es einen Aspekt, an dem ich jetzt gerne weitersprechen oder weiterarbeiten WÜRde, wenn es eine Fortsetzung gäbe, einen neuen Ansatz oder ** wir keine Zeitgrenzen kennten auf dieser Welt, sondern eben die Stunde nicht,
180   die Uhr nicht zwölf' zweimal zwölfmal schlüge. * Also was ist mir wichtig geworden in dem Gespräch, wo stehe ich gerade und woran möchte ich oder würde ich jetzt eigentlich gerne weiterarbeiten, weiterdenken oder weitersprechen. Und dazu würde ich gerne noch mal zum Abschluss eine Runde machen, dass jede und jeder die Gelegenheit hat, etwas dazu zu sagen und würde jetzt, Rosi Sie haben es sich wahrscheinlich schon gedacht, [R: Ja klar] rechts rum anfangen. ** Aber nehmen Sie sich ruhig
185   noch ein Augenblick Zeit, dass der Gedanke überhaupt erst mal, äh, ankommen kann. ***

[...]

118) G.H.: Ja, da würd ich gern anknüpfen an der Metapher der offenen Wege. Ich äh empfinde es auch so, dass wir nicht alle Wege ausgeschritten sind, aber mir *[Husten]* geFÄLLT, dass wir unterschiedliche, * unterschiedliche Wege zumindest an*gegangen sind und auch 'n paar Wegweiser aufgestellt haben, also

190 dass so' dieses Gedicht auch unterschiedliche Ebenen haben kann oder unterschiedliche Bedeutungsdimensionen haben kann, die historisch sein können oder die individueller sein können, das, * damit geht's mir sehr gut und, ähm, ich würde LEIdenschaftlich gern mit Ihnen den Rest des Tages über die, äh, Adjektive positiv und negativ streiten, *[Lachen]* weil es mich sehr reizt da * unterschiedliche Erfahrungen und was ist jetzt NEgativ wenn was SCHWER ist und was ist positiv, wenn was leicht ist und umgekehrt * das

195 ist' das finde ich immer sehr spannend und sehr, ja, das REIZT mich einfach. ** Ich würde mich freuen, wenn, * nachdem wir jetzt ähm fast ne Stunde mit diesem Gedicht uns beschäftigt haben, wenn zu ABschluss dieser Runde jemand aus der Runde, der es vielleicht noch NICHT gelesen hatte, noch einmal zu Gehör bringt und wir damit dann die Innenrunde beenden. Hat jemand, der oder die, äh, jemand Lust, das Gedicht noch mal zu Gehör zu bringen zum Abschluss? ** Das hat uns ja lange begleitet jetzt, mhm.

200 *119) D:* Wir schliefen nicht mehr denn wir lagen im Uhrwerk der Schwermut und bogen die Zeiger wie Ruten und sie schnellten zurück und peitschten die Zeit bis aufs Blut und du redetest wachsenden Dämmer und zwölfmal sagte ich du zur Nacht deiner Worte und sie tat sich auf und blieb offen und ich legt ihr ein Aug in den Schoß und flocht dir das andere ins Haar und schlang zwischen beiden die Zündschnur die offene Ader und ein junger Blitz schwamm heran. *[3 sec. Pause]*

205 *120) G.H.:* Ich danke Ihnen im Außenkreis für Ihre Beobachtungen, die Sie in großer Geduld und Ruhe uns haben angedeihen lassen, und, äh, möchte Sie alle bitte, jetzt aufzubewahren im Kopf und im Geist, vielleicht auch im Herzen, was, äh, was jetzt bei diesem Gespräch als, als GeSPRÄCH wichtig geworden ist, weil wir NACH der Pause dann auf dieser, Metaebene über's GeSPRÄCH, also nicht mehr über den TEXT, insofern wird IHR Wunsch auch erfüllt, mit dem Text jetzt, äh, von dem jetzt wieder etwas Abstand ge-

210 winnen zu können, dann ins Auswertungsgespräch einsteigen * und bringen Sie einfach Ihre Notizen und Ihre Gedanken nachher dazu mit. Eine gute Pause und wir treffen uns wieder um halb eins. *[Klopfen]*

a) Vergleichen Sie das Literarische Gespräch zu „Brandmal" mit der fragendentwickelnden Unterrichtsstunde zu „Der Bär auf dem Försterball" (Kapitel 2.5.2). Arbeiten Sie dabei Gemeinsamkeiten und Unterschiede heraus.

	Literarisches Gespräch (Bsp: *Brandmal*)	Gespräche über Literatur (Bsp: *Der Bär auf dem Försterball*)
Gestaltung des äußeren Rahmens (Situation, Sitzanordnung, Atmosphäre, Regeln)		
Lehrziel(e)		
Kriterien der Textauswahl		

	Literarisches Gespräch (Bsp: _Brandmal_)	**Gespräche über Literatur (Bsp: _Der Bär auf dem Försterball_)**
Text-Leser-Verhältnis		
Lehrer-Lerner-Verhältnis		
Gesprächshaltung des Lehrers		
Gesprächsverlauf (Phasen)		
Gesprächsbeiträge des Lehrers (initiativ und reaktiv) (Wie lassen sie sich klassifizieren und welche Wirkungen haben sie?)		
Gesprächsbeiträge der LernerInnen (initiativ und reaktiv) (Wie lassen sie sich klassifizieren und welche Wirkungen haben sie?)		

Tabelle 39: Analysetabelle Literarisches Gespräch vs. Gespräche über Literatur
(Quelle: Hauptseminar _Literarische Gespräche_, WS 2007/08, von Silja Schoett, Universität Lüneburg, modifiziert)

  b) Vergleichen Sie das Literarische Gespräch von Härle zu Celans Gedicht „Brandmal" anhand der unten stehenden Tabelle mit dem Vorlesedialog von Markus aus der Studie von Wieler (Kapitel 2.2.2). Benennen Sie Gemeinsamkeiten und Unterschiede.

	Literarische Gespräche	Vorlesedialog mit Markus (Wieler 1997b)
Gestaltung des äußeren Rahmens (Situation, Sitzanordnung, Atmosphäre, Regeln)		
Ziele		
Kriterien der Textauswahl		
Text-Leser-Verhältnis		
Lehrer-Lerner- bzw. Mutter-Kind-Verhältnis		
Gesprächshaltung der Leitung bzw. der Mutter		
Gesprächsverlauf		
Gesprächsbeiträge des/der leitenden Erwachsenen (initiativ und reaktiv) (Wie lassen sie sich klassifizieren und welche Wirkungen haben sie?)		
Gesprächsbeiträge der TeilnehmerInnen bzw. des Kindes (initiativ und reaktiv) (Wie lassen sie sich klassifizieren und welche Wirkungen haben sie?)		

Tabelle 40: Analysetabelle Literarisches Gespräch – Vorlesedialog (Quelle: Hauptseminar: *Vom Vorlesedialog zum Literarischen Gespräch*, SS 07, Silja Schoett, Universität Lüneburg, modifiziert)

c) Wieler definiert in ihrer Studie zum Vorlesen in der Familie (vgl. Kapitel 2.2.2). das Vorlesen als einen „dialogisch strukturierte[n] Prozess der Bedeutungskonstitution zwischen einer erwachsenen Bezugsperson und dem Kind" (Wieler 1997a, S. 65). Wie lässt sich diese Definition auf das Literarische Gespräch übertragen?

 d) Der folgende Textauszug stammt aus einem Aufsatz von Gerhard Härle. Er unternimmt hier den Versuch, das Literarische Gespräch von anderen Gesprächen über Literatur abzugrenzen. Arbeiten Sie auf der Grundlage der Ausführungen Härles die Zielsetzungen Literarischer Gespräche heraus:
- Wodurch wird im Literarischen Gespräch eine Passung hergestellt?
- Welche Norm(en) der Schule wird/werden durch das Literarische Gespräch erfüllt, welche nicht?
- Welche Vorteile bietet ein Literarisches Gespräch gegenüber einem Gespräch über Literatur?
- Stellen Sie auch Nachteile fest? Wenn ja: welche?

> „Wenn ich das literarische Gespräch abgrenze gegen andere Formen der Kommunikation um und über Literatur, wie z.B. Diskussion, Argumentation oder fragegeleitetes Lehrgespräch, so nicht, um diese anderen Formen zu disqualifizieren, sondern um die Spezifika des Literarischen Gesprächs deutlicher werden zu lassen. Gespräche *über* Literatur sind durchaus möglich und zulässig, sie haben ihren eigenen Lerngegenstand und ihre eigenen Lernziele, von denen jedoch zu fragen ist, ob es sich dabei um genuin literarische Lernziele handelt. Damit soll nachdrücklich darauf hingewiesen werden, dass bei weitem nicht jedes Gespräch über Literatur auch ein Literarisches Gespräch ist. Im Gegenteil: Ich stelle die Behauptung auf, dass ein Gespräch über Literatur kein Literarisches Gespräch sein kann, weil es etwas Wesentliches von Literatur verfehlt. Um von einem Literarischen Gespräch sprechen zu können, muss dieses Gespräch genuine Zielsetzungen verfolgen, die der Qualität des ‚wahren Gesprächs‘ und des ‚schönen Gesprächs‘ entsprechen. Statt sich beschreibend und analysierend mit den literarischen Text zu befassen oder auf ein intendiertes Interpretationsziel zuzusteuern, muss das Literarische Gespräch einen interaktionellen Verstehensprozess als gemeinsame Sinnsuche abbilden" (Härle 2004, S. 145, Hervorh. im Original).

 e) Vergegenwärtigen Sie sich noch einmal die unterschiedlich bewerteten Lehrpersönlichkeiten aus den Kapiteln 2.5.5. Setzen Sie die Haltungen und Methoden der LehrerInnen mit dem Literarischen Gespräch in Beziehung. Was fällt Ihnen auf?

  f) Benennen Sie Problemfelder des Deutschunterrichts, in denen das Literarische Gespräch positiv wirksam werden kann. Suchen Sie nach geeigneten Beispielen für Ihre Überlegungen.

  g) Härle stellt im Rahmen seines Forschungsprojektes vier Thesen zum Literarischen Gespräch auf:
- a. „Beim Literarischen Gespräch handelt es sich um eine der Literatur und dem literarischen Verstehen in besonderer Weise *angemessene* Form des Umgangs.
- b. Das Literarische Gespräch ist ein didaktisch notwendiges Verfahren, nicht nur eine Methode neben anderen, weil sich vor allem im Gespräch der Verstehensprozess als Annäherung an die ‚Vielstimmigkeit‘ des poetischen Sprachwerks ereignen kann.
- c. Aus den Erkenntnissen über das Literarische Gespräch sind Konsequenzen für die Ausbildung von LehrerInnen zu ziehen.
- d. Durch Literarische Gespräche werden auch literaturfernen Kindern literarische Erfahrungen ermöglicht" (Härle 2004, S. 144, Hervorh. im Original).

Stimmen Sie diesen Thesen zu? Bitte belegen Sie Ihre Zustimmung oder Ablehnung, indem Sie die Thesen anhand Ihres in diesem Kapitel erworbenen Wissens erläutern. Wählen Sie geeignete Beispiele aus, um Ihre Meinung zu begründen.

2.5.6 „Workplace Literacy": Lesen in der Berufsschule und am Arbeitsplatz

Lesen im Alltag und am Arbeitsplatz

Viele Jugendliche, die man fragt, ob sie in ihrer Freizeit „lesen", beantworten diese Frage mit „nein", weil sie „Lesen" mit dem Lesen von Romanen oder anderer fiktionaler Literatur identifizieren. Wichtig ist darum zunächst erst einmal, ein Bewusstsein zu entwickeln für die Vielfalt von Situationen und Texten, die die Aktivität des Lesens erfordern. Das soll an einem Dokument verdeutlicht werden, in dem BerufsschülerInnen (des Berufskollegs Kaufmännische Schulen des Kreises Düren/NRW) zusammengestellt haben, wozu sie Lesekompetenz in ihrem schulischen und beruflichen Alltag benötigen.

Ideensammlung für ein Gespräch über das Lesen am Kaufmännischen Berufskolleg Düren (von SchülerInnen der EO 2, am 16.04.2008)

1. Lesen im beruflichen Alltag ist eine besondere Herausforderung:
- Informationen und Vorgaben der Geschäftsleitung, die befolgt werden müssen
- Z.B. Produktinformationen, die dem Kunden erklärt werden müssen
- „Geschäftspost", die genau gelesen werden muss, da sich sonst evtl. schwerwiegende Konsequenzen ergeben, z.B. Inhalte von Angeboten, Rechnungen, Zahlungsbedingungen, Warenlisten (Bestellungen), Reklamationen usw.
- Informationen müssen richtig verstanden und ausgewertet werden
- ….

2. Lesen im Alltag der Berufsschule:
- Viele Fachtexte, z.B. in Schulbüchern, Gesetzestexte
- Aufgabenstellungen genau lesen und ausführen, z.B. im Unterricht, Prüfungen usw.
- Prüfungsfragen haben „Fallen", die nur bei genauem Lesen auffallen, z.B. welche Antwort ist *nicht* richtig?
- Oft ist die Wiedergabe und Darstellung mit eigenen Worten gefordert, hilft auch beim Lernen
- Informationen müssen gefunden und richtig verarbeitet werden
- ….

3. Lesen allgemein:
- Wird immer und überall, auch in ganz einfachen Situationen gefordert
- Als Analphabet hat man es sehr schwer in der heutigen Gesellschaft und im Berufsleben
- „Wer lesen kann, ist klar im Vorteil" ist zwar ein blöder Spruch, gilt aber überall (Preise, Verpackung/Verbraucherinfos über Zutaten usw., auch: Busfahrplan usw.)
- ….

(Quelle: ADORE-Archiv Universität Lüneburg, Garbe)

Aufgabe 27:

Diskutieren Sie in Ihrer Lerngruppe, wie der „Arbeitsplatz Universität / Pädagogische Hochschule" Sie sinnvoll auf die zahlreichen Leseaufgaben, die der Studienalltag mit sich bringt, vorbereiten sollte bzw. Sie in der Meisterung dieser Aufgaben unterstützen könnte!

Aufgabe 28:

Lesen Sie im Lehrbuch „Texte lesen" im Kapitel 4.2.4 den Abschnitt zu „Workplace Literacy" (S. 216 f.) und suchen Sie in Ihrer Gruppe nach Gründen dafür, dass Erwerbstätige heutzutage in beinahe allen Berufen über eine hoch entwickelte Lesekompetenz verfügen müssen. Ziehen Sie dazu Ihr historisches Wissen mit heran: In welchen Berufsgruppen / Berufsfeldern benötigte man vor 100 Jahren keine nennenswerten Lese- und Schreibfähigkeiten? Warum hat sich dies verändert? (Sie können zur Erlangung vertiefender Informationen unter dem Stichwort „funktionaler Analphabetismus" recherchieren.)

Aufgabe 29:

Lesen Sie die nachfolgenden Problembeschreibungen und denken Sie sich – allein oder in Ihrer Lerngruppe – in folgendes Szenarium hinein: Sie sind Mitglied in einem lokalen „Netzwerk Leseförderung e.V." (einer Art Bürgerinitiative) und wollen eine große Kampagne zur Leseförderung von BerufsschülerInnen starten. Dazu planen Sie einen von vielen Prominenten unterzeichneten Aufruf in der Wochenzeitschrift „DIE ZEIT" mit Forderungen an die verantwortlichen BildungspolitikerInnen und einem konkreten Aktionsprogramm, wie das drängende gesellschaftliche Problem der geringen Lesekompetenzen von BerufsschülerInnen angegangen werden muss. Entscheiden Sie sich dabei für eine der beiden Optionen:

a) Sie argumentieren auf der Basis Ihrer bisher erworbenen Kenntnisse, wie man diesem Problem *präventiv* begegnet, was also im allgemeinbildenden Schulsystem (Kindergärten, Grundschulen, Haupt-, Real- oder Gesamtschulen) getan werden müsste; oder

b) Sie entwickeln Vorschläge, wie eine konzertierte Aktion zur Leseförderung an den Berufsschulen aussehen könnte.

Die Problemlage

„Inzwischen scheint es sich auch bei den Kultusministerien herumgesprochen zu haben, was es bedeutet, wenn Jahr für Jahr mehr als 80.000 Schüler die allgemein bildenden Schulen ohne Abschluss verlassen, wenn 15 % der Bewerber um einen Ausbildungsplatz mangels ausreichender Lese- und Schreibkompetenz von den Ausbildungsbetrieben abgewiesen werden, wenn 25 % bis 30 % der Schulabsolventen über eine so gering entwickelte Lesekompetenz verfügen, dass sie als nicht berufs- und zukunftsfähig gelten (…), wenn bundesweit 36,5 % der Berufsschüler – in absoluten Zahlen 246.000 (vgl. Löwe 2001, S. 7) – Jahr für Jahr entweder ihre berufliche Ausbildung vorzeitig abbrechen oder die berufliche Abschlussprüfung nicht bestehen.

Das bedeutet nämlich nicht nur erheblichen finanziellen Aufwand für nach-schulische Qualifizierungsmaßnahmen, um diesen Jugendlichen zumindest theoretisch zu einer Chance auf dem Arbeitsmarkt zu verhelfen – ein Aufwand immerhin, der inzwischen lt. Institut der Deutschen Wirtschaft 3,5 Milliarden Euro jährlich beträgt –; nicht nur den Verzicht auf Integration in die Arbeitswelt, sondern es bedeutet auch, dass diese Jugendlichen nicht in die Gesellschaft integriert werden können, ganz davon abgesehen, dass sie dazu verdammt sind, kein eigenverantwortliches und selbstbestimmtes Leben führen zu können, sondern nur ein Dasein in Abhängigkeit von staatlichen Zuschüssen und behördlichem Wohlwollen, wie die öffentliche Debatte um und über Hartz IV belegt. (…) Ohne ausreichende Lese- und Schreibkompetenz keine qualifizierte berufliche Ausbildung, ohne qualifizierte berufliche Ausbildung keine Integration in die Arbeitswelt und ohne Letzteres auch keine Hoffnung auf gesellschaftliche Integration und auf ein Leben mit Perspektive." (Grundmann 2007, S. 72)

Anforderungen an die Lesekompetenz in der Berufsausbildung

„Für die jungen Menschen ist die Berufsausbildung in der Regel verknüpft mit konkreteren Zukunftsperspektiven. Dies öffnet sie in besonderem Maße, sich auf neue Anforderungen einzulassen. Es motiviert sie noch einmal neu, wieder zu lernen und damit die Voraussetzungen für den Erfolg im zukünftigen Beruf zu verbessern. Diese Offenheit und Motivation kennzeichnen das pädagogische Arbeitsfeld in der Berufsschule. Im Spannungsfeld der individuellen Potenziale und Lernvoraussetzungen, die die Auszubildenden aus den allgemeinbildenden Schulen mitbringen, und den betrieblichen Anforderungen andererseits […] haben die Berufskollegs (bzw. Berufsschulen, d. Verf.) die Aufgabe, den jungen Menschen umfassende Handlungskompetenzen zu vermitteln. […] Diesen Auftrag erfüllen die Berufskollegs in einem komplexen Spannungsfeld. Zum einen steigen die Kompetenzanforderungen in den neuen wie auch in den traditionellen Berufen. Dies betrifft insbesondere drei Anforderungsbereiche:

- erweiterte fachliche Kompetenzen, denn die Produktanforderungen, Marketing- und Produktionsverfahren sowie die Maschinen und Geräte werden zunehmend komplexer
- erweiterte soziale und personale Kompetenzen, die den Fachkräften aufgrund der zunehmend team- und kundenorientierten Arbeitsstrukturen in der Arbeitswelt abverlangt werden
- erweiterte spezifische Methoden- und Lernkompetenzen innerhalb der genannten Kompetenzbereiche.

Den steigenden Anforderungen an die angehenden Fachbarbeiter/innen, Gesellinnen und Gesellen stehen deutlich andere Lernvoraussetzungen gegenüber, die die jungen Auszubildenden mitbringen. Hier zeigen die Erfahrungen in der Berufsschule, dass sich deren Potenziale in den letzten 15 Jahren zunehmend verändert haben. Die Auszubildenden sind selbstbewusster, und sie sind souveräner im Umgang mit neuen Technologien. Zugleich fehlen aber (…) fundierte und flexibel nutzbare Lesekompetenzen und mathematische Kompetenzen. (…)

Die Lese- und mathematischen Kompetenzen sind aber von elementarer Bedeutung für den Erfolg der Ausbildung und für die daran anschließende berufliche Tätigkeit. […] Wer nicht in der Lage ist, hinreichend fundiert und umfassend die relevanten Informationen aus Texten, Tabellen und Grafiken zu entnehmen, kann nicht effizient lernen und arbeiten. Wem es an der erforderlichen Lesekompetenz mangelt, der hat geringere Chancen, die Gesellen- und Facharbeiterprüfung erfolgreich zu bestehen und damit den Grundstein zu legen für die eigene berufliche Karriere." (Kusch 2006, S. 14 f.)

Diagnostik und Testverfahren

Aufgabe 30:

Im Folgenden werden Ihnen zwei Methoden zur Diagnostik von Lesekompetenz bei BerufsschülerInnen vorgestellt.

a) Bitte lösen Sie zunächst in Einzelarbeit den „Lesetest LTB 3 für BerufsschülerInnen" und vergleichen Sie die Ergebnisse in Ihrer Lerngruppe!

b) Bitte analysieren Sie anschließend das „Portfolio zum Leseverstehen für berufliche Schulen" aus dem hessischen Modellversuch VOLI (weitere Informationen dazu unter www.iq.hessen.de): Nach welchen Prinzipien ist dieses Portfolio aufgebaut?

c) Analysieren sie anschließend in Ihrer Lerngruppe die Unterschiede zwischen den beiden Verfahren: Diskutieren Sie dabei die Vor- und Nachteile beider Verfahren und nehmen Sie Stellung zu der Frage, mit welchem Instrumentarium Sie eher arbeiten würden, wenn Sie in einer Berufsschule unterrichteten.

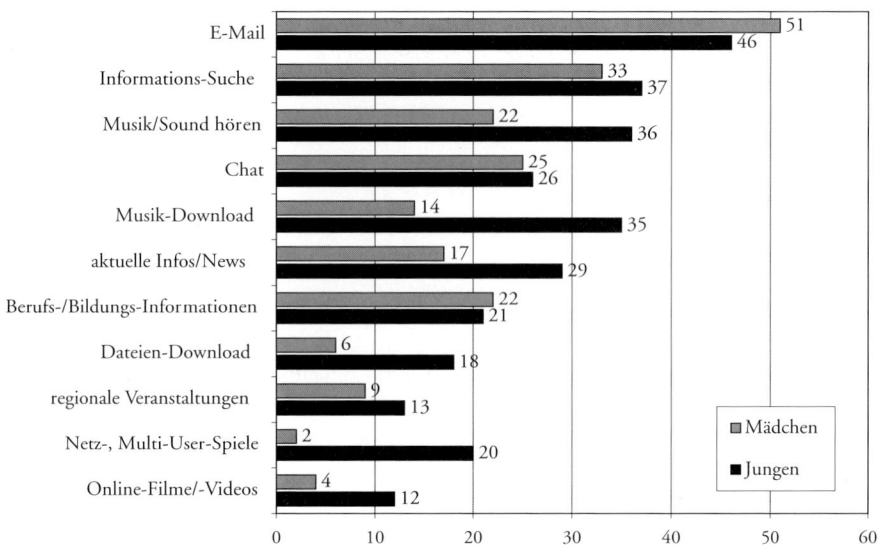

Abbildung 27: Ergebnisse der JIM-Studie 2002 (Quelle: Drommler et al. 2007, S. 6)

Aufgabe 3 aus dem „Lesetest für Berufsschüler/innen"
„Lesen Sie das Diagramm und bearbeiten Sie die Aufgaben, indem Sie die richtige Antwort auf dem Antwortbogen ankreuzen. Es gibt nur eine richtige Antwort.

29. Woher stammt das Diagramm?
a.   ☐ Aus dem Internet
b.   ☐ Aus der Studie JIM 2002
c.   ☐ Aus einer Studie von Jugendlichen.

30. Was wird auf der Y-Achse des Diagramms dargestellt?
a.   ☐ Die Anzahl der Nutzer
b.   ☐ Der Anteil der Internettätigkeiten in Prozent
c.   ☐ Der Anteil von Jungen und Mädchen.

31. Wie viel Prozent der weiblichen Jugendlichen nutzen das Internet, um sich Lieder herunterzuladen?
a.   ☐ 22 %
b.   ☐ 14 %
c.   ☐ 36 %

32. Wie viele Jugendliche wurden für die Studie befragt?
a.   ☐ 904
b.   ☐ 51 %
c.   ☐ Geht aus dem Diagramm nicht hervor.

[…]

35. Welche der folgenden Internet-Tätigkeiten ist im Diagramm nicht aufgeführt?
a. ☐ Informieren über das aktuelle Kinoprogramm
b. ☐ Downloaden eines Hörbuchs
c. ☐ Internethandel.

[…]

37. Für welche Internet-Tätigkeiten verwenden Jungen die meiste Zeit?
a. ☐ E-Mail
b. ☐ Geht aus dem Diagramm nicht hervor
c. ☐ Musik-Download."

In dem Handbuch zu diesem Test mit Erläuterungen zur Testkonstruktion, zur Anwendung und Auswertung (für Lehrkräfte) werden die Eigenschaften dieses Testes folgendermaßen beschrieben:
- „Misst die Lesefähigkeit in drei Kompetenzstufen
- Testdauer ca. 45 min, Auswertung ca. 3 min pro Schüler/in
- kann durch Hilfskräfte abgenommen werden
- als Einzel- oder Gruppentest einsetzbar
- objektiv, reliabel und valide
- als kriteriums- und normorientierter Test anwendbar
- geeicht an über 500 Berufsschüler/innen
- Normen für Hauptschulabschluss, mittlere Reife, Fachhochschulreife und Abitur; für L1- und L2-LernerInnen." (Quelle: Drommler et al. 2007)

Das zweite Beispiel stammt aus dem „Portfolio zum Leseverstehen für berufliche Schulen" (Schülermappe), das im Rahmen des VOLI-Modellversuches erarbeitet wurde. Das Portfolio umfasst drei Teilbereiche:
- In der **Sprachenbiografie** dokumentieren die SchülerInnen ihre persönliche Sprachlernbiografie, ihre Spracherfahrungen in der Schule sowie außerschulische und interkulturelle Erfahrungen. Besonders angesprochen werden sollen hier die SchülerInnen mit Migrationshintergrund bzw. mit Deutsch als Zweitsprache. Die Sprachenbiografie zielt darauf, dass die SchülerInnen über ihre bisherigen Erfahrungen mit Sprache nachdenken und daraus Folgerungen ziehen.
- In den **Checklisten zur Lesefähigkeit** sollen die SchülerInnen zu einer differenzierten Selbsteinschätzung ihrer Lesefähigkeiten angeleitet werden, ihre Bedürfnisse und Ziele für das weitere Sprachenlernen klären und ihre nächsten Schritte für das weitere Lernen klären.
- Im **Dossier** sammeln die SchülerInnen ihre Arbeiten: Texte, Dokumentationen von Projekten, Internet-, Ton- oder Videoaufzeichnungen.

Im Folgenden dokumentieren wir eine von insgesamt sechs Checklisten zur Lesefähigkeit. Diese orientieren sich an den sechs Niveaus des „Gemeinsamen europäischen Referenzrahmens für Sprachen" (A1, A2, B1, B2, C1, C2), der auf der Homepage des Goethe-Institutes zugänglich ist (http://www.goethe.de/z/50/commeuro/303.htm [Stand: 31.03.2009]). Das hier ausgewählte Beispiel **Niveau Lesen B2** markiert dabei die Standardstufe, die alle BerufsschülerInnen beherrschen sollten. Die **Arbeit mit den Checklisten zur Lesefähigkeit** vollzieht sich in vier Schritten:

Schritt 1 → Selbsteinschätzung

Hier sollen die SchülerInnen zunächst in der Spalte **Sch.** eintragen, wie gut sie die beschriebenen Tätigkeiten bereits können; dazu stehen ihnen drei Symbole zur Verfügung.

Schritt 2 → Selbsteinschätzung mit Texten

Hier sollen die SchülerInnen ihre spontane Selbsteinschätzung anhand der Arbeit mit vier Texten überprüfen. Diese Texte erhalten sie von den Lehrkräften im Unterricht zusammen mit Arbeitsaufträgen.

Schritt 3 → Einschätzung durch die Lehrerin oder den Lehrer

In der Spalte **L** trägt die Lehrkraft ein, wie sie die Lesefähigkeit dieses SchülerInnen einschätzt.

Schritt 4 → Meine Ziele

Nach einem Beratungsgespräch mit der Lehrkraft soll der / die SchülerIn zwei oder drei Ziele definieren und nach Dringlichkeit mit unterschiedlichen Symbolen in die Spalte **Z** eintragen. (Quelle: ebd., S. 10, und: Schiesser & Nodari 2003, S. 9)

Lesen	Ich Sch.	1	2	3	4	Lehrperson	Meine Ziele
1.1 Ich kann Artikel und Berichte verstehen, in denen die Schreibenden besondere Haltungen und Standpunkte vertreten. Ich kann zwischen Tatsachen, Meinungen und Schlussfolgerungen unterscheiden.							
1.2 Ich kann Texte aus meinem Fach- und Interessenbereich bis ins Detail verstehen.							
1.3 Ich kann schwierige Aufgabenstellungen (schriftliche *Aufgaben in der Schule z.B.*) und Handlungsanweisungen (z.B. *Arbeitsvorschriften*) verstehen.							
1.4 Ich kann in einem erzählenden Text verstehen, warum die Personen so handeln und was das für Folgen hat.							
Strategie beim Lesen und Verstehen	Sch.	1	2	3	4	L	Z
2.1 Ich kann die Bedeutung einzelner unbekannter Ausdrücke aus dem Kontext erschließen und so den Sinn ableiten, wenn mir das Thema vertraut ist.							
2.2 Ich kann den inhaltlichen Aufbau eines Textes erkennen.							
Fachwortschatz	Sch.	1	2	3	4	L	Z
3.1 Ich kann neue Fachbegriffe aus meinem Beruf lernen und verstehen, wenn sie beschrieben werden, auch wenn kein Bild dabei ist.							
3.2 Ich kann abgeleitete Wörter erkennen und verstehen (*Ableitungen zu Nomen, Verben und Adjektiven*).							

Tabelle 41: Checklisten zur Lesefähigkeit (Quelle: Rheingans 2006, S. 14)

Ziele und Methoden der Leseförderung in der Berufsbildung

Aufgabe 31:

Erläutern Sie die fünf Zielsetzungen des nachstehend beschriebenen Modellversuches und diskutieren Sie in Ihrer Lerngruppe, mit welchen Methoden diese Ziele erreicht werden könnten.

Der Modellversuch „Leseförderung in der Berufsbildung", der von 2002 bis 2005 in der Kooperation von drei Berufskollegs in NRW mit der Universität Köln lief, definierte folgende Ziele:

- „Entwickeln didaktischer Ansätze zur gezielten Leseförderung in der dualen Berufsausbildung, die sich einfügen in ein lernfeld- und handlungsorientiertes Gesamtkonzept (…)
- Entwickeln von Unterrichtsmaterialien zur gezielten berufsorientierten Leseförderung
- Entwickeln von Modulen zur Fortbildung der Lehrkräfte im Hinblick auf eine gezielte Diagnose und Förderung der Lesekompetenz
- Entwickeln von Konzepten, um die Leseförderung über den Unterricht im Fach Deutsch/Kommunikation hinausgehend zu einem konstitutiven Element der bildungsgangdidaktischen Planungen und des Unterrichts zu machen
- Entwickeln von praktikablen Diagnoseinstrumenten, um die relevanten Lesekompetenzen und deren Entwicklung valide erfassen zu können und damit die Voraussetzungen für eine gezieltere auch individuell ausgerichtete Leseförderung zu schaffen." (Kusch 2006, S. 16)

Aufgabe 32:

a) Lesen Sie das nachstehende Beispiel zur praktischen Umsetzung dieser Ziele und ordnen Sie es einem der obigen Ziele zu.

b) Vergegenwärtigen Sie sich noch einmal die Methoden der Leseförderung nach Rosebrock und Nix im Kapitel 2.3.3 und ordnen Sie das Beispiel einer der Methoden zu.

Die „Lesekarte" als verbindliche Lesehilfe in allen Unterrichtsfächern

Die „Lesekarte" wird im Rahmen eines einführenden Pflichtmoduls zu Lesetechniken für alle SchülerInnen eingeführt und anhand von Übungen aus einer Lesemappe erarbeitet; sie soll in allen Unterrichtsfächern eingesetzt werden und – als eine Art „Lesezeichen" / Vorder- und Rückseite werden einlaminiert – immer präsent sein. Auf der Vorderseite dieser Karteikarte sind die elementaren Lesetechniken zusammengefasst (s. Kasten), auf der Rückseite werden Markierungszeichen vorgeschlagen, mit denen die SchülerInnen Texte bearbeiten können.

Lesetechniken [Vorderseite der Lesekarte]

0. Nummerierung der Zeilen des Textes in Fünferschritten
1. Intensive Lesevorbereitung
>   I   Mit welchem Ziel will ich den Text lesen? (Leseabsicht)
>   2   Was weiß ich bereits über das Thema? (Vorwissen)
>   3   Was kann ich von diesem Text erwarten? (Leseerwartung)

2. Orientierendes/überfliegendes Lesen
>   I   Orientierungshilfen: Klappentext, Inhaltsverzeichnis, Überschriften, Hervorhebungen, Grafiken, erste Sätze
>   2   W-Fragen: Wer? Wann? Wo? Was? Wie? Warum?
>   3   Ergänzungsfragen: Wovon? Welches Vorwissen? Weiteres Wissen?

3. Gründliches Lesen
>   I   Wichtige Textstellen: Kerngedanken, Definitionen, Schlüsselwörter
>   2   Unklare Textstellen: unbekannte Wörter, unverständliche Satzstrukturen, Zweifelhaftes
>   3   Markierungszeichen: siehe Rückseite

4. Lernendes Lesen
>   Das Gelesene schriftlich festhalten; aktive Auseinandersetzung mit dem Text

2.5.7 Der Teufels- und der Engelskreis schulischer Lesesozialisation im Modell der Ko-Konstruktion

In der Schule lernen Heranwachsende zunächst den Übergang von der medialen Mündlichkeit zur Schriftlichkeit kennen. Sie lernen überdies die Spannung zwischen Persön-

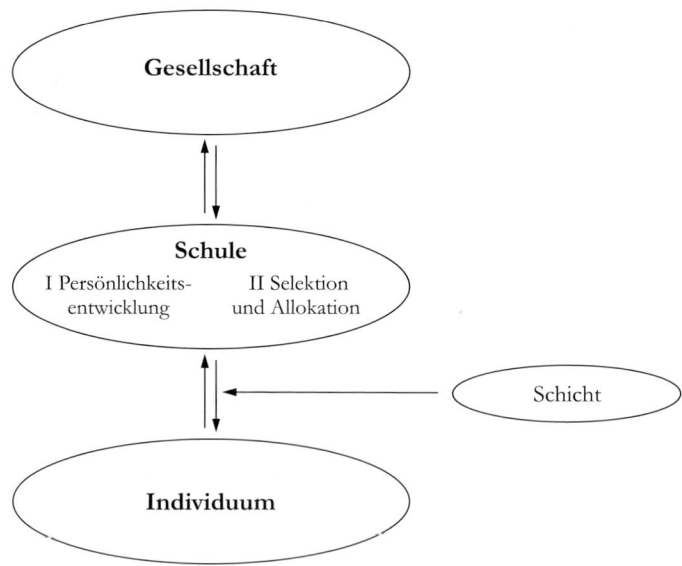

Abbildung 28: Ko-Konstruktions-Schema für die Schule
(Quelle: nach Groeben & Schroeder 2004, S. 325 ff.)

lichkeitsförderung (explizite Aufgabe der Schule) und Leistungsbetonung, Konkurrenz und damit Zuteilung gesellschaftlicher Plätze (implizite Aufgabe) kennen (s. Kapitel 4.2.4 im Lehrbuch, S. 217 ff. und Kapitel 2.5.1 im Arbeitsbuch). Je nach sozialer Herkunft vermögen die SchülerInnen damit unterschiedlich umzugehen, sodass ein Engels- oder Teufelskreis einsetzt. Abbildung 28 visualisiert das allgemeine Ko-Konstruktions-Schema für die Schule, in welchem die Schicht-Variable das Zusammenspiel von Meso- und Mikro-Ebene beeinflusst.

Aufgabe 33:

In seinem Forschungsprojekt zur „Lebenswelt Schule" hat Fritz Haselbeck im Schuljahr 1995/1996 Gruppendiskussionen, Einzelinterviews und Schultagebücher von 270 HauptschülerInnen neunter Klassen ausgewertet (Ergebnisband: Haselbeck 1999a). Anliegen der Studie war es, die Wahrnehmung der Schule, des Schulalltags und der Beziehungen zu ihren KlassenkameradInnen und den Lehrkräften von 15–16-jährigen Jugendlichen herauszufinden. In den beiden folgenden Auszügen aus einer Gruppendiskussion und einem Schultagebuch schildern HauptschülerInnen ihren Schullalltag. Ihre Aufgabe ist es, in den Texten Merkmale des Engels- und Teufelskreises schulischer Sozialisation zu entdecken und begrifflich zu verallgemeinern.

Beispiel 1: Gruppendiskussion

„Ja, da hatten wir letztes Jahr einen Lehrer, und der hat mit uns Sozialkunde gehabt! Der ist mit uns zum Konzentrationslager gefahren! Also … im Lehrerzimmer …, da haben viele Lehrer gesagt: Ja, mit dieser Klasse würde ich nicht wegfahren, weil, … das ist nichts. Und dieser Lehrer sagt, daß er mit uns wegfährt, weil er uns eine Chance gibt; der ist auch öfter mit uns weggefahren, das war voll schön …"
„der ist auch öfter mit uns weggefahren …, der hat uns auch bezahlt!"
„Er war zwar so streng, aber man hat auch mit ihm was machen können!"
„Man hat reden können mit ihm!"
„Im Unterricht war der auch voll super, finde ich, der hat alle gleich behandelt …, auf alle Fälle! Zuerst hat er uns nicht gekannt, … er hat uns bekommen und hat uns eigentlich schon gerne mögen! Er hat auch mit uns den Ding da gemacht, den Test oder so! Und da hat er unsere Klasse genommen und da waren die anderen Lehrer da: ‚Und diese Klasse würden wir nicht nehmen, die ist ja so schlimm und so laut' oder so … Auf alle Fälle waren wir eine Superklasse, als wir das gemacht haben! Ja und da haben die Lehrer gesagt: ‚Ja, das ist eine Ausnahme!' Ich meine, wenn es um etwas geht, dann halten wir halt auch zusammen und helfen dem Lehrer!" (Haselbeck 1999b, S. 48)

Beispiel 2: Auszug aus einem Schultagebuch

„Montag
Heute in Geschichte hatten wir den Lehrer X. Wir hatten das Thema ‚Die Entnazifizierung', er legte eine Folie auf, die wir von der letzter Stunde erklären mußten. Als wir ein Bild nicht erklären konnten, fing der Lehrer X. auf einmal zu schreien an, daß wir nicht aufpassen und daß er sowieso umsonst redet. Ich finde, daß das gemein ist, weil, wir sind ja auch Menschen, die man nicht so einfach anschreien sollte.
Dienstag
Heute in der Physikstunde waren sehr viele wieder wahnsinnig laut. Dann sagte der Lehrer X., wir sollten die Mappen abgeben und etwas aufstellen, wir schreiben eine ‚Ex'. Keiner von uns hatte gelernt, er hatte nur eine ‚Probe' geschrieben, weil er sich sonst nicht durchsetzen konnte.
Mittwoch
Heute in der Physikstunde hat der Lehrer X. gesagt, daß er die ‚Probe', die wir am Dienstag schrieben, nicht zählen würde, wenn wir ab jetzt leise seien und mitarbeiten würden.

Donnerstag

In Deutsch hatten wir heute das Thema ‚Sprachmittel‘ und wir mußten es in eigenen Worten erklären. Er sagte, das könnte mal eine Deutschprobe ergeben. Als wir ein Sprachmittel nicht erklären konnten, sagte er, daß es ihm egal ist, weil er muß die ‚Probe‘ nicht mitschreiben. Ich finde das gemein, weil, wenn das Sprachmittel in der ‚Probe‘ dran ist, haben wir schon wieder ‚ins Gras gebissen‘.

Freitag

Heute in Deutsch mußten wir uns zu einem anderen Nachbarn setzen, den er uns ausgesucht hatte. Wir bekamen den Auftrag, mit dem Partner über Fernsehen zu sprechen. Mir und meinem Nachbarn fiel nichts ein. Plötzlich sagte Lehrer Y., ich sollte das Thema erwähnen, was mir mein Nachbar gesagt hat, aber er wußte ja nichts und so sagte ich nur ein Wort, das mir eingefallen ist. Dann fing er mit mir zu schreien an, weil er das gar nicht mag, wenn ich nicht mit meinem neuen Nachbarn rede. Ich mag diesen Lehrer überhaupt nicht, weil er mit mir heute immer geschrien hat.

Montag

In Religion haben wir die ‚Probe‘ herausbekommen, die wir in der letzten Religionsstunde geschrieben haben. Alle haben die ‚Probe‘ bekommen, außer mir und noch zwei andere Mädchen, er sagte, er findet sie nicht mehr. Hoffentlich fragt er uns nicht aus, weil Religion bei diesem Lehrer richtig ‚Scheiße‘ ist.

Dienstag

Wir haben bei unserem Klassenlehrer am Freitag in Deutsch eine Textarbeit geschrieben. Bei dem Lehrer haben wir Pech, denn er zieht immer einige Punkte ab, wenn wir eine Überschrift oder etwas anderes vergessen haben. Dann plötzlich fing er wieder zu schreien an, weil ihm das nicht paßt, wenn wir nicht mitarbeiten. Er hat uns dann erzählt, wieviel Einser und Zweier usw. herausgekommen sind. Er sagte: ‚Zehn Sechser und viele Fünfer!‘ Und der Rest waren die übrigen Noten. Die Textarbeit zählt viermal und ich möchte den ‚Quali‘ machen. Ich hasse diesen Lehrer, weil er immer so gemein zu uns ist.

Mittwoch

Heute haben wir Erziehungskunde herausbekommen. Als ich die Note sah, reichte es mir schon wieder. Ich hatte gute Sachen hingeschrieben und bekam eine Zwei. Meine Banknachbarin hatte fast genau das gleiche hingeschrieben und bekam eine Eins. Das finde ich gemein, nur weil mich der Lehrer nicht mag.

Donnerstag

In Musik haben wir heute eine ‚Probe‘ mit zwei Seiten geschrieben, wobei Musik sowieso niemand kapiert. Ich finde, die, die kein Instrument lernen, brauchen nicht unbedingt in diesem Fach Bescheid wissen.“

(Haselbeck 1999b, S. 129 f.)

  a) Wo finden Sie in den beiden Beispielen Belege für die Akzentuierung der Persönlichkeitsförderung bzw. der leistungsbetonten Selektion durch die Lehrkräfte?

 b) Wie schätzen Sie das Lernklima in den Klassen aus Beispiel 1 und 2 ein? Belegen Sie Ihre Antwort mit Passagen aus dem Text.

 c) Auf welche Art handelt der Lehrer aus Beispiel 1 positiv? Wo lassen sich im Beispiel 2 aus Ihrer Sicht problematische Handlungen der Lehrkräfte finden? Welche Funktion haben Noten für die Lehrer in dem zweiten Beispiel?

  d) Beschreiben Sie ausgehend von dem Bericht über den Deutschunterricht im zweiten Beispiel den Teufelskreis der schulischen Lesesozialisation. Beziehen Sie die Erlebnisse der Jugendlichen mit ein.

 e) Was müsste sich Ihrer Meinung nach in der Schule bzw. im Verhalten der LehrerInnen ändern, um die SchülerInnen dauerhaft zur Mitarbeit in der Schule zu motivieren?

Aufgabe 34:

In seinem Film „Treibhäuser der Zukunft" hat Reinhard Kahl (2004) gezeigt, „wie in Deutschland Schulen gelingen" (so der Untertitel). Kahl hat unter anderem die Max-Brauer-Schule aus Hamburg besucht. Diese Gesamtschule hat in der PISA-Studie Werte deutlich über dem sog. „Erwartungswert" erzielt, d.h. die Schule schnitt besser ab, als ihr aufgrund ihres Einzugsgebietes und ihrer Lage unterstellt wurde. Bitte lesen Sie den folgenden Auszug aus dem Interview mit einer Lehrerin und widmen Sie dem Umgang mit Leistung besondere Aufmerksamkeit.

Interview mit Sybille von Katzler

… Wir legen hier ja schon sehr viel Wert auf Leistung, aber auf eine solche Leistung, die die Kinder auch erfüllen können. Deswegen machen wir verschiedene Angebote, deswegen arbeiten sie an unterschiedlichen Dingen; sie arbeiten nicht alle gleichzeitig an den gleichen Dingen und sie arbeiten auch unterschiedlich lange an einzelnen Dingen. Es macht ja überhaupt keinen Sinn, dass ein Kind, das eine bestimmte Rechenart schon kann, stundenlang an diesen Aufgaben rechnet. Dann sagen wir: gestrichen, jetzt machst du die nächste. Andere müssen ganz lange bei einer Rechenart verharren, damit sie die nächste Aufgabe können, und so ist es eben sehr unterschiedlich. Das versuchen wir zu berücksichtigen, indem wir den Kindern unterschiedliche Pläne machen. Zum Wochenbeginn besprechen wir zusammen mit jedem einzelnen Kind, was es tun soll. Dabei gibt es bestimmte Pflichtaufgaben, aber einige Aufgaben können die Kinder auch selber bestimmen. Es hat alles eine Ordnung, eine Struktur, und das ist auch ganz wichtig. Es muss eine ganz genaue Struktur haben, sonst klappt es überhaupt nicht.

Man könnte vielleicht sagen, dass die Kinder eine Chance bekommen für so etwas wie ihre „Eigenzeit", für eigene Rhythmen.

Genau, auf ihre eigene Zeit, ihre eigenen Rhythmen, aber auch ihren eigenen Weg. Sie lernen ja ganz unterschiedlich, sie haben ja ganz unterschiedliche Wege, um ans Ziel zu kommen, und es ist ganz wichtig, dass wir das berücksichtigen. Die Kinder haben ja unterschiedliche Herangehensweisen.

Auf Noten wird hier verzichtet. Es gibt ja nicht wenige Leute, zumal in Deutschland, die fürchten, wenn man auf Noten verzichtet, gehen die Leistungen „den Bach runter".

Das ist eine Meinung, die wir natürlich überhaupt nicht teilen. Es ist in Hamburg ja so gewesen, dass wir in der ersten und zweiten Klasse überhaupt keine Noten zu geben brauchten; das ist auch so geblieben. Sonst war es in Hamburg so, dass in der dritten und vierten Klasse die Eltern entscheiden konnten, ob die Kinder Noten bekommen oder nicht, aber es ist mit der neuen Regierung so, dass wir auch in der dritten und vierten Klasse Noten geben müssen. Wir finden das eine Katastrophe. Für unsere Arbeit hier, bei der wir Wert darauf legen, dass jedes einzelne Kind seine Chance bekommt, dass jedes Kind seine ihm mögliche Leistung erbringt, wollen wir nicht so einen künstlichen Vergleich herstellen, herstellen müssen, indem wir Noten geben. Dann machen wir ja etwas gleich, was gar nicht gleich zu machen ist. Ganz viele Kinder werden dadurch natürlich Misserfolge haben und das versuchen wir ja gerade zu vermeiden.

Man kann es nicht vergleichen. Man sieht bei Noten immer nur das Ergebnis, aber man sieht nicht den Weg dorthin. Vielleicht hat ein Kind, das nachher das gleiche Ergebnis hat, wahnsinnig gearbeitet und für sich selbst einen riesigen Erfolg gehabt, und das andere Kind hat dafür gar nichts tun müssen, ist vielleicht auf dem gleichen Stand stehen geblieben. Wir wollen aber, dass dieses Kind hierher und jenes Kind dorthin kommt und dass jedes Kind seine eigenen Anstrengungen macht, um sich zu verbessern. Noten sind in diesem Zusammenhang total kontraproduktiv. Wir sind äußerst unglücklich und haben ganz viele Anträge an die Schulbehörde gestellt und immer wieder erklärt, warum wir das wollen, aber immer nur wieder einen negativen Bescheid bekommen.

Mit welcher Begründung?

Das ist so. Sie wollen Noten. Noten sind in Ordnung. Man muss messen können. Sie glauben, das gäbe Eindeutigkeit. Was auch Quatsch ist. Noten sind nicht eindeutig. Noten sind auch nicht objektiv, und alle

Untersuchungen, die es gibt, widersprechen dieser Einstellung. Man muss ja einen Masstab [sic] anlegen und der ist ja überall unterschiedlich. Insofern sagen Noten gar nichts. Eine Drei sagt überhaupt nichts darüber, was das bedeutet. Was ist eine Drei in Mathematik bei diesem vielfältigen Angebot in Mathe, das wir hier haben? Eine einzige Note? Absurd! Wir haben Geometrie, wir haben einfaches Rechnen, wir haben Sachrechnen, Mengenlehre – so viele unterschiedliche Bereiche, da kann ein Kind in einer Sache ganz stark sein, in einer anderen ganz schwach. Das nudeln wir alles zusammen und machen daraus eine Note – das hat überhaupt keinen Aussagewert.

Was bekommt denn aus Ihrer Sicht der Leistungsbereitschaft, Engagement, der Lust der Kinder, sich zu entwickeln und auch was zu bringen – was bekommt dem mehr: die Noten oder die Nicht-Noten?

Die Nicht-Noten. Die Kinder werden hier ja ständig ermutigt. Jeder Fortschritt wird gelobt, wird bestätigt und bestärkt. Sie machen Fortschritte; sie haben nicht nur das Gefühl, nein, sie machen Fortschritte, und darauf kommt es ja an. Diese Kinder hier brauchen überhaupt keine Noten, die wollen alle arbeiten, die wollen alle lernen, und wenn sie Probleme haben, dann hat das vielschichtige Gründe, aber es liegt nicht daran, dass wir ihnen keine Noten geben. Mit hundertprozentiger Sicherheit liegt es nicht daran.

Was ist denn für einen Lehrer wichtig, wenn er keine Noten gibt? Was muss er machen und was sollte er vermeiden?

Er muss eine Arbeitsatmosphäre herstellen: Wir sind hier und wir wollen alle unser Bestes geben. Es gibt bestimmte Zeiten, in denen gearbeitet wird, da ist nichts anderes angesagt und da muss jeder auch ganz bestimmte Sachen erfüllen.

Weiterhin muss man ständig eine Rückmeldung geben. Das Kind muss das Gefühl haben: ich habe das gemacht, das wird anerkannt, ich habe für mich etwas dazugelernt, ich bin weitergekommen. Diese Rückmeldung ist ganz wichtig. Und die geben wir den Kindern ja auch ständig. Das ist nicht alles „Larifari", alles völlig egal – überhaupt nicht. Es ist schon wichtig, zu vermitteln, dass es Arbeitszeiten gibt, dass wir hier weiterkommen wollen und dass bestimmte Sachen gemacht werden müssen. Da sind wir knallhart; so ist es hier nicht: nur „Ei-Dei-Dei". (Quelle: Kahl 2004)

 a) Wie schätzen Sie das Lernklima an der Hamburger Schule ein? Berücksichtigen Sie bei Ihrer Antwort die Theorie der Passung (s. Kapitel 4.2.2 im Lehrbuch, Kapitel 2.3.3 im Arbeitsbuch).

 b) Markieren Sie Passagen, in denen sich die beiden Aufgaben der Schule (Persönlichkeitsförderung und Zuteilung gesellschaftlicher Plätze qua Leistung) wiederfinden. Wie beurteilen Sie das Verhältnis der beiden schulischen Aufgaben in der vorgestellten Schule?

  c) Welche Handlungsprinzipien der Lehrkräfte an der Max-Brauer-Schule lassen sich dem Interviewauszug entnehmen? Welche Ausgangslage für den Engelskreis schulischer (Lese-)Sozialisation finden Sie hier vor? Beschreiben Sie die Logik der Situation aus Sicht einer fiktiven Schülerin.

 d) Was muss sich Ihrer Meinung nach an deutschen Schulen ändern, damit eine stärkere Orientierung an der expliziten Norm der Persönlichkeitsentwicklung faktisch und auf Dauer möglich ist?

Aufgabe 35:

Die beiden folgenden Auszüge aus LABs thematisieren den Literaturunterricht in der Sekundarstufe. Bitte lesen Sie sie mit Blick auf Ko-Konstruktionsdynamiken.

Beispiel 1: Auszug aus der Lektüreautobiografie von Cordula H.

„Ständig wurde man als Schüler mit einer Anzahl von Kopien regelrecht zugeschüttet, mit seitenlangen Gedichtanalysen von einem Tag zum nächsten traktiert und eine gewisse Seitenzahl eines neuen Buches (natürlich nur von bekannten Autoren!) bspw. des Steppenwolfes, Der Mensch von Sezuan, Faust etc. zu lesen aufgegeben.

Ich ‚liebe‘ Gedichte (und ihre Analyse) der Romantiker – aber nicht ständig; und in jedem Wort liegt eine Bedeutung und der Schüler unterliegt dem Zwang: hoffentlich habe ich den gleichen Interpretationsgedanken wie der Lehrer; denn andere oder weitere Möglichkeiten der Interpretation sind ja *nicht* möglich!! (laut der Lehrkraft).

Als Schüler merkt man schnell: angepasste und mit der Meinung der Lehrkraft übereinstimmende Interpretationen ergeben eine gute Note und wer will/braucht dieselbe nicht?

Außerdem nehmen die Verpflichtungen in der Oberstufe zu, der Hausaufgabenumfang wächst, der Notendruck nimmt zu" (Graf 2007, S. 7 f.).

Beispiel 2: Auszug aus der Lektüreautobiografie von Marja T.

„Unsere Deutschlehrerin stellte uns meist relativ offene Fragen zum Text, die wir manchmal innerhalb des Kurses, manchmal mit ihr diskutierten. Sie hatte so eine geschickte Art Fragen zu stellen, sodass wir am Ende eigentlich immer da ankamen, wo sie uns haben wollte. Sie hat unsere Meinungen respektiert, auch widersprüchliche Ansätze gelten lassen, allerdings waren ihre Erwiderungen auf unsere Einwände schlüssig genug, dass wir erstmal darüber nachdenken mussten. Bevor wir damit fertig waren, war leider meistens die Stunde vorbei. Manchmal gab sie uns kreative Aufgaben (z.B. das Verfassen eines Gedichtes mit expressionistischen Stilmitteln), die man vorlesen konnte oder auch nicht. Sie hat das dann auch nicht bewertet, nur freundlich kritisiert. Man hat ihr ihre Erfahrung angemerkt, sie war eigentlich immer Herrin der Lage und konnte kleinere menschliche Schwächen durchaus zugeben. Sie war nie über-enthusiastisch, aber ich habe schon gemerkt, dass ihr der Gegenstand des Unterrichtes wichtig war. Sie hat sich uns gegenüber als Mensch verhalten (auch wenn sie immer Autoritätsperson blieb) und sie hat uns als Menschen respektiert" (LAB-Korpus Garbe).

a) Beschreiben Sie Merkmale des Unterrichts aus der Sicht von Marja und Cordula, z.B. Verhalten der Lehrkraft, Methoden und Umgang mit den Meinungen der SchülerInnen.

b) Vergleichen Sie beide Falldarstellungen miteinander. Welche Faktoren erscheinen Ihnen ursächlich für die positive bzw. negative Dynamik im Unterricht?

c) Welche Ko-Konstruktionsangebote finden die beiden Verfasserinnen der LABs auf der Meso-Ebene des schulischen Unterrichts vor? Wie reagierten Marja und Cordula auf die Ko-Konstruktionsangebote? Beschreiben Sie die Logik der Situation für beide Beispiele und prognostizieren Sie, zu welcher Situation die Handlungen von DeutschlehrerIn und der Klasse in der Logik der Aggregation in beiden Beispielen führen.

d) Wenn Sie den prototypischen Positiv- und Negativfall schulischer Lesesozialisation anhand der beiden Beispiele miteinander vergleichen: Wo liegen Stellschrauben, durch die es gelingen könnte, den Teufelskreis abzumindern? Beziehen Sie in Ihre Argumentation die Theorie der Passung mit ein (s. Kapitel 4.2.2 im Lehrbuch, Kapitel 2.3.3 im Arbeitsbuch).

e) Welche Schlussfolgerungen ziehen Sie für Ihre (zukünftige) Arbeit als DeutschlehrerIn aus den Beispielen dieses Kapitels? Formulieren Sie Prinzipien für Ihren gelingenden Unterricht.

2.6 Das Zusammenspiel der Instanzen

Die bislang vorgenommene Trennung von Lesesozialisationsinstanzen war analytischer Natur. Lebensweltlich bewegen sich Heranwachsende Tag für Tag in mehreren Lesesozialisationsinstanzen. Man denke nur an einen ganz normalen Schultag, an dem ein Schulpflichtiger in die Schule geht, dort auf seine Freunde trifft, mit denen er nach der Schule noch etwas unternimmt, ehe er dann den Abend mit der Familie verbringt. Dass die tagtäglichen Erlebnisse und Geschehnisse in Familie, Schule und peer group miteinander zu tun haben, zeigt sich außerdem in den prototypischen Positiv- und Negativfällen, in denen Verschränkungen immer schon angedeutet wurden. Wie das Geschehen der einzelnen Lesesozialisationsinstanzen zusammenwirkt, lässt sich mit den Worten von Groeben und Schroeder als „Ko-Konstruktions-Komplex" beschreiben. Zwei Varianten sind denkbar:

- Der empirisch häufiger beobachtbare *selektiv-reproduktive Komplex* tritt dann auf, wenn – immer gebunden an die Mikro-Vertiefung über das Individuum – die Ko-Konstruktionsmuster der einen Instanz die einer anderen begünstigen und umgekehrt; das wären ineinander greifende positive und negative prototypische Verlaufsformen. In Rückkopplungen werden bestimmte Varianten der Ko-Konstruktion verstärkt oder gehemmt, sodass es zu „einer langsamen Selbstdeterminierung des Ko-Konstruktions-Systems" (Groeben & Schroeder 2004, S. 338) kommt – etwa in Reinform von Engels- oder Teufelskreisen je nach Schicht- und Geschlechtszugehörigkeit als Extrempole.
- Der *kombinatorisch-modifizierende* Komplex ist im Feld zwischen den beiden Extremen der selektiv-reproduktiven Komplexe zu verorten. Demzufolge können Muster der Instanzen gegensätzlich zueinander verlaufen, weil die Individuen nicht das bestehende Normangebot bzw. Teile daraus reduplizieren. Vielmehr kombinieren sie in diesem Falle Verhaltensnormen aus verschiedenen Instanzen zu einem individuellen Verhalten. Die Folge sind dann mitunter inkonsistent erscheinende Verhaltensweisen. Denkbar sind Fälle, in denen die Schule eine defizitäre Lesesozialisation in der Familie ausgleicht oder die peer group den positiven Einfluss der Schule unterläuft. Im Falle der Modifikation kommt es zu einer Veränderung des Verhaltens in einem Sozialisationskontext: Das Verhaltensmuster aus einer Sozialisationsinstanz strahlt gewissermaßen ab auf das einer anderen. Ein Beispiel wäre die Entwertung des familiär hoch geschätzten Lesens, weil in der Clique Lesen verpönt ist; ein weiteres ein Zuwachs an Schulfreude, wenn ein Jugendlicher in eine schulfreundlichere Clique aufgenommen wird (vgl. Groeben & Schroeder 2004, S. 339, 342 f.).

Je nach Lebensalter ändert sich das Ko-Konstruktions-Geschehen – und damit die Wechselwirkung zwischen den beteiligten Instanzen. In der *frühen Kindheit* ist von den in diesem Buch behandelten Instanzen die Familie als wichtigste Instanz der Lesesozialisation zu nennen. Sie hat in dieser Phase gewissermaßen die Hoheit im Lesesozialisationsgeschehen, weshalb auf eine neuerliche Darstellung der Ko-Konstruktionsdynamik verzichtet wird. Im *Grundschulalter* tritt zur Familie die Schule, und ab den weiterführenden Schulen, d.h. im *Jugendalter*, kommt mit der peer group eine dritte Instanz hinzu. Die Verschränkungen zwischen den beiden bzw. drei Instanzen werden im Folgenden skizziert. Noch nicht alles, was vorgestellt wird, ist auch empirisch belegt, sodass die Ausführungen vorläufigen und mitunter auch hypothetischen Charakter haben (vgl. Groeben & Schroeder 2004, S. 345 f.).

2.6.1 Das Zusammenspiel von Familie und Schule im Grundschulalter

Im Grundschulalter ist die Familie die dominante Lesesozialisationsinstanz, und daher ist sie in der Abbildung 29 entsprechend größer dargestellt. Aus der Grafik geht hervor, dass in dieser Lebensphase die Schichtzugehörigkeit das Sozialisationsgeschehen moderiert. Der Faktor Schicht übt mehrfach Einfluss aus: Er beeinflusst entscheidend, wie Eltern ihre lesebezogenen Aufgaben ko-konstruieren (Makro–Meso) und wie Kinder abhängig von ihrer Bildungsgeschichte mit dem Unterrichtsgeschehen umgehen (Meso–Mikro). Zusätzlich ist das grundsätzlich wechselseitige Verhältnis von Elternhaus und Schule von der Schichtzugehörigkeit betroffen (vgl. Groeben & Schroeder 2004, S. 336 f.).

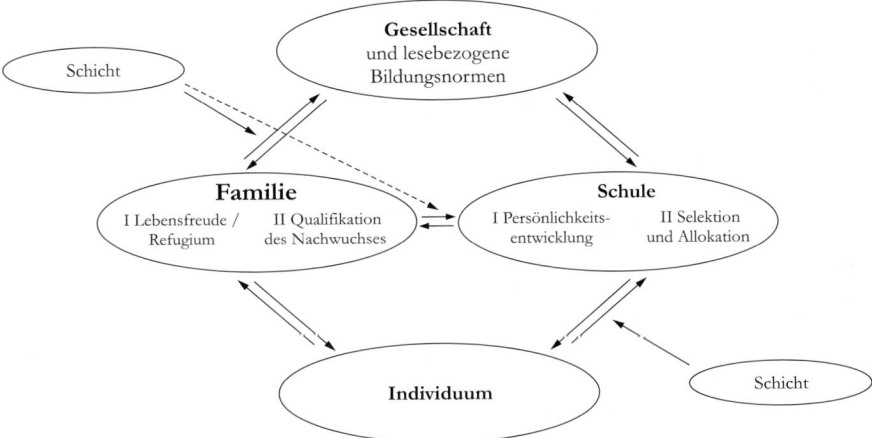

Abbildung 29:   Ko-Konstruktions-Schema für das Grundschulalter
(Quelle: nach Groeben & Schroeder 2004, S. 336)

Zwei Einflüsse von der Schule auf die Familie sind denkbar: Zum einen kann die Selektionsaufgabe der Schule dazu führen, dass Eltern die Nachwuchsqualifikation stärker betonen, indem sie Leseübungen mit ihren Kindern durchführen oder verstärkt das Augenmerk auf die Hausaufgabenerledigung richten. Im Extremfall führt das dazu, dass Lesen rigide geübt und die Familie damit zum „verlängerten Arm der Schule" wird, indem der Leistungsdruck nun auch hier Einzug hält. Zum anderen ist es ebenso denkbar, dass in Familien die Aufgabe der Lebensfreude nach dem Schuleintritt noch stärker akzentuiert wird. Lesen und Leistung wären dann ausschließlich der Schule überantwortet, während die Familie wie eine Gegenwelt mehr und mehr ein Ort der Regeneration wird (vgl. Groeben & Schroeder 2004, S. 336 f.). Von der Familie zur Schule gestaltet sich der Einfluss einerseits sehr direkt, indem Eltern je nach Bildungsaspiration und Schichtzugehörigkeit auswählen, auf welche Schule ihr Kind geht. Andererseits erfolgt er schichtspezifisch im Sinne einer Disposition bei den Kindern. Denn die haben im besten Falle erlebt, dass Lesen Freude machen kann, was eine einseitige Identifikation mit der schulischen Leistungsnorm verhindern kann. Durch die familiären positiven Erfahrungen kann schulische Leseförderung die GrundschülerInnen demnach besser erreichen (vgl. ebd., S. 337).

Aufgabe 1:

In einem Gespräch erzählt eine Mutter, die anonym bleiben will, was sie bewogen hat, ihre Tochter auf eine andere Berliner Grundschule zu schicken. Lesen Sie zunächst den Auszug und beantworten Sie im Anschluss die Fragen.

> „Freunde hatten uns gewarnt: Wenn ihr in diesen Teil der Stadt zieht, bekommt ihr ein Problem mit den Schulen. Unser Viertel ist recht gemischt. […] Dort liegt die Schule, auf die Johanna gehen sollte. Diese Schule ist nicht schlecht, im Gegenteil, die Lehrer geben sich große Mühe. Sie setzen stark auf Musik. Jedes Kind hat die Chance, ein Instrument zu lernen. Zweimal habe ich mir eine Aufführung angeschaut und war beeindruckt.
>
> Bei einem Migrantenanteil von fast 90 Prozent wollten wir unsere Tochter trotzdem nicht auf diese Schule schicken. Dabei stand nicht die Angst im Vordergrund, dass Johanna dort zu wenig lernt. Ausschlaggebend war die Erfahrung eines Kindes aus unserem Haus. Das Mädchen fand einfach keine Freunde. Was das ausmacht, merkte ich, als die Nachbarstochter später auf eine Schule wechselte, wo sie besser Anschluss fand. Sie erschien mir wie ausgewechselt, sie blühte richtig auf.
>
> Zudem gefiel uns das Rollenbild nicht, das Johanna dort von ihren Mitschülern mitbekommen könnte. Die meisten von ihnen sind Muslime, und in deren Kultur haben sich Mädchen oft anders zu verhalten als bei uns. Sich etwa einfach bei einer deutschen Freundin zu Hause zu treffen, ist in vielen muslimischen Familien nicht üblich. […]
>
> Am Ende entschieden wir uns für eine konfessionelle Schule, die ungefähr zehn Minuten mit dem Fahrrad entfernt liegt. Es ist keine Eliteanstalt, sondern eine normale Schule, wo nur etwas stärker auf Regeln und Leistung geachtet wird. Es gibt dort Mädchen und Jungen aus Polen, Lateinamerika und Afrika. Das gefällt uns durchaus. Unsere Tochter soll schließlich nicht in einer Märchenwelt aufwachsen." (zit. n.: Spiewak 2007, S. 59)

  a) Was sind die Gründe für die Familie, die Tochter Johanna auf eine andere Schule zu schicken? In welchem Dilemma steckt diese Familie?

 b) Welche Funktionen der Schule (s. Kapitel 4.2.4 im Lehrbuch) spricht die Mutter in dem Textauszug an? Welche weitere Sozialisationsinstanz spricht sie außerdem an? Wie schätzt sie deren Einfluss ein?

  c) In welcher Schicht würden Sie Johannas Familie verorten? Begründen Sie Ihre Vermutung mit Belegen aus dem Text.

Aufgabe 2:

Der folgende Auszug aus der Studie „Leseklima in der Familie" stellt die schulische und familiäre Leseförderung von Frank vor. Lesen Sie den Text und legen Sie Ihr Augenmerk auf das Geschehen in Schule und Familie.

> „Trotz der sehr dürftigen Leseförderung zu Hause und trotz der engen Verknüpfung von Lesen und Schulleistung in der Auffassung der Mutter kann Frank über positive Erfahrungen mit Literatur sprechen. Diese hat er in der Schule gesammelt. Frank nimmt an einem kreativen Deutschunterricht teil, in dem die Schüler auf vielfache Weise mit Büchern vertraut gemacht werden: Der Junge berichtet von einer Klassenbücherei, aus der die Kinder auch Bücher ausleihen dürfen, er erzählt von freien Lesestunden und einer Leseecke, in die man sich mit seinem Lesestoff zurückziehen kann. Die Kinder dürfen sich regelmäßig ein Geschichtenbuch auswählen, das sie sich gegenseitig vorlesen oder von der Lehrerin vorlesen lassen. Diese Bücher dienen in der Klasse als Anlaß, eine Geschichte nachzuspielen oder etwas zu einer Geschichte zu malen. Frank meint, daß seine Lehrerin sich freut, wenn die Schüler in einem Buch lesen. Er

berichtet auch, daß sie des öfteren Buchempfehlungen gibt. Gemeinsam mit seiner Klasse hat Frank die Stadtbücherei in seinem Viertel kennengelernt. Die Lehrerin hat den Eltern empfohlen, ihr Kind dort Mitglied werden zu lassen. Auch hat sie dazu geraten, bestimmte Kinderzeitschriften zu abonnieren, die sie besonders ansprechend findet. Mit der Erstellung einer Liste empfehlenswerter Kinderbücher, die den Schülern kurz vor Weihnachten als Geschenkhinweis mit nach Hause gegeben wurde, ist seitens der Schule ein weiterer Versuch unternommen worden, eine Brücke zwischen schulischem Lesen und dem Lesen in der Freizeit zu schlagen. Franks Mutter befürwortet zwar den offenen und kreativen Unterricht und das Bemühen der Lehrerin, die Kinder an Bücher heranzuführen, insistiert aber zugleich – vermutlich aus Angst vor dem Versagen des Kindes in der Schule [...] – auf abfragbarem und funktionsbezogenem Wissen. Damit stellt sich die Mutter zum Teil sogar dem schulischen Bemühen in den Weg: Sie besteht im Gespräch darauf, daß die Klasse ihres Sohnes mit den Büchern, die sie sich zum Lesen auswählt, nicht nur ‚spielt‘, sondern auch ‚arbeitet‘. Sie hielt ihren Sohn davon ab, die Stadtbücherei zu nutzen, weil diese Institution ihr nicht vertraut war. Sie hat die von der Schule empfohlenen Kinderzeitschriften wieder abgeschafft, weil sie Frank ‚nur mit Bastelarbeiten beschäftigt‘ sah und er nicht genug darin ‚gearbeitet‘, d. h. ‚gelesen‘, habe. Unter diesen schwierigen Voraussetzungen erscheint es besonders eindrucksvoll, daß Frank zumindest ansatzweise die schulischen Leseerfahrungen in seinen Alltag transponiert. So hat er das von seiner ganzen Klasse momentan ausgesuchte Buch zu seinem privaten Lieblingsbuch erklärt; so kann er den Inhalt eines Buches, das er in der Schule kennengelernt hat, im Gespräch mit der Interviewerin ausführlich und lebendig wiedergeben; und so hat er spontan unser Buchgeschenk ‚Das Schimpansen-Kinder-Buch‘ mit in den Sachkundeunterricht genommen, um es mit seiner Klasse zu besprechen“ (B. Hurrelmann et al. 1993, S. 224 f.).

a) Um welche Art von Ko-Konstruktions-Komplex handelt es sich in diesem Beispiel?

b) Welche instanzenspezifischen Normen betonen die Mutter und die Deutschlehrerin? Mit welchen Handlungen bezieht sich Franks Mutter auf die der Lehrerin?

c) Wie lassen sich Franks Handlungsmuster in der Logik der Situation beschreiben?

d) Stellen Sie eine Vermutung an, aus welcher Sozialschicht Franks Familie stammt.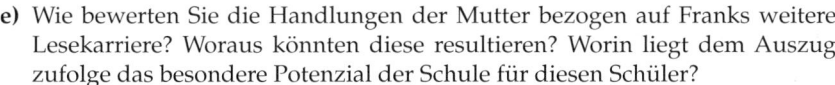

e) Wie bewerten Sie die Handlungen der Mutter bezogen auf Franks weitere Lesekarriere? Woraus könnten diese resultieren? Worin liegt dem Auszug zufolge das besondere Potenzial der Schule für diesen Schüler?

2.6.2 Das Zusammenspiel von Familie, weiterführender Schule und peer group in der Jugend

Im Jugendalter erhöht sich die Komplexität des Ko-Konstruktions-Schemas, indem die peer group hinzukommt und zugleich das Zentrum des lesesozialisatorischen Geschehens bildet (s. Abbildung 30). An Bedeutung gewinnt außerdem die Variable Geschlecht, die sich nun vor allem in der ko-konstruktiven Ausgestaltung der Lesenormen in der peer group bemerkbar macht. Wie schon im Grundschulalter besteht eine wechselseitige Beziehung zwischen den einzelnen Sozialisationsinstanzen:

• So beeinflusst die Familie die Art der peer group insofern, als die Situation in der Familie die Wahl von peer groups betrifft. Das kann allein daran liegen, dass bil dungsbeflissene Eltern durch das Anmelden ihrer Kinder in Sport- und Musikvereinen dafür sorgen, dass ihr Nachwuchs auf eine bestimmte, in der Regel ähnliche peer-Umwelt trifft. Umgekehrt steht die Familie und das in ihr Vorgelebte und Erlebte in der peer group zur Disposition, wobei mit Rosebrock vermutet werden kann, dass der Einfluss der Gleichaltrigen „im Sinne einer Fortsetzung oder Ausdifferenzierung eines bereits familiär angelegten Mediennutzungsverhaltens und kaum als Korrektiv des elterlichen Einflusses" zu verstehen sei (Rosebrock 2004, S. 274). Familiär geprägte Medien werden nicht einfach von der peer group abgewählt, die Distanz zu Erwachsenen wird eher über Inhalte gesucht (vgl. ebd., S. 261).

- Der Einfluss Schule-peer group ist ebenfalls wechselseitig: In der Schule entstehen die meisten aller peer groups, sodass die Werthaltungen in den Cliquen vom Schultyp beeinflusst werden dürften. Eine sich aus Hauptschülern bildende Clique eines Problembezirks in einer Großstadt dürfte deutlich andere Werte vertreten als ein Freundeskreis aus Schülern eines ländlichen Privatgymnasiums. Dennoch können auch die Orientierungen einer peer group das Verhalten der SchülerInnen beeinflussen, beispielsweise wenn sich eine Schuldistanz ausbildet und die Mitglieder Leistung bewusst verweigern, um nicht als „Streber" zu gelten.

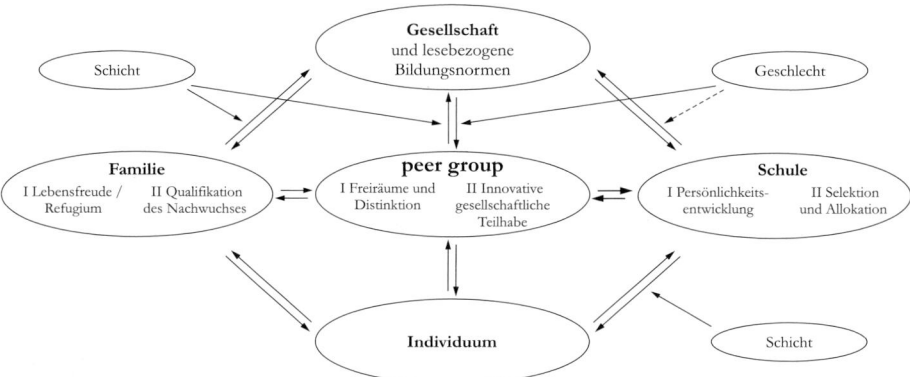

Abbildung 30: Ko-Konstruktions-Schema für das Jugendalter
(Quelle: nach Groeben & Schroeder 2004, S. 336)

Die Ko-Konstruktionsdynamik ist im Jugendalter besonders groß. Heranwachsende sehen sich mit Normangeboten aus Familie, Schule und peer group konfrontiert, die sie in Einklang mit ihren Entwicklungsaufgaben bringen müssen. Da sie in eigener Regie handeln und selbst festlegen, welche Entwicklungsaufgabe(n) sie bearbeiten (wollen), steht ihnen ein Maximum an Handlungsalternativen offen.

Im Sinne eines selektiv-reproduktiven Komplexes ergänzen sich die Instanzen mal positiv, mal negativ. Im positiven Fall haben die (weiblichen) Mittelschicht-Jugendlichen bereits kräftig von der in etwa gleich starken Betonung beider Normen in Familie und Schule profitiert und setzen dies in den Cliquen fort. Dort steht nicht das Lesen an sich infrage, stattdessen werden die Leseinhalte modifiziert. Im besten Falle profitiert davon auch das familiäre Leseklima, das neue Impulse erhält, sodass es eine positive Verstärkung von Leseklima in Familie und peer group gibt. (Männliche) Unterschicht-Jugendliche sind im Falle des Teufelskreises über die Instanzen hinweg deutliche Verlierer der Dynamik: Das leistungsbesetzte und aus Sicht der Familie der Schule obliegende Lesen findet sich in der peer group nicht wieder. Es ist derart mit schulisch-defizitären Erfahrungen oder dem

Attribut einer weiblichen Tätigkeit konnotiert, dass es weder in die eigene noch in die Gruppenidentität integriert wird. Auf diese Entfremdung/Resignation reagieren der Deutschunterricht mit stärkerer Leistungsbetonung und die SchülerInnen mit zunehmender Distanz. Und zwischen diesen beiden Extremen liegen die unzähligen Spielarten des kombinatorisch-modifizierenden Ko-Konstruktions-Komplexes.

Aufgabe 3:

Lesen Sie den Auszug aus der GEO über den 13-jährigen Niklas und seine Mediennutzung und beantworten Sie danach die nachstehenden Fragen.

> „Kiel, eine hellgelbe Stadtvilla. Michel Jakobi, 44, Unternehmer; Freya Jakobi, 38, Hausfrau. Niklas, 13, besucht das Gymnasium. Sein Bruder ist 15 Jahre alt. Die drei kleinen Schwestern sind 9, 8 und 6 Jahre alt. […] Bei den Jakobis steht kein Fernsehapparat. Die Kinder trinken meist Wasser und Kräutertee. Über die Frage, was er so richtig cool finde, denkt Niklas lange nach. ‚Wenn ich meine DVDs da stehen habe und die tollen Rückseiten sehe‘, sagt er schließlich und grinst. ‚Auf den DVDs, die er auf seinem Computer anschaut, werden im Durchschnitt 40, 50 Menschen niedergemetzelt‘, erklärt Michel Jakobi. ‚Ich weiß, dass die meisten so etwas benutzen‘‘, sagt Freya Jakobi. „Aber das ist ätzend, das ist dumm.‘‘‘
> (Paulsen 2005, S. 152)

a) Welcher Schicht gehört Familie Jakobi an?

b) Wie lässt sich das Medienverhalten von Niklas entwicklungspsychologisch deuten, d.h. welche Entwicklungsaufgabe bearbeitet er vermutlich?

c) Beschreiben Sie in der Terminologie der Ko-Konstruktion das Verhalten von Niklas gegenüber dem elterlichen Normangebot hinsichtlich der Inhalte und des Mediums.

Aufgabe 4:

Das folgende Fallporträt stammt aus der Studie „Medienhandeln Jugendlicher" und basiert auf einem Einzelinterview mit einer Schülerin aus der Sekundarstufe II, das im Sommer 2002 geführt wurde. Die Paraphrase folgt Klaus Peter Treumann et al. (2007, S. 508 ff., 517 ff.).

> Stefanie ist 17 Jahre alt und geht in die 12. Klasse eines Gymnasiums in einer mecklenburgischen mittelgroßen Stadt. Ihr Vater ist Hausinspektor, die Mutter Deutschlehrerin, und sie hat zwei Geschwister: eine 14-jährige Schwester und einen 13-jährigen Bruder. Im Haus stehen viele Bücher, und die Eltern achten auf den Medienkonsum ihres Nachwuchses, z.B. darauf, dass nicht zu viel ferngesehen oder am Computer gespielt wird. Während der Vater eher dem PC zugeneigt ist, beschäftigt sich die Mutter mit Literatur und dem Fernsehen, um Filme aufzunehmen. Stefanie sagt, sie würde die Medienerziehung genauso handhaben wie ihre Eltern, nämlich Bücher nahe bringen, Fernsehzeiten festlegen und das Programm gemeinsam klären.
> In ihrer Freizeit sieht Stefanie kaum fern. Sie sagt über sich selbst: „Also ich bin sowieso ein Mensch, der sehr viel liest" (zit. n.: ebd., S. 508). Ohne gelesen zu haben, schläft sie nicht ein, und wenn sie traurig ist, greift sie lieber zum Buch als zur Fernbedienung. Ein Handy hat sie auf Wunsch ihrer Eltern bekommen, das sie aber nur sporadisch benutzt. Audiovisuellen Medien steht sie skeptisch gegenüber. Den Computer nutzt sie fürs Textschreiben (unter anderem hat sie bereits Artikel für die Regionalzeitung geschrieben) und für die Recherche nach Informationen im Internet. Ihr Verhältnis zum Computer beschreibt sie so:

„Ja, also ich mag Computer ja auch irgendwie nicht; ich hab' da 'ne Antipathie gegen" (zit. n.: ebd., S. 508). Der Computer ist ihr zu langsam, und das Internet zu unübersichtlich. Die stundenlange Internetnutzung ihrer Schwester betrachtet sie kritisch, und das Computerspielen lehnt sie vehement ab: „Nicht so wie meine Schwester, die (…) den ganzen Tag am Computer sitzen und irgendwelche Spiele spielen kann. Nee, das mach ich nicht" (zit. n.: ebd., S. 527). Das Fernsehen nutzt sie sehr gezielt und eher selten. Sie recherchiert vorher in die Fernsehzeitung, ob ein interessanter Film kommt, schaut Nachrichtensendungen, z. B. Tagesschau, Länderspiegel und Auslandsjournal und Reportagen und Dokumentationen. Aber auch „Wetten dass?" und Spielfilme sieht sie sich zur Entspannung an. Danach gefragt, ob das Buch oder das Radio – Musik muss sie immer umgeben – ihr Lieblingsmedium sei, sagt sie: „Also ich weiß nicht. Ich könnte ohne beides nicht leben" (zit. n.: ebd., S. 517 f.).

Wenn sie Spaß haben will, unternimmt sie etwas mit ihren Freundinnen. Das ist vor allem am Wochenende der Fall, weil sie abends nicht aus-, sondern früh zu Bett geht. Das Wochenende nutzt sie aber auch für Hausaufgaben, weil dazu unter der Woche zu wenig Zeit bleibt. Stefanie berichtet von einem besonderen Filmerlebnis: dem Film „Die fabelhafte Welt der Amelie". Diesen Film hat sie sich nach Selbstauskünften „drei mal oder so im Kino angeguckt. Weil das ist ein ganz besonderer Film", der nicht dieses „übliche Nullachtfünfzehn-Schema" enthalte (zit. n.: ebd., S. 520). Über diesen Film hat sie viel mit Freunden geredet.

Übers Lesen sagt sie, dabei komme „man ja eben auch ins Grübeln", und das sei eine Möglichkeit, „mit seinen eigenen Problemen besser klar zu kommen" (zit. n.: ebd., S. 521). Über Bücher, die sie liest, spricht Stefanie nicht mit ihren Freundinnen und Freunden, weil jene andere Interessen haben und aus ihrer Sicht das Reden über die Bücher deren Atmosphäre beinträchtige. Stefanie bevorzugt Krimis und Bücher über soziale Probleme. Die Lektürepraxis ihrer besten Freundin beschreibt sie so: „meine beste Freundin zum Beispiel, die liest ganz andere Dinge als ich, also die liest auch mehr so, literarische Werke, wie zum Beispiel Rilke oder irgendwelche Gedichte. Und so 'was lese ich ja eigentlich nicht" (zit. n.: ebd., S. 519 f.). Über den Deutschunterricht und das Lesen dort lässt sie verlauten: „wenn ich dann immer höre, wenn die ein Buch lesen müssen, und das sind wirklich dünne Bücher, die man in einer Woche schafft, dann regen sie sich auf: ‚Nee, dafür hab ich keine Zeit' und ‚was soll das denn?' Na ich mein', dann geh ich doch auch nicht in den Deutsch-Leistungskurs. Denn damit muss ich mir darüber klar sein, dass ich auch Bücher lesen muss. Und schaden kann so was nie, das find ich irgendwie traurig, dass es Leute gibt, die so was denken" (zit. n.: ebd., S. 520).

 a) Welche Mitgliedschaftsentwürfe hinsichtlich der Lesesozialisation hat Stefanie aus ihrer Familie und der peer group erhalten? Was lässt sich über den Deutschunterricht sagen?

 b) Welchen der beiden Ko-Konstruktions-Komplexe finden Sie hier vor?

  c) Wie gestaltet sich das Zusammenspiel der Lesesozialisationsinstanzen im Fall Stefanie? Beschreiben Sie die Wechselwirkungen zwischen Familie, Schule und peer group.

Aufgabe 5:

Bitte lesen Sie den folgenden Auszug aus einem Zeitungsartikel, der im Jahr 2004 erschienen ist. Achten Sie bereits beim Lesen auf den Zusammenhang von Familie, Schule und peer group und beantworten Sie im Anschluss die Fragen.

„Warum kommt man zur Hauptschule? ‚Weil wir dumme Schüler sind.' ‚Weil wir in der Grundschule nicht so gut waren', antworten Jungen und Mädchen aus dem sechsten Schuljahr einer Kölner Hauptschule. Sofort entspinnt sich eine Diskussion: Sind wir wirklich dumm? Oder halten uns nur

die anderen dafür? Sind Gymnasiasten arrogant? Sind wir vielleicht faul? Irgendwie müssen sich die
12–13-Jährigen damit auseinandersetzen, dass sie zu den Verlierern gehören, die beim Selektionspro-
zess nach dem vierten Schuljahr (in einigen Bundesländern nach dem sechsten) ausgesiebt wurden.
[…]
Grundschullehrer und -lehrerinnen empfehlen Eltern, deren Kinder bereits in der Grundschule zu
den Verlierern zählten, ihr Kind auf die Hauptschule zu schicken. Der Berliner Erziehungswissenschaftler Rainer Lehmann hat die Leistungsfähigkeit sämtlicher Fünftklässler in Hamburg getestet und
seine Testergebnisse mit den Schulempfehlungen der Grundschullehrerinnen verglichen. Er hat fest-
gestellt: Kinder von Müttern mit Abitur haben im Vergleich zu Kindern, deren Mütter keinen Schulabschluss haben, eine sechseinhalbmal so große Chance, für das Gymnasium empfohlen zu werden.
Das Kind einer Mutter ohne Schulabschluss muss erheblich überdurchschnittliche Leistungen auf-
weisen, um eine Gymnasialempfehlung zu bekommen, während einem Kind, dessen Mutter Abitur
hat, auch noch mit unterdurchschnittlichen Testleistungen der Besuch eines Gymnasiums empfohlen
wird. Das Akademikerkind wird schon zuhause den richtigen Habitus entwickeln und die nötige
Unterstützung bekommen, sagen sich die Grundschullehrerinnen, und sie haben nicht einmal unrecht.
[…]
‚Wir können nichts‘, haben die Schüler im fünften Schuljahr einer Hauptschule in Bergisch Gladbach
ihrer neuen Klassenlehrerin Inken Waltz gesagt, als sie einmal aufschreiben sollten, was sie denn gut
können. Ihnen fiel nichts ein, und als Inken Waltz ihnen sagte, sie als Lehrerin wüsste doch, was sie
könnten, antworteten sie: ‚Das sagen Sie nur, damit wir uns nicht so schlecht fühlen.‘ […]
Ja, was können sie? Kinder, die keinen Satz aufschreiben und keinen Absatz lesen können, schreiben
blind unter der Bank eine SMS. Die 12-jährige Amila spricht akzentfrei Deutsch und redet viel, wenn
man sich mit ihr unterhält. Sie kann ebenso gut Italienisch und Türkisch, weil ihre Eltern aus diesen
Ländern kommen. Sprechen zumindest. Beim Schreiben merkt man, dass sie die Schriftsprache nicht
beherrscht. Sie wäscht ihre Wäsche selbst, weil sie bei ihrer Mutter immer verfärbt, wie sie sagt.
Andere müssen ihre Geschwister morgens in den Kindergarten bringen, sie müssen selbst dafür
sorgen, dass sie alle Schulsachen dabei haben – Dinge, auf die in gut funktionierenden Mittelschicht-
familien die Eltern achten. Diese Kompetenzen, diese Selbstständigkeit wird in der Schule nicht ho-
noriert, meint Inken Waltz. ‚Es sind misserfolgsorientierte Kinder. Sie haben gelernt, dass nur das
Negative Beachtung findet.‘
Petra Funke unterrichtet eine Abschlussklasse an einer Hauptschule in Köln. Sie hat mit ihren Schülern den *Kinderkreuzzug* von Bertold Brecht gelesen. Sie haben dazu Wandzeitungen erstellt, sich mit
der Lebensgeschichte Brechts, der Situation polnischer Kinder im Zweiten Weltkrieg beschäftigt. Sie
haben ihre eigenen Anti-Kriegsgedichte geschrieben. Petra Funke entschuldigt sich – an einer Hauptschule, da müsse man eben anders arbeiten als an einem Gymnasium. In der Tat, da würden sich
Lehrer und Schüler kaum diese Mühe machen, am Ende ein wirklich vorzeigbares Produkt herzustellen. Die Jugendlichen sind stolz. […]
Entgegen dem verbreiteten Horrorbild sind Hauptschüler in der Regel nicht die lernunwilligen oder
gar -unfähigen und aggressiven Dumpfbacken. Viele kommen ausgesprochen gern zur Schule, richtig
motiviert lernen sie auch gern. Hier werden Lehrer noch geliebt, weil sie oft die einzigen funktionie-
renden Bezugspersonen sind. Doch die Schüler und Lehrer können sich noch so abmühen – letzt-
endlich zählt, was die Absolventen mit dem Abschluss anfangen können. Und das ist immer weniger.
Dieser Abschluss ist keine Berechtigung mehr, sondern ein Stigma. Die Lehrstellenbilanz gibt die
Katastrophe nur unzureichend wieder. Tatsächlich bekommt nur noch eine kleine Minderheit der
Hauptschulabgänger einen betrieblichen Ausbildungsplatz. […]
Inka Schreinermacher ist frustriert. Sie ist Berufswahlkoordinatorin an einer Kölner Hauptschule:
‚Wir verwalten einen Missstand. Auf der einen Seite müssen wir die Kinder motivieren, dass sie sich
bewerben. Auf der anderen Seite erfahren die Kinder dann immer wieder Frustrationen, und das
führt dann irgendwann dazu, dass sie aufhören, an Bewerbungen zu arbeiten.‘ Mittlerweile ist der

Markt für typische Hauptschülerberufe wie Maler-Lackierer, Friseurin oder Verkäufer von Realschü-
lern belegt. Weiter zur Schule gehen – das ist für viele nur eine Notlösung, eine Warteschleife.

55 Hauptschüler beenden ihre Schulzeit, wie sie sie begonnen haben: als Verlierer. Aus vielen aufgeweck-
ten und lernbegierigen Kindern werden frustrierte Schulverweigerer, wenn sie nur mit anderen zusammen sind, die sich abgewertet fühlen und im Laufe der Jahre noch die abgewiesenen Gymnasiasten und Realschüler dazu kommen. ‚Kinder müssen länger zusammen lernen‘, meint Dietmar Bronder
vom Arbeitskreis Hauptschule. ‚Das soziale Lernen wird wesentlich durch die Peer-Group bestimmt.

60 Und das ist auch einer der Gründe dafür, dass Verliererkinder, zusammengepfercht in einer einzigen
Schule nur noch verlieren lernen können‘, erklärt Bronder. ‚Sie brauchen auch Gewinnertypen zum
Anschauen und um von ihnen zu lernen.‘“ (Heinemann 2004)

  a) Welche Fähigkeiten bzw. „Kompetenzen" bescheinigt die Lehrerin Waltz ihren HauptschülerInnen? Wie steht die Schule diesen Fähigkeiten gegenüber – und warum? Begründen Sie Ihre Antwort unter Rückgriff auf die Aufgaben der Schule (s. Kapitel 4.2.2 und 4.2.4 im Lehrbuch).

 b) Nennen Sie weitere Fähigkeiten, über die SchülerInnen an Hauptschulen
verfügen. Ordnen Sie diese Fähigkeiten danach, ob sie im Kreis der peer
group oder der Schule eine positive Rolle spielen.

  c) Welche Aufgaben der Schule und des Literaturunterrichts werden im Beispiel
der Beschäftigung mit Brechts „Kinderkreuzzug" in Petra Funkes Klasse angesprochen?

  d) Entspricht die Art des Umgangs mit Literatur in Petra Funkes Klasse jenem,
der in dem Teufelskreis schulischer Lesesozialisation geschildert wird? Benennen Sie Übereinstimmungen bzw. Abweichungen.

 e) Welche Rolle spielt die peer group laut Artikel für die Entwicklung eines
Lernerselbstbildes bzw. welche Rolle könnte sie spielen? Welchen Einfluss hat
hier der institutionelle Rahmen, d.h. die leistungsbezogene Gruppierung von
Jugendlichen?

 f) Was müsste sich grundsätzlich im deutschen Schulsystem ändern, um den
HauptschülerInnen eine Chance zur gesellschaftlichen Partizipation zu geben? Welche Rahmenbedingungen sind dafür nötig?

  g) Reflektieren Sie abschließend und zur Vorbereitung auf das Verfassen Ihrer
eigenen Lektüreautobiografie (vgl. Kapitel 3.2.3), wie die Instanzen in Ihrer
eigenen Lesesozialisation zusammengewirkt haben.

3 Die eigene Lesegeschichte erkunden — eine wissenschaftlich durchgearbeitete Leseautobiografie schreiben

3.1 Eine eigene Leseautobiografie schreiben

Was und wie wir lesen, hängt von dem ab, was wir über das Lesen erfahren haben und welche Erfahrungen wir selbst mit dem Lesen gemacht haben. Einen wesentlichen Einfluss haben dabei die Sozialisationsinstanzen, folglich auch die Schule. So tragen auch (künftige) (Deutsch-)LehrerInnen zur individuellen Lesegeschichte ihrer SchülerInnen bei; sie stehen vor der anspruchsvollen Aufgabe, bei ihren SchülerInnen das „selbstständige, autonome Lesen anzuregen [und diese] zum Lesen zu verführen" (Eggert & Graf 1993, S. 782). Um dieser Anforderung gerecht zu werden, plädiert Werner Graf dafür, dass sich (künftige) LehrerInnen mit dem Phänomen der Lesesozialisation beschäftigen sollten, „um zu lernen, lektürebiographische Wirkungen und Nebenwirkungen fachdidaktischer Entscheidungen in ihre Planungsüberlegungen einzubeziehen" (Graf 2007, S. 10). Dieses Buch leistet hierbei Hilfestellung. Es bietet die Möglichkeit für Studierende, LehramtsanwärterInnen und Lehrkräfte, sich selbst mit ihrer individuellen Lesegeschichte reflektierend auseinander zu setzen, um zukünftige SchülerInnen in ihrem Prozess der Lesesozialisation zu unterstützen.

3.1.1 Die eigene Lesegeschichte aufschreiben

Aufgabe 1:

Bitte verfassen Sie Ihre eigene Lesegeschichte. Erinnern Sie sich, welche Bedeutung das Lesen von Büchern, Zeitschriften, Internettexten etc. in Ihrem Leben gehabt hat und hat. Sie können dabei chronologisch oder assoziativ vorgehen, anhand Ihrer Lebensgeschichte oder anhand einzelner Leseerfahrungen. Nehmen Sie sich ausreichend Zeit (mindestens 60 Minuten) und suchen Sie sich einen ruhigen Platz, an dem Sie ungestört – je nach Belieben per Hand oder PC – Ihre Erinnerungen aufschreiben können. Als Anregung zur Erinnerung an Ihre eigenen Leseerfahrungen in Kindheit, Jugend und Erwachsenenalter sind die nachfolgenden drei Texte gedacht: ein historischer Text (Walter Benjamin: „Lesendes Kind" von 1928) und Auszüge aus zwei Lektüreautobiografien von Lehramtsstudierenden des Faches Deutsch.

---

1. Lesendes Kind

Aus der Schülerbibliothek bekommt man ein Buch. In den unteren Klassen wird ausgeteilt. Nur hin und wieder wagt man einen Wunsch. Oft sieht man neidisch ersehnte Bücher in andere Hände gelangen. Endlich bekam man das seine. Für eine Woche war man gänzlich dem Treiben des Textes anheim gegeben, das mild und heimlich, dicht und unablässig, wie Schneeflocken einen umfing. Dahinein trat man mit grenzenlosem Vertrauen. Stille des Buches, die weiter und weiter lockte! Dessen Inhalt war gar nicht so wichtig. Denn die Lektüre fiel noch in die Zeit, da man selber Geschichten im Bett sich ausdachte. Ihren halbverwehten Wegen spürt das Kind nach. Beim Lesen hält es sich die Ohren zu; sein Buch liegt auf dem viel zu hohen Tisch und eine Hand liegt immer auf dem Blatt. Ihm sind die Abenteuer des Helden noch im Wirbel der Lettern zu lesen wie Figur und Botschaft im Treiben der Flocken. Sein Atem steht in der Luft der Geschehnisse und alle Figuren hauchen es an. Es ist viel näher unter die Gestalten gemischt als

...ene. Es ist unsäglich betroffen von dem Geschehen und den gewechselten Worten und wenn es aufsteht, ist es über und über beschneit vom Gelesenen. (Benjamin, 1928)

2. Leseautobiografie

Es tut mir weh zurückzudenken an Zeiten, in denen Lesen alles für mich bedeutete. Nicht nur das Lesen als solches hat meine Kindheit und frühe Jugend so facettenreich und farbig schillernd in mein Gedächtnis gebrannt, sondern das ganze „Drumherum" um meine Bücher lässt mich jetzt noch freudig erschauern. Bücher, Lesen, fremde Welten, Emotionen und meine Erinnerungen an bestimmte Bücher, Situationen und Orte, an denen ich sie verschlungen habe, lassen mich erkennen, dass meine Kindheit eine solch glückliche war, da ich einen großen Teil meines jungen Lebens mit Lesen verbrachte.

Ich habe alles gelesen was mir zwischen die Finger gelangte: traditionelle Kinderbücher von Astrid Lindgren, die mein Bild von Schweden bis heute beeinflusst haben, sämtliche so genannte Mädchenromane des Schneider Verlags, die ich im Hause meiner Großeltern in meiner Heimatstadt im Keller gefunden hatte und die ich jeden Tag mit an den Strand nahm.

Es ist merkwürdig, aber jedes Mal, wenn ich heute noch nach [X, anonymisiert] fahre, muss ich unweigerlich an „Claudia – die Flirtkanone" und an die von Enid Blyton in ihren Büchern beschriebenen „Fresspakete" denken.

Dass Wichtigste für mich, wenn ich in den Urlaub gefahren bin, war dafür zu sorgen, dass ich genug Leselektüre mitnehmen konnte.

Ich werde nie vergessen, wie ich mit meinen Eltern in Portugal auf einer fünfstündigen Wanderung fast an Rückenschmerzen zusammengebrochen wäre, da ich unbedingt eine achtzehnbändige Sonderedition von „Dolly" mitschleppen musste.

Rückblickend muss ich feststellen, dass, obwohl ich jede Art von Buch gelesen habe, die Mädchenromane am nachhaltigsten auf mich gewirkt haben. Petticoats und Ausdrücke wie „auf fein, das ist eine grandioser Gedanke!" haben mich irgendwie fasziniert, meine Welt erhellt und erleichtert. Passagen aus Enid Blytons „Tina und Tini" haben mich sogar so intensiv beschäftigt, dass ich sie auswendig konnte. Immer und immer wieder habe ich so manches Buch gelesen, bin zweimal wöchentlich in die Bücherei gelaufen, bis ich jeden Fleck in jedem Buch zur Genüge gesehen habe. Während ich schreibe und daran denke, wie glücklich ich gewesen bin in meiner kleinen, eigenen, heilen Bücherwelt, fallen mir so viele Bücher ein, die ich gelesen und geliebt habe, dass ich den Eindruck habe, meine Beziehung zu Büchern war sehr speziell. Die meisten Bücher, wie etwa „Schiwas Perlen", „Der kleine Lord", „Ann of Green Gables" waren nicht nur einfach Bücher, sie haben mir wirklich etwas bedeutet.

Das Buch als Gegenstand, vor allen Dingen, wenn es sich um ältere Bücher handelte, war für mich etwas, das man pfleglich und mit Achtung behandeln musste. Die Welten, die sich mir zwischen den Zeilen offenbarten, waren ein Beitrag zu meinem Identitätsbildungsprozess.

Seitdem ich etwa 16 war und es für mich galt die Welt da draußen eher durch Partys und Klamottenkaufen zu begreifen und zu erkunden, hat sich mein intensiver Bezug zur Bücherwelt stark gewandelt. Lesen gab mir auf einmal nicht mehr das Gefühl von Freiheit und der Rückzug in mich selbst und Verbindungen zu Gelesenem waren nicht mehr angesagt.

Ich begriff irgendwie, vielleicht war es die Schule, die mich dazu veranlasste, so zu denken, dass Lesen etwas mit Anforderung zu tun hatte. Ich konnte Bücher wie „Das Feuerschiff" oder „Das siebte Kreuz" nicht mehr nur einfach um des Lesens willen lesen und mir die Gedanken machen, die ich wollte, sondern war aufgefordert bestimmten Fragen nachzugehen.

Da entstand irgendwo ein Bruch zwischen den Büchern und mir. Wenn ich heute lese, manchmal ohne Zwang und Druck, ist es dennoch nicht mehr diese Unbeschwertheit und dieses Glücksgefühl, das ich spüre.

Völlig unbefangen und frei konnte ich nur als Kind lesen, meine Emotionen und mein Geist von den Inhalten lenken lassen. Heute sind es eher mein Intellekt und mein Bewusstsein, die beim Lesen präsent sind und mich primär zum Lesen bringen.

(w., 23 Jahre)

3. Leseautobiografie

Soweit ich mich zurückerinnern kann, habe ich als Kind mit Lesen immer Spaß verbunden. Die Bücher, die ich las, verhalfen mir zur Flucht in eine Traumwelt, eine Traumwelt, die vorwiegend von Erwachsenen beherrscht war. Unter meiner Lektüre befanden sich wenige „traditionelle" Kinderbücher wie z.B. Astrid Lindgren. Es waren zum großen Teil Comic-Strips, von denen ich mich angezogen fühlte, und von denen ich glaubte, mich darin wieder gespiegelt zu finden. Aus der Distanz betrachtet erscheint mir meine damalige „Lesekultur" zwiespältig. Einerseits dienten mir die Bücher, beziehungsweise die Comics zur Kompensation meiner Grandiositätsgefühle (nicht der Held im Comic-Strip, sondern ich selbst war der große Retter), andererseits, glaube ich, waren meine Leseerfahrungen erste Versuche der Emanzipation gegenüber der Erwachsenenwelt (Ich wollte nicht länger das kleine Kind sein, sondern einer der mächtigen Erwachsenen). Auf diese erste Phase folgte eine lange Ruhepause, in der ich freiwillig so gut wie nichts las. Das Fernsehen hatte das Buch vollständig verdrängt. Im Nachhinein finde ich das überhaupt nicht schlimm, denn bei aller Kritik, die ich heute gegenüber dem Fernsehen aufbringe, glaube ich doch, auch über das Fernsehen viel gelernt zu haben. Ich habe nicht den Eindruck, dass meine Kreativität darunter gelitten hätte, und vielleicht ist die Tatsache, dass ich den Weg zum Buch wieder gefunden habe und dass mein heutiges Interessenspektrum breit gefächert ist, Beweis genug, um meine Vermutung zu unterstreichen. In dieser Phase jedenfalls waren meine einzigen Kontakte zu Büchern durch die Schule erzwungen, was mir den Weg zurück zum Buch lange Zeit verbaute. Als besonders negative Erfahrung blieb mir in dieser Hinsicht Goethes „Götz von Berlichingen" in Erinnerung, welchen ich in der Mittelstufe lesen musste. Ich konnte für mich überhaupt keinen Bezug zu diesem Buch herstellen und empfand die gesamte Diskussion darum als spießig und intellektuell zu abgehoben. Den erneuten Zugang zu Büchern fand ich erst mit etwa siebzehn Jahren wieder, bezeichnenderweise durch ein Buch, das mich besonders stark ansprach, was über Jahre hinweg kein anderes Buch schaffen konnte. Dieses Buch war „Die Kunst des Liebens" von Erich Fromm, das mir besonders bei meiner Selbstreflexion half, in mir aber auch das anhaltende Interesse an meinen Mitmenschen weckte. Wohl spielt auch in diese Entwicklung die Grandiosität wieder mit hinein: ein gehobenes Selbstbewusstsein, mich selbst als Lesenden, als Reflektierenden zu empfinden. Gerade dieses Buch von Erich Fromm erzeugte in mir auch ein Bewusstsein für das Lesen. Ich erkannte es als eine Möglichkeit zur Erfahrungs- und Bewusstseinserweiterung, was für mich bis heute zentrale Motivation zum Lesen und darüber hinaus für mein [unleserlich, Anm. d. Verf.] ist. Literatur ist auch weiterhin für mich eine Möglichkeit zur Flucht. Ich lasse mich gerne von einem Buch gefangen nehmen, genieße das Abtauchen aus der realen Welt und die damit verbundene Entspannung. Bücher verhelfen mir vor allem, mein allgemeines Interesse an verschiedenartigen Themen zu sättigen, was auch die Kommunikationsmöglichkeiten mit meinen Mitmenschen erweitert. Besonders wichtig ist mir in diesem Punkt das Begreifenwollen meiner Mitmenschen und meines Selbst. Bücher sind heute zum großen Teil eine Form von Selbstidentifikation (ganz besonders bei Büchern von Hermann Hesse). Abschließend bleibt anzufügen, dass für mich beim Lesen immer der Bezug zu meinem Leben wichtig ist, dass Bücher nicht nur reine Theorie sind, sondern meine Kreativität und Mobilität im Alltag fördern.
(LAB-Korpus Garbe)

Aufgabe 2 (längerfristig):

Recherchieren Sie, wenn Sie Ihre Lektüreautobiografie (abgekürzt: LAB) mit Hilfe dieses Buches wissenschaftlich aufarbeiten wollen, Ihre eigene Lesegeschichte so umfangreich wie möglich. Hilfreich ist es,

- eine Leseliste aller gelesenen Bücher (Privatlektüre, Pflichtlektüre) anzufertigen,
- Interviews mit Eltern, Geschwistern und/oder FreundInnen zu führen,
- Tagebucheinträge heranzuziehen sowie
- Notizen zu einzelnen Erlebnissen und Erfahrungen anzufertigen.

Je detailreicher und ausführlicher Sie diese Vorarbeit ausführen, desto leichter wird Ihnen im Anschluss die wissenschaftliche Bearbeitung Ihrer persönlichen Lesegeschichte gelingen.

Die Erarbeitung der Kapitel 1 bis 3 dieses Arbeitsbuches (und von Teil 4 des Lehrbuches) bietet Ihnen eine Hilfestellung auf dem Weg zur wissenschaftlichen Bearbeitung der eigenen Lektüreautobiografie. Diese Kapitel liefern sozusagen die theoretischen und praktischen Grundlagen, die für die Aufarbeitung der eigenen Biografie benötigt werden.

3.1.2 Zur Bedeutung des Lesens in der Lebensgeschichte

Lesen kann für den Einzelnen eine tief greifende und dauerhafte Bedeutung in seinem Leben haben. Zahlreiche autobiografische Veröffentlichungen belegen eindrucksvoll diesen nachhaltigen Einfluss des Lesens auf die Lebensgeschichte nicht nur junger Menschen (vgl. bspw. Unseld 1975, Pleticha 1978).

> „Ein Buch ist gewissermaßen eine Fessel; man spricht nicht umsonst von fesselnder Lektüre. Ein Buch bezaubert, beherrscht uns, hält uns in seinem Bann, übt also Macht auf uns aus, und wir lassen uns eine derartige Gewaltherrschaft gern gefallen, denn sie ist eine Wohltat" (Nibbrig 1983, S. 155).
> „Dabei hat wahrscheinlich jeder schon die Erfahrung gemacht, dass Literatur in der Naturgeschichte eines Lebens eine Rolle spielen kann, die so wichtig ist wie die Rolle des Vaters, des ersten Gewitters oder der ersten Eisenbahnfahrt" (Walser, zit. n.: Graf 1995, S. 97).

Die Erfahrungen, die Menschen mit dem Lesen machen, sind von ihrer individuellen Lebensgeschichte und ihrer eigenen Lektüre geprägt, genauer „von der Geschichte unserer subjektiven Beschäftigung mit Texten aller Art" (Graf 2007, S. 2). Lesen ist also nicht gleich Lesen. Die Wertschätzung und die Bedeutung, die wir dem Lesen zumessen, ist abhängig von unserer spezifischen Lesegeschichte, vor allem jedoch von jenen Erfahrungen, die wir in der Kindheit und Jugend gemacht haben und den Vorstellungen vom Lesen, die von außen an uns herangetragen wurden: „Wie und was Erwachsene lesen, hängt von der Genese ihrer Lesemotivation und -kompetenz in Kindheit und Jugend ab. Der Einfluss der sozialen Instanzen (besonders der Familie und des Deutschunterrichts) ist [hierbei] erheblich" (Graf 2007, S. 10).

Um jene oben beschriebenen Leseerfahrungen und -erlebnisse intensiver zum Thema zu machen, wird in der Leseforschung vielfach mit Lektüreautobiografien gearbeitet (vgl. u.a. Eggert & Graf 1993, S. 779 f.). Auf diese Weise ist es möglich, detaillierte und reflektierte Einblicke in die eigene oder eine fremde Lesegeschichte zu gewinnen. Was jedoch genau ist eine Biografie? Und welche Besonderheiten bringt die Textsorte „Lektüreautobiografie" mit sich?

Aufgabe 3:

a) Versuchen Sie den Begriff „(Auto-)Biografie" zu definieren. Was verstehen Sie darunter?

b) Die folgenden Texte beschäftigen sich mit der Definition des Begriffes „Biografie" und dessen Besonderheiten. Der erste Text stammt aus einem etymologischen Wörterbuch, der zweite aus einem Fremdwörterlexikon und der dritte aus einer wissenschaftlichen Arbeit über Lesebiografieforschung. Bitte lesen Sie die Definitionen sorgfältig und bearbeiten Sie anschließend die nachfolgenden Aufgaben.

- Wie wird in diesen Texten „Biografie" definiert?
- Was ist das Besondere im Umgang mit (Lektüreauto-)Biografien? Was unterscheidet eine (Lektüre-)Biografie vom tatsächlichen (Lese-) Lebensablauf?
- Was ist bei der Arbeit mit Lektüreautobiografien daher immer zu beachten?

Text 1
Biographie *f. erw. fach.* „Lebensbeschreibung" (<18 Jh.). Neoklassische Bildung aus *bio-* „Leben" und *-graph* „Schreiber" mit dem Suffix *-ie*; vielleicht unter Rückgriff auf seltenes gr. *biographia* „Lebensbeschreibung" (Kluge 1995, S. 112).

Text 2
„*Biographie* F. (-; -n), Anfang 18. Jh. aufgekommene Gelehrtenbildung aus Bio- und -graphie
In der Bed. ‚Darstellung eines Lebenslaufs, Beschreibung einzelner Lebensstationen und besonderer Wesenszüge einer (berühmten) Person, Lebensbeschreibung einer bekannten Persönlichkeit' (s. Belege 1774, 1811, 1840, 1928, 1995), in Zss. wie *Selbstbiographie* ‚Beschreibung des eigenen Lebens, Selbstdarstellung' (gleichbed. mit → Autobiographie), *Künstler-, Kurzbiographie*, auch als Titel verwendet, vgl. *Allgemeine deutsche Biographie* (s. Beleg 1875), bzw. zur Bezeichnung einer (literarischen) Gattung für ‚Werk, das den Lebenslauf einer Person darstellt' (s. Belege 1798, 1936, 1943, 1987), *jmds. Biographie schreiben, eine Biographie lesen*; heute auch allgemeiner im Sinn von ‚Lebenslauf, -weg, -geschichte eines Menschen', z. B. *sich mit jmds. Biographie beschäftigen*, gelegentlich bezogen auf bestimmte Merkmale einer Persönlichkeit, vgl. Wendungen wie *intellektuelle, musikalische Biographie.*" (Institut für Deutsche Sprache 1997, S. 327)

Text 3
„Die Lektürebiographie ist zu unterscheiden vom wirklichen Ablauf des Lesens im Lebensverlauf, den sie jedoch thematisiert. Das narrative Interview ist eine Form der Textproduktion, die Lektürebiographie materialisiert sich als protokollierter lebensgeschichtlicher Text. Formell handelt es sich bei der Ausarbeitung einer lektürebiographischen Fallstudie um Textinterpretation. Die speziellen Bedingungen dieser Textproduktion und -interpretation müssen noch genauer beschrieben werden, um den Status der Lektürebiographie transparent zu machen. Die Lektürebiographie eines Lesers ist also, wie jede Biographie, als theoretisches Konstrukt, das den Leselebenslauf zum Thema hat, zu definieren. Die Analyse der Lektürebiographie, die als biographischer Text, dem Protokoll des narrativen Interviews, vorliegt, hat das Ziel, mit Mitteln der Textanalyse Einsichten zu gewinnen in jenes Lesen, das im Lebenslauf zeitlich ausgedehnt stattfindet, Formen entwickelt und verändert. [...] Da die Lektürebiographie mit dem Leselebenslauf nicht identisch ist, da eine generelle ‚Homologie' zwischen Leseereignis und Lektüredarstellung bzw. Lektüreerinnerung nicht unterstellt werden soll, können Einsichten in jenen Bereich wirklicher Lesehandlungen durch die Analyse von Lektürebiographien, die jene thematisieren, nur dann erwartet werden, wenn es gelingt, im einzelnen Verbindungslinien zwischen Leseerfahrungen und erzählten Leseerfahrungen zu ziehen, die plausibel machen, dass letztere aus ersteren abstammen: es wird also für das Verhältnis von Lektürebiographie zu Leselebenslauf ein Status reklamiert, der von dem der biographischen Erzählung zum allgemeinen Lebenslauf abweicht, weil Leseerfahrungen anders konstituiert sind als Realitätserfahrungen." (Graf 1997, S. 184 f.)

3.1.3 Warum sich (angehende) LehrerInnen mit ihrer eigenen Lesegeschichte beschäftigen sollten

Aufgabe 4:

 a) Diskutieren Sie in Ihrer Lerngruppe die Frage, ob sich LehrerInnen bzw. Lehramtsstudierende mit ihrer eigenen Lesegeschichte beschäftigen sollten: Sammeln Sie Argumente für und gegen die These, dass die wissenschaftliche Erarbeitung der eigenen Lektüreautobiografie Teil der professionellen Qualifikation angehender LeselehrerInnen sein sollte.

 b) Lesen Sie anschließend die nachstehenden Argumente und vergleichen Sie diese mit Ihren eigenen Ergebnissen.

Sechs Argumente für die Beschäftigung mit der eigenen Geschichte des Lesens als Teil einer professionellen Qualifikation von LehrerInnen:

1. Den eigenen Fall reflektieren und darin allgemeine Tendenzen erkennen
Der Prozess des Lesens und die eigene Lesegeschichte sind stark subjektiv geprägt. Durch die Aufarbeitung der eigenen Biografie ist es möglich, sich seiner eigenen Lesegeschichte bewusst zu werden und sie mit anderen zu vergleichen (vgl. Eggert & Graf 1993, S. 774). Auf diese Weise können Selbstverständlichkeiten hinterfragt und die eigene Lesesozialisation reflektiert werden.

2. Die unreflektierte Weitergabe eigener Normen und Gewohnheiten vermeiden
Die Reflexion der eigenen Biografie kann der Gefahr vorbeugen, einen durch die eigene Sozialisation erworbenen hochkulturellen Lesebegriff an die SchülerInnen weiterzugeben, der gerade bei Angehörigen aus bildungsfernen Schichten in klarem Gegensatz zu deren Lektüre- und Medienpraxen steht. Gerade an HauptschülerInnen wird Lesen oft als ein kultureller Habitus von anderen herangetragen, der nichts mit ihrer tatsächlichen Lektürepraxis zu tun hat, sodass sie Lesen „als eine fremdbestimmte, kaum sinnhaft erfahrbare, abstrakt der Lebenswelt gegenüberstehende Tätigkeit [wahrnehmen], die nur im System schulischer Forderungen und Leistungshierarchisierung ihren praktischen Ort hat" (Pieper et al. 2004, S. 22).

3. Eine Einsicht in sich verändernde Lebenswelten gewinnen
(Lese-)Biografien sind historischen Veränderungen unterworfen. Die Aufarbeitung der eigenen Biografie verhilft dazu, die lebensweltlichen Bedingungen, die Einfluss auf die eigene Lesegeschichte hatten, zu reflektieren und die veränderten Lebensbedingungen, unter denen heutige SchülerInnen aufwachsen, insbesondere die veränderte Medienumwelt, im Unterricht zu berücksichtigen (vgl. Eggert & Graf 1993, S. 777).

4. Kindliche und jugendliche Lektürepräferenzen kennen lernen
Zahlreiche LehrerInnen stehen dem bevorzugten „Lesefutter" von Kindern und Jugendlichen, das oftmals der Triebbefriedigung und Wunscherfüllung dient, äußerst kritisch gegenüber und übersehen dabei, dass die Funktionen, die das Lesen haben kann, nicht konstant sind, sondern sich im Altersverlauf wandeln. Die Auseinandersetzung mit dem eigenen kindlichen Lesen macht kindliche und jugendliche Lesepräferenzen bewusst und befähigt zum behutsamen Umgang mit jenen kindlichen Leseweisen und -stoffen, die den Bildungsansprüchen der Schule nicht zu genügen scheinen (vgl. Graf 2007, S. 3).

5. Differenzen und Gemeinsamkeiten erkennen
Die lesebiografische Selbsterkundung bietet einen Einblick in den Ablauf einer literarischen bzw. Lesesozialisation (s. Kapitel 2.1). Diese Reflexion der eigenen Lesesozialisation ermöglicht durch den bewussten Nachvollzug ihrer „Widersprüchlichkeit zwischen trivialer und ästhetischer Erfahrung, Mühen und Genuss, Intensität und Gleichgültigkeit in den unterschiedlichen Lebensabschnitten" (Pieper et al. 2004, S. 205), dass die Differenzen und die Gemein-samkeiten zwischen den schriftkulturellen Sozialisationsverläufen von LehrerInnen und SchülerInnen in den Blick treten können (vgl. Pieper et al. 2004, S. 204 f.).

6. Die literarische Sozialisation von SchülerInnen aktiv unterstützen

Die Einstellung von LehrerInnen zum Lesen prägt – bewusst oder unbewusst – die Auswahl und den Umgang mit Texten auch für den Unterricht. Die Aufarbeitung der eigenen Biografie kann dabei helfen, sich über die eigene Einstellung zum Lesen bewusst zu werden und somit einen unreflektierten Umgang mit Texten vorbeugen. Pieper et al. betonen in ihrer Studie zur Lesesozialisation in schriftfernen Lebenswelten, dass gerade diejenigen SchülerInnen selbst zu LeserInnen geworden sind, deren LehrerInnen sich selbst als habituelle LeserInnen präsentierten und ihre SchülerInnen in ihrer literarischen Sozialisation unterstützten (vgl. Pieper et al. 2004, S. 202).

3.2 Eine Leseautobiografie wissenschaftlich durcharbeiten

Ein Ziel dieses Buches ist, Sie zu befähigen, die von Ihnen verfasste LAB wissenschaftlich durchzuarbeiten. „Wissenschaftlich durchgearbeitet" meint in diesem Fall, die eigene Lesegeschichte vor dem Hintergrund empirischer Befunde und theoretischer Erklärungsansätze zu verorten, zu erklären und zu reflektieren. Oft lässt *erst* die Reflexion und der Vergleich der eigenen Lesegeschichte mit Ergebnissen aus der Lesesozialisationsforschung eine tiefer gehende Selbstreflexion zu, in der subjektive Schilderungen – die automatisch an das Format der „Autobiografie" gekoppelt sind – transparent werden und somit objektiviert werden können.

3.2.1 Die Aufbereitung der Leseautobiografie

So individuell die einzelnen Lesegeschichten auch sind hinsichtlich der beschriebenen Handlungsräume, Kommunikationsperspektiven und Erfahrungen, so sehr zeichnen sich immer wieder Regelmäßigkeiten im dargestellten Verlauf der literarischen Sozialisation ab, wenn man eine größere Zahl von Leseautobiografien betrachtet (vgl. Graf 2007, S. 6 f. und Kapitel 3.2.3). Es gibt Phasen, die durchgängig von fast allen Personen genannt werden, Phasen, die sich ähneln, aber auch Beschreibungen, die von der „normalen" Verlaufsform stark abweichen. Um diese Gemeinsamkeiten und Unterschiede in den Verläufen einzelner Lesegeschichten herauszuarbeiten, lohnt der Vergleich verschiedener Leseautobiografien.

Aufgabe 1:

Vergleichen Sie Ihre eigene Leseautobiografie mit der Lektüreautobiografie Nr. 3 aus Kapitel 3.1.1. Als Hilfestellung dient das Kriterienraster aus Tabelle 42.
- Welche Gemeinsamkeiten und Unterschiede stellen Sie fest?
- Stellen Sie anhand des Vergleichs Vermutungen über Phasen und wichtige Personen/Instanzen innerhalb Ihren eigenen Lesesozialisation an.

	Beispiel-LAB Nr. 3	Eigene LAB
Allgemeine Angaben		
Geschlecht	Männlich (21 Jahre)	
Bildungsstand der Eltern	Keine Angabe	

	Beispiel-LAB Nr. 3	Eigene LAB
Lesen im biografischen Kontext		
Bedeutung des Lesens	Hohe Bedeutung, zentrale Motivation: Erfahrungs- und Bewusstseinserweiterung, starke Selbststilisierung als Intellektueller, für den das Lesen eine zentrale Rolle spielt	
Besonders beeindruckende Bücher	Erich Fromm: „Die Kunst des Liebens"	
Lesekrisen/ Zeiten des Nichtlesens (Kapitel 2.4.3)	Lange Ruhepause nach kindlichem Lesen, Fernsehen verdrängte Lesen	
Gegenwärtiges Leseverhalten (Kapitel 2.1.4)	Leser, verschiedene Lesemotive, zentrales Motiv: Erfahrungs- und Bewusstseinserweiterung, weitere: Flucht, Interesse, Selbstidentifikation	
Besonderheiten in der Lesegeschichte	Es fehlen trotz des mehrfach geäußerten Interesses an anderen Personen Aussagen zu anderen Menschen, die in der Lesesozialisation eine Rolle gespielt haben, stattdessen ist die Person des Verfassers sehr präsent. Erneute Anregung nach Krise im Leseverhalten durch ein bestimmtes Buch	
Sonstige Mediennutzung/Medienrituale	Während der Lesepause starker Fernsehkonsum, positive Bewertung des Fernsehens	
Lesen in der Familie / in der Kindheit (Kapitel 2.2 und 2.3)		
Lese- und Freizeitverhalten in der Familie (Kapitel 2.2.2)	Keine Angabe	
Vom Vorlesen zum Selberlesen (Kapitel 2.2.1)	Lesen als Flucht in eine Traumwelt, Identifikation mit dem Helden	
LeseanregerInnen in der Familie: Eltern, Geschwister, Großeltern (Kapitel 2.2.2)	Keine Angabe	
Besuch von Bibliotheken und Buchläden	Keine Angabe	

	Beispiel-LAB Nr. 3	**Eigene LAB**
Gelesene Bücher	Weniger traditionelle Kinderbücher, viele Comics	
Lesen in der Schule und in professionellen Zusammenhängen (Kapitel D2.5)		
Grundschule (Kapitel 2.3.2)	Keine Angabe	
Sekundarstufe I (Kapitel 2.5.2, 2.5.4)	Lesen als Pflicht, keinen Bezug zur gelesenen Lektüre („Götz von Ber-lichingen"), Unterricht und Diskus-sionen über das Buch = spießig und intellektuell	
Sekundarstufe II (Kapitel 2.5.3 und 2.5.5)	Keine Angabe	
Im Unterricht gele-sene Lektüren (Kapitel 2.5.2 und 2.5.3)	Goethe: „Götz von Berlichingen"	
Einzelne (Deutsch-) LehrerInnen (Kapitel 2.3.3, 2.5.2, 2.5.4 und 2.5.5)	Keine Angabe	
Lesen in Ausbildung und Beruf (Kapitel 2.5.6)	Keine Angabe	

	Beispiel-LAB Nr. 3	Eigene LAB
Lesen und FreundInnen / peer groups; Lesen in der Jugend (Kapitel 2.4)		
Freizeitlektüre (Kapitel 2.4.1)	Keine Angabe	
FreundInnen und Cliquen (Kapitel 2.4.2)	Keine Angabe	

Tabelle 42: Auswertungsbogen von Lektüreautobiografien: Wie wird man ein(e) LeserIn?
(Quellen: eigene Darstellung nach Auswertungsbögen von Garbe und Graf 2007, S. 9)

3.2.2 Die Verknüpfung der eigenen Leseautobiografie mit empirischen Befunden und theoretischen Erklärungsansätzen

Nachdem Sie Ihre eigene Biografie recherchiert und aufbereitet haben, wird die individuelle Lesegeschichte nun in einem weiteren Schritt wissenschaftlich durchgearbeitet. Anhand der vielen fehlenden Angaben im Beispiel der LAB aus dem Kapitel 3.1.1 sehen Sie, dass Sie ggf. noch einmal weiter recherchieren sollten, ehe Sie sich daran machen, Ihre Fallstudie zu erstellen. In jener rekonstruieren Sie ihre *individuelle* Leseautobiografie und ordnen sie außerdem mithilfe bereits vorhandener wissenschaftlicher Modelle, Theorien und Fachbegriffe in *überindividuelle* Zusammenhänge ein. Wie aber kann man die eigene Lesegeschichte am besten mit der wissenschaftlichen Theorie verknüpfen?

Als hilfreich hat sich erwiesen, wenn Sie zu Beginn der Arbeit eine These formulieren, die sich auf ein wissenschaftliches Modell bezieht (etwa: „Ich lese ästhetisch und partizipatorisch nach Graf 2004" (s. Kapitel 2.1.4) oder „Ich bin ein erwarteter Leser nach Hurrelmann et al. 1993" (s. Kapitel 2.2.2)). Ausgehend von dieser These versuchen Sie dann, die eigenen Erinnerungen der persönlichen Lesegeschichte so detailreich und konkret wie möglich zu schildern und diese auf die wissenschaftlichen Befunde zu beziehen, die in diesem Buch dargestellt werden (um so die Eingangsthese zu prüfen). Im Prinzip funktioniert es wie ein Reißverschluss: Die individuelle Lesegeschichte auf der einen Seite und die wissenschaftlichen Theorien auf der anderen Seite werden in der wissenschaftlichen Bearbeitung zusammengeführt und verknüpft.

Beachten Sie bei der Verknüpfung von Individualfall und Theorie, eine schlichte Wiedergabe der eigenen Lesegeschichte und eine reine Darstellung der Erkenntnisse der Lesesozialisationsforschung zu vermeiden. Bedenken Sie auch bei der Aufarbeitung der eigenen Lektüreautobiografie, dass es ein Spannungsverhältnis zwischen dem konkreten Einzelfall und den allgemeinen Modellen und Theorien gibt. Zwängen Sie also nicht die eigene Geschichte in ein vorhandenes Muster hinein, um dem Kriterium der sozialen Erwünschtheit (angehender DeutschlehrerInnen) zu entsprechen. Es kann immer vorkommen, dass der eigene Fall nicht mit der Sekundärliteratur zusammenpasst. Prüfen Sie daher sorgfältig die Übereinstimmung zwischen Ihrer eigenen Leseautobiografie und der wissenschaftlichen Theorie und Empirie. Die theoretischen Modelle sind verallgemeinert und Abweichungen von diesen verletzen keine Norm, sondern stellen die Spezifika der individuellen Lesegeschichte dar. Gerade diese Besonderheiten im Verlauf von Leseautobiografien sollten Sie daher unter der kritischen Bezugnahme auf vorhandene Erklärungsmuster konturieren.

3.2.3 Ein prototypisches Verlaufsschema gelingender Lesesozialisation

Aufgabe 2:

Lesen Sie bitte die beiden folgenden fiktiven LABs, die Nele Ohlsen verfasst hat. Beantworten Sie folgende Fragen:

a) Ab wann und worin unterscheiden sich die Lesesozialisationsverläufe von Birte und Constantin?

b) Lassen sich die Lesemodi in den beiden Beispielen mit einem „Geschlechtscharakter" versehen? Welcher Lesemodus/welche Lesemodi erscheinen Ihnen besonders „männlich", welche besonders „weiblich" und welche eher „androgyn"?

c) Teilen Sie die Leseautobiografien von Birte und Constantin in Phasen ein. Beschreiben Sie für die einzelnen Phasen, was in ihnen passiert und wie sie sich von der vorausgehenden bzw. nachfolgenden Phase unterscheiden. Welche Parallelen und Unterschiede finden Sie hier zu Ihrer eigenen LAB vor?

Leseautobiografie von Birte (weiblich, 23 Jahre)

Solange ich mich erinnern kann, haben Bücher immer eine sehr große Rolle in unserer Familie gespielt. Meine Eltern sind selbst beide begeisterte Leser, dementsprechend groß ist auch der der Buchbesitz meiner Eltern. Von klein auf wurden Bücher selbstverständlich in unseren Familienalltag integriert. Oft saß ich auf dem Schoß meiner lesenden Eltern und tat so, als ob ich auch schon lesen
5 könnte. Meine Eltern redeten häufig über neue Literatur. Oft besuchten wir gemeinsam Bibliotheken und suchten dort neue Bilderbücher für mich aus. Mein Vater las mir am häufigsten vor. Ich liebte seine Stimme, sie war so ruhig. Das Vorlesen übernahm mein Vater sehr gerne. Meine Mutter erzählte mir lieber Geschichten oder sang mir etwas vor. Aber das reichte mir irgendwann nicht mehr. Ich wollte endlich selber lesen. Als ich es endlich konnte, verschlang ich alles an Büchern, was mir nur
10 unter kam. Meine Eltern hatten Probleme Nachschub zu besorgen. An den Inhalt der Bücher kann ich mich heute kaum noch erinnern, aber die Gefühle beim Lesen sind mir immer noch präsent. Auch heute sind die beim Lesen erlebten Gefühle das Wichtigste für mich. Ich habe nie aufgehört zu lesen, auch nicht wie viele meiner Freunde in der Pubertät. Beim Lesen tauche ich in eine andere Welt ab, weit weg von allem um mich herum. Das liebe ich so am Lesen. Besonders liebe ich Bücher über
15 fremde Kulturen. So erfahre ich auf interessante Weise noch etwas über andere Menschen und ihre Lebensweise, ohne dass ich gefühllose Sachtexte wälzen muss.

Leseautobiografie von Constantin (männlich, 26 Jahre)

Lesen. Also wenn es um meine Eltern geht, sind Bücher natürlich das Kulturgut überhaupt. Sie selbst sind bekennende Leser, auch wenn wir Kinder davon nie viel mit bekommen haben. Aber Lesen sollten wir natürlich auch. So wurde immer sehr streng darauf geachtet, dass jeden Abend vorgelesen wurde, auch wenn uns Kindern dieses, teilweise aufgezwungene, Vorlesen wenig Spaß machte. Nach-
5 dem wir Lesen gelernt hatten, wurden wir mit Buchgeschenken überhäuft. Meine Eltern wollten, dass wir mindestens ein Buch pro Woche lasen. Taten wir dies nicht, wurde meist unser (sowieso schon begrenzter) Fernsehkonsum eingeschränkt. Ich hatte unter diesen Umständen eigentlich nie Lust zu lesen, es war von Beginn an immer nur eine Pflicht für mich, sowohl zu Hause als auch in der Schule. In der Pubertät interessierte mich das Lesen dann gar nicht mehr, andere Dinge gewannen an Wich-
10 tigkeit. Erst durch meine erste Freundin, die ganz andere Erfahrungen mit dem Lesen gemacht hatte als ich, begann ich mich wieder Büchern zuzuwenden. Ich las ein paar Mal von ihr empfohlene Bücher, verlor aber schnell wieder das Interesse an diesen. Durch einen Kumpel wurde ich zunehmend auf

Sachbücher aufmerksam, die unser gemeinsames Hobby „Autos" beinhalteten. Mir machte es schon immer Spaß an Autos „herumzubasteln" und mittels der Fachliteratur konnte ich mir so ein immer

15　größeres Wissen darüber zulegen. Meine Bücherregale sind mittlerweile mit vielen dieser Bücher gefüllt und ich konnte mir ein beträchtliches Wissen zulegen. Viele Freunde schätzen mittlerweile mein selbst angeeignetes Können. Somit bin ich doch noch irgendwie zu einem Leser geworden, oder?

Zu Beginn dieses Kapitels haben Sie Ihre eigene Leseautobiografie verfasst. In diesen Schilderungen und auch im Kapitel 3.1.1 abgedruckten Leseautobiografien zeigt sich, dass sich das Lesen verändert und beispielsweise im Kindesalter einen anderen Charakter hat als das Lesen in der Jugend oder im Erwachsenenalter.

Lesen weist eine biografische Dimension auf, und diesem Umstand trägt die Leseautobiografieforschung Rechnung, indem sie die Funktionen, die das Lesen und bestimmte Lesestoffe im Lebenslauf haben, konsequenterweise in der Struktur der Biografie erforscht (vgl. Graf & Schön 2001, S. 620). Dieser Forschungszweig arbeitet entweder mit schriftlichen oder mit mündlichen Auskünften zur Lesesozialisation.

Prominente Vertreter der Leseautobiografieforschung sind Erich Schön und Werner Graf. Beide Forscher haben im Laufe der Jahre mit demselben methodischen Verfahren schriftliche Leseautobiografien gesammelt. Die Texte entstanden mithilfe von sog. „Locktexten", die als Stimulus eingesetzt wurden. Danach hatten die Befragten (überwiegend Studierende in Lehrveranstaltungen) 90 Minuten Zeit, ihre Lesegeschichte aufzuschreiben. Der Korpus der auf diese Weise entstandenen und im Schnitt vier DIN A4-Seiten umfangreichen Texte ist im Jahr 1999 bei Schön auf 900 Leseautobiografien angewachsen (vgl. Graf & Schön 2001, S. 621 f.); Graf berichtet von 1.500 solcher Texte, die er im Jahr 2006 besitzt (vgl. Graf 2007, S. 7). Worin liegt nun der Wert solcher „überfallartig" gewonnener Selbstzeugnisse? Graf und Schön benennen die Verallgemeinerbarkeit: „Wenn z.B. in einem größeren Korpus von Autobiographien ganz unabhängig voneinander bestimmte Aussagen immer wiederkehren, dann hat dies ein anderes Gewicht für Verallgemeinerungen, als wenn für eine einzelne Autobiographie die Frage offen bleiben muss, inwieweit ein erwähntes Faktum typisch für eine größere Gruppe ist" (Graf & Schön 2001, S. 621). Worum es hier also geht, ist die sonst eher in der quantitativen Forschung anzutreffende Generalisierung von Forschungsergebnissen bzw. in diesem Fall bestimmten Phasen der Lesesozialisation. Diese Verallgemeinerung von Stationen der Lesesozialisation aus mehr als 2.000 Leseautobiografien auf eine größere Gruppe hat eine Grenze: Weil die Selbstauskünfte aus der Feder von Studierenden stammen, sollten die Ergebnisse auch nur auf diese Gruppe bezogen werden. Diesen Studierenden darf in der Regel eine günstige Bildungsbiografie unterstellt werden, was hier dazu führt, dass von einem Verlaufsschema *gelingender* Lesesozialisation die Rede ist. Bedenken Sie bitte auch, dass in der fallübergreifenden Auswertung der Leseautobiografien viel zu selten genannt wird, wie alt die VerfasserInnen zum Zeitpunkt der Niederschrift ihrer Leseautobiografie waren. Dieser Aspekt ist bedeutsam, weil eine individuelle, biografische Lesesozialisation eingebettet ist in größere soziale und gesellschaftliche Entwicklungen. Anders gesagt: Ob jemand vor oder nach dem Siegeszug des Internets und dessen Einzug ins Zuhause (der Eltern) aufgewachsen ist, dürfte einen deutlichen Einfluss auf ihre oder seine Lesesozialisation haben. Berücksichtigen Sie diese beiden Einschränkungen, wenn Sie die nun folgende Beschreibung eines Verlaufsschemas gelingender Lesesozialisation lesen.

Ein prototypisches Verlaufsschema der literarischen und Lesesozialisation zeigt Abbildung 31. In der Grafik sind oben die wichtigsten Anregungszentren und unten die

Dominierende Anregungen aus der sozialen Umwelt

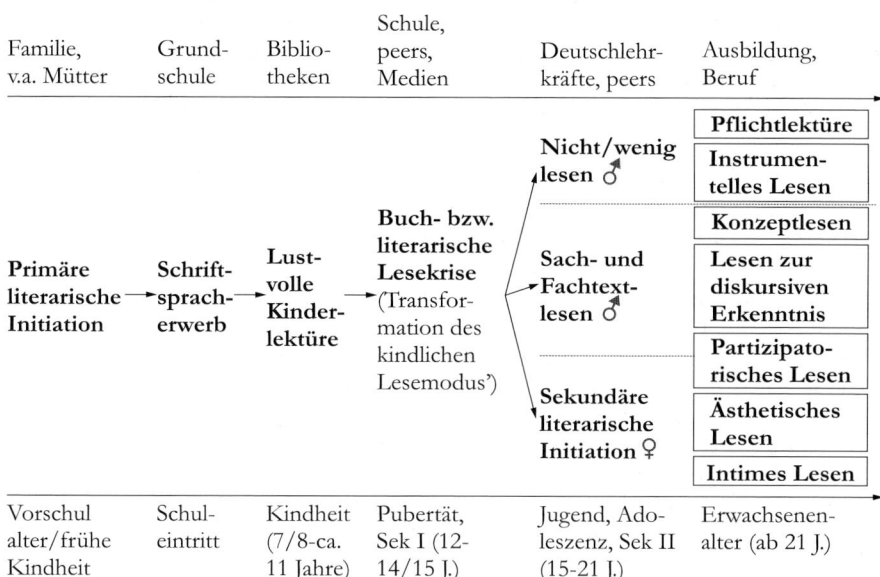

Familie, v.a. Mütter	Grund-schule	Biblio-theken	Schule, peers, Medien	Deutschlehr-kräfte, peers	Ausbildung, Beruf

Primäre literarische Initiation → Schrift-sprach-erwerb → Lust-volle Kinder-lektüre → Buch- bzw. literarische Lesekrise ('Transformation des kindlichen Lesemodus')

Nicht/wenig lesen ♂ → Pflichtlektüre / Instrumentelles Lesen

Sach- und Fachtext-lesen ♂ → Konzeptlesen / Lesen zur diskursiven Erkenntnis

Sekundäre literarische Initiation ♀ → Partizipatorisches Lesen / Ästhetisches Lesen / Intimes Lesen

Vorschul-alter/frühe Kindheit	Schul-eintritt	Kindheit (7/8-ca. 11 Jahre)	Pubertät, Sek I (12-14/15 J.)	Jugend, Ado-leszenz, Sek II (15-21 J.)	Erwachsenen-alter (ab 21 J.)

Ontogenetische Entwicklungsphase, biografisches Ereignis

Abbildung 31: Prototypisches Verlaufsschema der literarischen und Lesesozialisation (Quelle: eigene Darstellung nach Graf 1995, erweitert auf der Grundlage von Garbe 2005, S. 29; Graf 2002, 2004a)

biografischen Stationen bzw. die ontogenetische Lebensphase eingetragen. Dazwischen verläuft die Lese- und literarische Sozialisation in einzelnen Phasen. Am Ende stehen „als Zielkategorie" die Lesemodi, über die kompetente Leserinnen und Leser flexibel verfügen (sollen), „um die Leser-Text-Interaktion gezielt optimal inszenieren zu können" (Graf 2004a, S. 131).

Die Lesemodi sind in der Abbildung aus Platzgründen als Endpunkte im Erwachsenenalter dargestellt. Diese Darstellung soll nicht zu der Annahme verleiten, dass jeder der sieben Modi tatsächlich erst dann entstanden bzw. verfügbar ist. Wann welche Modi in der Lesesozialisation (ideal-)typischerweise auftauchen, wird in der folgenden Beschreibung der Phasen illustriert.

1. Die primäre literarische Initiation während der frühen Kindheit

In der primären literarischen Initiation geht es um die Vorlese- und Erzählsituationen in der Familie, die die BiografInnen oft mit Geborgenheit assoziieren. In dieser Phase berichten die Befragten davon, dass mit ihnen Kinderreime gesprochen und Kinderlieder gesungen wurden. Erinnerungen über das Erzählen von Geschichten (entweder mündlich oder aber von Kassetten oder CDs), das Betrachten von Bildergeschichten und gerade über das Vorlesen von Büchern tauchen ebenfalls immer wieder in den LABs auf (vgl. Graf 2007, S. 19). Insbesondere bei späteren intensiven LeserInnen sind innerhalb der LABs die Berichte vom Vorlesen typisch (vgl. Graf & Schön 2001, S. 625). Die ProbandInnen erinnern sich in aller Regel weniger an das, was ihnen vorgelesen wurde, als an die konkrete Situation. Diese beschreiben sie als Ritual mit hochgradig positiver emotionaler Qualität, bei dem sie als Kinder Geborgenheit und Zuneigung erlebten (vgl. Graf 2007, S. 22).

Insbesondere die Mutter spielt in dieser Phase eine wichtige Rolle: Sie erweist sich laut Graf „immer wieder als die Zentralfigur der frühen literarischen Sozialisation" (Graf 1995, S. 104). Auch wenn die Kinder noch nicht selbst lesen können, sammeln sie hier Erfahrungen mit Literatur und konzeptioneller Schriftlichkeit (s. Kapitel 2.2.2). Lesen erscheint den Kindern als verlockende Tätigkeit, die ihnen außerdem Autonomie verspricht: Wie die Erwachsenen lesen zu können, ist ein in den LABs häufig formulierter Wunsch (vgl. Graf 1995, S. 101). Was die Bedeutsamkeit dieser Phase ausmacht, ist das Fundament an Lesemotivation, das hier gelegt wird und auf das die nächsten Phasen aufbauen.

Aufgabe 3:

  a) Klären Sie bitte den Begriff „Initiation" mithilfe eines Lexikons oder eines anderen Nachschlagewerks.

 **b)** Warum hat Werner Graf diesen Begriff ausgewählt, d.h. um welche Elemente einer Initiation geht es in der „primären literarischen Initiation"?

2. Der Schriftspracherwerb in der Grundschule

Sind Motivation und kognitive Grundausstattung ausreichend, meistert das Kind den schwierigen Schriftspracherwerb in der Schule erfolgreich: „Wenn der Wunsch, Geschichten selber lesen zu können, der Fähigkeit vorauseilt, treten keine Motivationsprobleme auf, dann gewährt das elementare Lesenkönnen Gratifikation" (Graf 1995, S. 102). Lesenkönnen gewährt im besten Falle Lust – doch schildern gerade die späteren Nicht- bzw. Wenigleser die Qual des Übergangs von der medialen Mündlichkeit in die Schriftlichkeit (vgl. Graf 1995, S. 103). Bedeutungsvoll ist unter dem Stichwort ‚weibliche Leselinie', dass der Staffelstab von der Mutter an das größtenteils weibliche Lehrpersonal weitergegeben wird. Das heißt, dass sich bislang vor allem Frauen um die Übergänge von der Mündlichkeit zur Schriftlichkeit kümmern. Schon in der Grundschule tritt als einer der Lesemodi die *Pflichtlektüre* auf.

3. Die Phase lustvoller Lektüre in der Kindheit

Graf zufolge besteht eine auffällige Parallele zwischen den Befragten in der „Schilderung einer Phase intensiver, privater, lustbetonter Kinderlektüre. Oft wird diese Erinnerung von den Autoren selbst zum Erzählzentrum der LAB stilisiert" (Graf 1995, S. 107). Das Lesen ist deutlich lustbetont, wie Graf mit Rekurs auf die Psychoanalyse feststellt, und in den Erinnerungen der BiografInnen erscheint die Kindheit als „goldenes Lesezeitalter" (Graf 1995, S. 108). Typisch ist „das intensive, identifikatorische Leseerlebnis" (Graf 2002, S. 52), bei dem das Kind einerseits die kognitiven Prozesse automatisiert und andererseits ein deutlicher Zuwachs an literarischer Verstehenskompetenz erfolgt (vgl. Graf 2002, S. 53 f.). Was in dieser Phase der lustvollen Kinderlektüre für die Entwicklung der Lesekompetenz sehr bedeutsam ist, ist der Automatisierungsprozess von hierarchieniedrigen kognitiven Operationen beim Lesen, sodass sich die Leseflüssigkeit erhöht und damit Kapazität für die Lust gewährenden hierarchie-höheren Prozesse des Lesens freigibt (vgl. Holle 2006, S. 87, Rosebrock & Nix 2006). Der Aspekt der Lust beim Lesen, des Eins-Seins mit der Geschichte und deren (Haupt-)Figuren findet seinen Niederschlag in der Benennung des typischen kindlichen Lesemodus, den Graf als *intimen Lesemodus* bezeichnet (vgl. Graf 2007, S. 74). Damit ist das intime Lesen neben der Pflichtlektüre einer der beiden ersten Lesemodi in der Lesesozialisation.

Ehe ein Kind aber im intimen Lesemodus liest, sind pädagogisch unaufdringliche Verführungen zum Lesen, d.h. Anreize nötig, die im allerbesten Fall einen inneren Antrieb zur Lektüre auslösen (vgl. Graf 2007, S. 38). Lesende Vorbilder, Gespräche über Bücher und ein großer Buchbesitz in der Familie sind günstig für die Leseentwicklung. Außerhalb der Familie liefern Büchereien, Grundschullehrkräfte, aber auch schon die Freunde Impulse für Lektüren (vgl. Graf 2007, S. 44 ff.). Gelingt die Leseverführung, entwickelt sich bei den Kindern ein eigenes Bedürfnis zu lesen. Unverzichtbar ist „die Erfahrung, dass Bücherlesen Freude bereiten kann. Mit dieser Lustererwartung ans Lesen wächst auch die Bereitschaft, Zeit und Mühe aufs Lesen zu verwenden" (Graf 2007, S. 74). Am Ende dieses Prozesses bedarf es also keiner äußeren Anregung mehr, weil das Lesen an sich Gratifikationen offeriert und die Kinder sich ihren Lesestoff selbstständig suchen. Allerdings zeigen sich in der Kindheit bereits deutliche geschlechtsspezifische Unterschiede hinsichtlich der Genrepräferenzen und auch schon in der Lesemotivation (vgl. Graf 1995, S. 107 ff., Philipp & Garbe 2007, s. Kapitel 4.2.3 im Lehrbuch).

4. Die Buchlesekrise am Ende der Kindheit

So golden das Lesen in der Kindheit ist – es findet in Form der Lesekrise doch ein Ende. Der Begriff „Lesekrise" bezieht sich auf das Lesen von Büchern im Allgemeinen und das Lesen von Belletristik im Besonderen. „Mit dem Eintritt in die Vorpubertät verliert der kindliche Lesestoff plötzlich seine Attraktivität" (Graf 1995, S. 114). Das Leseverhalten wird jetzt wechselhaft, d.h. entweder lesen die Kinder sehr viel oder gar nicht: „Zwischen Leseabstinenz und Lesesucht, zwischen Schwelgen im Trivialen und hochversierten ästhetischen Ambitionen ist alles möglich" (Graf 2002, S. 56). Der Grund dafür ist nach Graf der Kompetenzzuwachs, der die Kinder dazu befähigt, das Serielle an der bis dahin noch intensiv rezipierten Kinderliteratur zu durchschauen. Die gewachsenen Ansprüche werden also nicht mehr bedient, und außerdem verliert „die psychische Funktion jener tagträumerischen Lektüre ihre Bedeutung" (Graf 2002, S. 55), weil sich über die umfassenden Reifungsprozesse, die nun einsetzen, andere Bedürfnisse ergeben. Es kommt jetzt darauf an, das gesamte Leseverhalten „so zu transformieren, daß auch unter veränderten lebensgeschichtlichen Bedingungen Lesegenuss möglich ist" (Graf 2002, S. 55). Anders ausgedrückt: Das bisherige Leseverhalten muss für eine gelingende Lesesozialisation aufgrund der ontogenetisch neuen Situation verändert und angepasst werden, und darauf haben die Erfahrungen in der Schule, mit Gleichaltrigen und mit Medien einen Einfluss.

5. Wege aus der Lesekrise in der Sekundarstufe I:
   Leseabbruch, Sachtext- oder Belletristiklesen

War das kindliche Lesen von einem gleichförmigen Modus geprägt, so ist für das Lesen nach der (Buch-)Lesekrise im Jugendalter etwas anderes typisch: „Das Spezifische der Jugendlektüre ist ihre Vielfalt, die Diversifizierung in spezialisierte Leseweisen" (Graf 2007, S. 76) und ein breiteres Spektrum von Lesestoffen. Die Phase der Jugend hat für die Lesesozialisation und den Erwerb der Lesemodi eine besondere Funktion, denn an ihrem Ende „kann im Ansatz das Ziel erreicht sein, über die Vielfalt der Lesemöglichkeiten zu verfügen, die einem erwachsenen Leser offen stehen. Die Jugendlektüren prägen das Lesespektrum insgesamt, sie sind vorentscheidend für den lebenslangen Zugang zum literarischen Angebot" (Graf 2007, S. 94). Die Selbstberichte aus den LABs zeigen dabei eindrucksvoll, dass die Jugendphase „nicht als stetiger Entwicklungsprozess vom kindlichen zum erwachsenen Lesen, sondern als unübersichtliches literarisches Sucherverhalten zwischen Frustration und Bestätigung" (Graf 2007, S. 77) zu verstehen ist. Dahinter steht eine grundsätzliche und geschlechtsspezifische Frage, die sich für alle von der Lesekrise betroffenen Heranwachsenden stellt: Literarischer Neuanfang oder Abkehr vom Lesen (fiktionaler Texte)?

Je nach Geschlecht fallen die Antworten darauf und die Entwicklung anders aus: Im Falle der meist männlichen *Nicht- und WenigleserInnen* (von Büchern) endet die Lesekarriere; Graf resümiert: „Die meisten Nichtleser entstehen in der Jugend" (Graf 2002, S. 56). Der meist männliche *Sachtextnutzer* wendet sich von den literarischen Texten ab, während die meist weiblichen BelletristiklerInnen ihre literarische Lesehaltung modulieren (vgl. Graf 1995, S. 115). Im letztgenannten Fall durchlaufen die AdoleszentInnen eine „*sekundäre literarische Initiation*", in der sie in die literarische Gemeinschaft reintegriert werden. Entsprechend schildern die BiografInnen diese Phase häufig regelrecht als Neuanfang. Welchen der drei Wege Heranwachsende einschlagen, hängt neben dem Einfluss ihrer gleichaltrigen FreundInnen (peers) und den Erfahrungen in der Schule auch von der eigenen Initiative der Jugendlichen ab (vgl. Graf 2007, S. 82 ff.).

In der Jugend differenzieren sich die Lesemodi aus, denn das kindliche Lesen zur Fantasiebefriedigung ist nun aus zwei Gründen nicht mehr adäquat. Neben der im Abschnitt zur Lesekrise erwähnten Reifung, die mit veränderten Bedürfnissen einhergeht, ist das ausgeweitete und veränderte Angebot an Texten ursächlich, das die Ausbildung weiterer Lesemodi ermöglicht und erfordert (vgl. Graf 2007, S. 127). Welcher Lesemodus ausgebildet wird, ist vor allem von spezifischen Kombinationen von Lesekompetenz und -motivation einerseits und selbst gesetzten Zielen andererseits abhängig – und weniger von der Textart (fiktional vs. non-fiktional) (vgl. Graf 2004a, S. 120 f.). Zwar ist in der Abbilung 30 eine geschlechtsspezifische Entwicklung mit der Präferenz bestimmter Textsorten und dem Aufkommen bestimmter Lesemodi abgebildet. Doch sollten sie lediglich als *phänotypisches* Verlaufsschema verstanden werden, denn empirisch beobachtbar lesen weibliche und männliche ProbandInnen unterschiedliche Textarten durchaus auf sehr ähnliche Weise. Lesemodi sind – und dieser Hinweis kann gar nicht eindrücklich genug formuliert werden – *nicht* von der Textsorte abhängig. Informatorisches Lesen ist nur auf den ersten Blick auf Sachtexte beschränkt, umgekehrt lässt sich unterhaltendes Lesen nicht nur mit fiktionalen Texten realisieren (vgl. Graf 2004a, S. 121, Schön 1999). Mit Graf lässt sich dieser sehr wichtige Aspekt zusammenfassen: „Das unzulässige Schließen von der Textsorte bzw. der Textintention auf die Rezeptionsweise führt bezüglich der Darstellung der Geschlechtsspezifik zu fragwürdigen Vereinfachungen. Während nämlich […] die geschlechtsspezifische Polarisierung unstrittig ist, darf bezweifelt werden, dass auch die Qualität der Lektüre entsprechend unterschiedlich ausfällt" (Graf 2007, S. 100).

Doch wie gestaltet sich nun die Lesesozialisation mit Blick auf die Leseweisen in den drei Haupt-Entwicklungssträngen? Den *Nicht- und WenigleserInnen* von Büchern steht nur ein eingeschränktes Set von Leseweisen zur Verfügung. Sowohl die Lesemotivation als auch die Lesekompetenz stagnieren bei ihnen, was eine Weiterentwicklung der Lesemodi verhindert. Als Modi realisieren die Nicht- und WenigleserInnen die extrinsisch motivierte Pflichtlektüre und am ehesten noch das *instrumentelle Lesen*. Werner Graf bezeichnet den Erwerb des instrumentellen Lesens mit seiner im Vergleich zu anderen Modi geringen intrinsischen Lesemotivation und einer auf Informationsermittlung verengten Lesekompetenz als „basale Entwicklungsaufgabe der Jugendphase" und als „Mindestanforderung" in der Lesesozialisation (Graf 2007, S. 129).

Den überwiegend männlichen *Nutzern von non-fiktionalen Texten* stehen im Grunde jenseits der Pflichtlektüre alle sechs intrinsisch motivierten Lesemodi offen; und bis auf das ästhetische Lesen konnte Werner Graf in einem Korpus von 288 studentischen LABs alle weiteren Lesemodi tatsächlich nachweisen (vgl. Graf 2004b, S. 29 ff.). Die Entscheidung der Jungen für die Textsorte Sachtext erfolgt bei einigen „nicht frei von einem demonstrativen Gestus" (Graf 2007, S. 102). Bemerkenswert ist am fast schon schematischen Abwenden von fiktionalen Texten, das Graf bei männlichen Sachtextnutzern in der Jugend identifiziert, dass die „männliche Präferenz für den Sachtext […] teilweise mit einer polemischen Abwertung des Lesens fiktionaler Literatur" (Graf 2004b, S. 29) und des Lesens allgemein einhergeht. In den LABs von Frauen findet sich „keine entsprechende Abwertung" (Graf 2004b, S. 29). Dieses Phänomen der Entwertung literarischer Lektüren deutet stark auf eine Konnotation des Lesens fiktionaler Texte als weiblich hin, was nicht zur männlichen Geschlechtsrolle und Identität passt (vgl. Graf 2004b, S. 32).

Zwei Modi spielen laut Graf bei Jungen eine besondere Rolle im Selbstverständnis als Leser: Zunächst wäre das *Konzeptlesen* anzuführen, das in den Schilderungen der männlichen Probanden stärker betont wird als von weiblichen Befragten. Das Konzeptlesen basiert auf einer sekundären Lesemotivation, weil die ursprüngliche in der Lesekrise verloren gegangen ist. Die intrinsische Lesemotivation speist sich bei diesem Modus aus einem Interessenkonzept, z.B. dem Wunsch, über das Lesen autodidaktisch die eigene Expertise und das Wissen, etwa über eine bestimmte Epoche oder eine Wissenschaftsdisziplin, zu vertiefen (vgl. Graf 2004a, S. 94 f.). Graf betont für diesen Modus die Rolle des Vorwissens, welches Erwartungen an Texte nach sich zieht, z.B. mittels der Lektüre eines Textes gezielt eine Wissenslücke zu schließen. Durch diese hohe Aktivierung der lesenden Person kann eine „versierte Lesekompetenz" (Graf 2007, S. 138) entstehen. Schließlich wird ein Junge, der in einem schwer verständlich geschriebenen Sachbuch mehr über das Mittelalter erfahren will, im Laufe des Lesens überprüfen, ob er den Text versteht und ggf. die Lesestrategie verändern. Das wiederum dürfte im Laufe der weiteren Lesesozialisation positive Folgen haben.

Der zweite, „typisch männliche" Lesemodus ist das *partizipatorische Lesen* bzw. eine Facette daraus. Für die Jungen ist gerade der Aspekt einer außengerichteten Teilhabe an der öffentlichen Kommunikation relevant (vgl. Graf 2007, S. 143). Speziell das Internet und Periodika liefern jene Themen, über die Jungen diskutieren und an der Öffentlichkeit teilhaben. Zu nennen sind im Bereich der Printmedien der Sport-, Politik- und Wirtschaftsteil der Zeitung (vgl. Graf 2007, S. 134 f.) und Zeitschriften wie Bravo Sport, Auto- und Motorradzeitschriften und nicht zuletzt die Computer(spiel)-Magazine.

Die (Buch-)Lesekrise trifft zwar auch die Mädchen, allerdings in einem weitaus geringeren Maße (vgl. Böck 2007, S. 64). Ihnen ist es gleichsam gestattet, sich weiter mit Narrationen zu befassen. Entsprechend finden sie leichter fiktionale Anschlusslektüren als die Jungen (vgl. Graf 2007, S. 102 ff.). Auch die Mädchen stehen vor der Aufgabe, den kindlichen Lesemodus zu transformieren. Gelingt das, durchlaufen die AdoleszentInnen eine *sekundäre literarische Initiation*, in der sie in die literarische Gemeinschaft reintegriert werden. Speziell den Gleichaltrigen, aber auch den meist weiblichen Deutschlehrkräften kommt die Funktion zu, die neuen Lektüreweisen zu stützen (vgl. Graf 1995, S. 115 ff.).

Einer der beiden für Mädchen typischen Lesemodi ist das *intime Lesen* (vgl. Graf 2007, S. 142). Dieser Modus ist gewissermaßen eine Fortführung des kindlichen, lustbetonten Lesens. Prägend sind neben der Zweckfreiheit die hohe intrinsische Lesemotivation und vor allem die hohe emotionale Involviertheit, die eine intensive, private Erfahrung ermöglicht und primär der Unterhaltung dient (vgl. Graf 2004a, S. 123 f.). Die Initiation betrifft in diesem Modus weniger die Leseweise als die Lese*stoffe*. Die Aufgabe für die Jugendlichen besteht darin, aus dem literarischen Angebot Texte zu finden, die ein ähnliches oder das gleiche Leseerlebnis wie in Kindestagen ermöglichen (vgl. Graf 2007, S. 130). Neben der Lektüre von Fantasy, Horror, Science Fiction, Internatsgeschichten und Comics schildern die von Graf Befragten das Lesen von Trivialliteratur, die an Erwachsene adressiert ist (vgl. Graf 2007, S. 130 ff.). In diesem Modus wird die Lesemotivation weiterentwickelt bzw. stabilisiert, nicht aber zwangsläufig die Lesekompetenz (vgl. Graf 2004a, S. 70). Im Negativfall vernachlässigt die lesende Person völlig die textseitigen Anforderungen und überliest alles, was sich nicht mit den eigenen Bedürfnissen in Einklang bringen lässt.

Als zweiten Modus benennt Graf das *partizipartorische Lesen* resp. dessen Spielart der privaten Alltagskommunikation über Lesestoffe (vgl. Graf 2007, S. 143). Es gibt in diesem Falle einen Zusammenhang zwischen den Leseaktivitäten und dem Wunsch, sich mit anderen über die Inhalte des Gelesenen auszutauschen (s. Kapitel 2.1.4). Leseempfehlungen und Bedeutungsaushandlungen stützen Lesemotivation und -kompetenz gleichermaßen: „Die Erfahrung der privaten literarischen Kommunikation ist in ihrer Bedeutung für eine unerschütterliche, vitale Lesemotivation sowie für eine unentwegt erneuerte und verfeinerte Lesekompetenz kaum zu überschätzen", resümiert Graf (2004a, S. 75). Unabhängig davon, ob die Kommunikation privaten oder öffentlichen Charakter hat, fällt auf, dass das Lesen zur Teilhabe für beide Geschlechter ein außerordentlich starkes Motiv ist. Werner Graf hält das partizipatorische Lesen für den „wichtigsten Lesemodus" der Jugendlichen, der „zweifellos […] eine Errungenschaft der Jugendphase" ist und in dem fast alle seine ProbandInnen wenigstens sporadisch gelesen haben (Graf 2007, S. 133).

Die beiden verbleibenden Lesemodi, Lesen zur diskursiven Erkenntnis und ästhetisches Lesen, sind in der Jugendphase nicht so eindeutig geschlechtsspezifisch zuzuordnen und werden auch nur von einer Minderheit der (eher Mittelschicht-) Jugendlichen erworben (vgl. Graf 2007, S. 143). Beide Modi setzen eine hohe Lesemotivation und -kompetenz voraus, die in einem produktiven Wechselspiel stehen und sich gegenseitig verstärken.

LeserInnen im Modus des *diskursiven Erkennens* geht es darum, zu einer neuen Einsicht oder Wahrnehmung zu gelangen, die sich sprachlich fassen lässt. Sie ähneln damit Intellektuellen oder Wissenschaftlern, die den Wunsch haben, ein Phänomen zu erforschen und zu verstehen. Realisiert wird dieser Modus häufig, aber nicht ausschließlich über Sachtexte (vgl. Graf 2004a, S. 102 f., 2007, S. 139). Ein solcher Erkenntnisgewinn hat eine hohe Lesekompetenz als Voraussetzung, er erfordert zum einen ein aufmerksames, genaues, teilweise langsames Lesen und zum anderen ein hohes Maß an Kritik, Metakognition und Reflexion, um die Verstehensleistungen zu erbringen, die der Text fordert (vgl. Graf 2004a, S. 105). Wer sich der Mühsal einer solch intensiven Arbeit am Text unterzieht, muss eine hohe Lesekompetenz besitzen; umgekehrt ermöglicht die über die entsprechende Lesekompetenz erreichte Einsicht das motivierende Gefühl, die Erkenntnis sei geglückt.

Das *ästhetische Lesen* ähnelt im Großen und Ganzen dem zur diskursiven Erkenntnis, unterscheidet sich aber sehr deutlich darin, dass die Erkenntnisweise sich *nicht* sprachlich fassen lässt. Der Lesestoff ist in diesem Modus außerdem häufig ein anderer, nämlich literarische Texte. LeserInnen dieses Modus' lesen den Text adäquat und nehmen ihn nicht in Gebrauch. Lesen ist für sie selbstzweckhaft und verspricht wahlweise genussvolle oder problemorientierte ästhetische Erfahrungen. Wer so liest, dem ist beim (Kompetenz-)Erwerb der literaturwissenschaftlichen Kenntnisse und Techniken in der gymnasialen Oberstufe oder im Studium die Leselust nicht abhanden gekommen (vgl. Graf 2007, S. 140 f.). Dieser Modus und der zur diskursiven Erkenntnis sind damit die anspruchsvollsten Lesemodi, die nur eine kleine Gruppe von Personen innerhalb einer gelingenden Lesesozialisation ausbilden.

Aufgabe 4:

Im Folgenden wird Ihnen eine weitere fiktive LAB vorgestellt, die ebenfalls von Nele Ohlsen verfasst wurde. Die übergeordnete Aufgabe besteht für Sie darin, die Übungsbeispiele von Anika sowie Birte und Constantin (zu Kapitelbeginn) zu analysieren. Dazu finden Sie nach den drei Beispielen eine Auswertungstabelle. Lesen Sie nun die Lektüreautobiografien von Anika, Birte und Constantin. Achten Sie beim Lesen auf diese Fragen:

a) Welche Phasen aus dem oben beschriebenen Verlaufsschema gelingender Lesesozialisation erkennen Sie in den Texten?

b) Welche Anregungszentren finden Sie in jeder der beobachtbaren Phasen wieder?

c) Welche Lesemodi stehen Anika, Birte und Constantin zur Verfügung?

d) Ist Anikas Leseautobiografie eine prototypische? Benennen Sie Gemeinsamkeiten und Unterschiede zum vorgestellten Verlaufsschema.

e) Füllen Sie im Anschluss Tabelle 43 zur Auswertung aus, die Sie hinter der LAB von Anika finden.

Leseautobiografie von Anika (weiblich, 25 Jahre)

Lesen bedeutet mir heute sehr viel. Ich setze mich gerne mit den gelesenen Texten auseinander, diskutiere über diese, ja oft sind sie einfach ein Weg, um mich mit meinen Problemen auseinander zu setzen. Dass ich heute so gerne lese, habe ich wahrscheinlich meinem Deutschlehrer zu verdanken, denn meine Eltern haben auf das Lesen nicht so sonderlich großen Wert gelegt. Ich kann mich zwar
5 erinnern, dass meine Mutter mir vorgelesen hat, aber meist nur eher widerwillig. Bücher haben meine Eltern gar nicht gelesen. So hatten wir auch zu Hause nicht viele Bücher. Bei uns dominierte eher das Fernsehen. Da mein Vater zu dieser Zeit arbeitslos war, lief der Fernseher fast die ganze Zeit. Ich jedoch habe mich schon immer für Bücher interessiert, schon bevor ich in die Schule kam. Oft nahm ich mir eines der wenigen Kinderbücher, die wir hatten, und blätterte es durch. Bei mir
10 entwickelte sich mehr und mehr das Bedürfnis, diese Zeichen in den Büchern entschlüsseln zu können. In der Schule lernte ich endlich lesen. Ich las immer mehr Bücher, sehr zum Unverständnis meiner Eltern. Doch durch die Bücher gelangte ich in meine eigene Welt, weg von zu Hause, wo ich in meiner Phantasie alles Mögliche erleben konnte. Die Bücher besorgte ich mir in der Schulbibliothek, da meine Eltern nicht genügend Geld hatten, um meine Leselust zu befriedigen und mich sowieso
15 nicht verstanden. Irgendwann wurde ich aber älter und die Bücher verloren ihren Reiz. Andere Dinge wurden wichtiger: Jungs, Freunde, die Musik etc. Gelesen habe ich nur noch Zeitschriften. Bücher habe ich erst wieder in der Oberstufe angefangen zu lesen. Durch meinen Ehrgeiz und Fleiß hatte ich es aufs Gymnasium geschafft. In der 12. Klasse bekamen wir dann einen Deutschlehrer, der seinen Unterricht so interessant gestaltete, dass ich auf einmal wieder die Motivation verspürte zu lesen.
20 Und diese Motivation ist bis heute nicht abgebrochen. Ich habe im Unterricht gemerkt, dass es eine Verbindung zwischen der Literatur und meinem eigenen Leben gab. Über diese Verbindung musste ich immer wieder nachdenken und mit anderen reden. Viele verstanden mich nicht. Dieses Diskussionsbedürfnis hat sich jedoch bis heute nicht aufgelöst. Ich lese nach wie vor überwiegend Hochliteratur und schätze die darin enthaltenen fiktiven Welten sowie die Ästhetik der Literatur, habe aber
25 nach wie vor das Bedürfnis mit anderen Menschen über die Literatur und ihre heutige Bedeutung zu reden. Ein Leben ohne Bücher wäre für mich heute nicht denkbar.

Vergleichsdimension	Anika	Birte	Constantin
Phasen der Lesesozialisation und wichtigste Anregungszentren (mit Zeilenangabe)			
Lese- und Medienverhalten der Eltern und Bedeutung der Eltern für die Lesesozialisation (mit Zeilenangabe)			
Rolle der Deutschlehrkräfte bzw. der Schule für die Lesesozialisation (mit Zeilenangabe)			
Ausgebildete Lesemodi (mit Zeilenangabe)			

Tabelle 43: Auswertungstabelle fiktive LABs

3.2.4 Das Schreiben einer wissenschaftlich durchgearbeiteten Leseauto-biografie

Wie kommen Sie von der ursprünglich verfassten LAB und den ausgewerteten Kategorien aus Tabelle 43 zur wissenschaftlich durchgearbeiteten Fassung? Die Tabelle bietet Ihnen einen groben Rahmen, anhand dessen Sie sehen, welche Faktoren und Aspekte der Lesesozialisation der Analyse wert sind. Erfahrungsgemäß gibt es Anfangsschwierigkeiten beim Verfassen. Wir werden daher exemplarisch anhand der zweiten Hälfte des dritten Locktextes aus Kapitel 3.1.1 zeigen, wie Sie von der LAB zur wissenschaftlich durchgearbeiteten LAB kommen. Dazu werden wir im ersten Schritt den Inhalt einzelner LAB-Passagen zunächst tabellarisch aufbereiten (s. Tabelle 44) und Stichwörter zu den dort getätigten Aussagen finden. Im zweiten Schritt verfassen wir eine sprachlich nüchternere und die Analyse vorbereitende Falldarstellung, die im dritten Schritt in der Tabelle 45 mit Begriffen und Überlegungen aus der Leseforschung verbunden wird. Im vierten Schritt stellen wir Ihnen dann zwei Darstellungsformen des fertigen Fließtextes vor: die induktive und deduktive Variante der Fallanalyse.

Schritt 1: Zusammenfassung der Aussagen der LAB

Nr.	Text der Ursprungs-LAB	Stichwörter zum Inhalt
1	Den erneuten Zugang zu Büchern fand ich erst mit etwa siebzehn Jahren wieder, bezeichnenderweise durch ein Buch, das mich besonders stark ansprach, was über Jahre hinweg kein anderes Buch schaffen konnte.	Besonderes Leseerlebnis mit 17 Jahren; Buch spricht erstmals in ganz neuer Intensität an
2	Dieses Buch war „Die Kunst des Liebens" von Erich Fromm, das mir besonders bei meiner Selbstreflexion half, in mir aber auch das anhaltende Interesse an meinen Mitmenschen weckte.	Buch „Die Kunst des Liebens" hat zwei Wirkungen: Selbstreflexion und Interesse an anderen
3	Wohl spielt auch in diese Entwicklung die Grandiosität wieder mit hinein: ein gehobenes Selbstbewusstsein, mich selbst als Lesenden, als Reflektierenden zu empfinden.	Erklärungsversuch der Entwicklung: Selbstkonzept als räsonierender und reflektierter Leser
4	Gerade dieses Buch von Erich Fromm erzeugte in mir auch ein Bewusstsein für das Lesen.	Dritte Wirkung von „Die Kunst des Liebens": Bewusstsein für Wert des Lesens
5	Ich erkannte es als eine Möglichkeit zur Erfahrungs- und Bewusstseinserweiterung, was für mich bis heute zentrale Motivation zum Lesen und darüber hinaus für mein [unleserlich, Anm. d. Verf.] ist.	Lesen zur Horizonterweiterung erkannt, ist bis heute zentrales Lesemotiv
6	Literatur ist auch weiterhin für mich eine Möglichkeit zur Flucht. Ich lasse mich gerne von einem Buch gefangen nehmen, genieße das Abtauchen aus der realen Welt und die damit verbundene Entspannung.	Weitere Funktionen des Lesens: a) Unterhaltung, Abtauchen und Entspannung
7	Bücher verhelfen mir vor allem, mein allgemeines Interesse an verschiedenartigen Themen zu sättigen, was auch die Kommunikationsmöglichkeiten mit meinen Mitmenschen erweitert.	b) Lesen zur Befriedigung von Interessen und zur Verbesserung der Kommunikationsmöglichkeiten

Nr.	Text der Ursprungs-LAB	Stichwörter zum Inhalt
8	Besonders wichtig ist mir in diesem Punkt das Begreifen-wollen meiner Mitmenschen und meines Selbst. Bücher sind heute zum großen Teil eine Form von Selbstidentifikation (ganz besonders bei Büchern von Hermann Hesse).	c) Verständnis/Erkennen von anderen und eigener Person (z.B. bei Hesse-Lektüre)
9	Abschließend bleibt anzufügen, dass für mich beim Lesen immer der Bezug zu meinem Leben wichtig ist, dass Bücher nicht nur reine Theorie sind, sondern meine Kreativität und Mobilität im Alltag fördern.	Abschließende Hochschätzung des Lesens als Teil eines aktiven Lesens

Tabelle 44: Sequenzierung eines LAB-Auszugs mit Stichwörtern

Die gefundenen Stichwörter zum Inhalt dienen nun dazu, den Fall des Probanden auf eine neutralere und verdichtete Art vor- und darzustellen, um so die Verknüpfung mit wissenschaftlicher Terminologie und empirischen Ergebnissen vorzubereiten. (Hinweis: Wenn Sie Ihre eigene Lesegeschichte wissenschaftlich durcharbeiten, müssen Sie diesen Zwischenschritt nicht gehen; er dient hier vor allem dazu, Ihnen zu zeigen, wie man eine Selbstdarstellung systematisch zusammenfassen kann. Da es sich um einen fremden Fall handelt, wird hier in der dritten Person gesprochen – in Ihrer eigenen Geschichte bleiben Sie am besten in der ersten Person.)

Schritt 2: Systematisierende Darstellung der Lesegeschichte als Fallbeschreibung

Der Proband ist nach jahrelanger und in seiner Selbstdeutung vor allem von der schulischen Lektüre (mit) verursachten Abstinenz in der Adoleszenz zum Lesen von Büchern zurückgekehrt. Es ist ein besonders intensives Leseerlebnis, das das bisherige Leseverhalten verändert, nämlich des Buches „Die Kunst des Liebens" von Erich Fromm, welches er im Alter von etwa 17 Jahren las. (In diesem populärwissenschaftlichen Sachbuch aus dem Jahr 1956 geht es darum, dass Lieben eine aktiv zu erwerbende Fähigkeit oder Kunst darstellt.)

Der Verfasser der LAB berichtet von zwei Wirkungen der Lektüre. Zum einen setzte sie einen Prozess der Selbstreflexion in Gang, hat also eine individuelle Komponente. Zum anderen gab es auch eine nach außen gerichtete, sozial anmutende Wirkung, nämlich ein anhaltendes Interesse an anderen Menschen. Lesen wurde so zu einem gesonderten und bewusst wahrgenommenen Erfahrungsraum bzw. zu einer Horizonterweiterung, was der Verfasser besonders deutlich markiert und überdies in der Selbstdeutung zur sozialen Abgrenzung nutzt. Bewusstes Lesen und Reflektieren tragen bei ihm Züge, sich sowohl als Leser als auch als Intellektueller wahrzunehmen. (Bücher-)Lesen und Leben hängen bei dem Autor eng zusammen, er bezeichnet Lesen als eine von ihm aktiv realisierte Möglichkeit, seine Erfahrung und sein Bewusstsein zu erweitern, was für ihn bis zum 21. Lebensjahr das zentrale Motiv für die Lektüre bildet. Daneben zählt er weitere Gratifikationen des Lesens auf: erstens Unterhaltung (Abtauchen, Entspannen), zweitens Wissensweiterung, um a) Interessen zu befriedigen und b) mit anderen reden zu können, und drittens die Identifikation mit Romanfiguren, die er im Zusammenhang mit dem Selbst- und Fremdverstehen thematisiert.

Schritt 3: Bezug von Fallbeschreibung und Ergebnissen der Lesesozialisationsforschung

Nr.	Fallbeschreibung	Bezug zur Leseforschung
1	Der Proband ist nach jahrelanger und in seiner Selbstdeutung vor allem von der schulischen Lektüre (mit) verursachten Abstinenz zum (Buch-)Lesen in der Adoleszenz zurückgekehrt.	Sekundäre literarische Initiation (ohne Zutun äußerer Einflüsse und anderer Personen?)
2	Es ist ein besonders intensives Leseerlebnis, das das bisherige Leseverhalten verändert, nämlich die Lektüre des Buches „Die Kunst des Liebens" von Erich Fromm, welches er im Alter von etwa 17 Jahren las. (In diesem populärwissenschaftlichen Sachbuch aus dem Jahr 1956 geht es darum, dass Lieben eine aktiv zu erwerbende Fähigkeit oder Kunst darstellt.)	Thema Liebe = Bezug zu Entwicklungsaufgaben?
3	Der Verfasser der LAB berichtet von zwei Wirkungen der Lektüre. Zum einen setzte sie einen Prozess der Selbstreflexion in Gang, hat also eine individuelle Komponente. Zum anderen gab es auch eine nach außen gerichtete, sozial anmutende Wirkung, nämlich ein anhaltendes Interesse an anderen Menschen.	Veränderung der Lesemotivation und der Gründe fürs Lesen, aufgefächerte Funktionen des Lesens
4	Lesen wurde so zu einem gesonderten und bewusst wahrgenommenen Erfahrungsraum bzw. zu einer Horizonterweiterung, was der Verfasser besonders deutlich markiert und überdies in der Selbstdeutung zur sozialen Abgrenzung nutzt. Bewusstes Lesen und Reflektieren tragen bei ihm Züge, sich sowohl als Leser als auch als Intellektueller wahrzunehmen. (Bücher-)Lesen und Leben hängen bei dem Autor eng zusammen, er bezeichnet Lesen als eine von ihm aktiv realisierte Möglichkeit, seine Erfahrung und sein Bewusstsein zu erweitern, was für ihn bis zum 21. Lebensjahr das zentrale Motiv für die Lektüre bildet.	Leseselbstkonzept: Lesen als Teil der (Intellektuellen-)Identität: Buchlesen wird zum a) Mittel der Selbst- und Fremderkenntnis (Lesemodus des partizipatorischen oder diskursiven Lesens?) und b) zum Abgrenzungsmerkmal von anderen
5	Daneben zählt er weitere Gratifikationen des Lesens auf: erstens Unterhaltung (Abtauchen, Entspannen), zweitens Wissensweiterung, um a) Interessen zu befriedigen und b) mit anderen reden zu können, und drittens die Identifikation mit Romanfiguren, die er im Zusammenhang mit dem Selbst- und Fremdverstehen thematisiert.	Weitere ausgebildete Lesemodi: Intimes Lesen, Konzeptlesen, Partizipatorisches Lesen

Tabelle 45: Verknüpfung von Fallbeschreibung und Ergebnissen der Leseforschung

Schritt 4: Das Verfassen des Textes mit induktivem oder deduktivem Vorgehen

Die Verknüpfung von LAB und wissenschaftlichen Ergebnissen und Theorien ist generell auf zwei Wegen möglich: induktiv und deduktiv. Sie können einerseits zunächst das erinnerte und recherchierte Material zum einzelnen Fall darstellen und im Anschluss in Bezug zu den wissenschaftlichen Erkenntnissen setzen (*induktives Vorgehen*). Sie können aber auch erst die Beschreibung von vorhandenen empirischen Befunden und theore-tischen Modellen vornehmen, die Sie im Anschluss auf den individuellen Fall beziehen (*deduktives Vorgehen*). Wie auch immer Sie sich entscheiden: Bleiben Sie bei einer Vari-ante der Verknüpfung.

Wir stellen Ihnen nun die beiden Vorgehensweisen im Folgenden vor und wählen dazu einen Ausschnitt aus der Falldarstellung und -analyse. In diesem Ausschnitt fo-kussieren wir die für die Lesesozialisation folgenreiche Lektüre des Buches „Die Kunst des Liebens" und die vom Verfasser der LAB ausgebildeten Lesemodi (s. Kapitel 2.1.4). Wir haben gerade die Lesemodi ausgewählt, weil sich hier erfahrungsgemäß die größten Schwierigkeiten bei der richtigen Einordnung ergeben.

Wir möchten noch auf zweierlei hinweisen. Die Analyse werden wir sehr ausführlich vornehmen. Das liegt zum einen daran, dass Sie ein umfassendes Bild davon gewinnen sollen, wie eine wissenschaftlich durchgearbeitete Lese(auto)biografie aussehen kann; zum anderen ist der vorliegende Fall sehr komplex und verdient eine intensive Betrach-tung. Der zweite Hinweis betrifft die verwendete Sekundärliteratur. Gerade weil der Fall des 21-Jährigen komplex ist, hielten wir es für ratsam, die in diesem Buch nur kurz referierten Texte genauer zu konsultieren, um so eine tatsächliche Analyse vornehmen zu können. Dazu raten wir auch gerade jenen unter Ihnen, deren Lesesozialisation un-gewöhnlich und uneindeutig erscheint.

Analyse 1: Deduktive Vorgehensweise – vom Allgemeinen zum Konkreten

„… Werner Graf schließt aus den ihm vorliegenden Leseautobiografien, dass am Ende der Jugend im besten Fall Heranwachsenden eine Vielzahl von Lesemodi zur Verfügung stehen (vgl. Graf 2007, S. 94). Bei den Lesemodi handelt es sich um in der Lesesozialisation ‚erworbene Handlungsdispositionen, die spe-zifische Rezeptionsweisen ermöglichen, um Texte subjektbezogen zu verstehen' (Graf 2007, S. 127). Es geht also um den Erwerb von individuellen Arten, wie gern, wie lesekompetent und wozu jemand liest. Dabei zeigen sich geschlechtsspezifische Wege aus der Lesekrise und hin zu bestimmten Lesemodi wäh-rend der Jugend. In der vorhergehenden Analyse zeigte sich bereits, dass der Fall des 21-jährigen Studenten nicht zu dem prototypischen Verlaufsschema der Lesesozialisation passt. Zum einen ist der Einfluss von außen bei der zweiten Heranführung an das Lesen bzw. das literarische Lesen unklar, sodass nicht alle Merkmale einer von außen herbeigeführten ‚sekundären literarischen Initiation' erfüllt zu sein scheinen, da es hier keine erkennbaren anderen Beteiligten bei einer neuerlichen Re-Integration in die Gemeinschaft der literarisch Lesenden gibt. Zum anderen führt hier ausgerechnet eine Sachtextlektüre zu einer ver-stärkten Leseaktivität, die der LAB-Verfasser auf Bücher und mehr oder minder direkt auf *Literatur* bezieht. Insofern weist die Leseautobiografie eine bemerkenswerte Abweichung von dem Verlaufsschema auf, die sich nicht ohne weiteres anhand der leider nur spärlich vorhandenen Fakten zur familialen Situation und Bildungsgeschichte erklären lässt.

Werner Graf hat sieben Lesemodi unterschieden, die sich neben dem zentralen Ziel einer Leseaktivität anhand von vier Kategorien unterscheiden lassen: a) Erfolgt das Lesen freiwillig oder aus einer Pflicht heraus? b) Liest man emotional verwickelt oder eher distanziert? c) Geht es beim Lesen darum, das Gelesene nur für die eigene Person oder für andere, soziale Kontexte zu nutzen? d) Wie lesekompetent muss jemand für eine Weise des Lesens sein?

Einer der Lesemodi ist das *partizipatorische Lesen*, das Werner Graf durch einen ‚Kontextbezug des Lesens, durch die soziale und kommunikative Dimension' definiert sieht (Graf 2004a, S. 71). Dieser Modus ist vielgestaltig. Lesen zur außengerichteten Teilhabe kann sich auf die Teilnahme an privater und öffentlicher Kommunikation erstrecken, aber auch das Lesen zur (Allgemein-)Bildung und die Übertragung des Ge-lesenen in die Wirklichkeit und den Alltag gehören dazu (vgl. ebd.). Beim letztgenannten unterscheidet Graf abhängig von der Art des Transfers in Lesen für Hobbys, Anwendungshilfe über Ratgeberliteratur und Lesen für die Lebenshilfe. Die VerfasserInnen von Lektüreautobiografien haben beim Lesen zur Le-benshilfe mehrere Aspekte hervorgehoben, z.B. die Übung in Menschenkenntnis, das Lesen zur Identitäts-

und Selbstfindung bzw. zur persönlichen Weiterentwicklung. Hinzu kommt die Vorbildfunktion für die Selbstveränderung und Anpassung sowie die allgemeine Vermittlung von Verhaltensweisen, Rollenkonzepten und Arten der Selbstdarstellung (vgl. Graf 2004a, S. 86). Der 21-jährige Verfasser der LAB unterstreicht, dass sein (Bücher-)Lesen und sein Leben eng zusammenhängen; ihm geht es darum, dass ‚beim Lesen immer der Bezug zu meinem Leben wichtig' und Bücher ‚nicht nur reine Theorie' seien. Er schreibt, dass nach dem Schlüsselerlebnis in der sekundären literarischen Initiation ‚das anhaltende Interesse an meinen Mitmenschen' geweckt wurde, was sich auch darin zeigt, dass er die erweiterten Kommunikationsmöglichkeiten anspricht, zu denen ihm das Lesen verhilft. Hinzu kommt ‚das Begreifenwollen meiner Mitmenschen und meines Selbst', das ihm ‚besonders wichtig' ist; er thematisiert eine ‚Selbstidentifikation' bei Büchern. Insofern zeigt sich deutlich an der Schilderung in der LAB das partizipatorische Lesen mit seinem Zweck der Kommunikation, vor allem aber zur Lebenshilfe. Unklar erscheint hier, ob der Prozess der Selbstreflexion und auch der ‚Erfahrungs- und Bewusstseinserweiterung' Teil des partizipatorischen Lesens oder eines weiteren Lesemodus bzw. mehrerer Lesemodi ist.

Ein weiteres Motiv für Lektüren bei Graf ist die Befriedigung von Interessen. Diese Art des Lesens, das *Konzeptlesen*, basiert auf einem freiwilligen, eigenen Interessenkonzept. Jemand wählt sich ein Thema oder ein Gebiet aus und orientiert sein oder ihr Lesen daran, um so Wissen und Expertise zu erlangen (vgl. Graf 2007, S. 138). Graf trennt diesen selbstbezogenen Modus deutlich vom partizpatorischen Lesen ab, weil es hier einen Verzicht des Transfers und der Kommunikation gibt: ‚Als typisch erscheint die Äußerung des Befragten, nicht über das zu reden, was er gelesen hat, sondern sich selbst Gedanken dazu zu machen. Die Selbstreflexion über das Gelesene findet im theoretischen Rahmen des Lesekonzepts statt' (Graf 2004a, S. 98). Der Proband selbst nennt zum einen sein ‚breit gefächertes Interessenspektrum' und bezieht hier das Lesen explizit ein: ‚Bücher verhelfen mir vor allem, mein allgemeines Interesse an verschiedenartigen Themen zu sättigen'. Insofern kann hier von einem Konzeptlesen gesprochen werden, so lange es nicht primär darum geht, mit anderen Menschen über das angelesene Wissen zu sprechen. Markant sticht aus den nicht weiter ausgeführten Interessen jenes an der eigenen Person und das anhaltende Interesse an anderen Menschen hervor, hier fallen Begriffe wie ‚(Selbst-)Reflexion' und ‚Begreifenwollen'. Vordergründig könnte hier auch der Modus des Konzeptlesens greifen, aber es ist auch möglich, dass ein anderer besser passt.

Einen Modus, der sowohl eine hohe Lesekompetenz als auch -motivation voraussetzt, bildet das *Lesen zur diskursiven Erkenntnis*. Es ähnelt dem Konzeptlesen und kann auch in diesen Modus übergehen, aber es lässt sich auch deutlich davon trennen. Das Hauptunterscheidungsmerkmal ist nach Graf ‚die Differenz zwischen Wissensaneignung und Erkenntnisinteresse' oder auch zwischen einer reinen Wissensverarbeitung und -anpassung bzw. mitunter radikalen Veränderung des eigenen Wissens und der eigenen Weltanschauung (vgl. Graf 2004a, S. 102). Insofern wirkt dieses Art des Lesens intellektuell oder gar wissenschaftlich, weil es um ein Verstehen und andere, neue Perspektiven geht. Der LAB-Verfasser stellt die für ihn zentrale ‚Erfahrungs- und Bewusstseinserweiterung' und das ‚Begreifenwollen' heraus. Er betont zudem das ‚Bewusstsein fürs Lesen' und spricht das ‚gehobene Selbstbewusstsein' an, sich ‚selbst als Lesenden, als Reflektierenden zu empfinden'. Damit hebt er sich von Nicht-Lesenden und -Reflektierenden ab und stilisiert sich als intellektuell. Er nimmt aber auch eine Meta-Perspektive auf das Lesen ein, die zu einem diskursiven Lesen passt, da hier ja sehr *bewusst* eine Erkenntnis gemacht wird, die auch im Falle der Lektüre von ‚Die Kunst des Liebens' vorzuliegen scheint. Insgesamt sind die Angaben in der LAB aber zu spärlich, um abschließend zu beurteilen, ob hier das anspruchsvolle diskursive Lesen eindeutig erreicht ist oder nicht oder ob es sich um eine sozial erwünschte positive Selbstpräsentation handelt.

Ein vierter Lesemodus, der sich deutlich von den bisherigen unterscheidet, ist das private *intime Lesen*. Hierbei handelt es sich um ein wunsch- und fantasiegeleitetes Lesen, das freiwillig erfolgt und eine intensive emotionale Beteiligung aufweist (vgl. Graf 2004a, S. 123). Typisch für diesen von Graf oft beobachten Modus, der der lustvollen Kinderlektüre stark ähnelt, ist außerdem die Differenz zum Alltag (vgl. Graf 2004a, S. 54). Der Autor der LAB schreibt selbst, er lasse sich ‚gerne von einem Buch gefangen nehmen, genieße das Abtauchen aus der realen Welt und die damit verbundene Entspannung'. Er liest also ganz anders als zur Wissensaneignung, sondern lässt sich auf das Buch ein und entschwindet aus seiner Umgebung. Er genießt diesen Vorgang und benennt die Entspannung. All dies sind deutliche Indizien dafür, dass er sich nach der sekundären literarischen Initiation auch das ‚kindliche' Lesen mit einem Rückzug in die ‚Traumwelt' bewahren konnte. …"

Analyse 2: Induktive Vorgehensweise – vom Konkreten zum Allgemeinen:

„… Der Proband ist nach jahrelanger und in seiner Selbstdeutung vor allem von der schulischen Lektüre (mit) verursachten Abstinenz zum (Buch-)Lesen in der Adoleszenz zurückgekehrt. Es ist ein besonders intensives Leseerlebnis, das das bisherige Leseverhalten verändert, nämlich die Lektüre des Buches ‚Die Kunst des Liebens' von Erich Fromm, welches er im Alter von etwa 17 Jahren las. Insofern nimmt dieses eine Buch eine Sonderstellung in der Lesesozialisation ein. Es markiert das Ende einer langen Lesepause, die der Verfasser selbst als eigene Phase bezeichnet. Zugleich bildet es einen Neuanfang: Ab diesem Zeitpunkt widmet er sich dem freiwilligen Bücherlesen auf der einen Seite und dem Literaturlesen auf der anderen in neuer Quantität und Qualität. Auch in den von Graf untersuchten Leseautobiografien gehen Jugendliche und Adoleszente sehr unterschiedliche Wege nach der Lesekrise und den oft auftauchenden Lesepausen: Während v.a. männliche Heranwachsende entweder kaum noch (Bücher oder fiktionale Literatur) lesen oder sich auf Sach- und Fachtexte spezialisieren, bleiben die weiblichen Jugendlichen oftmals der fiktionalen Lektüre treu (vgl. Graf 2007, S. 101 ff.). Gerade die weiblichen Jugendlichen erfahren eine so genannte ‚sekundäre literarische Initiation', in der es darum geht, ‚einen neuen, dem erreichten psychischen Entwicklungsstand angemessenen Zugang zur Literatur zu realisieren' (Graf 2007, S. 76). Es geht also um ein gewissermaßen ‚erwachseneres' Lesen, das sich auf mehr Genres erstreckt und sich ausdifferenziert.

Zweierlei fällt diesbezüglich in der vorliegenden LAB auf. Erstens werden in der Phase der sekundären literarischen Initiation (wie auch in den anderen zuvor) keine weiteren Personen ausdrücklich erwähnt, die im Zusammenhang mit der Fromm-Lektüre stehen. Gemäß Grafs Beobachtungen kommen in der zweiten Initiationsphase Anregungen vor allem von FreundInnen, der Schule und hier speziell aus dem Deutschunterricht (vgl. Graf 2007, S. 82). Wegen mangelnder Angaben ist im vorliegenden Fall unklar, worin die Ursache des Sinneswandels liegt. Dieser blinde Fleck ist angesichts der lang anhaltenden Wichtigkeit dieses Leseereignisses doppelt bedauerlich.

Die zweite Auffälligkeit betrifft den Fakt, dass eine Sachtextlektüre dazu führt, dass später auch wieder Literatur gelesen wird. Ungewöhnlich wirkt dies deshalb, weil die oben beschriebenen Entwicklungsverläufe von Lesekarrieren ein recht rigides Zuwenden von männlichen Heranwachsenden zu Sachtexten implizieren, was Graf vermuten lässt, dass es hier einen Zusammenhang zwischen bevorzugten Textsorten und Geschlechtsidentität gibt (vgl. Graf 2007, S. 102). Die eher psychologisch anmutenden, auf Verstehen der eigenen und fremden Persönlichkeit abzielenden und damit in der Tendenz weiblich konnotierten Interessen des LAB-Verfassers zeigen aber, dass in diesem Fall kein Widerspruch zum Verlaufsschema vorzuliegen scheint. Vielmehr weisen die Leseaktivitäten einen Bezug zum vielgestaltigen Lesen Erwachsener auf, das nicht auf eine Textsorte beschränkt ist. Insofern kommt dem Sachtext hier tatsächlich die Funktion einer zweiten *literarischen* Initiation zu.

Der Verfasser der LAB liest nach der zweiten Initiation aus unterschiedlichen Gründen und auf verschiedene Weisen. Je nachdem, wie gern, wie kompetent und wozu jemand liest, lassen sich Lesemodi einteilen. Das sind in der Lesesozialisation ‚erworbene Handlungsdispositionen, die spezifische Rezeptionsweisen ermöglichen, um spezifische Rezeptionsweisen zu ermöglichen' (Graf 2007, S. 127). Graf hat sieben Lesemodi unterschieden, die sich neben dem zentralen Ziel einer Leseaktivität anhand von vier Kategorien unterscheiden lassen: a) Erfolgt das Lesen freiwillig oder aus einer Pflicht heraus? b) Liest man emotional verwickelt oder eher distanziert? c) Geht es beim Lesen darum, das Gelesene nur für die eigene Person oder für andere, soziale Kontexte zu nutzen? d) Wie lesekompetent muss jemand für eine Weise des Lesens sein?

Ein erster Anreiz für Leseaktivitäten ist das Interesse an anderen Personen, das der LAB-Autor als das für ihn besonders wichtige ‚Begreifenwollen meiner Mitmenschen' bezeichnet. Korrespondierend dient ihm das Lesen zur ‚Selbstreflexion', der Selbsterkundung und dazu, (bei Hesse-Büchern auch identifika-torisch) seine Erfahrungen zu erweitern. All dies schildert er als zentrale Gründe für Leseaktivitäten. Lesen offeriert ihm also Einsichten in die menschliche Psyche. Das und dass ihm ‚beim Lesen immer der Bezug zu meinem Leben wichtig' und Bücher ‚nicht nur reine Theorie' seien, sondern seine ‚Kreativität und Mobilität im Alltag fördern', zeigt eine deutliche Verschränkung von sozialem Alltagsleben und Lese-aktivitäten. Dazu gehört auch die Fähigkeit, mit anderen über angelesenes Wissen in Austausch zu treten. In all dem ähnelt er in seinen Aussagen denen, die aus den Lektüreautobiografien von Graf Aspekte wie die Übung in Menschenkenntnis, das Lesen zur Identitäts- und Selbstfindung bzw. zur persönlichen Wei-terentwicklung hervorgehoben haben. Hinzu kamen bei Graf die Vorbildfunktion für die Selbstverände-rung und Anpassung sowie die allgemeine Vermittlung von Verhaltensweisen, Rollenkonzepten und Arten der Selbstdarstellung (vgl. Graf 2004a, S. 86). Diese Lebenshilfe beim Lesen und die Kommunikation über Gelesenes ordnet Graf dem *partizipatorischen Lesen* zu, das eine deutliche ‚soziale und kommunikative Dimension' aufweist (Graf 2004a, S. 71).

Nicht nur das psychologische Interesse an Persönlichkeiten und Personen befriedigt der LAB-Autor mit dem Lesen: ‚Bücher verhelfen mir vor allem, mein allgemeines Interesse an verschiedenartigen Themen zu sättigen.' Unter den Interessen ist das oben beschriebene psychologische besonders markant. Lesend selbstgesetzte Interessen oder auch Interessenkonzepte zu verfolgen, um beispielsweise Expertise auf einem Themengebiet anzusammeln, lässt sich nach Graf vor allem bei Männern in der Jugend feststellen (vgl. Graf 2007, S. 143). Diese Art des Lesens nennt er *Konzeptlesen* und grenzt es als ein sehr privates, bewusst auf Transfer verzichtendes Lesen vom Modus des partizpatorischen Lesen ab: ‚Als typisch er-scheint die Äußerung des Befragten, nicht über das zu reden, was er gelesen hat, sondern sich selbst Gedanken dazu zu machen. Die Selbstreflexion über das Gelesene findet im theoretischen Rahmen des Lesekonzepts statt' (Graf 2004a, S. 98). Der Grund der Leseaktivität entscheidet hier also über die Zu-ordnung zu einem Lesemodus.

Zwar war zuvor schon von der Selbstreflexion die Rede, doch dies hebt der LAB-Schreiber sehr deutlich hervor. Er spricht von der ‚Bewusstseinserweiterung' und dem tief gehegten Wunsch des ‚Begreifenwol-lens'. Er betont zudem das ‚Bewusstsein fürs Lesen' und das ‚gehobene Selbstbewusstsein', sich ‚selbst als Lesenden, als Reflektierenden zu empfinden'. Damit hebt er sich von Nicht-Lesenden und -Reflektie-renden ab und stilisiert sich als intellektuell. Er nimmt aber auch eine Meta-Perspektive auf das Lesen ein, indem er schon fast stolz ein intellektuelles Lesen beschreibt. Lesend zu neuen Einsichten zu gelangen bezeichnet einen Lesemodus, der hohe Anforderungen an Lesekompetenz und -motivation stellt: das *Lesen zur diskursiven Erkenntnis*. Statt Wissen aufzubauen und auszuweiten geht es LeserInnen hier darum, dass sie zu neuen Einsichten gelangen, eine Sache durchdringen und eine neue Perspektive einnehmen (vgl. Graf 2004a, S. 102). Ob dieser Modus im vorliegenden Fall tatsächlich realisiert wird, bleibt aber vage, weil es trotz der (selbst-)reflektierten – oder möglicherweise auch sozial erwünschten – Darstellung des intellektuellen Lesens kaum Schilderungen faktisch stattgefundener Erkenntnisprozesse gibt. Ebenfalls erscheint es wegen fehlender Angaben schwierig, die Lesemodi ausreichend trennscharf voneinander zu trennen, also zu bestimmen, was im Fall des 21-Jährigen noch partizipatorisches oder schon Konzept-oder gar diskursives Lesen ist.

Ein letzter Grund, warum der Verfasser gern zum Buch greift, ist folgender: ‚Literatur ist auch weiterhin für mich eine Möglichkeit zur Flucht. Ich lasse mich gerne von einem Buch gefangen nehmen, genieße das Abtauchen aus der realen Welt und die damit verbundene Entspannung.' Das ist gewissermaßen das Gegenteil der bisherigen Leseweisen, die entweder einen Alltagsbezug, eine Wissensvertiefung oder ein tiefer gehendes Verständnis zum Ziel hatten. Stattdessen geht es darum, aus dem Alltag in eine Art ‚Traumwelt' auszusteigen, lustvoll, d.h. genießend, und zu Zwecken der Entspannung Literatur zu lesen. So zu lesen hat Graf vor allem bei Frauen und weiblichen Jugendlichen identifiziert, die auf diese Art vor allem fiktionale Literatur lesen (vgl. Graf 2007, S. 105, 143). Dieses *intime Lesen* ist eine Fortführung der lust- und fantasiebetonten Kinderlektüre, die Leseerlebnisse erlaubt, die denen aus der Kindheit äh-neln.

3.2.5 Tipps zum Verfassen des Textes

Im Folgenden möchten wir Ihnen noch abschließend einige praktische Hinweise mit auf den Weg geben, die Ihnen bei der wissenschaftlichen Aufarbeitung Ihrer eigenen Lesegeschichte behilflich sein sollen:

1. Schreiben Sie verständlich.

Die LAB ist ein ungewöhnliches Format für eine schriftliche Arbeit, da hier die eigene Lebensgeschichte mit wissenschaftlicher Theorie und Empirie verknüpft wird. Es kommt darauf an, diese Aufgabe so zu lösen, dass ein *verständlicher Text* herauskommt. Verständlich heißt: Wenn die LAB am Ende einem Freund, einer Freundin, den eigenen Eltern oder jemand anderem gezeigt wird und dieses Gegenüber eine Idee von Lesesozialisation (Theorie/Empirie) *und* der individuellen Lesegeschichte bekommt, ist das hervorragend. Schreiben Sie so, als würden Sie für eine Zeitung schreiben. Was man Otto Normalverbraucher richtig und verständlich erklären kann, hat man sich angeeignet (oder man ist perfekt im Täuschen). Verständlich wird die LAB außerdem dank einer sinnvollen *Gliederung*, die zum behandelten Fall passt.

2. Schildern Sie plastisch.

Eine Einzelfalldarstellung lebt von Details. Je präziser die Aussagen zu Leseentwicklungen sind, desto verständlicher wird die LAB für die Leserschaft. Statt zu äußern „Als Kind las ich vor allem Abenteuerliteratur", ist es genauer (und spannender!), „Mich faszinierte, als ich zehn Jahre alt war, ‚Die Schatzinsel'" zu schreiben. Aus solchen genauen und lebendigen Beschreibungen schöpft die qualitative Sozialforschung, und nur auf der Basis von genauen Beschreibungen konnte bspw. Graf Lesemodi herausfiltern. Wo immer es (mit sinnvollem Mittelaufwand) möglich ist, sind konkrete Erinnerungen gefragt bzw. entsprechende Angaben aus Recherchen (Eltern, LehrerInnen, FreundInnen …).

3. Definieren Sie Begriffe.

Begriffe müssen definiert werden, denn jemandem ohne Vorwissen wird bspw. Grafs Terminologie (s. Kapitel 2.1.4) unverständlich sein. Wenn der Begriff. „ästhetisches Lesen" erstmals fällt, dann erklären Sie bitte, was er meint. Das zwingt auch dazu, sich noch einmal mental mit den Begriffen auseinander zu setzen, und Termini präzise zu definieren ist ein allgemeines Gütekriterium aller (wissenschaftlichen) Texte.

4. Seien Sie kritisch.

Die eigene Lesegeschichte mit wissenschaftlichen Kategorien und Modellen zu bearbeiten, setzt eine gewisse Distanz voraus. Mitunter passen Kategorien nicht zum Individualfall, und das muss erkannt und thematisiert werden. Theorien und Modelle sind keine Deckel, die auf alle Töpfe passen, und die Nicht-Passung a) zu erkennen und b) zu thematisieren sind Gütekriterien. Inkongruenzen hängen u.a. mit dem Material, aus dem heraus sie entstanden sind, zusammen. Grafs Verlaufsmodell bspw. kann nur auf eine bestimmte Bevölkerungsgruppe zu einem bestimmten Zeitpunkt übertragen werden. Studien und Modelle haben immer Grenzen, und es ist gut, sich über diese Grenzen im Klaren zu sein.
Kritisch zu sein heißt in diesem Zusammenhang auch, *mit der eigenen Arbeit kritisch umzugehen*. Die Fallanalyse der Lesegeschichte erfordert es, sich selbst und das eigene Tun mit einem gewissen Abstand zu betrachten. Also analysieren Sie nicht unreflektiert und produzieren Sie dabei unpassende Interpretationen, sondern bleiben Sie sachlich und intersubjektiv überprüfbar.

5. Verwenden Sie Sekundärliteratur mit Bedacht.

Dieser Punkt ist ein Aspekt, der mit dem vorhergehenden Hinweis eng zusammenhängt. Es ist nicht erforderlich, unzählige Sekundärtexte zu lesen und sie unverdaut zu reproduzieren. Es ist viel besser, ein paar wenige Texte wirklich begriffen zu haben und sie anzuwenden, statt viel Halb- und Unverstandenes zu wiederzugeben. Das betrifft übrigens nicht nur die Textmenge, sondern auch die verwendeten Zitate: Ein Chor singt nicht deshalb besser, weil er viele Stimmen hat, sondern weil sie zueinander passen.

Es ist durchaus möglich, dass die Kapitel dieses Buches nicht ausreichen, um Ihre Leseautobiografie wissenschaftlich durchzuarbeiten, da die in diesem Buch angeführten Studien und Forschungsergebnisse nur knapp dargestellt sind. Tabelle 46 bietet Ihnen daher eine erprobte Hilfestellung, welche weitere Literatur Sie zur Bearbeitung Ihrer Lesegeschichte heranziehen können.

1) Erste Leseanregun-gen (prä- und paraliterarische Kommunikation, primäre liter. Initiation)	2) Alphabetisierung	3) Selbstständige kindliche Lektüre
• Graf 1995 • Hurrelmann, Hammer & Nieß 1993 • Hurrelmann, Becker & Nickel-Bacon 2006 • Wieler 1997b	• Becker et al. 2002 • Graf 1995 • Hurrelmann, Becker & Nickel-Bacon 2006	• Becker et al. 2002 • Graf 1995 • Hurrelmann, Hammer & Nieß 1993 • Philipp & Garbe 2007
4) (Buch-)Lesekrise	**5) Lesen nach der Lesekrise / sekundäre literarische Initiation**	**6) Lesen heute / Lesemodi**
• Gattermaier 2003 • Graf 1995 • Graf 2007 • Schön 1993	• Graf 1995 • Graf 2002 • Graf 2007 • Schön 1993	• Graf 1995 • Graf 2002 • Graf 2004a • Graf 2007 • Philipp & Garbe 2007

Tabelle 46: Weiterführende Sekundärliteratur, die für das wissenschaftliche Durcharbeiten von LABs geeignet ist

6. Gehen Sie einheitlich vor.
Das gewählte Vorgehen ist bis zum Ende durchzuhalten. Das heißt: Ein Springen zwischen induktivem oder deduktivem Verfahren irritiert. Einheitlichkeit heißt außerdem: einheitliches Belegwesen, einheitliche Literaturnachweise und einheitliche Rechtschreibung.

LITERATURVERZEICHNIS

Abraham, Ulf; Kepser, Matthis (2005): Literaturdidaktik Deutsch. Eine Einführung. Berlin: Schmidt

Artelt, Cordula; McElvany, Nele; Christmann, Ursula; Richter, Tobias; Groeben, Norbert; Köster, Juliane; Schneider, Wolfgang; Stanat, Petra; Ostermeier, Christian; Schiefele, Ulrich; Valtin, Renate; Ring, Klaus; Saalbach, Henrik (2005): Förderung von Lesekompetenz: Expertise. Bonn, Berlin: BMBF

Bahlhorn, Heiko; Brügelmann, Hans (Hg.) (1993): Bedeutungen erfinden – im Kopf, mit Schrift und miteinander. Konstanz: Faude

Bamberger, Richard (2000): Erfolgreiche Leseerziehung in Theorie und Praxis. Mit besonderer Berücksichtigung des Projekts „Leistungs- und Motivationssteigerung im Lesen und Lernen unter dem Motto Lese- und Lernolympiade". Baltmannsweiler: Schneider Hohengehren

Baumert, Jürgen.; Neubrand, Michael (2001): PISA 2000. Basiskompetenzen von Schülerinnen und Schülern im internationalen Vergleich. Opladen: Leske + Budrich

Becker-Mrotzek, Michael; Kusch, Erhard; Wehnert, Bernd (2006): Leseförderung in der Berufsbildung. Duisburg: Gilles & Francke

Beisbart, Ortwin (2003): Baustein 10: Literarische Sozialisation – Literaturdidaktik. In: Beisbart, Ortwin; Marenbach, Dieter (Hg.): Bausteine der Deutschdidaktik. Ein Studienbuch. Donauwörth: Auer, S. 108–121

Bergk, Johann Adam (1799): Die Kunst, Bücher zu lesen. Nebst Bemerkungen über Schriften und Schriftsteller. Jena: Hempel

Bertschi-Kaufmann, Andrea; Kassis, Wassilis; Sieber, Peter; Bachmann, Thomas (2004): Mediennutzung und Schriftlernen. Analysen und Ergebnisse zur literalen und medialen Sozialisation. Weinheim: Juventa

Bischof, Ulrike; Heidtmann, Horst (2002): Lesen Jungen ander(e)s? Untersuchungen zu Leseinteressen und Lektüregratifikationen. In: medien praktisch, H. 3, S. 27–31

Böck, Margit (2000): Das Lesen in der neuen Medienlandschaft. Zu den Lesegewohnheiten und Leseinteressen der 8- bis 14-Jährigen in Österreich. Innsbruck: Studien

Böck, Margit (2007): Gender & Lesen. Geschlechtersensible Leseförderung: Daten, Hintergründe und Förderungsansätze. Wien: Bundesministerium für Unterricht, Kunst und Kultur

Bos, Wilfried; Lankes, Eva-Maria; Prenzel, Manfred; Schwippert, Kurt; Walther, Gerd; Valtin, Renate (2003): Erste Ergebnisse aus IGLU. Schülerleistungen am Ende der vierten Jahrgangsstufe im internationalen Vergleich. Münster: Waxmann

Brezinka, Wolfgang (1990): Grundbegriffe der Erziehungswissenschaft. Analyse, Kritik, Vorschläge. 3., verb. Aufl. München: Reinhardt

Brinck, Christine (2007): Red mit mir! Viel! In: Die Zeit, Nr. 19, 3. Mai, S. 7

Büchner, Peter; Brake, Anna (Hg.) (2006): Bildungsort Familie. Transmission von Bildung und Kultur im Alltag von Mehrgenerationenfamilien. Wiesbaden: VS

Büchner, Peter; Krah, Karin (2006): Der Lernort Familie und die Bildungsbedeutsamkeit der Familie im Kindes- und Jugendalter. In: Rauschenbach, Thomas; Düx, Wiebken; Sass, Erich (Hg.): Informelles Lernen im Jugendalter. Vernachlässigte Dimensionen der Bildungsdebatte. Weinheim: Juventa, S. 123–154

Christmann, Ursula; Rosebrock, Cornelia (2006): Differenzielle Psychologie: Die Passung von Leserfaktor und Didaktik/Methode. In: Groeben, Norbert; Hurrelmann, Bettina (Hg.): Empirische Unterrichtsforschung in der Literatur- und Lesedidaktik. Ein Weiterbildungsprogramm. Weinheim: Juventa, S. 155–176

Dehm, Ursula; Kochhan, Crista; Beeske, Sigrid; Stoll, Dieter (2005): Bücher – „Medien-klassiker" mit hoher Erlebnisqualität. In: Media Perspektiven, H. 10, S. 521–534

Dehn, Mechthild; Payrhuber, Franz-Josef; Schulz, Gudrun; Spinner, Kaspar H. (1999): Lesesozialisation, Literaturunterricht und Leseförderung in der Schule. In: Franzmann, Bodo; Hasemann, Klaus; Löffler, Dietrich; Schön, Erich (Hg.): Handbuch Lesen. München: Saur, S. 568–637

Drommler, Rebecca; Linnemann, Markus; Becker-Mrotzek, Michael; Stevens, Tobias; Wahlers, Judith (2007): Lesetest für Berufsschüler/innen LTB-3. Handbuch und Testheft. 2., korr. Aufl. Duisburg: Gilles & Francke

Durkheim, Emile; Krisam, Raymund (1972): Erziehung und Soziologie. Düsseldorf: Schwann

Eberhard, Irmgard (1995): Teddy ist müde. Ravensburg: Ravensburger

Ebner, Christian; Allmendinger, Jutta (2006): Bildung, Bildung, Bildung! Deutschland hat eine Waffe gegen Arbeitslosigkeit. In: Die Zeit, Nr. 2, 5. Januar, S. 69

Eggert, Hartmut; Garbe, Christine (2003): Literarische Sozialisation. 2., aktualisierte Aufl. Stuttgart: Metzler

Eggert, Hartmut; Garbe, Christine; Krüger-Fürhoff, Irmela Marei; Kumpfmüller, Michael (2000): Literarische Intellektualität in der Mediengesellschaft. Empirische Vergewisserungen über Veränderungen kultureller Praktiken. Weinheim: Juventa

Eggert, Hartmut; Graf, Werner (1993): Lesebiographie als Gegenstand und Methode in der Lehrerausbildung. In: Gey, Thomas (Hg.): Germanistentag 1992. Fachgruppe Deutschlehrer und DeutschlehrerInnen. Die deutsche Literatur im 20. Jahrhundert. Berlin: o. V., S. 773–787

Ewers, Hans-Heino (1980): Kinder- und Jugendliteratur der Aufklärung. Eine Textsammlung. Stuttgart: Reclam

Ewers, Hans-Heino (1984): Kinder- und Jugendliteratur der Romantik. Eine Textsammlung. Stuttgart: Reclam

Fritzsche, Joachim (1994): Zur Didaktik und Methodik des Deutschunterrichts. Band 3: Umgang mit Literatur. Stuttgart: Klett

Fritzsche, Joachim (2004): Formelle Sozialisationsinstanz Schule. In: Groeben, Norbert; Hurrelmann, Bettina (Hg.): Lesesozialisation in der Mediengesellschaft. Ein Forschungsüberblick. Weinheim: Juventa, S. 202–249

Fuchs, Mechthild; Röber-Siekmeyer, Christa (2002): Elemente eines phonologisch bestimmten Konzeptes für das Lesen- und Schreibenlernen: die musikalische Hervorhebung prosodischer Strukturen. In: Röber-Siekmeyer, Christa; Tophinke, Doris (Hg.): Schrifterwerbskonzepte zwischen Pädagogik und Sprachwissenschaft. Baltmannsweiler: Schneider Hohengehren, S. 98–122

Fuhrmann, Helmut (1993): „Die Furie des Verschwindens". Literaturunterricht und Literaturtradition. Würzburg: Königshausen & Neumann

Gailberger, Steffen; Dammann-Thedens, Katrin (2008): Förderung schwacher und schwächster Leser durch Hörbücher im Deutschunterricht. Theoretische und praktische Anregungen zur Förderung der Leseflüssigkeit. In: kjl&m, H. 3, S. 35–48

Gailberger, Steffen; Willenberg, Heiner (2008): Leseverstehen Deutsch. In: DESI-Konsortium (Hg.): Unterricht und Kompetenzerwerb in Deutsch und Englisch. Ergebnisse der DESI-Studie. Weinheim: Beltz, S. 60–71

Garbe, Christine (1993): Drei Lektüre-Autobiographien von Germanistik-Studentinnen. In: Literatur & Erfahrung, H. 26/27, S. 103–108

Garbe, Christine (1993): Frauen – das lesende Geschlecht? Perspektiven einer geschlechtsdifferenzierten Leseforschung. In: Literatur & Erfahrung, H. 26/27, S. 7–33

Garbe, Christine (2005): Warum Leseförderung vor und in der Grundschule ansetzen muss. Erkenntnisse der biographischen Leseforschung. In: Gläser, Eva; Franke-Zöllmer, Gitta (Hg.): Lesekompetenz fördern von Anfang an. Didaktische und methodische Anregungen zur Leseförderung. Baltmannsweiler: Schneider Hohengehren, S. 24–35

Garbe, Christine; Groß, Martin (1993): Leseerfahrung und Literaturwissenschaft. Das Germanistikstudium als Ort literarischer Sozialisation. In: Literatur & Erfahrung, H. 26/27, S. 80–95

Garbe, Christine; Holle, Karl; Jesch, Tatjana (2009): Texte lesen. Textverstehen – Lesedidaktik – Lesesozialisation. Paderborn: Schöningh

Garbe, Christine; Holle, Karl; Salisch, Maria von (2006): Entwicklung und Curriculum: Grundlagen einer Sequenzierung von Lehr-/Lernzielen im Bereich des (literarischen) Lesens. In: Groeben, Norbert; Hurrelmann, Bettina (Hg.): Empirische Unterrichtsforschung in der Literatur- und Lesedidaktik. Ein Weiterbildungsprogramm. Weinheim: Juventa, S. 115–154

Gattermaier, Klaus (2003): Literaturunterricht und Lesesozialisation. Eine empirische Untersuchung zum Lese- und Medienverhalten von Schülern und zur lesesozialisatorischen Wirkung ihrer Deutschlehrer. Regensburg: edition vulpes

Giesecke, Hermann (1991): Einführung in die Pädagogik. 5. Aufl. der Neuausg. Weinheim: Juventa

Gölitzer, Susanne (2008): Wozu Literatur lesen? Der Beitrag des Literaturunterrichts zur literarischen Sozialisation von Hauptschülerinnen und Hauptschülern. Habilitation. Betreut von Bernhard Rank. Pädagogische Hochschule. Heidelberg.

Graf, Werner (1995): Fiktionales Lesen und Lebensgeschichte. Lektüreautobiographien der Fernsehgeneration. In: Rosebrock, Cornelia (Hg.): Lesen im Medienzeitalter. Biographische und historische Aspekte literarischer Sozialisation. Weinheim: Juventa, S. 97–125

Graf, Werner (1997): Lesen und Biographie. Eine empirische Fallstudie zur Lektüre der Hitlerjugendgeneration. Tübingen; Basel: Francke Graf, Werner (2000): Modelle der Retrospektion in Lektürebiographien. In: Informationen zur Deutschdidaktik, H. 2, S. 62–72

Graf, Werner (2002): Literarische Sozialisation. In: Bogdal, Klaus-Michael; Korte, Hermann (Hg.): Grundzüge der Literaturdidaktik. München: dtv, S. 49–60

Graf, Werner (2004a): Der Sinn des Lesens. Modi der literarischen Rezeptionskompetenz. Münster: Lit

Graf, Werner (2004b): Zur Sachtextpräferenz männlicher Jugendlicher. In: SPIEL, H. 1, S. 23–37

Graf, Werner (2007): Lesegenese in Kindheit und Jugend. Einführung in die literarische Sozialisation. Baltmannsweiler: Schneider Hohengehren

Graf, Werner; Schön, Erich (2001): Das Kinderbuch als biographischer Begleiter. Lektüreautobiografien. In: Behnken, Imbke; Zinnecker, Jürgen (Hg.): Kinder, Kindheit, Lebensgeschichte. Ein Handbuch. Seelze: Kallmeyer, S. 620–635

Graf-Szczuka, Karola (2007): Der kleine Unterschied. Eine Typologie jugendlicher Zeitungsleser und -nichtleser. Hamburg: Kovac

Grießhaber, Wilhelm (2007a): Mündliche Handlungsbeschreibung. URL: http://spzwww.uni-muenster.de/~griesha/eps/wrt/krw/krw.beschreibung0.html, zuletzt geprüft am 22. Februar 2009

Grießhaber, Wilhelm (2007b): Schriftliche Handlungsanleitung. URL: http://spzwww.uni-muenster.de/~griesha/eps/wrt/krw/krw.anleitung2.html, zuletzt geprüft am 22. Februar 2009

Groeben, Norbert (Hg.) (1999): Lesesozialisation in der Mediengesellschaft: Zentrale Begriffsexplikationen. [Kölner Psychologische Studien. Beiträge zur natur-, kultur-, sozialwissenschaftlichen Psychologie 4, H. 1]. Köln: Universität Köln

Groeben, Norbert (2004a): Funktionen des Lesens. Normen der Gesellschaft. In: Groeben, Norbert; Hurrelmann, Bettina (Hg.): Lesesozialisation in der Mediengesellschaft. Ein Forschungsüberblick. Weinheim: Juventa, S. 11–35

Groeben, Norbert (2004b): (Lese-)Sozialisation als Ko-Konstruktion – Methodisch-methodologische Problem-(Lösungs-)Perspektiven. In: Groeben, Norbert; Hurrelmann, Bettina (Hg.): Lesesozialisation in der Mediengesellschaft. Ein Forschungsüberblick. Weinheim: Juventa, S. 145–168

Groeben, Norbert; Schroeder, Sascha (2004): Versuch einer Synopse: Sozialisationsinstanzen – Ko-Konstruktion. In: Groeben, Norbert; Hurrelmann, Bettina (Hg.): Lesesozialisation in der Mediengesellschaft. Ein Forschungsüberblick. Weinheim: Juventa, S. 306–348

Grundmann, Hilmar (2007): Sprachfähigkeit und Ausbildungsfähigkeit. Der berufsschulische Unterricht vor neuen Herausforderungen. Baltmannsweiler: Schneider Hohengehren

Gudjons, Herbert (1997): Pädagogisches Grundwissen. Überblick – Kompendium – Studienbuch. 5., durchges. und erg. Aufl., Bad Heilbrunn: Klinkhardt

Günther, Hartmut (1997): Mündlichkeit und Schriftlichkeit. In: Balhorn, Heiko; Niemann, Heide (Hg.): Sprachen werden Schrift. Mündlichkeit – Schriftlichtkeit – Mehrsprachigkeit. Lengwil am Bodensee: Libelle (LibelleLesen und Schreiben, 7), S. 64–73

Haas, Gerhard (2005): Handlungs- und produktionsorientierter Literaturunterricht. Theorie und Praxis eines „anderen" Literaturunterrichts für die Primar- und Sekundarstufe. 6. Aufl. Seelze-Velber: Kallmeyer

Haas, Gerhard; Menzel, Wolfgang; Spinner, Kaspar H. (1994): Handlungs- und produktionsorientierter Literaturunterricht. In: Praxis Deutsch, H. 123, S. 17–25

Härle, Gerhard (2004): Literarische Gespräche im Unterricht. Versuch einer Positionsbestimmung. In: Härle, Gerhard; Rank, Bernhard (Hg.): Wege zum Lesen und zur Literatur. Baltmannsweiler: Schneider Hohengehren, S. 137–168

Harmgarth, Friederike (Hg.) (1997): Lesegewohnheiten – Lesebarrieren. Öffentliche Bibliothek und Schule – neue Formen der Partnerschaft; Ergebnisse der Schülerbefragung 1995/1996. Gütersloh: Verlag Bertelsmann Stiftung

Hart, Betty; Risley, Todd R. (1995): Meaningful differences in the everyday experience of young American children. Baltimore: Brookes

Härtling, Peter (1991): Oma. Die Geschichte von Kalle, der seine Eltern verliert und von seiner Grossmutter aufgenommen wird. Weinheim: Beltz und Gelberg

Haselbeck, Fritz (1999a): Lebenswelt Schule. Der Schulalltag im Blickwinkel jugendlicher Hauptschülerinnen und Hauptschüler. Einstellungen, Wahrnehmungen und Deutungen. Passau: Rothe

Haselbeck, Fritz (1999b): Wie Schüler Schule sehen. Hilferufe an Lehrer, Eltern und Politiker? Originale, sehr aufschlußreiche Schüleraussagen aus Gruppendiskussionen, Einzelinterviews und Schultagebuchaufzeichnungen. Passau: Rothe

Heinemann, Karl-Heinz (2004): Der Super-GAU der Schulkarriere. URL: www.freitag.de/2004/51/04510401.php, zuletzt geprüft am 10.10.2007

Heydebrand, Renate von (1993): Probleme des „Kanons" – Probleme der Kultur und Bildungspolitik. In: Janota, Johannes (Hg.): Germanistik, Deutschunterricht und Kulturpolitik. Tübingen: Niemeyer, S. 3–22

Heydebrand, Renate von; Winko, Simone (1996): Einführung in die Wertung von Literatur. Systematik – Geschichte – Legitimation. Paderborn: Schöningh

Holle, Karl (2006): Flüssiges und phrasiertes Lesen (fluency). Lesetheoretische Grundlagen und unterrichtspraktische Hinweise. In: Weinhold, Swantje (Hg.): Schriftspracherwerb empirisch. Konzepte – Diagnostik – Entwicklung. Baltmannsweiler: Schneider Hohengehren, S. 87–119

Hurrelmann, Bettina (1994): Leseförderung: Basisartikel. In: Praxis Deutsch, H. 127, S. 17–26

Hurrelmann, Bettina (1999): Sozialisation: individuelle Entwicklung, Sozialisationstheorien, Enkulturaltion, Mediensozialisation, Lesesozialisation (-erziehung), literarische Sozialisation. In: Groeben, Norbert (Hg.): Lesesozialisation in der Mediengesellschaft: Zentrale Begriffsexplikationen. [Kölner Psychologische Studien. Beiträge zur natur-, kultur-, sozialwissenschaftlichen Psychologie 4, H. 1]. Köln: Universität Köln, S. 105–115

Hurrelmann, Bettina (2002): Leseleistung – Lesekompetenz. In: Praxis Deutsch, H. 176, S. 10–21

Hurrelmann, Bettina (2002): Prototypische Merkmale der Lesekompetenz. In: Groeben, Norbert; Hurrelmann, Bettina (Hg.): Lesekompetenz. Bedingungen, Dimensionen, Funktionen. Weinheim: Juventa, S. 275–286

Hurrelmann, Bettina (2003): Ein erweitertes Konzept von Lesekompetenz und Konsequenzen für die Leseförderung. In: Auernheimer, Georg (Hg.): Schieflagen im Bildungssystem. Die Benachteiligung der Migrantenkinder. Opladen: Leske + Budrich, S. 161–176

Hurrelmann, Bettina (2004): Informelle Sozialisationsinstanz Familie. In: Groeben, Norbert; Hurrelmann, Bettina (Hg.): Lesesozialisation in der Mediengesellschaft. Ein Forschungsüberblick. Weinheim: Juventa, S. 169–201

Hurrelmann, Bettina (2007): Modelle und Merkmale der Lesekompetenz. In: Bertschi-Kaufmann, Andrea (Hg.): Lesekompetenz – Leseleistung – Leseförderung. Grundlagen, Modelle und Materialien. Seelze-Velber: Klett Kallmeyer, S. 18–28

Hurrelmann, Bettina; Becker, Susanne; Nickel-Bacon, Irmgard; Elias, Sabine (2006): Lesekindheiten. Familie und Lesesozialisation im historischen Wandel. Weinheim: Juventa

Hurrelmann, Bettina; Hammer, Michael; Nieß, Ferdinand (1993): Leseklima in der Familie. Gütersloh: Verlag Bertelsmann Stiftung

Hurrelmann, Klaus (1983): Das Modell des produktiv realitätsverarbeitenden Subjekts in der Sozialisationsforschung. In: Zeitschrift für Sozialisationsforschung und Erziehungssoziologie, H. 3, S. 91–103

Hurrelmann, Klaus (2002): Einführung in die Sozialisationstheorie. 8., vollst. überarb. Aufl. Weinheim: Beltz

Institut für Deutsche Sprache (1996): Deutsches Fremdwörterbuch. 2. Aufl. Berlin: de Gruyter

Institut für Schulentwicklungsforschung (2008): Aufgaben aus IGLU 2006. URL: http://iglu2006.ifs-dortmund.de/aufgabe1.html, zuletzt geprüft am 16.02.2009

Kahl, Reinhard (2004): Interview von Katzler und Kymäläien. Max-Brauer-Schule, Hamburg. URL: http://www.archiv-der-zukunft.de/downloads/materialien/th/katzler_k_dvd.pdf, zuletzt geprüft am 17. September 2007

Kant, Immanuel (1784): Beantwortung der Frage: Was ist Aufklärung? In: Berlinische Monatsschrift, Dezemberausgabe

Kirsch, Irwin; de Jong John; Lafontaine, Dominique; McQueen, Joy; Mendelovits, Juliette; Monseur, Christian (2002): Lesen kann die Welt verändern. Leistung und Engagement im Ländervergleich. Ergebnisse von PISA 2000. Paris: OECD

Kluge, Friedrich (1995): Etymologisches Wörterbuch der deutschen Sprache. 23., erw. Aufl. Berlin: de Gruyter

Koch, Peter; Oesterreicher, Wulf (1994): Schriftlichkeit und Sprache. In: Günther, Hartmut; Ludwig, Otto; Burkhardt, Armin; Ungeheuer, Gerold; Wiegand, Herbert Ernst.; Steger, Hugo; Brinker, Klaus (Hg.): Schrift und Schriftlichkeit. Berlin: de Gruyter (Halbbd. 1), S. 587–604

Krejci, Michael (2001): Literaturkanon – didaktisch betrachtet. In: Kaiser, Gerhard R.; Matuschek, Stefan (Hg.): Begründungen und Funktionen des Kanons. Beiträge aus der Literatur- und Kunstwissenschaft, Philosophie und Theologie. Heidelberg: Winter, S. 269–284

Kürschner, Wilfried (2003): Grammatisches Kompendium. Systematisches Verzeichnis grammatischer Grundbegriffe. 4., überarb. Aufl. Tübingen: Francke

Levy, Frank; Murnane, Richard J. (2003): The Skill Content Of Recent Technological Change: An Empirical Exploration. In: The Quarterly Journal of Economics, H. 4, S. 1279–1333

Levy, Frank; Murnane, Richard J. (2004): The New Division of Labor. How Computers Are Creating the Next Job Market. New York: Russell Sage

Lietz, Petra (2006): Quantitative Auswertung: Multivariate Statistik. In: Groeben, Norbert; Hurrelmann, Bettina (Hg.): Empirische Unterrichtsforschung in der Literatur- und Lesedidaktik. Ein Weiterbildungsprogramm. Weinheim: Juventa, S. 481–512

Limmroth-Kranz, Susanne (1997): Lesen im Lebenslauf. Lesesozialisation und Leseverhalten 1930 bis 1996 im Spiegel lebensgeschichtlicher Erinnerungen. Dissertation. URL: http://www.sub.uni-hamburg.de/opus/volltexte/1997/18/html/pub2.html, zuletzt geprüft am 22. September 2007

Lux, Claudia (2007): Information Literacy in der Zusammenarbeit von Bibliothek und Schule. In: Bertschi-Kaufmann, Andrea (Hg.): Lesekompetenz – Leseleistung – Leseförderung. Grundlagen, Modelle und Materialien. Seelze-Velber: Klett Kallmeyer, S. 198–214

Maiwald, Klaus (2001): Literatur lesen lernen. Begründung und Dokumentation eines literaturdidaktischen Experiments. Baltmannsweiler: Schneider Hohengehren

Masannek, Joachim (2002): Die Wilden Fussballkerle. Leon der Slalomdribbler. Frankfurt/Main: Baumhaus Medien

Medienpädagogischer Forschungsverbund Südwest (2005): JIM 2005. Jugend, Information, (Multi-)Media. Basisuntersuchung zum Medienumgang 12-19-Jähriger in Deutschland. Stuttgart: mpfs

Medienpädagogischer Forschungsverbund Südwest (2006): KIM-Studie: Kinder und Medien, Computer und Internet. Basisuntersuchung zum Medienumgang 6- bis 13jähriger. Stuttgart: mpfs

Medienpädagogischer Forschungsverbund Südwest (2008): JIM 2008. Jugend, Information, (Multi-)Media. Basisstudie zum Medienumgang 12- bis 19-Jähriger in Deutschland. Stuttgart: mpfs

Möller, Jens; Schiefele, Ulrich (2004): Motivationale Grundlagen. In: Schiefele, Ulrich; Arbeit, Cordula; Schneider, Wolfgang; Stanat, Petra (Hg.): Struktur, Entwicklung und Förderung von Lesekompetenz. Vertiefende Analysen im Rahmen von PISA 2000. Wiesbaden: VS, S. 101–124

Nibbrig, Christiaan L. Hart (1983): Warum Lesen? Ein Spielzeug zum Lesen. Frankfurt/Main: Suhrkamp

Nickel-Bacon, Irmgard (2006): Positionen der Literaturdidaktik – Methoden des Literaturunterrichts. Ein heuristischer Explikationsversuch für die empirische Grundlagenforschung. In: Groeben, Norbert; Hurrelmann, Bettina (Hg.): Empirische Unterrichtsforschung in der Literatur- und Lesedidaktik. Ein Weiterbildungsprogramm. Weinheim: Juventa, S. 95–114

Ohlsen, Nele (2008): Lesen zwischen Lust und Frust. Eine empirische Untersuchung zur Lesesozialisation in der Schule anhand autobiografischer Texte. Unveröffentlichte Examensarbeit. Lüneburg: Universität Lüneburg

Paefgen, Elisabeth K. (1999): Der Literaturunterricht heute und seine (un-)mögliche Zukunft. In: Didaktik Deutsch, H. 7, S. 24–35

Paefgen, Elisabeth K. (2000): Lesen von Literatur als sprachästhetische Basisqualifikation des Deutschunterrichts. In: Witte, Hansjörg; Garbe, Christine; Holle, Karl; Stückrath, Jörn; Willenberg, Heiner (Hg.): Deutschunterricht zwischen Kompetenzerwerb und Persönlichkeitsbildung. Baltmannsweiler: Schneider Hohengehren, S. 198–211

Paulsen, Susanne (2005): Randskizze Medien. In: GEO, H. 9, S. 152

Pech, Klaus-Ulrich (1985): Kinder- und Jugendliteratur vom Biedermeier bis zum Realismus. Eine Textsammlung. Stuttgart: Reclam

Pethe, Hermann (2006): Einführung. In: Hupfer, Peter; Kuttler, Wilhelm; Chmielewski, Frank-Michael; Heyer, Ernst (Hg.): Witterung und Klima. Eine Einführung in die Meteorologie und Klimatologie. 12., überarb. Aufl. Stuttgart: Teubner, S. 1–13

Philipp, Maik (2010): Lesen empeerisch. Eine Längsschnittstudie zur Bedeutung von peer groups für Lesemotivation und -verhalten zu Beginn der Sekundarstufe. Wiesbaden: VS

Philipp, Maik; Garbe, Christine (2007): Lesen und Geschlecht – empirisch beobachtbare Achsen der Differenz. In: Bertschi-Kaufmann, Andrea (Hg.): Lesekompetenz – Leseleistung – Leseförderung. Seelze-Velber: Klett Kallmeyer [auf der CD-ROM]

Pieper, Irene; Rosebrock, Cornelia; Wirthwein, Heike; Volz, Steffen (2004): Lesesozialisation in schriftfernen Lebenswelten. Lektüre und Mediengebrauch von HauptschülerInnen. Weinheim: Juventa

Pleticha, Heinrich (1978): Erste Leseerlebnisse 2. Frankfurt/Main: Suhrkamp

Rager, Günther; Werner, Petra (2004): Entwicklung und Struktur der Mediengesellschaft. In: Groeben, Norbert; Hurrelmann, Bettina (Hg.): Lesesozialisation in der Mediengesellschaft. Ein Forschungsüberblick. Weinheim: Juventa, S. 341–374

Reichen, Jürgen (1988): Wie Kinder selbstgesteuert lesen lernen. Lesedidaktische, lernpsychologische und schulpädagogische Grundlagen eines vom Schüler selbstgesteuerten Schriftspracherwerbs. 3. Aufl. Zürich: Sabe

Rheingans, Kerstin (2006): Portfolio zum Leseverstehen für berufliche Schulen. Schülermappe. Frankfurt/Main: Diesterweg

Richter, Karin; Plath, Monika (2004): Lesen im Grundschulalter unter geschlechtsspezifischen Aspekten. In: SPIEL, H. 1, S. 80–93

Richter, Karin; Plath, Monika (2005): Lesemotivation in der Grundschule. Empirische Befunde und Modelle für den Unterricht. Weinheim: Juventa

Röber-Siekmeyer, Christa (2002): Wozu dienen Buchstaben beim Lesen- und Schreibenlernen? Eine nicht provokative Frage. In: Grömminger, Arnold (Hg.): Geschichte der Fibel. Frankfurt/Main: Lang, S. 335–336

Roch, Henning (2006): „Der Dr. Sommer beantwortet das ja eigentlich immer". Jugendzeitschriften im Alltag. In: Huber, Nathalie; Meyen, Michael (Hg.): Medien im Alltag. Qualitative Studien zu Nutzungsmotiven und zur Bedeutung von Medienangeboten. Münster: Lit, S. 169–189

Rosebrock, Cornelia (2003): Lesesozialisation und Leseförderung – literarisches Leben in der Schule. In: Kämper-van den Boogaart, Michael (Hg.): Deutsch-Didaktik. Leitfaden für die Sekundarstufe I und II. Berlin: Cornelsen-Scriptor, S. 153–174

Rosebrock, Cornelia (2004): Informelle Sozialisationsinstanz peer group. In: Groeben, Norbert; Hurrelmann, Bettina (Hg.): Lesesozialisation in der Mediengesellschaft. Ein Forschungsüberblick. Weinheim: Juventa, S. 250–279

Rosebrock, Cornelia; Groeben, Norbert (1998): Literarästhetische Zentrierung der „literarischen Sozialisation"? Ein begriffsanalytisches Streitgespräch. In: Garbe, Christine; Graf, Werner; Rosebrock, Cornelia, Schön, Erich (Hg.): Lesen im Wandel. Probleme der literarischen Sozialisation heute; Lüneburg: Universität Lüneburg, S. 25–39

Rosebrock, Cornelia; Nix, Daniel (2006): Forschungsüberblick: Leseflüssigkeit (Fluency) in der amerikanischen Leseforschung und -didaktik. In: Didaktik Deutsch, H. 20, S. 90–112

Rosebrock, Cornelia; Nix, Daniel (2008): Grundlagen der Lesedidaktik und der systematischen schulischen Leseförderung. Baltmannsweiler: Schneider Hohengehren

Schiesser, Daniel; Nodari, Claudio (2005): Lesen und verstehen – kein Problem! Eine Wegleitung für Berufsschüler und Berufsschülerinnen. 3. Aufl. Bern: h.e.p.

Schmidt, Axel (2004): Doing peer-group. Die interaktive Konstitution jugendlicher Gruppenpraxis. Frankfurt/Main: Lang

Schneider, Hansjakob (2008): Literale Resilienz. Wenn Schriftaneignung trotzdem gelingt. Vortrag auf dem 17. Symposion Deutschdidaktik am 18. September 2008. Köln: Universität zu Köln

Schön, Erich (1993): Jugendliche Leser und ihr Deutschunterricht. In: Bahlhorn, Heiko; Brügelmann, Hans (Hg.): Bedeutungen erfinden – im Kopf, mit Schrift und miteinander. Konstanz: Faude, S. 220–226

Schön, Erich (1999): Lesen zur Information, Lesen zur Lust – schon immer ein falscher Gegensatz. In: Roters, Gunnar; Klingler, Walter; Gerhards, Maria (Hg.): Information und Informationsrezeption. Baden-Baden: Nomos, S. 189–212

Schuld, Kerstin (2004): Die Baustelle. Ravensburg: Ravensburger

Schulze, Gerhard (1993): Die Erlebnisgesellschaft. Kultursoziologie der Gegenwart. 3., durchges. Aufl. Frankfurt/Main: Campus

Spiewak, Martin (2007): Bleiben oder gehen? Warum sich zwei Elternpaare für beziehungsweise gegen die Schule in ihrem Bezirk entschieden haben. Gehen. In: Die Zeit, Nr. 6, 1. Februar, S. 59

Steinbrenner, Marcus; Wiprächtiger, Maja (2006): Verstehen und Nicht-Verstehen im Gespräch. Das Heidelberger Modell des Literarischen Unterrichtsgesprächs. In: Literatur im Unterricht, H. 3, S. 227–241

Steitz-Kallenbach, Jörg (2004): Bildersachbücher und Sachgeschichten. Wissensvermittlung durch Bild und Text. In: Thiele, Jens; Steitz-Kallenbach, Jörg (Hg.): Handbuch Kinderliteratur. Grundwissen für Ausbildung und Praxis. 2. Aufl. Freiburg: Herder, S. 114–156

Theunert, Helga (2008): Vorwort. In: Wagner, Ulrike (Hg.): Medienhandeln in Hauptschulmilieus. Mediale Interaktion und Produktion als Bildungsressource. München: Kopaed, S. 11–17

Topsch, Wilhelm (2005): Grundkompetenz Schriftspracherwerb. Methoden und handlungsorientierte Praxisanregungen. 2., überarb. und erw. Aufl. Weinheim: Beltz

Treumann, Klaus Peter; Meister, Dorothee M.; Sander, Uwe; Burkatzki, Eckhard; Hagendorn, Jörg; Kämmerer, Manuela; Strotmann, Mareike; Wegener, Claudia (2007): Medienhandeln Jugendlicher. Mediennutzung und Medienkompetenz. Bielefelder Medienkompetenzmodell. Wiesbaden: VS

Ulich, Klaus (2006): Schulische Sozialisation im Rückblick. Eine qualitative Studie mit Lehramtsstudierenden. In: Die Deutsche Schule, H. 2, S. 190–200

Unseld, Siegfried (1975): Erste Leseerlebnisse. Frankfurt/Main: Suhrkamp

Wahl, Katrin (2006): Gebrausweisen von Informationsquellen am Bildungsort Familie. Die familialen Voraussetzungen von information literacy in ihrer Wechselwirkung mit anderen Bildungsorten. In: Büchner, Peter; Brake, Anna (Hg.): Bildungsort Familie. Transmission von Bildung und Kultur im Alltag von Mehrgenerationenfamilien. Wiesbaden: VS, S. 225–254

Wehking, Solveig (2006): Gendersensible Sprache. In: Bührer, Susanne; Schraudner, Martina (Hg.): Gender-Aspekte in der Forschung. Wie können Gender-Aspekte in Forschungsverfahren erkannt und bewertet werden? Karlsruhe: Fraunhofer IRB, S. 163–166

Weinhold, Swantje (2006): Schriftspracherwerb. In: Lange, Günter; Weinhold, Swantje (Hg.): Grundlagen der Deutschdidaktik. Sprachdidaktik – Mediendidaktik – Literaturdidaktik. 2., unveränd. Neuaufl. Baltmannsweiler: Schneider Hohengehren, S. 3–30

Wieler, Petra (1997): Das Prinzip der Dialogizität als Grundzug der familialen Vorlesepraxis mit Kindern im Vorschulalter. In: Garbe, Christine; Graf, Werner; Rosebrock, Cornelia; Schön, Erich (Hg.): Lesen im Wandel. Probleme der literarischen Sozialisation heute. Lüneburg: Universität Lüneburg, S. 65–99

Wieler, Petra (1997): Vorlesen in der Familie. Fallstudien zur literarisch-kulturellen Sozialisation von Vierjährigen. Weinheim: Juventa

Willenberg, Heiner (2004): Lesestrategien. Vermittlung zwischen Eigenständigkeit und Wissen. In: Praxis Deutsch, H. 187, S. 6–15

Winkler, Karin (2004): Die Systematik einer silbenanalytischen Darstellung der Schrift im Anfangsunterricht. Ein Praxisbericht. In: Bredel, Ursula; Siebert-Ott, Gesa; Thelen, Tobias (Hg.): Schriftspracherwerb und Orthographie. Baltmannsweiler: Schneider Hohengehren, S. 22–30

Zitzlsperger, Helga (2002): Vom Gehirn zur Schrift. Handbuch Anfangsunterricht; Lernen durch Bewegung; Hand- und Sprachspiele; Schriftspracherwerb und LRS-Prävention. Baltmannsweiler: Schneider Hohengehren

Abbildungsverzeichnis

Tabellenverzeichnis